Office 2010

Office 2010

Leichter Einstieg in Excel, Word, PowerPoint und OneNote

GÜNTER BORN

Markt+Technik

Bibliografische Information der Deutschen Nationalbibliothek
Die Deutsche Nationalbibliothek verzeichnet diese Publikation in der Deutschen Nationalbibliografie; detaillierte bibliografische Daten sind im Internet über http://dnb.dnb.de abrufbar.

10 9 8 7 6 5 4 3 2

12

ISBN 978-3-8272-4768-1

ein Imprint der Pearson Deutschland GmbH,
Martin-Kollar-Straße 10–12, D-81829 München/Germany

Covergestaltung: Thomas Arlt, tarlt@adesso21.net
Titelfoto: Plainpicture
Lektorat: Birgit Ellissen, bellissen@pearson.de
Korrektorat: Marita Böhm
Herstellung: Monika Weiher, mweiher@pearson.de
Satz: Reemers Publishing Services GmbH, Krefeld
Druck und Verarbeitung: Drukarnia Dimograf, Bielsko-Biala
Printed in Poland

Inhaltsverzeichnis

Vorwort

Microsoft Office 2010 lässt sich zum Schreiben, Rechnen, Präsentieren, zum Anfertigen von Notizen und vielem mehr nutzen. Dieses Buch hilft Ihnen, die benötigten Funktionen schnell und sicher zu nutzen. Mit etwas Windows-Grundwissen und den nachfolgenden Anleitungen ist der Einstieg in Microsoft Office gar nicht so schwer – denn die Bedienung vieler Programmfunktionen ist weitestgehend identisch. Bereits nach wenigen Schritten können Sie Ihren ersten Brief verfassen oder eine Excel-Tabelle erstellen.

Schnell lernen Sie, wie einfach der Umgang mit Word, Excel, PowerPoint etc. sein kann. Detaillierte Anleitungen mit Abbildungen zeigen Ihnen, *wie etwas geht*, und eine kleine Pannenhilfe im Anhang rettet Sie bei kleinen Problemen. Sie können dabei das Buch komplett lesen oder bei Bedarf in den benötigten Kapiteln zu den Funktionen eines bestimmten Programms nachschlagen. Neben den Funktionen der jeweiligen Programme wird Ihnen auch Hintergrundwissen (beispielsweise zur Briefgestaltung, zum Erstellen von Präsentationen usw.) vermittelt. Nun wünsche ich Ihnen viel Spaß mit Office 2010 und diesem Buch.

Die Tastatur

Auf den folgenden drei Seiten sehen Sie, wie Ihre Computertastatur aufgebaut ist. Damit es für Sie übersichtlich ist, werden Ihnen immer nur bestimmte Tastenblöcke auf einmal vorgestellt. Ein großer Teil der Computertasten funktioniert wie bei der Schreibmaschine. Es gibt aber noch einige zusätzliche Tasten, die auf Besonderheiten der Computerarbeit zugeschnitten sind. Sehen Sie selbst ...

Schreibmaschinen-Tastenblock

Diese Tasten bedienen Sie genauso wie bei der Schreibmaschine.
Mit der Eingabetaste schicken Sie außerdem Befehle an den Computer ab.

Sondertasten, Funktionstasten, Kontrollleuchten, Zahlenblock

Sondertasten und Funktionstasten werden für besondere Aufgaben bei der Computerbedienung eingesetzt. [Strg]-, [Alt]- und [AltGr]-Taste meist in Kombination mit anderen Tasten. Mit der [Esc]-Taste können Sie Befehle abbrechen, mit Einfügen und Entfernen u.a. Text einfügen oder löschen.

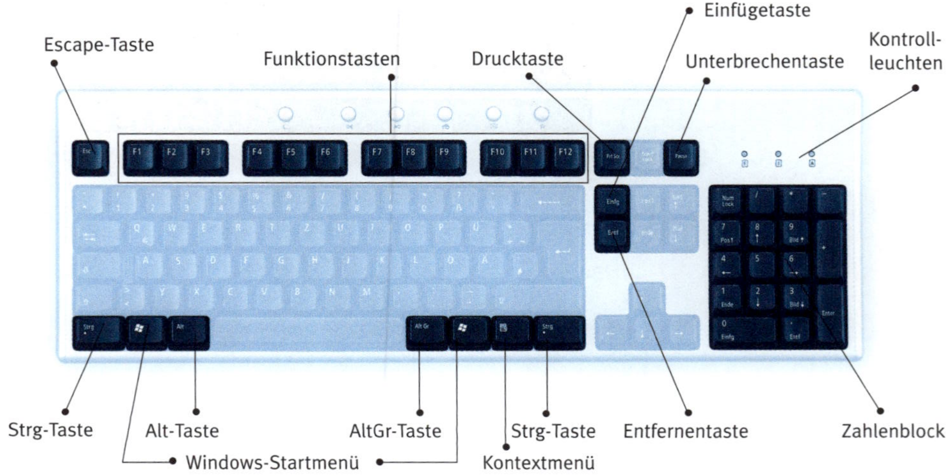

Navigationstasten

Mit diesen Tasten bewegen Sie sich auf dem Bildschirm.

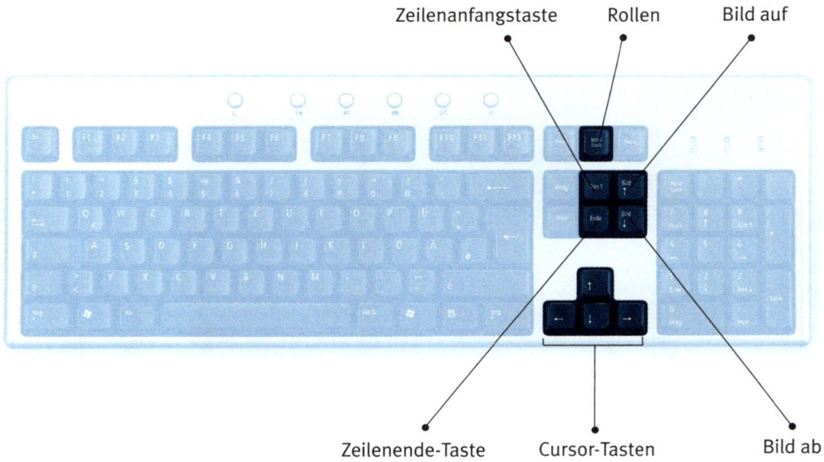

Die Maus

»Klicken Sie ...«

heißt: einmal kurz
auf eine Taste drücken.

Mit der
linken Maustaste
klicken ...

Mit der
rechten Maustaste
klicken ...

»Doppelklicken Sie ...«

heißt: die linke Taste zweimal schnell hintereinander ganz kurz drücken.

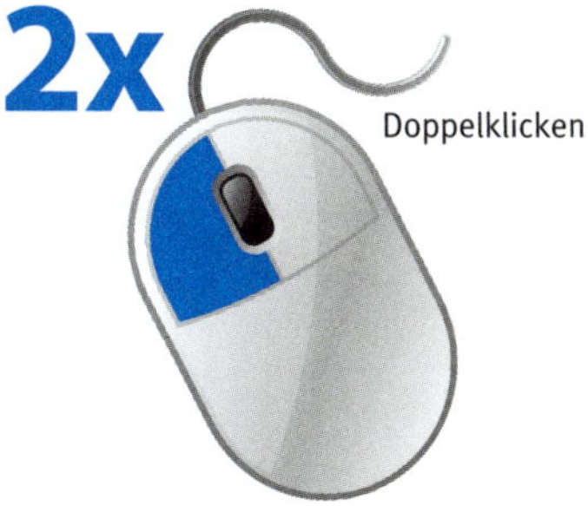

»Ziehen Sie ...«

heißt: auf bestimmte Bildschirmelemente mit der linken Maustaste klicken, die Taste gedrückt halten, die Maus bewegen und dabei das Element auf eine andere Position ziehen.

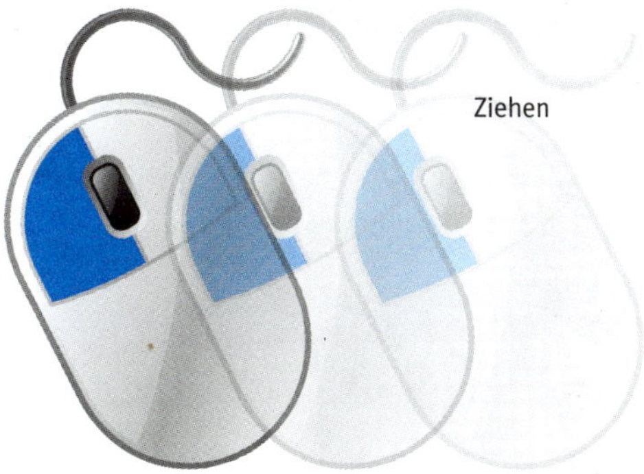

Kapitel 1

Erste Schritte

Was bringt Ihnen dieses Kapitel?

Dieses Kapitel enthält eine kurze Übersicht über die wichtigsten Microsoft Office-Pakete und die darin enthaltenen Programme. Viele Funktionen sind in allen Office-Programmen identisch. Dieses Kapitel vermittelt Ihnen daher die Grundlagen, um die Einzelprogramme von Microsoft Office zu starten, zu beenden und mit den Anwendungen umzugehen. Außerdem erfahren Sie, wie sich neue Office-Dokumente erstellen lassen und wie Sie die Programmhilfe nutzen können.

Microsoft Office, was ist das?

Microsoft hat eine Sammlung verschiedener Programme unter dem Begriff Microsoft Office zusammengestellt. Diese Programme bieten Funktionen, die häufig im Bürobereich benötigt werden. Hier ein Überblick über die wichtigsten Office-Programme:

Microsoft Word	Word stellt Funktionen zur **Textverarbeitung** in Office zur Verfügung und ist in allen Paketen enthalten. Das Programm lässt sich also als erweiterte Schreibmaschine mit Komfortfunktionen zur Erstellung von Textdokumenten verwenden. Eine Einführung in die Funktionen erhalten Sie ab Kapitel 2.
Microsoft Excel	Bei Excel handelt es sich um ein sogenanntes **Tabellenkalkulationsprogramm**, welches ebenfalls in allen Paketen enthalten ist. Das Programm stellt Ihnen Arbeitsblätter in Form von Tabellen zur Verfügung. In diese Tabellen lassen sich Zahlen eintragen, um Berechnungen durchzuführen oder die Daten als Grafiken aufzubereiten. Die Excel-Funktionen werden ab Kapitel 5 besprochen.
Microsoft Access	Dieses Programm stellt Funktionen zum Anlegen und zur Bearbeitung einer **Datenbank** zur Verfügung. In einer Datenbank lassen sich Daten in Form von Tabellen ablegen. Weiterhin können in Access Formulare zur Dateneingabe sowie Berichte zur Auswertung angefertigt werden. Das Programm Microsoft Access ist nicht in allen Office-Paketen enthalten und wird deshalb in diesem Buch nicht besprochen.
Microsoft PowerPoint	Hierbei handelt es sich um ein Programm zum Anfertigen von **Präsentationsgrafiken**. Wie Sie Vorträge oder Präsentationen mit diesem Programm erstellen und präsentieren, erfahren Sie in Kapitel 7.
Microsoft Outlook	Microsoft Outlook dient zur Bearbeitung der elektronischen **Post** (E-Mail). Zusätzlich bietet das Programm einen **Kalender**, eine Art **Notizblock**, Funktionen zur Verwaltung von **Aufgabenlisten** oder zur

	Pflege von **Adressen** bzw. Kontakten. Da Outlook nicht in jeder Version von Office enthalten ist, wird das Programm in diesem Buch nicht besprochen.
Microsoft OneNote	Microsoft OneNote dient zum Erstellen und zur Verwaltung von Notizen. Eine Einführung in die Funktionen von Microsoft OneNote erfolgt in Kapitel 9 und 10.
Microsoft Publisher	Dieses Programm dient zum Erstellen von Broschüren, Magazinen, Handzetteln, Postkarten, Marketingmaterial und anderen hochwertigen Publikationen, die anschließend in Druckereien gedruckt werden. Dieses Programm ist nicht in allen Office-Paketen enthalten und wird deshalb in diesem Buch nicht besprochen.

Welche Programme bei Ihrem Microsoft Office 2010 vorhanden sind, hängt also vom gewählten Office-Paket und vom Installationsumfang ab. Natürlich haben Sie auch die Möglichkeit, Einzelversionen fehlender Office-Programme zu kaufen und nachträglich zu installieren.

Welche Microsoft Office-Versionen gibt es?

Ähnlich wie Sie T-Shirts in diversen Größen (S, M, L, XXL) kaufen können, bietet Microsoft Office-Pakete mit verschiedenen Leistungsumfängen an. Je nach Paket sind dann unterschiedliche Programme enthalten.

- *Office Home and Student 2010:* Diese Version des Office-Pakets richtet sich an Schüler, Studenten und Heimanwender. Das Paket enthält **Word**, **Excel**, **PowerPoint** sowie **OneNote** und darf auf bis zu drei Rechnern innerhalb eines Haushalts, nicht aber für geschäftliche Anwendungen eingesetzt werden.
- *Office Home and Business 2010:* Das Office-Paket ist für Kleinunternehmen und Privatanwender gedacht, die mit **Word**, **Excel**, **PowerPoint**, **OneNote** und **Outlook** arbeiten möchten.
- *Office Standard 2010:* Dieses Paket ist für Unternehmen im Rahmen einer Volumenlizenz verfügbar und beinhaltet **Word**, **Excel**, **PowerPoint, Publisher** und **Outlook**. Es fehlt jedoch das Datenbankprogramm Access.

- *Office Professional 2010:* Die Lösung für Firmen und Freiberufler beinhaltet **Word, Excel, Access, PowerPoint, OneNote, Publisher** und **Outlook**. Eine vergünstigte Version dieses Pakets für Personen aus Forschung und Lehre ist unter dem Namen *Office Professional Academic 2010* erhältlich.
- *Office Professional Plus 2010:* Dieses Paket ist ebenfalls nur im Rahmen einer Volumenlizenz verfügbar und enthält gegenüber der *Office Professional 2010*-Version noch die Anwendungen **SharePoint Workspace, InfoPath** und den **Communicator**.

Zusätzlich bietet Microsoft noch *Office Starter 2010* mit funktional eingeschränkten Versionen von Word und Excel an. Dieses Paket kann von Computerherstellern auf neuen Rechnern vorinstalliert werden. Informationen zum genauen Umfang dieser Office-Pakete liefert Microsoft auf seinen Internetseiten (*http://office2010.microsoft.com/de-de/suites/*).

Hinweis

Microsoft stellt zudem noch für Privatanwender kostenlose Office-Webanwendungen bereit, über die Sie von einem Computer oder SmartPhone mittels eines Browsers (Internet Explorer, Safari und Firefox) auf im Internet gespeicherte Office-Dokumente zugreifen können. Dadurch lassen sich Word 2010-, Excel 2010-, PowerPoint 2010- und OneNote 2010-Dokumente öffnen. Die Dokumente müssen aber unter Windows Live (oder auf einem SharePoint-Workspace) gespeichert sein. Die Office-Webanwendungen verfügen jedoch (ähnlich wie die Anwendungen der Microsoft Office 2010 Starter Edition) nur über eine begrenzte Funktionalität, sodass nicht alle in den nachfolgenden Kapiteln beschriebenen Funktionen von Word, Excel etc. verfügbar sind.

Ein (Office-)Programm starten

Office-Programme lassen sich über das Windows-**Startmenü** aufrufen. Die Abläufe sind für alle Programme gleich. Deshalb soll das Starten eines Office-Programms exemplarisch am Beispiel von Microsoft Word gezeigt werden.

Hinweis

In diesem Buch wird vorausgesetzt, dass Sie zumindest über grundlegende Kenntnisse im Umgang mit Microsoft Windows verfügen. Techniken zum Arbeiten mit der Maus, zum Umgang mit Fenstern, Menüs, Dateien usw. werden daher als bekannt vorausgesetzt. Falls Sie sich noch unsicher sind, empfehle ich Ihnen einen der im Markt+Technik-Verlag erschienenen Easy-Titel zu Microsoft Windows. Diese werden für alle aktuellen Windows-Versionen angeboten und vermitteln die zum Arbeiten mit Microsoft Office benötigten Grundlagen zum Umgang mit Windows. Microsoft Office 2010 benötigt Windows XP (ab SP3) oder eine neuere Betriebssystemversion. Zum Erstellen der Bildschirmfotos wurde in diesem Buch durchgängig Windows 7 verwendet.

1 Klicken Sie in der Windows-Taskleiste auf die Schaltfläche *Start*.

2 Klicken Sie im Windows-**Startmenü** auf den Eintrag *Alle Programme* und öffnen Sie das Untermenü *Microsoft Office*.

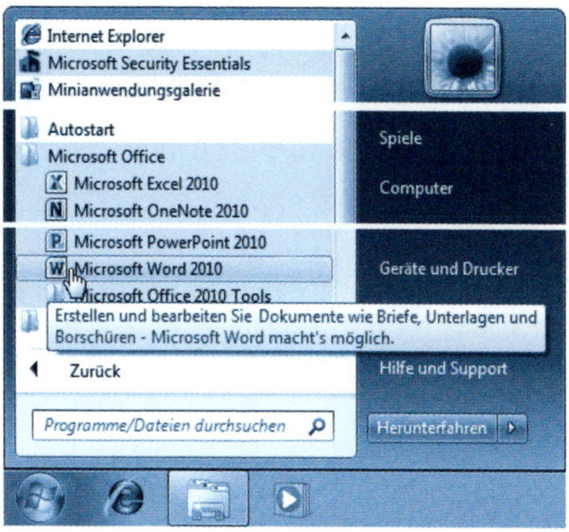

In diesem Untermenü sind die Symbole der installierten Office-Programme wie *Microsoft Office Word 2010*, *Microsoft Office Excel 2010* etc. aufgeführt.

3 Klicken Sie im Untermenü auf den Eintrag *Microsoft Office Word 2010*.

Windows startet anschließend das Programm *Microsoft Word*. Das zugehörige Fenster wird auf dem **Desktop** geöffnet. Wie Sie mit diesem Programm arbeiten, erfahren Sie in Kapitel 2. Auf die gleiche Weise können Sie Microsoft Excel, Microsoft PowerPoint usw. starten.

Hinweis

Weiterhin können Sie sich die Symbole für Word, Excel etc. auch auf dem Desktop einrichten (das Programmsymbol bei gedrückter rechter Maustaste aus dem Startmenü zum Desktop ziehen, die Maustaste loslassen und im Kontextmenü den Befehl *Hierher kopieren* wählen). Sobald die Symbole für Office-Programme auf dem Desktop sichtbar sind, lassen sich die betreffenden Programme durch einen Doppelklick auf dieses Symbol starten.

Office-Anwendungen beenden

Wenn Sie mit einer Office-Anwendung gearbeitet haben, diese aber nicht mehr benötigen, können Sie das Programm beenden und das zugehörige Dokumentfenster schließen. Dies funktioniert genauso, wie Sie es bereits von anderen Windows-Anwendungen her kennen.

1 Klicken Sie in der rechten oberen Ecke des Programmfensters auf die Schaltfläche *Schließen*. 

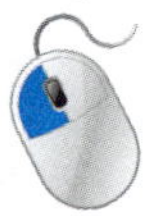

Windows wird das Programmfenster schließen. Enthält das Programmfenster noch ein Dokument mit nicht gesicherten Änderungen, erscheint aber ein Dialogfeld (identisch oder ähnlich wie hier gezeigt) mit einer Warnung.

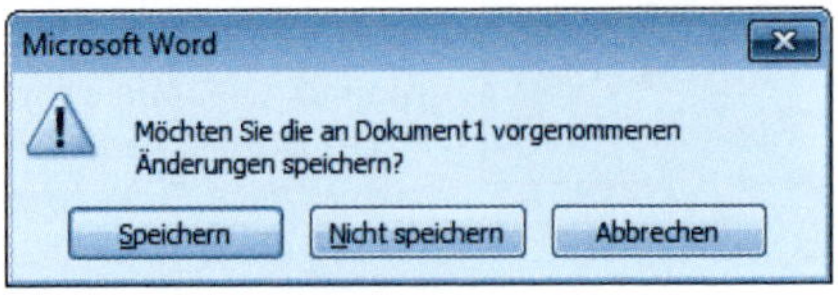

2 Klicken Sie auf eine der drei Schaltflächen, um das Dialogfeld zu schließen.

Die Schaltfläche *Speichern* bewirkt, dass das Programm das ungespeicherte Dokument in einer Datei sichert. Mit der Schaltfläche *Nicht speichern* wird das Programm beendet, ohne die Änderungen zu sichern. Mit der Schaltfläche *Abbrechen* kehren Sie zum Office-Programm (hier Word) zurück und können anschließend am momentan geöffneten Dokument weiterarbeiten.

Fachwort

Dialogfeld ist die Bezeichnung für die bei vielen Windows-Programmen geöffneten kleinen Zusatzfenster, in denen Sie weitere Optionen abrufen können. Die Elemente innerhalb der Dialogfelder werden als **Steuerelemente** bezeichnet, und die viereckigen Knöpfe mit Bezeichnungen wie *OK, Abbrechen* etc. sind **Schaltflächen.** Manchmal reicht der Platz in einem Dialogfeld nicht, um alles unterzubringen. Dann werden die Steuerelemente auf mehrere **Registerkarten** aufgeteilt, die wie bei einem Karteikasten hintereinander angeordnet sind und sich über Registerreiter anwählen lassen. Diese Art Dialogfelder werden auch als **Eigenschaftenfenster** bezeichnet.

Programmfenster im Überblick

Sobald Sie eines der Programme aus Microsoft Office starten, öffnet dieses das Anwendungsfenster. Vieles in diesem Fenster wird Ihnen vermutlich aus anderen Windows-Programmen bekannt sein. Schauen wir uns einmal die Elemente eines (nachfolgend am Beispiel von Word gezeigten) Programmfensters an.

- Am oberen Fensterrand befindet sich die **Titelleiste**, in deren Mitte der Dokumentname aufgeführt ist. Am rechten Rand der Titelleiste finden Sie zudem die drei Schaltflächen, um das Programmfenster zu minimieren, zwischen dem Fenster- und Vollbildmodus umzuschalten (maximieren/verkleinern) sowie zu schließen.
- Die **Symbolleiste für den Schnellzugriff** befindet sich am linken Rand der Titelleiste und enthält Schaltflächen, über die Sie schnell auf häufig benötigte Funktionen zugreifen können. Den Inhalt der Leiste können Sie Ihren Anforderungen entsprechend anpassen (siehe Abschnitt »Die Symbolleiste für den Schnellzugriff«).
- Die bei älteren Windows-Anwendungen üblichen Menü- und Symbolleisten wurden (bereits ab Microsoft Office 2007) durch das sogenannte **Menüband** ersetzt. Dieses befindet sich oberhalb des Dokument-

bereichs und besteht aus mehreren **Registerkarten** (*Start*, *Einfügen*, *Seitenlayout* etc.). Auf der über den zugehörigen Registerreiter gewählten Registerkarte finden Sie in der Leiste die thematisch in Gruppen geordneten Steuerelemente (z.B. Schaltflächen), über die Sie auf die zugehörigen Funktionen zugreifen können.

- Am unteren Fensterrand findet sich die **Statusleiste**, die im linken Teil spezielle Informationen zum betreffenden Dokument (z.B. die Seitenzahlen) enthält. Der Schieberegler am rechten Rand der Statusleiste ermöglicht es, den Zoomfaktor für die Dokumentanzeige stufenlos anzupassen. Links neben dem Regler findet sich noch eine Schaltflächengruppe, über die zwischen den für das jeweilige Programm verfügbaren Dokumentdarstellungen umgeschaltet werden kann.

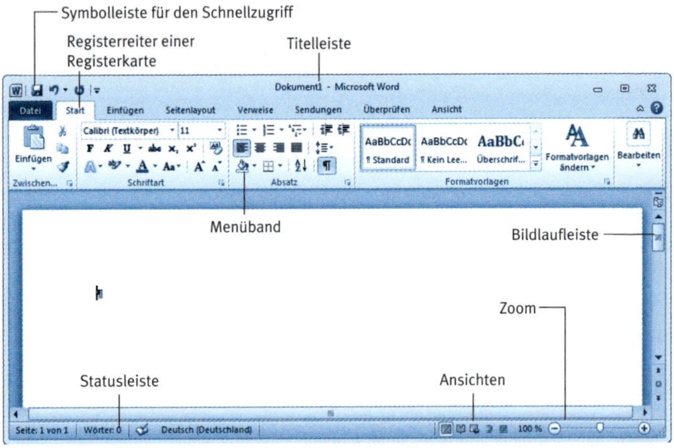

Am rechten und unteren Rand kann das Programmfenster noch Bildlaufleisten aufweisen, die in einem umfangreicheren Dokument das horizontale und vertikale Blättern ermöglichen. Die rechte untere Ecke enthält zudem noch eine geriffelte Fläche, über die sich die Fenstergröße per Maus verändern lässt. Diese Elemente sollten Sie bereits von anderen Windows-Fenstern her kennen.

Achtung

Das Menüband setzt ein genügend großes Programmfenster voraus, um alle Elemente anzuzeigen. Verwenden Sie ein verkleinertes Programmfenster, reduziert das Programm die Schaltflächengruppen im Menüband zu »Gruppensymbolen«. Erst beim Anklicken des Gruppensymbols werden dann die entsprechenden Einzelelemente gezeigt (siehe die folgenden Seiten). Falls bei Ihnen also im Buch besprochene Schaltflächen oder Elemente nicht sichtbar sind, denken Sie ggf. daran, mit einer genügend hohen Bildschirmauflösung und einem entsprechend vergrößerten Fenster zu arbeiten.

Die Microsoft Office Backstage-Ansicht

Die Registerkarte *Datei* des Menübands besitzt in Office 2010 eine besondere Bedeutung (ersetzt sie doch die aus Microsoft Office 2007 bekannte *Office*-Schaltfläche). Klicken Sie auf den Registerreiter *Datei*, zeigt Microsoft Office die sogenannte **Backstage-Ansicht**.

- In der linken Spalte finden Sie ein Menü mit Befehlen zum Verwalten von Dokumenten (z. B. *Speichern*, *Speichern unter*, *Öffnen*, *Neu*, *Drucken* etc.) sowie zum Zugriff auf weitere Informationen (z. B. *Informationen*, *Zuletzt verwendet*, *Hilfe* und *Optionen*).

- Klicken Sie auf einen Befehl, öffnet sich entweder ein Dialogfeld (z. B. das Dialogfeld *Öffnen* oder *Speichern unter*). Bei Anwahl der Befehle *Informationen, Zuletzt verwendet, Neu, Drucken, Speichern und Senden* und *Hilfe* werden in der rechten Spalte der Backstage-Ansicht weitere Optionen bzw. Details eingeblendet.

Auf diese Weise können Sie sehr komfortabel auf Dokumente oder deren Informationen zugreifen. Über den Befehl *Optionen* lässt sich auf das Dialogfeld mit den Einstelloptionen des betreffenden Office-Programms zugreifen (siehe Kapitel 11). Der Eintrag *Beenden* in der linken Spalte der Backstage-Ansicht schließt die betreffende Anwendung.

Zugriff auf zuletzt verwendete Dokumente

In den folgenden Kapiteln lernen Sie, wie sich Dokumente in Office-Anwendungen laden lassen. Möchten Sie **die zuletzt verwendeten Dokumente** schneller einsehen?

1 Öffnen Sie die Backstage-Ansicht über den Registerreiter *Datei* und wählen Sie den Befehl *Zuletzt verwendet*.

2 Anschließend klicken Sie auf einen der in der Spalte *Zuletzt verwendete Dokumente* aufgeführten Dokumentnamen.

Daraufhin wird das gewählte Dokument sofort in der Office-Anwendung geladen. Über die eventuell eingeblendete Spalte *Zuletzt besuchte Ordner* können Sie auf den oder die Ordner zugreifen, in denen die zuletzt geöffneten Dokumente gespeichert sind.

Tipp

Beim Öffnen neuer Dokumente werden die ältesten Einträge in der Spalte *Zuletzt verwendet* automatisch gelöscht. Klicken Sie auf das Symbol des stilisierten Pins hinter dem Dokumentnamen, um den Eintrag fest in der Liste aufzunehmen. Mit einem zweiten Klick lösen Sie diese Fixierung des Eintrags wieder aus der Liste.

Hinweis

Markieren Sie das Kontrollkästchen *Schnellzugriff auf diese Anzahl zuletzt verwendeter Dokumente* am unteren Seitenrand der Backstage-Ansicht, werden die zuletzt geöffneten Dokumentnamen dann in der linken Menüspalte eingeblendet. Das zugehörige Drehfeld bestimmt dabei die Zahl der im Menü sichtbaren Dokumenteinträge.

Office kann Dokumente über die AutoWiederherstellen-Funktion in Intervallen sichern. Die Kategorie *Zuletzt verwendet* der Backstage-Ansicht ermöglicht es, über das am unteren Rand eingeblendete Bedienelement *Nicht gespeicherte .... wiederherstellen* ein ohne Speichern geschlossenes Dokument aus dem letzten Sicherungspunkt zu rekonstruieren.

Funktionen per Tastatur abrufen

Das Öffnen der Backstage-Ansicht oder die Anwahl der Elemente des Menübands ist auch in Microsoft Office 2010 weiterhin über die Tastatur möglich.

1 Drücken Sie kurzzeitig die [Alt]-Taste, blendet Office die Abkürzungstasten im Menüband sowie im Menü der Seite *Datei* als QuickInfos ein.

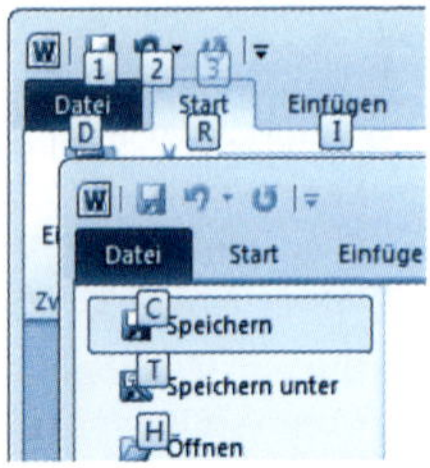

2 Dann reicht es, die angezeigte Abkürzungstaste zum Aufruf der zugehörigen Funktion auf der Tastatur zu drücken.

Mit der [Alt]-Taste und der Taste [D] können Sie also die Registerkarte *Datei* mit der Backstage-Ansicht öffnen. Drücken Sie anschließend die Taste [T], wird der Befehl *Speichern unter* und anschließend das zugehörige Dialogfeld aufgerufen, über das Sie dann ein neues Dokument anlegen können.

Arbeiten mit dem Menüband

Das Menüband ist Microsofts Ansatz, die in älteren Programmen (z. B. Microsoft Office 2003) vorhandenen Menüs und Symbolleisten durch ein einfaches und übersichtliches Bedienkonzept zu ersetzen. Am oberen Rand des Menübands sehen Sie Registerreiter mit Bezeichnungen wie *Start*, *Einfügen*, *Seitenlayout*, die zu den betreffenden Registerkarten gehören.

- Klicken Sie auf einen **Registerreiter**, wird die zugehörige Registerkarte (hier *Start*) im Menüband angezeigt. Dies ermöglicht es Ihnen, bei Bedarf die Registerkarte mit den jeweils benötigten Funktionen in der Anzeige abzurufen.

- Die Schaltflächen und Steuerelemente der jeweiligen Registerkarte werden dabei in **Gruppen** zusammengefasst. Der Name der Gruppe ist am unteren Gruppenrand zu sehen. Beispielsweise finden Sie auf der Registerkarte *Start* in der zweiten Gruppe *Schriftart* alle Elemente, um die Zeichen im Dokument mit einem sogenannten Format (fett, kursiv, farbig etc.) zu versehen.
- **Um** eine **Funktion abzurufen**, genügt es, das gewünschte **Element** der Gruppe mit der Maus **anzuklicken** (doch dazu später mehr).

Manchmal reicht der Platz im Fenster nicht mehr, damit Word, Excel oder die anderen Office-Anwendungen die Gruppen im Menüband komplett darstellen können. Das Programm behilft sich dann damit, die am rechten Rand des Menübands angeordneten Gruppen zu einem Gruppensymbol zu verkleinern. Sobald Sie das Fenster in der Breite vergrößern, erscheint die Gruppe wieder in der Anzeige.

Erkennbar ist eine verkleinerte Gruppe am Symbol, dessen Symboltitel ein kleines Dreieck aufweist. Klicken Sie auf die Schaltfläche der reduzierten Gruppe, zeigt Office den **Gruppeninhalt** entweder als **Menü** oder als **Katalog** an. Hier sehen Sie zwei der benutzten Varianten (links Katalog, rechts Menü).

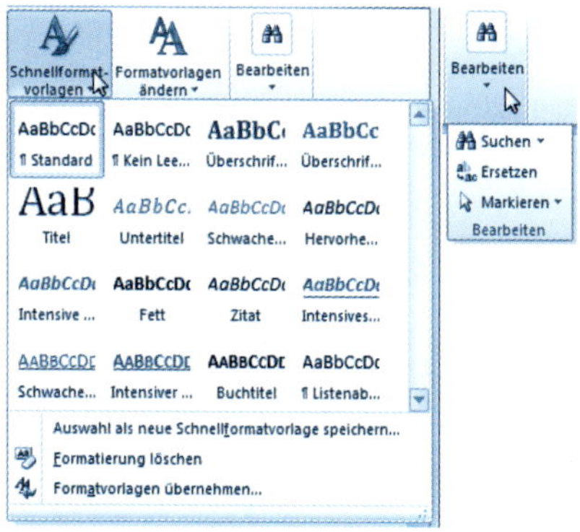

Am unteren Rand einer Gruppe zeigt das Menüband nicht nur den Gruppennamen an. Bei manchen Gruppen finden Sie zusätzlich am rechten unteren Rand das Symbol **Startprogramm für Dialogfelder** vor.

Zeigen Sie mit der Maus auf dieses Symbol, erscheint eine Miniaturansicht des betreffenden Dialogfelds in einer angezeigten QuickInfo.

Ein Mausklick auf das Symbol des Startprogramms für Dialogfelder zeigt dann das Dialogfeld.

Die beim Start eines Office-Programms bereits vorhandenen Registerkarten *Start*, *Einfügen*, *Seitenlayout* etc. bezeichnet Microsoft als »Programmregisterkarten«, weil diese fest zum jeweiligen Programm gehören. Microsoft Office kennt aber noch sogenannte **Kontexttools**, die nur in bestimmten Situationen vorhanden sind. Wählen Sie beispielsweise eine Tabelle oder eine Grafik an, werden die Registerreiter der zusätzlichen Kontexttools in dem Menüband eingeblendet. Zudem erscheint für jedes Kontexttool ein Eintrag in der Titelleiste des Programmfensters.

Hier sehen Sie die Kontexttools *Bildtools* und *Tabellentools*.

Ein Mausklick auf einen solchen Eintrag holt die zugehörige Registerkarte in den Vordergrund.

Hinweis

Klicken Sie mit der rechten Maustaste auf das Menüband, können Sie den Kontextmenübefehl *Menüband minimieren* wählen.

Alternativ können Sie auf die hier gezeigte Schaltfläche *Menüband minimieren* klicken. Dann wird nur noch die Zeile mit den Registerreitern oberhalb des Dokumentbereichs angezeigt.

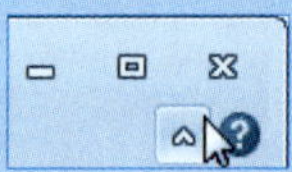

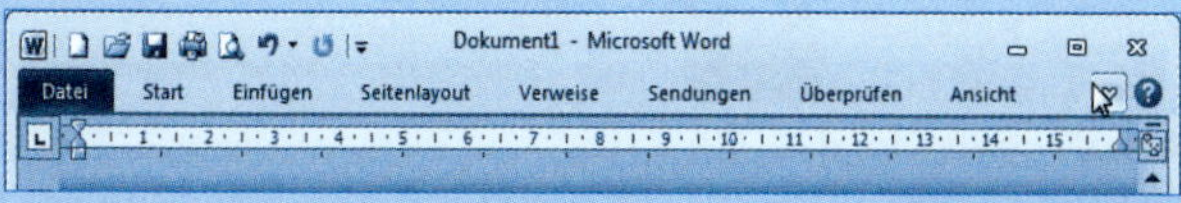

Klicken Sie auf den Namen einer Registerkarte, blendet das Programm das Menüband mit den zugehörigen Registerkarten im Fenster ein. Wählen Sie den Dokumentbereich erneut per Mausklick an, verschwindet das Menüband wieder. Der Vorteil dieses Ansatzes besteht darin, dass der freigegebene Bereich zusätzlich zur Dokumentanzeige zur Verfügung steht. Um das Menüband wieder permanent anzuzeigen, klicken Sie den Kontextmenübefehl *Menüband minimieren* eines Registerreiters erneut an oder wählen die Schaltfläche *Menüband erweitern*. Sie können auch die Tastenkombination Strg+F1 zum Ein-/Ausblenden des Menübands verwenden.

Die Symbolleiste für den Schnellzugriff

Die Schaltflächen häufig benötigter Funktionen ordnet Office im Programmfenster in der links in der Titelleiste des Programmfensters gezeigten Symbolleiste für den Schnellzugriff an. Standardmäßig finden Sie in dieser Liste nur die Schaltfläche mit dem Diskettensymbol zum Speichern des Dokuments sowie die beiden Schaltflächen, um Befehle rückgängig zu machen oder zu wiederholen. Sie können aber die *Schnellzugriff*-Symbolleiste mit wenigen Mausklicks anpassen.

1 Klicken Sie auf die rechts neben der Leiste eingeblendete Schaltfläche *Symbolleiste für den Schnellzugriff anpassen*.

2 Sobald sich das Menü öffnet, klicken Sie auf den jeweiligen Befehl, dessen Symbol in der Leiste ein- oder ausgeblendet werden soll.

Mit einem Häkchen versehene Befehle im Menü sind bereits in der Symbolleiste eingeblendet.

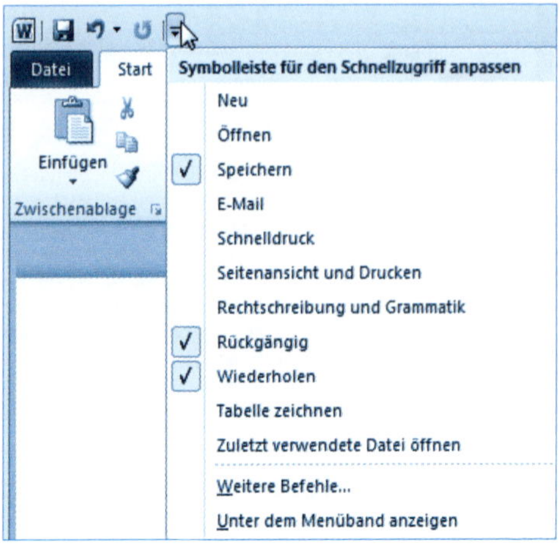

Durch Anklicken lassen sich die Häkchen jeweils setzen oder löschen.

Hinweis

Hilfreich sind neben den Schaltflächen *Neu, Öffnen* und *Speichern* auch die Befehle *Schnelldruck* sowie *Seitenansicht und Drucken*, mit denen sich das Dokument direkt drucken oder die Druckvorschau in der Backstage-Ansicht anzeigen lässt. Über die Befehle *Unter dem Menüband anzeigen* und *Über dem Menüband anzeigen* lässt sich die Leiste (je nach Anordnung) unter- oder oberhalb des Menübands anordnen. Wie Sie die Reihenfolge der Schaltflächen anpassen und weitere Änderungen vornehmen können, erfahren Sie in Kapitel 11.

Die Statusleiste anpassen

In Microsoft Office 2010 zeigen die einzelnen Anwendungen bestimmte Informationen in der Statusleiste an (siehe die folgenden Kapitel). Sie können aber, abhängig von der Anwendung, die Anzeige der Statusleiste individuell anpassen.

1 Klicken Sie einen freien Bereich der Statusleiste mit der rechten Maustaste an.

2 Anschließend wählen Sie im Kontextmenü den gewünschten Befehl mit der linken Maustaste an.

Bei der ersten Anwahl des Befehls wird die Option eingeschaltet. Eine erneute Auswahl des Befehls blendet die Option wieder aus. Ein stilisiertes Häkchen vor dem betreffenden Kontextmenübefehl signalisiert, dass die Option aktiv ist.

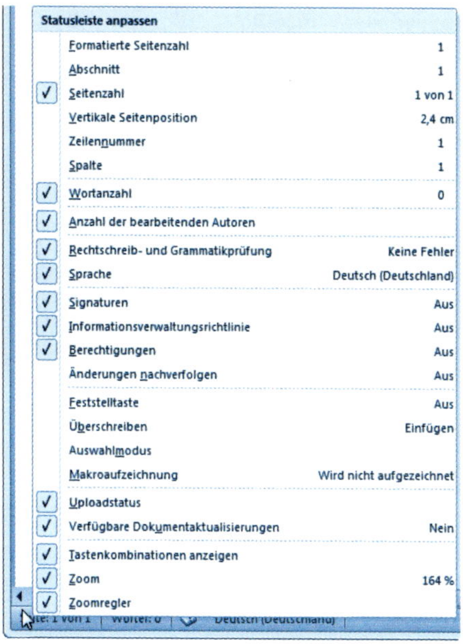

Mit Dokumenten arbeiten

Wenn Sie eine Office-Anwendung aufrufen, legt diese automatisch ein **neues Dokument** an. Sie können diese Dokumente anschließend als Dateien in Ordnern (z. B. im Ordner *Dokumente* bei Windows Vista/Windows 7 bzw. *Eigene Dateien* bei Windows XP) speichern. Nachfolgend finden Sie noch einige Hinweise, wie Sie mit diesen Dateien arbeiten bzw. wie Sie leere Office-Dokumente erstellen können.

Office-Dokumente öffnen

Beim Arbeiten mit den Microsoft Office-Programmen werden Sie auf Ihrer Festplatte oder auf anderen Datenträgern (USB-Sticks, Speicherkarten) entsprechende Dokumentdateien wie Briefe usw. ablegen. Weitere Office-Dokumente erhalten Sie vielleicht auf CDs/DVDs, per E-Mail und so weiter. Microsoft Windows erkennt anhand der Erweiterung im Dateinamen, um welchen Dokumenttyp es sich handelt.

Daher werden für die verschiedenen Office-Dokumente auch unterschiedliche Symbole in der Anzeige der Ordnerfenster verwendet. Zum Öffnen dieser Dokumente mit dem zugehörigen Office-Programm genügt ein Doppelklick auf das betreffende Dokumentsymbol.

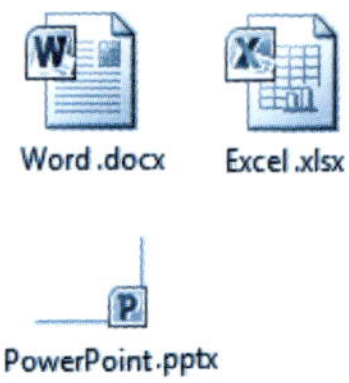

> **Hinweis**
>
> Microsoft Office verwendet unterschiedliche Symbole und Dateinamenerweiterungen für die Dokumente. Einmal gibt es die Dateinamenerweiterungen *.doc* für Word, *.xls* für Excel und *.ppt* für PowerPoint. Diese Dateinamenerweiterungen weisen auf die von früheren Office-Versionen (Office 97 bis 2003) benutzten Dokumentformate hin. Ab Microsoft Office 2007 wird standardmäßig ein neues Dokumentformat verwendet, welches eigene Symbole sowie die Buchstaben *x* (*.docx*, *.xlsx*, *.pptx*) oder *m* (*.docm*, *.xlsm*, *.pptm*) in der Dateinamenerweiterung benutzt. Dateinamenerweiterungen mit dem letzten Buchstaben *m* deuten an, dass im Dokument sogenannte Makros – also kleine Programme – enthalten sind. Sie können mit Microsoft Office 2010 sowohl die älteren Dokumentformate speichern und lesen als auch mit den neuen Formaten arbeiten. Sind ältere Dokumente geladen, wird dies durch den in der Titelleiste eingeblendeten Text »[Kompatibilitätsmodus]« angezeigt.

Die Alternative besteht darin, die Dokumente direkt in der betreffenden Office-Anwendung zu laden.

1 Öffnen Sie die Registerkarte *Datei* und wählen Sie in der Backstage-Ansicht den gewünschten Befehl (hier *Öffnen*).

Hinweis

Wurde die *Symbolleiste für den Schnellzugriff* erweitert (siehe vorhergehende Seiten), können Sie auch das Symbol *Öffnen* wählen. Oder Sie drücken die Tastenkombination `Strg`+`O`. Allerdings darf dann die Backstage-Ansicht nicht geöffnet sein. Sie können zudem den Befehl *Zuletzt verwendet* in der Backstage-Ansicht wählen, um ein dort aufgeführtes Dokument direkt zu öffnen (siehe Abschnitt »Zugriff auf zuletzt verwendete Dokumente« weiter vorne in diesem Kapitel).

Das Programm zeigt dann das Dialogfeld *Öffnen* zur Auswahl der Dokumentdatei an.

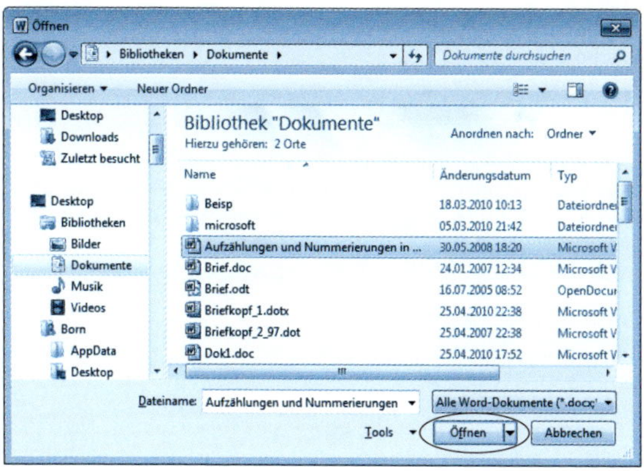

2 Navigieren Sie zum Dokumentordner, markieren Sie die Dokumentdatei mit einem Mausklick und verwenden Sie die Schaltfläche *Öffnen* zum Laden des Dokuments.

Dokumentdateien werden in Windows Vista bzw. Windows 7 standardmäßig im Ordner *Dokumente* bzw. in Unterordnern abgelegt. Sie können über die Navigationsleiste des Dialogfelds *Öffnen* zu den betreffenden Dokumentordnern wechseln.

Hinweis

Im Navigationsbereich der Dialogfelder *Öffnen* und *Speichern unter* finden Sie eine mit »Microsoft Word«, »Microsoft Excel« etc. benannte Rubrik, in der Speicherorte für die Dokumente der geöffneten Anwendung aufgelistet werden. Durch Anwahl eines Ordnersymbols gelangen Sie dann direkt zum betreffenden Speicherort.

Weiterhin hängen die im Dialogfeld angezeigten Dokumentdateien einmal von der gewählten Office-Anwendung ab. Zudem lässt sich im Dialogfeld das Listenfeld für den Dateityp öffnen. Dort können Sie den Filter zur Anzeige der gewünschten Dateitypen einstellen.

Klicken Sie auf das Listenfeld, öffnet sich die Liste der unterstützten Dateiformate. Je nach Anwendung können Sie dann zwischen den Formaten wählen.

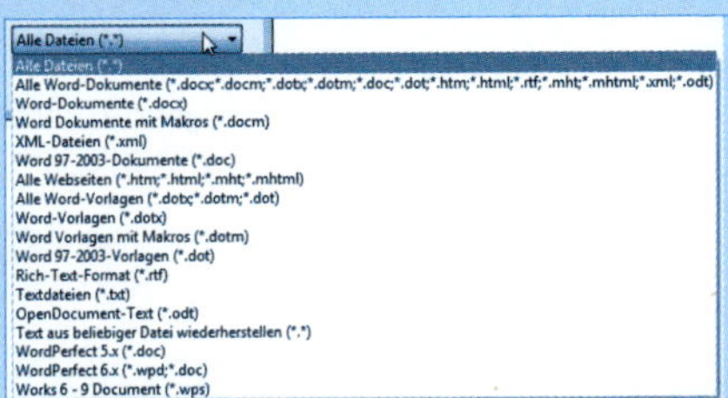

Der Eintrag »Alle Word-Dokumente« listet z. B. sämtliche von Microsoft Word unterstützten Dokumentformate auf. Über weitere Einträge können Sie nur Dokumente im neuen Word 2007/2010-Format (*.docx* oder *.docm*) wählen oder Dateien im älteren Format für Word 97-2003 (*.doc*) laden.

Klicken Sie auf das Dreieck am rechten Rand der Schaltfläche *Öffnen*, erscheint das hier gezeigte Menü. Dort finden Sie Befehle, um ein Dokument schreibgeschützt zu öffnen oder beim Laden zu reparieren.

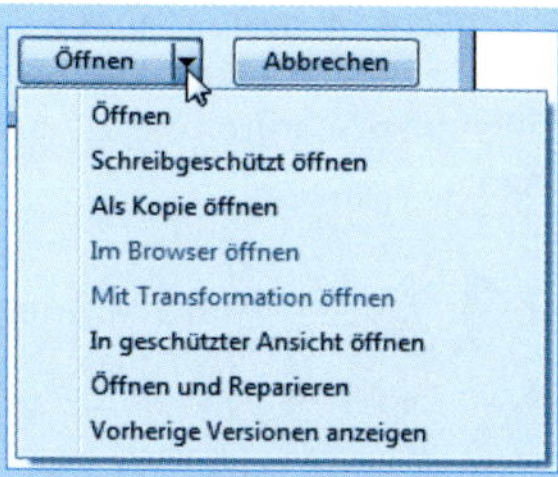

Weiterhin gibt es unterhalb des Textfelds *Dateiname* noch die Menüschaltfläche *Tools*. Diese stellt Ihnen den Befehl zum Verbinden mit einem Netzlaufwerk bereit. Bei anderen Dialogfeldern (z. B. *Speichern unter*) finden Sie weitere Befehle im *Tools*-Menü.

Arbeiten Sie unter Microsoft Windows XP mit Microsoft Office, werden Dokumentdateien in Windows XP im Ordner *Eigene Dateien* bzw. in dessen Unterordnern abgelegt. Zusätzlich können die Dialogfelder zum Öffnen, Speichern und Drucken etwas anders als hier gezeigt aussehen.

Tipp

Sie können ein Kontextmenü öffnen, indem Sie im Dialogfeld mit der rechten Maustaste auf den Dateibereich klicken. Das Menü enthält Befehle, um neue Ordner anzulegen oder markierte Ordner bzw. Dokumente zu löschen bzw. umzubenennen. Dies funktioniert nicht nur im Dialogfeld *Öffnen*, sondern auch im Dialogfeld *Speichern unter* (siehe Kapitel 2).

Eine neue Dokumentdatei anlegen

Beim Starten eines Office-Programms legt dieses automatisch ein neues Dokument im Anwendungsfenster an. Sie können aber, während Sie vielleicht noch an einem Dokument arbeiten, bereits ein zweites, neues Dokument anlegen. Die Symbolleiste für den Schnellzugriff lässt sich um eine Schaltfläche *Neu* erweitern. Klicken Sie diese Schaltfläche an, wird ein neues leeres Dokument erzeugt. Die gleiche Wirkung hat die Tastenkombination Strg+N.

Häufig möchte man statt eines leeren Dokuments eine bestehende Vorlage (z. B. mit einem Briefkopf) verwenden. Microsoft Office ermöglicht Ihnen mit folgenden Schritten das Erzeugen von Dokumenten aus verschiedenen Vorlagen.

1 Öffnen Sie die Backstage-Ansicht, indem Sie auf den Registerreiter *Datei* klicken.

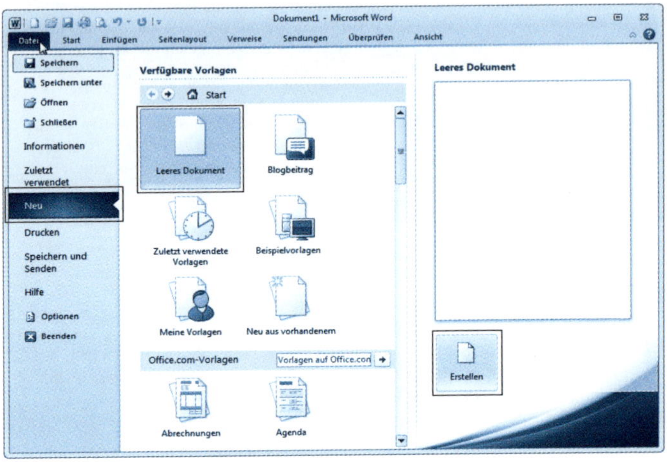

2 Wählen Sie in der linken Spalte der Backstage-Ansicht den Befehl *Neu*.

Anschließend werden in der mittleren Spalte *Verfügbare Vorlagen* der Backstage-Ansicht die verfügbaren Vorlagenkategorien sowie die Vorlage *Leeres Dokument* eingeblendet.

3 Wählen Sie in der Spalte *Verfügbare Vorlagen* die Kategorie und dann die gewünschte Dokumentvorlage aus.

4 Anschließend klicken Sie auf die in der rechten Spalte der Backstage-Ansicht eingeblendete Schaltfläche *Erstellen*.

Die *Erstellen*-Schaltfläche schließt die Backstage-Ansicht und stellt die gewählte Vorlage als Dokument im Anwendungsfenster dar.

Welche Dokumentvorlagen angezeigt werden, hängt von der jeweiligen Anwendung ab. In der Spalte *Verfügbare Vorlagen* können Sie zwischen verschiedenen Dokumentvorlagenkategorien wählen. Anschließend erscheinen die in der Kategorie verfügbaren Dokumentvorlagen. Microsoft stellt über die Kategorie »Office.com-Vorlagen« eine Sammlung weiterer Vorlagen bereit. Der Zugriff auf diese Vorlagen erfordert jedoch eine Onlineverbindung.

> **Hinweis**
>
> Klicken Sie auf eines der Vorlagensymbole, erscheint eine Dokumentvorschau in der rechten Spalte der Backstage-Ansicht. Lediglich bei Anwahl des Symbols *Meine Vorlagen* öffnet die betreffende Office-Anwendung das Dialogfeld *Neu*, in dem Sie auf persönliche Dokumentvorlagen zugreifen können (siehe Kapitel 3). Wie Sie Dokumente lokal oder im Internet speichern, wird in Kapitel 2 sowie in Kapitel 3 erläutert.

Hier gibt es Hilfe

Auch wer täglich mit Office arbeitet, wird nicht alles sofort wissen. Oder beim Umstieg von älteren Office-Versionen sucht man gelegentlich bestimmte Funktionen. Die Programmhilfe von Microsoft Office greift Ihnen dann auf Wunsch unter die Arme.

So rufen Sie die Hilfe auf

Wenn Sie etwas in einem Office-Programm tun möchten, aber nicht weiterwissen, können Sie die Hilfe aufrufen. Hierzu gibt es zwei Möglichkeiten.

- Klicken Sie rechts oben im Programmfenster auf die *Hilfe*-Schaltfläche oder drücken Sie die Funktionstaste [F1].
- Öffnen Sie die Backstage-Ansicht, wählen Sie den Menüeintrag *Hilfe* und klicken Sie in der mittleren Spalte *Support* auf den Eintrag *Microsoft Office-Hilfe*.

Office öffnet das Fenster der Programmhilfe. Über die auf der Hilfeseite sichtbaren Hyperlinks sowie über die Schaltflächen können Sie die angebotenen Hilfethemen abrufen.

Hinweis

Über den Eintrag *Erste Schritte* der Backstage-Ansicht öffnen Sie eine von Microsoft bereitgestellte Internetseite mit einer Einführung in das benutzte Office-Programm (z. B. Word). Der Eintrag *So erreichen Sie uns* öffnet dagegen eine Internetseite mit den Kontaktinformationen von Microsoft.

Abrufen von Hilfethemen

Die Hilfe von Microsoft Office 2010 ermöglicht Ihnen auf verschiedenen Wegen, auf die gewünschten Hilfethemen zuzugreifen.

- Standardmäßig wird die hier im Hintergrund gezeigte Darstellung benutzt, bei der die Hilfethemen als sogenannte Hyperlinks im Fenster aufgeführt sind. Durch einfache Mausklicks auf die Hyperlinks können Sie die Folgeseiten im Fenster abrufen.

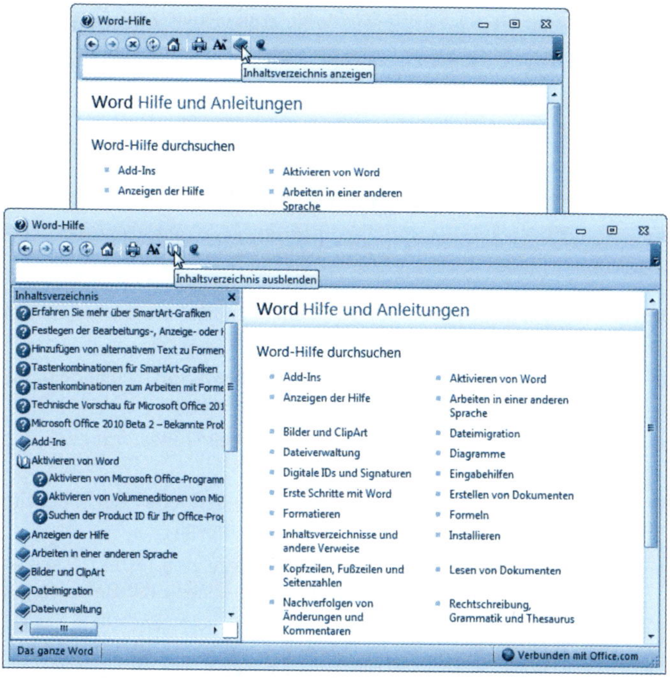

- Möchten Sie lieber über ein Inhaltsverzeichnis mit Überschriften auf die Hilfe zugreifen? Dann müssen Sie in der Symbolleiste des Hilfefensters auf die Schaltfläche *Inhaltsverzeichnis anzeigen* klicken. Das Hilfefenster wird dann am linken Rand um eine Spalte mit einem Inhaltsverzeichnis erweitert (hier im Vordergrund sichtbar). Stilisierte Buchsymbole zeigen die Themen an. Durch Anklicken eines Buchsymbols lässt sich dieses auf- und zuklappen. Bei einem aufgeklappten Buch werden die zugehörigen Unterthemen eingeblendet. Klicken Sie auf den Eintrag einer Hilfeseite (runder Kreis mit Fragezeichen), erscheint die zugehörige Hilfeseite im rechten Teil des Fensters.

Zudem lassen sich die Schaltflächen der Symbolleiste zum Abrufen der Hilfefunktionen verwenden.

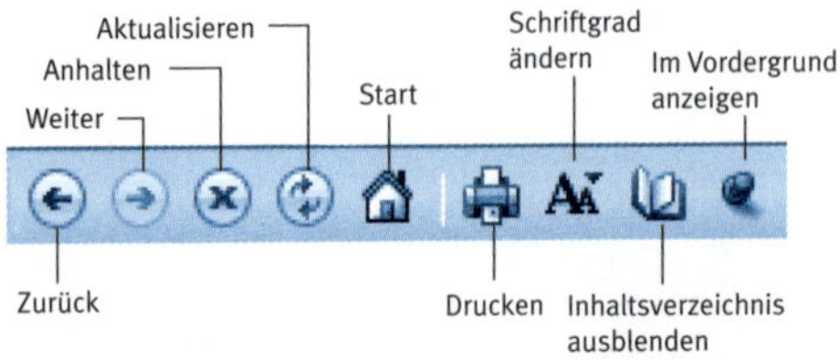

- Über die Schaltflächen *Zurück* und *Weiter* können Sie zwischen bereits angesehenen Hilfeseiten blättern.
- Über die Schaltfläche *Anhalten* können Sie das Abrufen einer Seite abbrechen, und mit *Aktualisieren* lässt sich die Anzeige auffrischen.
- Mit der Schaltfläche *Start* gelangen Sie zur beim Hilfeaufruf gezeigten Seite mit der Übersicht zurück.
- Die Schaltfläche *Drucken* ermöglicht Ihnen, den Inhalt der Hilfeseite über das Dialogfeld *Drucken* auf Papier zu bringen.
- Haben Sie Probleme mit der Größe des angezeigten Textes, lässt sich über die Schaltfläche *Schriftgrad ändern* ein Menü mit Befehlen zur Auswahl der Schriftgröße öffnen.
- Die mit *Inhaltsverzeichnis einblenden* bzw. *Inhaltsverzeichnis ausblenden* beschriftete Schaltfläche ermöglicht Ihnen, die Spalte mit dem Inhaltsverzeichnis am linken Fensterrand ein- oder auszublenden.

Standardmäßig ist das Fenster der Hilfe immer im Vordergrund verankert. Sie können die Verankerung bzw. den Anzeigemodus aber über die mit *Im Vordergrund anzeigen* bzw. *Nicht im Vordergrund* beschriftete Schaltfläche lösen bzw. wieder einschalten.

Suchen in der Hilfe

Steigen Sie von einer früheren Office-Version um oder wissen Sie bereits, was Sie tun möchten? Manchmal ist es einfacher, direkt in der Hilfe nach einem bestimmten Begriff oder Thema suchen zu lassen.

1 Klicken Sie auf das in der linken oberen Ecke sichtbare Textfeld und tippen Sie den gewünschten Suchbegriff ein.

2 Anschließend klicken Sie auf die Schaltfläche *Suchen* oder wählen einen der im Schaltflächenmenü angebotenen Befehle aus.

3 Sobald die Ergebnisliste erscheint, können Sie die Themen durch Anklicken der Hyperlinks abrufen.

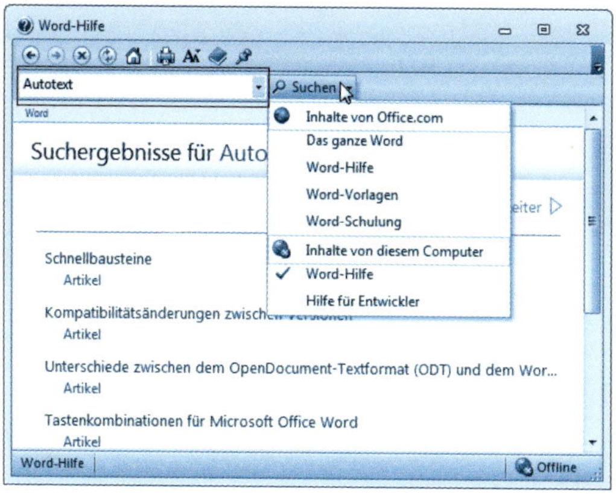

Das Menü der Schaltfläche *Suchen* lässt sich öffnen, indem Sie auf das Dreieck am rechten Schaltflächenrand klicken. Bei einer bestehenden Internetverbindung können Sie über die Hilfe auch im Microsoft Office.com-Angebot nachschlagen. Das Fenster lässt sich jederzeit über die *Schließen*-Schaltfläche am oberen rechten Fensterrand beenden.

Fachwort

Der Begriff **Hyperlink** stammt aus dem Internet. Ein Hyperlink kennzeichnet einen Verweis aus einem bestehenden Text auf eine Folgeseite. Klicken Sie auf einen Hyperlink, ruft das betreffende Programm automatisch das Folgedokument auf. Hyperlinks werden häufig mit blauer Schrift und unterstrichen dargestellt. Microsoft hat diese Technik der Hyperlinks auch in seine Hilfe und in die Office-Programme eingebaut. Ein **Textfeld** ist ein viereckiger Bereich in einem Dialogfeld, in das Sie einen Text eingeben können.

An dieser Stelle möchte ich die kurze Einführung beenden. Sie haben die wichtigsten Grundlagen kennengelernt und sollten für die Arbeit mit Microsoft Office bereit sein. In den folgenden Kapiteln lernen Sie den konkreten Umgang mit den jeweiligen Office-Anwendungen kennen.

Testen Sie Ihr Wissen

Zur Überprüfung Ihrer Kenntnisse können Sie die folgenden Fragen beantworten (die Lösungen finden Sie in Klammern).

- **Nennen Sie verschiedene Office-Anwendungen.**

  (Microsoft Word, Microsoft Excel, Microsoft PowerPoint.)

- **Wie lässt sich ein Office-Programm starten?**

  (Indem Sie z. B. auf eine entsprechende Dokumentdatei doppelklicken. Oder Sie öffnen das Startmenü und wählen in der Programmgruppe *Alle Programme/Microsoft Office* das betreffende Programm aus.)

- **Wie öffnen Sie ein Dokument in einem Office-Programm?**

  (Indem Sie die Backstage-Ansicht öffnen und dann den Befehl *Öffnen* im eingeblendeten Menü wählen. Danach lässt sich die Dokumentdatei im Dialogfeld *Öffnen* auswählen und mittels der *Öffnen*-Schaltfläche laden.)

- **Wie erhalten Sie Hilfe zu den Office-Funktionen?**

  (Klicken Sie in der rechten oberen Ecke des Fensters auf die *Hilfe*-Schaltfläche oder drücken Sie die Funktionstaste [F1].)

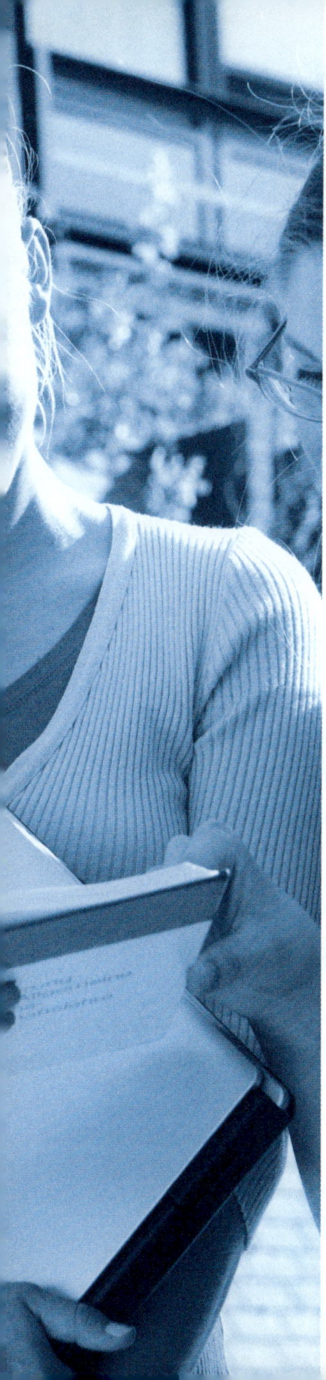

Kapitel 2

Word – das erste Mal

Was bringt Ihnen dieses Kapitel?

Word ist mehr als ein »Schreibmaschinenersatz«, mit dem Sie einfache Texte erfassen, drucken und zur späteren Verwendung in Dateien speichern können. Bereits mit wenigen Grundkenntnissen können Sie Ihre Texte (Briefe, Einladungen etc.) ansprechend gestalten und mit einer persönlichen Note versehen. Wie einfach der Umgang mit Word ist, zeigt Ihnen dieses Kapitel. Sie lernen Word und seine wichtigsten Funktionen kennen. So ganz nebenbei absolvieren Sie die ersten Schritte zum Erstellen von Textdokumenten.

Die ersten Schritte

Verwenden Sie Word zum Erstellen Ihrer Texte, lassen sich diese speichern, bei Bedarf wieder laden und jederzeit ändern. Dabei können Sie die Dokumente auch im Internet ablegen, um mobil oder mit mehreren Benutzern darauf zuzugreifen. Weiterhin lassen sich problemlos mehrere Kopien eines solchen Dokuments ausdrucken. Nachfolgend lernen Sie einige Grundlagen zum Umgang mit Word kennen.

Word im Überblick

Starten Sie Microsoft Word (siehe Kapitel 1), öffnet das Programm automatisch ein neues Dokumentfenster, welches (meist) noch keinen Text enthält. Der Name des gerade bearbeiteten Dokuments (in diesem Fall *Dokument1*) erscheint dabei, wie hier gezeigt, in der Titelleiste des Word-Fensters.

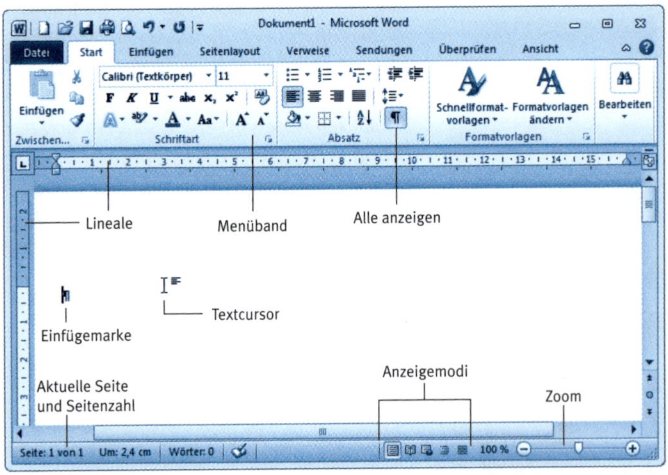

- Im **Dokumentbereich** (die weiße Fläche im Fensterinneren) finden Sie den (ggf. eingegebenen) **Text**. In der linken oberen Ecke des Dokumentbereichs sehen Sie bei einem neuen Dokument die **Einfügemarke** und den **Textcursor**. Sobald Sie ein Zeichen per Tastatur eingeben, bewegt sich die Einfügemarke um eine Position nach rechts.

> **Hinweis**
>
> Die **Einfügemarke** (auch als **Schreibmarke** bezeichnet) wird als senkrechter, blinkender schwarzer Strich dargestellt. Diese Marke zeigt an, wo das nächste eingegebene Zeichen auf dem Bildschirm eingefügt wird. Einfügemarken werden in Windows überall dort verwendet, wo Texte einzugeben sind. Zeigen Sie per Maus auf den Textbereich, erscheint anstelle des Mauszeigers ein sogenannter **Textcursor**. Dieser lässt sich genauso wie der Mauszeiger handhaben. Sie können mit dem Textcursor auf ein Wort zeigen, etwas markieren oder anklicken. Beim Klicken auf eine Textstelle verschiebt Word die Einfügemarke zu dieser Stelle. Sie können dort anschließend Text eingeben oder bestehenden Text bearbeiten.

- Oberhalb des Dokumentbereichs findet sich das in Kapitel 1 bereits erwähnte **Menüband**. Die auf den jeweiligen Registerkarten enthaltenen Schaltflächen und Elemente ermöglichen Ihnen, den Text mit Auszeichnungen (Formaten) zu versehen.
- Optional kann das Fenster noch ein horizontales bzw. vertikales **Lineal** aufweisen. Ein-/ausblenden lässt sich das Lineal über das Kontrollkästchen *Lineal* der Registerkarte *Ansicht*.
- In der **Statusleiste** zeigt Word Ihnen die aktuelle Seite des Dokuments an, in der Sie sich befinden. Zusätzlich zur Gesamtseitenzahl des Dokuments gibt Word z. B. auch die Zahl der Wörter im Dokument an und ermöglicht Ihnen, die Dokumentdarstellung sowie den Zoom zu verändern.

Beachten Sie aber, dass sich der Inhalt und die Darstellung der Statusleiste bei den Office-Anwendungen anpassen lassen (siehe Kapitel 1, Abschnitt »Die Statusleiste anpassen«.)

Den ersten Text eingeben

Nach dem Starten hat Word ein neues Dokument angelegt (oder ein bestehendes Dokument geladen) und wartet auf Ihre Eingaben.

1 Klicken Sie auf den Dokumentbereich – die Einfügemarke sollte jetzt in der ersten Zeile des Dokumentbereichs stehen.

2 Tippen Sie den gewünschten Text per Tastatur ein.

Hier sehen Sie ein Beispiel für einen Text, der im Word-Fenster eingegeben wurde. Vielleicht versuchen Sie diesen (oder einen anderen Text einschließlich verschiedener Schreibfehler) einzugeben.

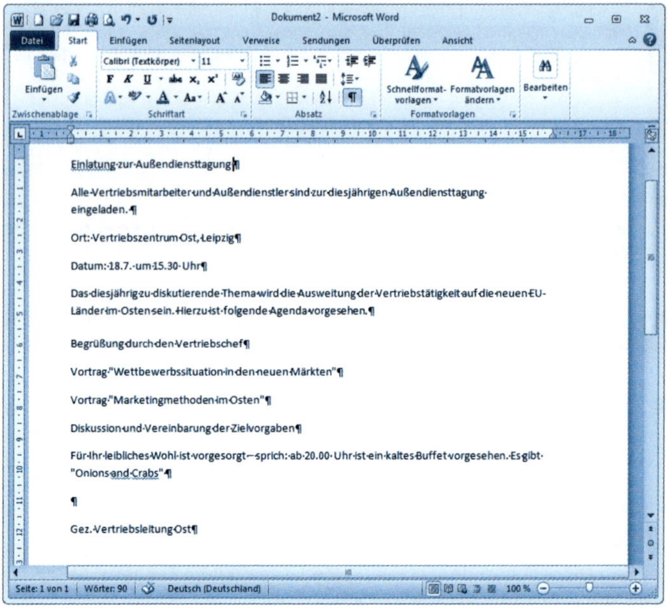

Lassen Sie sich nicht stören, wenn die im Text dargestellten Anführungszeichen bei Ihnen etwas anders aussehen. Dies lässt sich in Word einstellen (siehe Kapitel 11). Sofern Sie sich mit der Bedienung der Tastatur noch nicht auskennen, hier ein paar Tipps zur Eingabe des Textes:

- Tippen Sie einfach die Zeichen ein, um die betreffenden Wörter zu schreiben. Der Zwischenraum zwischen den Wörtern wird durch die `Leer`-Taste am unteren Rand der Tastatur eingefügt.
- Normalerweise erscheinen beim Drücken der Buchstabentasten kleine Buchstaben. Um einen Großbuchstaben einzugeben, halten Sie die `Umschalt`-Taste fest und drücken anschließend die Taste mit dem gewünschten Zeichen.

- Möchten Sie Sonderzeichen über die oberste Tastenreihe der Tastatur eintippen, müssen Sie ebenfalls die [Umschalt]-Taste gedrückt halten.

> **Hinweis**
>
> Drücken Sie die [Feststell]-Taste, stellt sich die Tastatur auf Großschreibung um. Alle eingetippten Zeichen erscheinen als Großbuchstaben. Nur wenn Sie gleichzeitig die [Umschalt]-Taste drücken, erscheinen Kleinbuchstaben. Um den Modus aufzuheben, tippen Sie die [Umschalt]-Taste erneut kurz an.
>
> Zahlen lassen sich auch über den (bei Standardtastaturen vorhandenen) rechten Ziffernblock eingeben. Dieser Ziffernblock besitzt aber eine Doppelfunktion, er lässt sich auch zur Cursorsteuerung im Textfenster verwenden. Die Umschaltung erfolgt durch einmaliges Drücken der [Num]-Taste (links oben im Ziffernblock). Bei einigen Tastaturen leuchtet die Anzeige *Num*. Dann lassen sich Ziffern über den Tastenblock eingeben. Bei Funktastaturen fehlt diese Anzeige in der Regel.

- Wenn Sie eine Taste länger gedrückt halten, schaltet Windows in den Wiederholmodus. In diesem Fall wird das Zeichen automatisch bei der Eingabe wiederholt.

> **Hinweis**
>
> Ein irrtümlich eingegebenes Zeichen lässt sich sofort durch Drücken der [Rück]-Taste löschen.

- Manche Tasten sind mit mehreren Zeichen belegt. Das zweite Zeichen erreichen Sie, indem Sie die [Umschalt]-Taste beim Tippen gedrückt halten. Um auch an das dritte Zeichen zu gelangen, müssen Sie die [Umschalt]-Taste zusammen mit der [Alt Gr]-Taste drücken. Mit [Alt Gr]+[E] erzeugen Sie das Eurozeichen und mit [Alt Gr]+[Q] wird das in E-Mail-Adressen benutzte @-Zeichen eingegeben.
- Um eine Zeile an einer bestimmten Stelle zu beenden und zum nächsten Absatz weiterzuschalten, drücken Sie die [Eingabe]-Taste. Diese Taste fügt einen sogenannten Absatzwechsel in den Text ein.

Tipp

Wer von der Schreibmaschine umsteigt, sollte aber darauf achten, nicht aus Gewohnheit am rechten Zeilenrand immer die Eingabe-Taste zu drücken. Schreiben Sie stattdessen einfach am rechten Seitenrand weiter. Word erkennt dies und gibt den Text automatisch in der Folgezeile aus. Mehrere Zeilen werden aber zu einem Absatzblock zusammengefasst. Benutzen Sie dagegen die Eingabe-Taste am Zeilenende, besteht der Text aus lauter Absätzen. Spätestens beim Formatieren des Textes oder beim Verändern der Breite bekommen Sie dann Probleme.

Haben Sie noch etwas Schwierigkeiten, die richtigen Tasten zu finden? Eine Übersicht über die Tastatur finden Sie am Anfang dieses Buches. Sind bei Ihnen mit einer geschlängelten roten Linie unterstrichene Wörter im Dokument zu sehen? Die Word-Rechtschreibprüfung zeigt Ihnen Stellen mit Schreibfehlern an. Auf dieses Thema wird später noch genauer eingegangen.

Hinweis

Word besitzt eine Funktion, mit der Sie verborgene Zeichen wie die Leerräume zwischen Wörtern oder Absatzwechsel auf dem Bildschirm sichtbar machen können.

Klicken Sie auf der Registerkarte *Start* des Menübands auf die Schaltfläche *Alle anzeigen* oder drücken Sie gleichzeitig die Tasten Strg+Shift+ + (entspricht der Tastenkombination Strg+ *), um die unsichtbaren Zeichen anzuzeigen.

Ein zweiter Mausklick auf die Schaltfläche blendet die verborgenen Zeichen wieder aus. Im ausgedruckten Dokument sind diese verborgenen Zeichen nicht mehr sichtbar.

Text bearbeiten

Bei der Eingabe von Texten geht es selten ohne Fehler ab. Schnell wird ein Wort vergessen, ein Buchstabe ist zu viel, oder es sind Ergänzungen erforderlich. Gerade die nachträgliche Bearbeitung eines Textes ist eine der Stärken von Word. Daher soll im Folgenden kurz auf die betreffenden Techniken eingegangen werden. Sie können den bereits eingegebenen Text zum Üben verwenden.

Text einfügen und korrigieren

Möchten Sie ein neues Wort an eine bestimmte Stelle im Text einfügen? Ich habe hier einmal eine Textstelle mit zusätzlichen Fehlern genommen, die jetzt schrittweise verbessert werden soll. Zuerst ist das Wort »unsere« in den Satz einzufügen.

1 Klicken Sie an die Textstelle, an der das Wort einzufügen ist.

2 Tippen Sie den gewünschten Text ein.

Word fügt die neu eingetippten Buchstaben an die Position der Textmarke im Dokument ein. Der rechts von der Textmarke stehende Text wird in Richtung Zeilenende verschoben. Soll der rechts von der Textmarke stehende Text durch die neu eingetippten Buchstaben ersetzt werden? Dies ist mit folgenden Schritten möglich.

1 Klicken Sie an die Textstelle, an der ein Text zu korrigieren ist.

Mit der geschlängelten Linie unterhalb des Worts signalisiert Word Ihnen übrigens, dass es im betreffenden Wort einen Schreibfehler gefunden hat.

2 Tippen Sie das neue Zeichen oder den neuen Text ein.

Der Text wird durch den oder die neu eingetippten Buchstaben ergänzt. Jetzt gilt es noch, die überzähligen **Buchstaben** im Text (hier der Buchstabe »t«) zu **löschen**.

3 Drücken Sie die [Entf]-Taste.

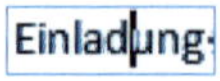

Word entfernt beim Drücken der [Entf]-Taste das rechts von der Einfügemarke stehende Zeichen. Im aktuellen Beispiel verschwindet dabei auch die geschlängelte Linie, mit der Word ein fehlerhaft geschriebenes Wort markiert.

- Durch mehrfaches Drücken der [Entf]-Taste lässt sich beliebig viel **Text rechts** von der Einfügemarke **löschen**.
- Möchten Sie **Text links** von der Einfügemarke **löschen**, verwenden Sie einfach die [Rück]-Taste.

Mit dieser Technik können Sie sehr leicht Schreibfehler korrigieren. Wie Sie die Rechtschreibprüfung nutzen, wird weiter hinten in diesem Kapitel erläutert.

Hinweis

Erfahrene Anwender kennen vielleicht den Überschreibmodus anderer Textbearbeitungsprogramme. Microsoft hat diesen Modus bereits in Word 2007 abgeschaltet. Sie können aber die Statusleiste in Word 2010 mit der rechten Maustaste anklicken und den Kontextmenübefehl *Überschreiben* wählen.

Dann wird das hier gezeigte Feld »Einfügen« in der Statusleiste eingeblendet.

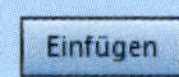

Klicken Sie auf dieses Feld, können Sie dessen Beschriftung zwischen »Einfügen« und »Überschreiben« umstellen. Im Modus »Überschreiben« überschreibt Word den rechts von der Schreibmarke stehenden Text durch die eingetippten Zeichen. Um die Taste [Einfg] zum Umschalten zwischen den Modi »Überschreiben« und »Einfügen« zu nutzen, müssen Sie die Word-Einstellungen anpassen. Gehen Sie über die Registerkarte *Datei* zur Backstage-Ansicht und klicken Sie auf den Befehl *Optionen*. Im Dialogfeld *Word-Optionen* wählen Sie in der linken Spalte die Kategorie *Erweitert*. Dann müssen Sie in der Gruppe *Bearbeitungsoptionen* das Kontrollkästchen *EINFG-Taste zum Steuern des Überschreibmodus verwenden* markieren.

Tipp

Haben Sie irrtümlich etwas gelöscht oder sonst etwas am Text verändert, das nicht hätte sein sollen? Wenn Sie die Tastenkombination [Strg]+[Z] drücken oder auf die Schaltfläche *Rückgängig: ...* in der Symbolleiste für den Schnellzugriff klicken, wird die letzte Änderung rückgängig gemacht. Dies funktioniert übrigens bei allen Office-Anwendungen, und es lassen sich sogar mehrere Befehle schrittweise rückgängig machen.

Sie können auch das Menü der Schaltfläche *Rückgängig: ...* öffnen und dann gezielt den zurückzunehmenden Befehl wählen. Die rechts daneben angeordnete Schaltfläche *Wiederholen* ermöglicht es, den zuletzt gewählten Befehl erneut auszuführen.

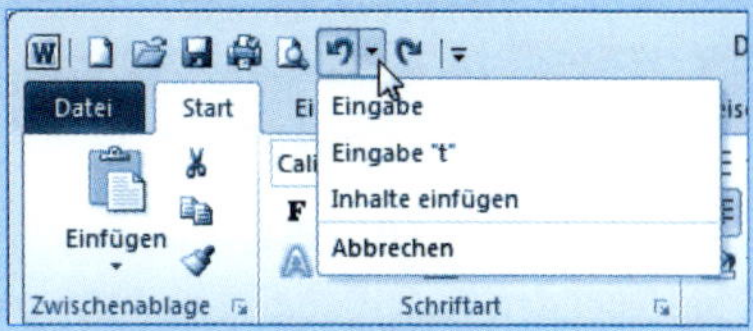

Positionieren im Text

Um etwas in einem Textdokument zu ändern, können Sie die Einfügemarke mit einem Mausklick an der betreffenden Textstelle positionieren. Allerdings ist die Feinpositionierung der Schreibmarke mit der Maus manchmal etwas schwierig. Zudem nervt es Vielschreiber, wenn die Hand ständig zwischen Maus und Tastatur wechseln muss. Sie können alternativ zur Maus die sogenannten Cursortasten zur Positionierung der Einfügemarke im Text benutzen. Nachfolgend finden Sie eine Aufstellung der wichtigsten Tasten und Tastenkombinationen, um die Einfügemarke im Text zu bewegen.

Tasten	Bemerkung
[↑]	Verschiebt die Einfügemarke im Text eine Zeile nach oben.
[↓]	Verschiebt die Einfügemarke im Text eine Zeile nach unten.
[←]	Verschiebt die Einfügemarke im Text ein Zeichen nach links in Richtung Textanfang.
[→]	Verschiebt die Einfügemarke im Text ein Zeichen nach rechts in Richtung Textende.

Tasten	Bemerkung
Strg+←	Verschiebt die Einfügemarke im Text um ein Wort nach links.
Strg+→	Verschiebt die Einfügemarke im Text um ein Wort nach rechts.
Pos1	Drücken Sie diese Taste, springt die Einfügemarke an den Zeilenanfang.
Ende	Mit dieser Taste verschieben Sie die Einfügemarke an das Zeilenende.

Markieren von Texten

Bei bestehenden Texten kommt es häufiger vor, dass ganze Sätze oder Textteile gelöscht oder formatiert werden müssen. Zum Löschen oder Formatieren sollten Sie den Text vorher markieren. Das Markieren lässt sich mit dem farbigen Kennzeichnen eines Textes auf einem Blatt Papier vergleichen. In Word benutzen Sie hierzu den Textcursor, den Sie über den zu markierenden Text ziehen.

1 Klicken Sie mit der Maus an den Anfang des zu markierenden Textbereichs.

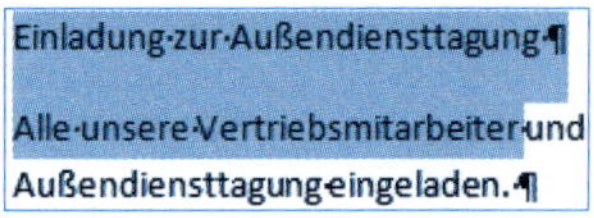

2 Halten Sie die linke Maustaste gedrückt und ziehen Sie die Maus zum Ende des Markierungsbereichs.

Der markierte Textbereich wird farbig hervorgehoben. Haben Sie einen Textbereich markiert, wirken alle Befehle auf den Inhalt der Markierung. Wenn Sie jetzt zum Beispiel die Entf-Taste drücken, wird der gesamte markierte Textbereich gelöscht. Tippen Sie dagegen einen neuen Text ein, wird der markierte Bereich durch den neuen Text ersetzt. Weisen Sie ein Format zu (siehe unten), wird dieses auf den markierten Textbereich bezogen. Zum Aufheben einer Markierung klicken Sie auf eine Stelle außerhalb des markierten Bereichs.

> **Hinweis**
>
> Sie können Texte auch mit der Tastatur markieren. Verschieben Sie die Einfügemarke an den Anfang des zu markierenden Bereichs. Anschließend halten Sie die [Umschalt]-Taste gedrückt und verschieben die Einfügemarke mit den oben beschriebenen Cursortasten im Text. Word markiert die jeweiligen Zeichen.

> **Tipp**
>
> Und hier noch ein paar Techniken zum Markieren von Text mit der Maus: Doppelklicken Sie auf ein Wort, wird dieses markiert. Ein Mausklick vor eine Zeile markiert die komplette Zeile. Ein Dreifachklick auf ein Wort markiert den Absatz. Drücken Sie die Tastenkombination [Strg]+[A], wird das gesamte Dokument markiert.

An dieser Stelle soll es mit den ersten Übungen genügen. Sie können jetzt einen einfachen Text eingeben, Textstellen markieren und auch korrigieren.

Textbereiche verschieben ...

Manchmal ist es erforderlich, Textbereiche innerhalb eines Dokuments zu verschieben. Dies ist vor allem beim Anpassen bereits bestehender Dokumente hilfreich.

Im Textauszug aus dem obigen Beispiel soll die Reihenfolge der Vorträge in der Agenda umgestellt werden.

Begrüßung·durch·den·Vertriebschef¶

Vortrag·"Marketingmethoden·im·Osten"¶

Vortrag·"Wettbewerbssituation·in·den·neuen·Märkten"¶

Diskussion·und·Vereinbarung·der·Zielvorgaben¶

Anstatt jetzt die betreffenden Zeilen zu löschen und neu einzutippen, können Sie die Funktionen zum Ausschneiden und Einfügen von Textstellen in Word verwenden. Hier die Schritte, um die zweite Zeile der Agenda unter die dritte Zeile zu versetzen.

1 Markieren Sie die gewünschte Zeile (hier einschließlich der Absatzmarke).

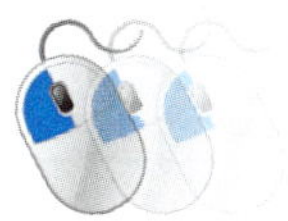

Begrüßung·durch·den·Vertriebschef¶

Vortrag·"Marketingmethoden·im·Osten"¶

Vortrag·"Wettbewerbssituation·in·den·neuen·Märkten"¶

Diskussion·und·Vereinbarung·der·Zielvorgaben¶

2 Klicken Sie auf der Registerkarte *Start* des Menübands auf die Schaltfläche *Ausschneiden*.

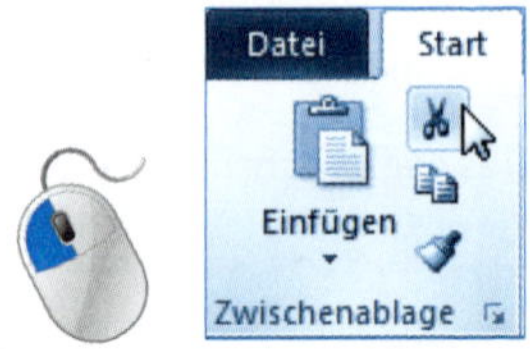

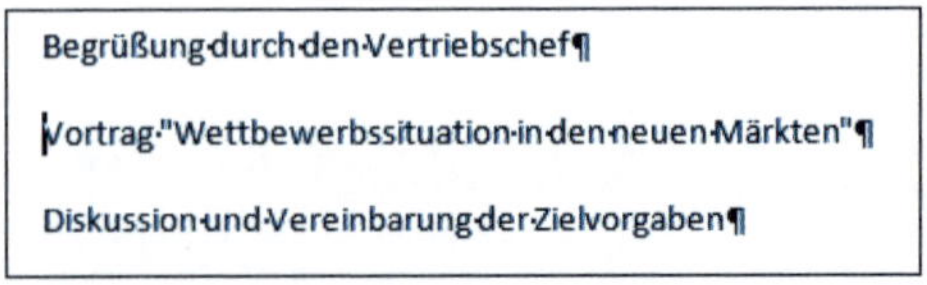
Begrüßung·durch·den·Vertriebschef¶

Vortrag·"Wettbewerbssituation·in·den·neuen·Märkten"¶

Diskussion·und·Vereinbarung·der·Zielvorgaben¶

Der Text verschwindet jetzt im Dokumentfenster.

Windows hat den markierten Text in die sogenannte Zwischenablage übernommen.

3 Klicken Sie im Text an die Stelle, an die der ausgeschnittene Text einzufügen ist.

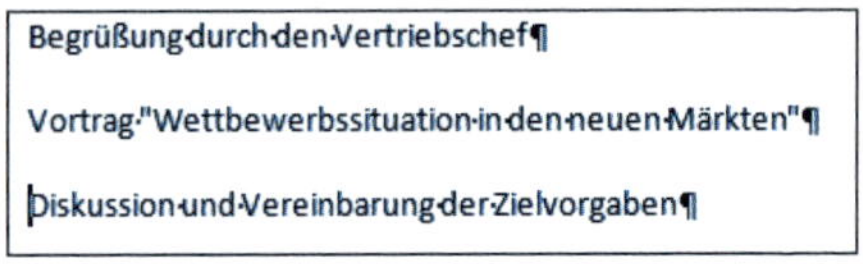
Begrüßung·durch·den·Vertriebschef¶

Vortrag·"Wettbewerbssituation·in·den·neuen·Märkten"¶

Diskussion·und·Vereinbarung·der·Zielvorgaben¶

4 Klicken Sie auf der Registerkarte *Start* des Menübands auf die Schaltfläche *Einfügen*.

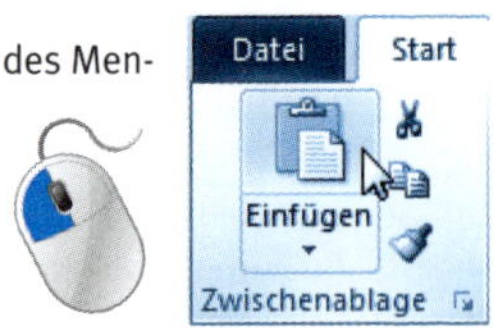

Word fügt jetzt den Text aus der Zwischenablage an die Einfügemarke im Dokument ein

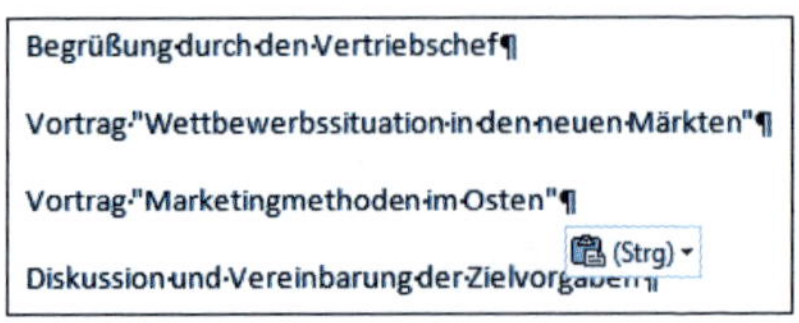
Begrüßung·durch·den·Vertriebschef¶

Vortrag·"Wettbewerbssituation·in·den·neuen·Märkten"¶

Vortrag·"Marketingmethoden·im·Osten"¶

(Strg)

Diskussion·und·Vereinbarung·der·Zielvorgaben¶

Sie haben mit diesen Schritten quasi den vorher markierten Text an die neue Position verschoben. Da vor dem Ausschneiden die Absatzmarke mit markiert wurde, erfolgt ein automatischer Zeilenumbruch beim Einfügen aus der Zwischenablage.

Fachwort

Windows besitzt einen bestimmten Speicherbereich, der als **Zwischenablage** bezeichnet wird. Wählen Sie die Befehle *Ausschneiden* oder *Kopieren*, übernimmt Windows den markierten Bereich (Text, Bildbereiche, Dateinamen etc.) in die Zwischenablage. Mit dem Befehl *Einfügen* wird der Inhalt der Zwischenablage in das aktuelle Fenster eingefügt. Der Inhalt der Zwischenablage geht beim Ausschalten des Computers verloren.

Hinweis

Die Schaltfläche *Einfügen* besitzt in Office 2010 noch einige Besonderheiten. Klicken Sie auf den oberen Bereich der Schaltfläche, fügt die Anwendung den Inhalt der Zwischenablage in das Dokument ein. Der eingefügte Inhalt kann ein Text, ein formatierter Textausschnitt, eine Grafik etc. sein.

Um die Übernahme zu steuern, können Sie den unteren Bereich der Schaltfläche *Einfügen* anklicken. Dann erscheint das hier gezeigte Menü *Einfügeoptionen*. Ob und welche Schaltflächen angezeigt werden, hängt vom Inhalt der Zwischenablage ab. Über den Befehl *Inhalte einfügen* öffnen Sie ein Dialogfeld, in dem Sie das Übernahmeformat wählen können.

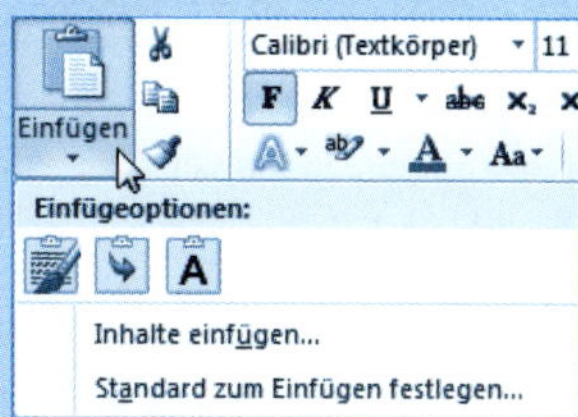

In die Zwischenablage übertragene Texte lassen sich z. B. im HTML-Format, formatiert oder unformatiert sowie als Grafik bzw. Bild in das Dokument einfügen. Die unter *Einfügeoptionen* eingeblendeten Schaltflächen ermöglichen, den reinen Text oder diesen samt Formatierung einzufügen.

Nach dem Einfügen erscheint die Schaltfläche *Einfügeoptionen* im Dokument. Klicken Sie auf das Dreieck neben der Schaltfläche, öffnet sich ebenfalls das Menü *Einfügeoptionen*, über dessen Schaltflächen Sie die Optionen beim Einfügen vorgeben können.

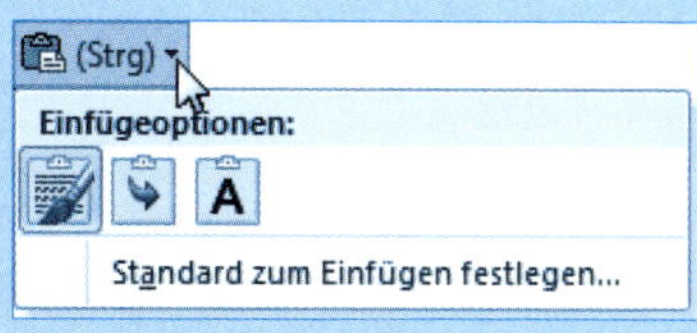

Über die rechte Schaltfläche *Nur den Text übernehmen* erreichen Sie, dass formatierte Textausschnitte bei der Übernahme aus der Zwischenablage von den Formaten befreit werden.

... oder Textbereiche kopieren

Möchten Sie eine Textstelle lediglich kopieren (d. h. der markierte Bereich soll erhalten bleiben), lassen sich ähnliche Schritte verwenden:

1 Markieren Sie den zu kopierenden Textbereich.

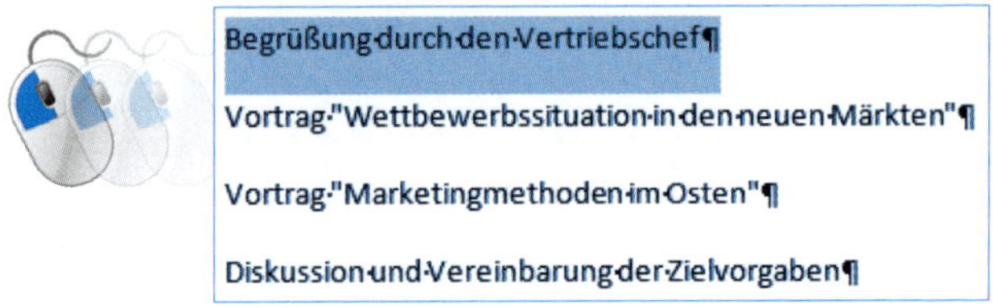

2 Klicken Sie auf der Registerkarte *Start* des Menübands auf die Schaltfläche *Kopieren*.

Word überträgt jetzt eine Kopie der markierten Textstelle in die Zwischenablage. Der markierte Text bleibt aber im Dokument erhalten.

3 Klicken Sie auf die Textstelle, an die Sie den zu kopierenden Text einfügen möchten.

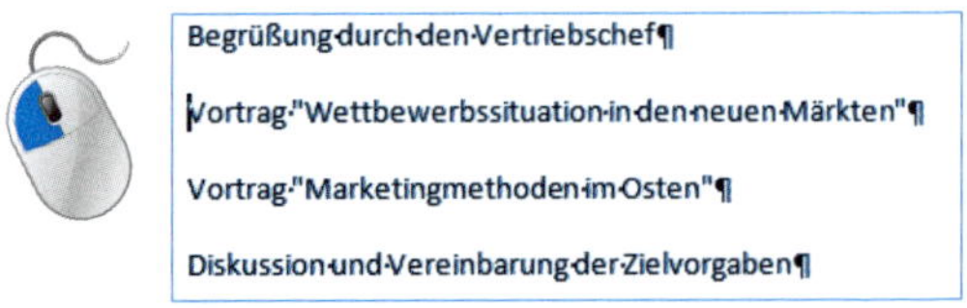

4 Klicken Sie auf der Registerkarte *Start* des Menübands auf die Schaltfläche *Einfügen*.

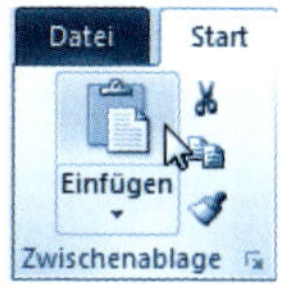

Word fügt den Text aus der Zwischenablage an die aktuelle Position der Einfügemarke ein.

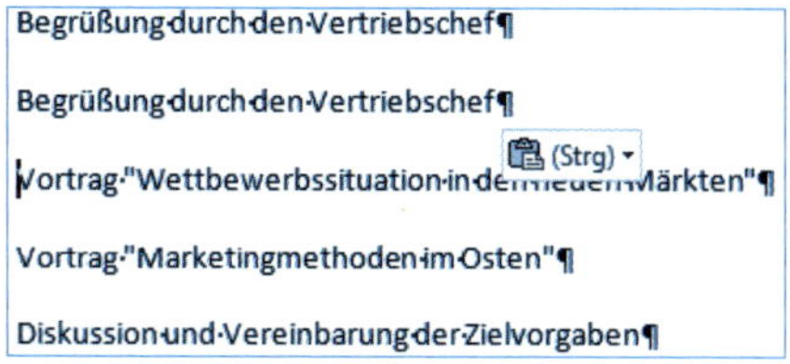

Der vorher markierte Textbereich bleibt bei der Funktion *Kopieren* erhalten. In obiger Abbildung sehen Sie zweimal den Text »Begrüßung durch den Vertriebschef«. Sie könnten jetzt den zweiten Text anpassen (z. B. in »Begrüßung durch den Marketingleiter« ändern).

Frage: Wissen Sie noch, wie sich der letzte Schritt rückgängig machen lässt? Richtig, Sie brauchen nur die Tastenkombination Strg+Z zu drücken. Schon entfernt Word den letzten aus der Zwischenablage eingefügten Satz.

Sie können übrigens nicht nur Texte per Zwischenablage handhaben. Auch Bilder oder andere Elemente lassen sich in anderen Programmen markieren, mit den obigen Funktionen in die Zwischenablage übertragen und wieder in das Dokument einfügen.

Hinweis

Es lassen sich nicht nur einzelne Sätze markieren, sondern auch ganze Abschnitte, um diese in die Zwischenablage zu übernehmen. Anschließend kann der Inhalt der Zwischenablage beliebig oft in das Dokument eingefügt werden. Markieren Sie auch das Zeichen der Absatzmarke mit, wird dieses beim Kopieren über die Zwischenablage mit übertragen. Natürlich können Sie nach dem Kopieren auch die oben erwähnten Befehle der Schaltfläche bzw. Leiste *Einfügeoptionen* oder des Menüs der Schaltfläche *Einfügen* verwenden, um den Inhalt der Zwischenablage als reinen Text einzufügen. Der Datenaustausch über die Zwischenablage funktioniert zudem auch zwischen verschiedenen Fenstern. Sie können zum Beispiel Word zweimal starten. Markieren Sie in einem Fenster den Text und übernehmen Sie diesen in die Zwischenablage. Dann wechseln Sie zum zweiten Dokumentfenster und fügen den Text aus der Zwischenablage wieder ein.

Benutzen Sie die Funktionen zum Ausschneiden, Kopieren oder Einfügen markierter Textbereiche häufiger? Vielschreiber können auch die Tastenkombinationen Strg+X (Ausschneiden), Strg+C (Kopieren) und Strg+V (Einfügen) verwenden, um die betreffenden Funktionen abzurufen. Diese Tastenkombinationen sind übrigens auch in den anderen Office-Programmen und in vielen Windows-Anwendungen verwendbar.

Und es gibt noch einen Trick: Sie können beispielsweise einen markierten Textbereich auch per Maus (bei gedrückter linker Maustaste) zu einer anderen Stelle im Dokument ziehen. Sobald Sie die Maustaste loslassen, verschiebt Word den markierten Bereich. Halten Sie beim Ziehen die rechte Maustaste gedrückt, öffnet Word zusätzlich ein Kontextmenü. In diesem Menü können Sie wählen, ob der Text verschoben oder kopiert werden soll. Da viele Benutzer aber erfahrungsgemäß Probleme mit dieser als Drag&Drop bezeichneten Technik haben, empfehle ich Ihnen, nach der oben gezeigten Methode vorzugehen.

Suchen und Ersetzen im Text

Bei längeren Texten ist es mitunter schwierig, bestimmte Textstellen durch Blättern im Dokument und Lesen des Textes zu finden. Zu diesem Zweck bietet Word eine Funktion zur Textsuche. Weiterhin können Sie die Funktion *Ersetzen* aufrufen, um nach Textstellen zu suchen und diese durch einen anderen Text ersetzen zu lassen.

1 Klicken Sie auf den Anfang des zu durchsuchenden Dokuments.

2 Wählen Sie, sofern erforderlich, auf der Registerkarte *Start* des Menübands die Gruppenschaltfläche *Bearbeiten*.

3 Klicken Sie im Menü (oder in der Gruppe *Bearbeiten*) auf die Menüschaltfläche *Suchen*.

Alternativ können Sie auch die Tastenkombination Strg+F drücken. Jetzt erscheint der Dokumentnavigationsbereich am Rand des Anwendungsfensters.

4 Klicken Sie auf das Suchfeld und tippen Sie den Suchbegriff ein.

Bereits während der Eingabe färbt Word die Treffer im Dokument mit einer Hintergrundfarbe.

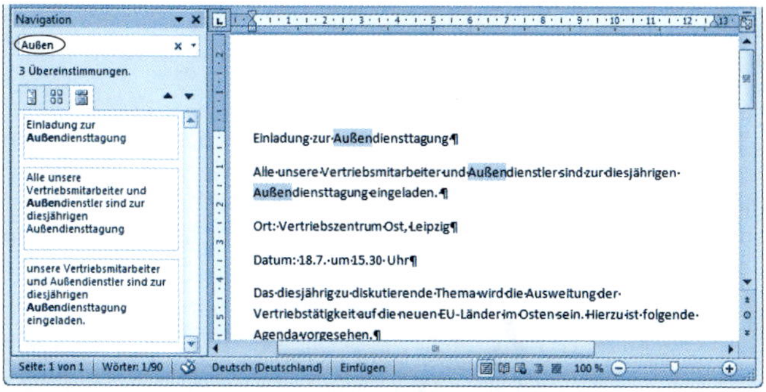

Gleichzeitig werden die betreffenden Dokumentausschnitte im Dokumentnavigationsbereich eingeblendet. Klicken Sie im Dokumentnavigationsbereich auf einen der Dokumentauszüge, markiert Word die korrespondierende Textstelle im Dokumentbereich.

Sie können alternativ die **erweiterte Suche** oder die Funktion »Ersetzen« zum Navigieren und Bearbeiten des Dokuments verwenden.

1 Klicken Sie erneut auf den Anfang des zu durchsuchenden bzw. zu korrigierenden Dokuments.

2 Öffnen Sie (bei Bedarf) die Menüschaltfläche *Bearbeiten*.

3 Wählen Sie im Menü (oder in der Gruppe *Bearbeiten*) die Befehlsschaltfläche *Ersetzen*. Oder öffnen Sie das Menü der Schaltfläche *Suchen* und wählen Sie den Befehl *Erweiterte Suche*.

In allen Fällen erscheint das Dialogfeld *Suchen und Ersetzen*, wobei je nach gewähltem Befehl die Registerkarte *Suchen* oder *Ersetzen* im Vordergrund zu sehen ist. Sie können aber jederzeit die betreffenden Registerreiter im Dialogfeld anklicken, um zwischen den Funktionen »Suchen und Ersetzen« zu wechseln.

4 Tippen Sie in das Feld *Suchen nach* den Suchbegriff ein. Möchten Sie Textstellen ersetzen, geben Sie den Ersetzungstext in das Feld *Ersetzen durch* auf der Registerkarte *Ersetzen* ein.

5 Klicken Sie auf die im Dialogfeld eingeblendete Schaltfläche *Weitersuchen*.

Word durchsucht den Text ab der aktuellen Position der Schreibmarke nach dem Suchtext. Wird eine Textstelle gefunden, wird diese farbig hinterlegt und somit markiert.

6 Möchten Sie den Inhalt einer so gefundenen Textstelle mit dem neuen Text ersetzen, klicken Sie auf der Registerkarte *Ersetzen* auf die Schaltfläche *Ersetzen*.

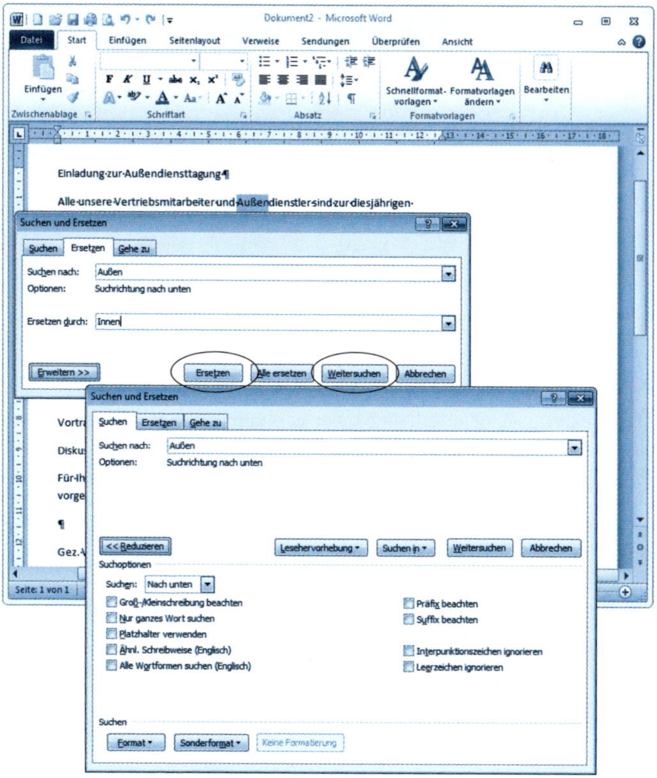

Durch wiederholtes Anklicken der Schaltfläche *Weitersuchen* und *Ersetzen* können Sie verschiedene Textstellen finden bzw. bearbeiten. Sie sehen also, über die Funktionen Suchen und Ersetzen unterstützt Word Sie bei der Korrektur von Textdokumenten.

Hinweis

Mit der Schaltfläche *Alle ersetzen* auf der Registerkarte *Ersetzen* lassen sich sämtliche Textstellen im Dokument, die mit dem Suchbegriff übereinstimmen, auf den im Feld *Ersetzen durch* enthaltenen Text abändern. Diese Option sollten Sie aber, wegen der Gefahr, Textstellen ungewollt zu ändern, nur mit Vorsicht anwenden. Weiterhin können Sie in der linken unteren Ecke des Dialogfelds *Suchen und Ersetzen* die Schaltfläche *Erweitern* >> bzw. << *Reduzieren* anklicken. Damit lässt sich der Erweiterungsbereich des Dialogfelds ein- und wieder ausblenden. Im Erweiterungsbereich finden Sie zusätzliche Suchoptionen, um die Suchrichtung oder z. B. die Berücksichtigung von Groß-/Kleinschreibung festzulegen. Die Funktionen Suchen und Ersetzen stehen Ihnen nicht nur in Word, sondern auch in den anderen Office-Anwendungen wie Excel oder PowerPoint zur Verfügung.

AutoKorrektur und Rechtschreibprüfung

Bei der Texterfassung unterlaufen Ihnen vermutlich Fehler. Und spätestens beim Durchlesen des ausgedruckten Dokuments stoßen Sie auf weitere Fehler. Word unterstützt Sie daher beim Verfassen von Texten durch eine automatische Korrektur und Rechtschreibprüfung. In diesem Lernschritt werden Ihnen die Grundfunktionen zur automatischen Fehlerkorrektur und zur Rechtschreibprüfung näher erläutert.

Die AutoKorrektur hilft bei der Eingabe

Eine beliebte Fehlerquelle sind verdrehte Buchstaben, vergessene Großschreibung am Satzanfang etc. Hier greift Word bereits beim Eintippen des Textes helfend und korrigierend ein:

1 Öffnen Sie ein neues Word-Dokument (z. B. über den Befehl *Neu* der Backstage-Ansicht, siehe Kapitel 1).

2 Tippen Sie jetzt versuchsweise Wörter wie »dei«, »edr«, »enu« und »Erflg« ein.

Wenn alles geklappt hat, sehen Sie im Word-Fenster plötzlich die Wörter »Die«, »der«, »neu« und »Erfolg«.

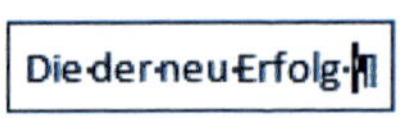

Das erste Wort der Zeile wird sogar automatisch mit einem Großbuchstaben eingeleitet. Wenn Sie ein Wort mit doppelten Anführungszeichen ("...") einfassen, macht Word daraus automatisch sogenannte typographische Anführungszeichen („...“). Was passiert denn da?

Word und viele Office-Programme besitzen die Funktion *AutoKorrektur*, die automatisch Ihre Eingaben überwacht und bestimmte, häufiger vorkommende Fehler automatisch korrigiert. Dies ist auch der Grund, warum das erste Wort im Satz mit einem Großbuchstaben beginnt oder Anführungszeichen angepasst werden. Bei der Eingabe der Zahlenkombination 1/2 setzt Word diese automatisch in ½ um.

> **Tipp**
>
> Geht bei der automatischen Korrektur etwas schief, hilft die erneute Eingabe des Begriffs leider nicht weiter. Word setzt konsequent die Eingabe um. Aber Sie müssen nicht gleich verzweifeln. Drücken Sie einfach die Tastenkombination [Strg]+[Z], um die letzte Änderung rückgängig zu machen. Word hebt dann die AutoKorrektur für die Eingabe auf und zeigt den Text in der von Ihnen eingetippten Form an. Welche Wörter von der AutoKorrektur überwacht werden, lässt sich über das Dialogfeld *Word-Optionen* einstellen (siehe Kapitel 11).

Rechtschreibprüfung bei der Texteingabe

Leider löst die AutoKorrektur nicht alle Probleme, da diese Funktion lediglich typische Eingabefehler korrigiert. Alle Tippfehler, die nicht von der AutoKorrektur verbessert werden, kann Word bereits während der Texteingabe mittels der Rechtschreibprüfung analysieren und als fehlerhaft anzeigen.

1 Laden Sie den Text mit der Einladung oder erstellen Sie ein Textdokument.

2 Bauen Sie in den Text kleine Schreibfehler wie hier in der Abbildung gezeigt ein.

Sie sollten dann einige durch Word mit einer geschlängelten Linie markierte Textstellen sehen.

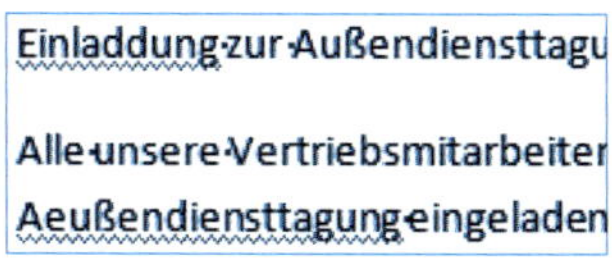

Zusätzlich zeigt Word in der Statusleiste das Symbol der (aktiven) Rechtschreibprüfung an. Ein rotes X weist auf gefundene Schreibfehler hin. 

Hinweis

Wird das Symbol der Rechtschreibprüfung bei der Eingabe nicht angezeigt, ist die automatische Prüfung abgeschaltet. Sie können diese über die Word-Optionen einschalten (siehe Kapitel 11). Oder Sie führen die Prüfung auf Rechtschreibfehler direkt für das Dokument durch (siehe unten).

3 Klicken Sie mit der rechten Maustaste auf das als fehlerhaft markierte Wort.

Word öffnet ein Kontextmenü, in dem Sie die gewünschte Option wählen.

4 Klicken Sie im Kontextmenü auf den Eintrag *Einladung*.

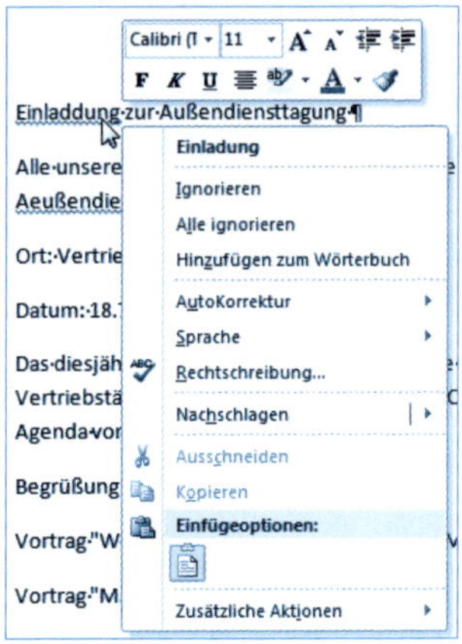

Der Kontextmenüeintrag *Einladung* stellt die von Word als richtig erkannte Schreibweise dar. Manchmal schlägt Word mehrere Begriffe vor, die durch eine horizontale Linie von den restlichen Befehlen getrennt werden. Bei Anwahl eines dieser Einträge korrigiert Word daher den betreffenden Begriff gemäß der vorgeschlagenen Schreibweise.

Gelegentlich kommt es aber vor, dass ein korrekt geschriebener Begriff als fehlerhaft angezeigt wird. Dann ist der betreffende Begriff in dem von der Rechtschreibprüfung benutzten Wörterbuch nicht enthalten. Sobald die korrekte Schreibweise des Worts nicht ermittelt werden kann, markiert das Programm die Textstelle vorsorglich als falsch.

1 In diesem Fall klicken Sie mit der rechten Maustaste auf das fehlerhaft ausgewiesene Wort.

2 Wählen Sie im Kontextmenü den Befehl *Ignorieren* oder *Alle ignorieren*.

Der Befehl *Ignorieren* hebt die Markierung der Rechtschreibprüfung an der aktuellen Stelle auf. Mit *Alle ignorieren* wird das Wort im aktuellen Dokument zukünftig als richtig geschrieben erkannt, auch wenn die Rechtschreibprüfung keinen Vorschlag machen kann. Benutzen Sie dieses Wort in einem zweiten Dokument, wird es wieder als fehlerhaft markiert.

Hinweis

Bei häufiger vorkommenden Wörtern sollten Sie den Befehl *Hinzufügen zum Wörterbuch* im Kontextmenü wählen. Word übernimmt dann das betreffende Wort in der vorgegebenen Schreibweise in ein benutzerdefiniertes Wörterbuch. Diese Wörterbücher werden ebenfalls zur Rechtschreibprüfung herangezogen.

Fremdsprachliche Textstellen prüfen

Ein anderer Fall sind Fremdwörter im Text. Die Rechtschreibprüfung unterstützt neben Deutsch verschiedene Sprachen. Kann die Rechtschreibprüfung den fremdsprachlichen Begriff nicht zuordnen und mit dem betreffenden Rechtschreibmodul überprüfen? Gehen Sie in diesem Fall folgendermaßen vor:

1 Klicken Sie mit der rechten Maustaste auf das fehlerhaft ausgewiesene (fremdsprachliche) Wort.

2 Wählen Sie im Kontextmenü den Befehl *Sprache* und klicken Sie im Untermenü auf eine der angegebenen Sprachen.

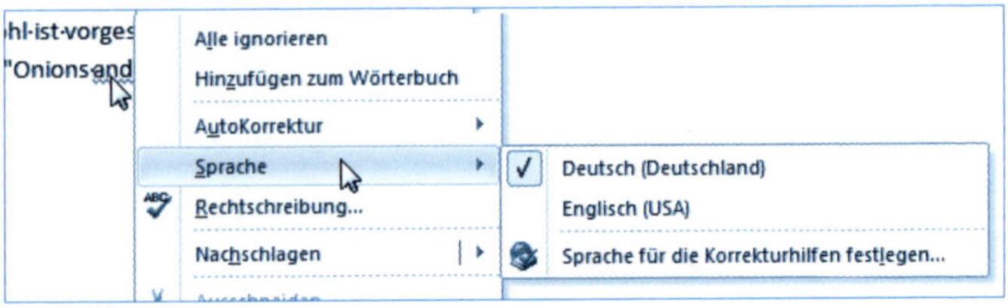

Die Rechtschreibprüfung wird dann auf das Wörterbuch der betreffenden Sprache zugreifen. Ist die benötigte Sprache im Untermenü nicht verfügbar?

3 Klicken Sie im Untermenü auf den Befehl *Sprache für die Korrekturhilfen festlegen*.

Die Rechtschreibprüfung öffnet ein Dialogfeld *Sprache*, in dem Sie die gewünschte Sprache interaktiv festlegen können.

4 Suchen Sie die gewünschte Sprache in der Liste und markieren Sie diese durch einen Mausklick.

5 Schließen Sie das Dialogfeld über die *OK*-Schaltfläche.

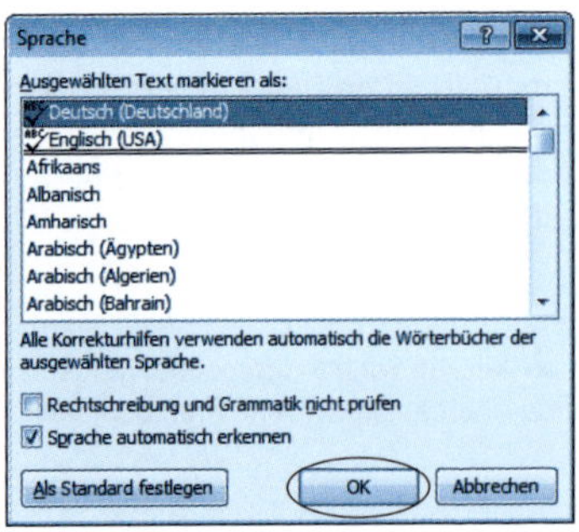

Word verwendet zukünftig die Wörterbücher der gewählten Sprache zur Überprüfung der Textstelle.

> **Hinweis**
>
> Nach der Office-Installation ist in Word die Rechtschreibprüfung während der Eingabe automatisch eingeschaltet. Laden Sie ein bestehendes ungeprüftes Dokument, wird die Fehlerkorrektur ggf. sehr viele fehlerhafte Textstellen anzeigen. Sie können die Rechtschreibprüfung während der Eingabe wahlweise über die Word-Optionen an- oder abschalten (siehe Kapitel 11).

Die Rechtschreibprüfung gezielt aufrufen

Haben Sie die Rechtschreibprüfung während der Eingabe abgeschaltet? Dann bietet Word Ihnen die Möglichkeit, den Dokumenttext jederzeit durch die Rechtschreibprüfung analysieren zu lassen.

1 Wählen Sie im Menüband den Registerreiter *Überprüfen* und klicken Sie dann auf die in der Gruppe *Dokumentprüfung* gezeigte Schaltfläche *Rechtschreibung und Grammatik*.

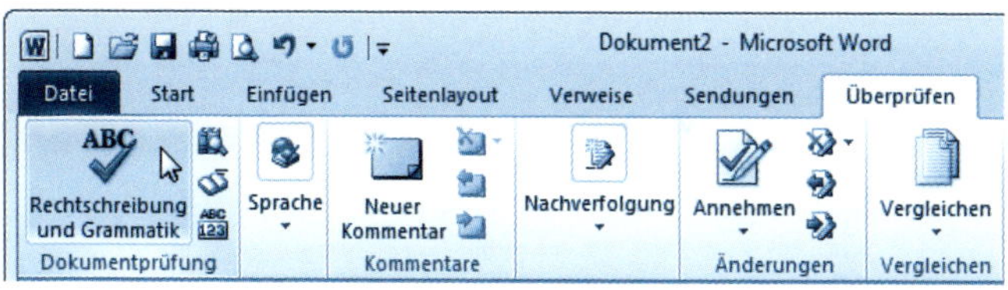

Word startet die Rechtschreibprüfung, die sich mit einem Dialogfeld meldet und dann den Text analysiert. Gefundene Schreibfehler werden im Dialogfeld rot hervorgehoben angezeigt. Zur Korrektur gehen Sie folgendermaßen vor.

2 Falls nicht bereits markiert, klicken Sie in der Liste *Vorschläge* auf den korrekten Begriff.

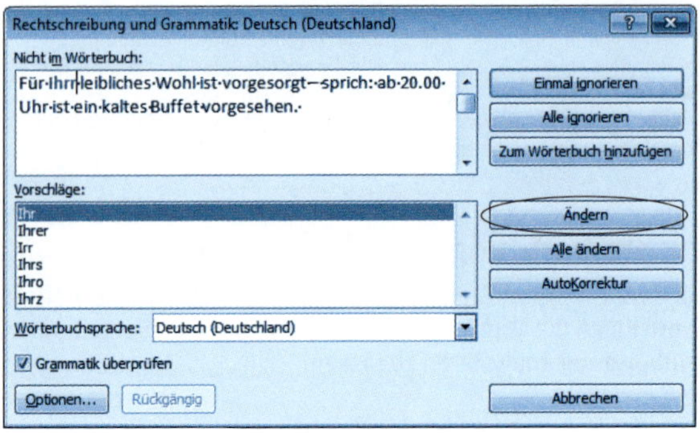

Alternativ können Sie das falsch geschriebene Wort direkt im Textfenster *Nicht im Wörterbuch* korrigieren.

3 Klicken Sie auf die Schaltfläche *Ändern*, um das falsch geschriebene Wort durch die Rechtschreibprüfung korrigieren zu lassen.

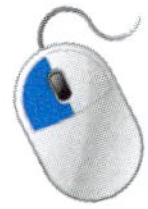

4 Ist das Wort richtig geschrieben, wählen Sie die Schaltfläche *Einmal ignorieren*.

Daraufhin wird das als fehlerhaft angezeigte Wort übergangen. Neben einer einfachen Fehlerkorrektur ermöglicht die Rechtschreibprüfung die Einstellung diverser Optionen, die Sie über die Schaltflächen des Dialogfelds abrufen.

- Mit der Schaltfläche *Alle ändern* erreichen Sie, dass die Rechtschreibprüfung ein mehrfach im Text vorkommendes Wort automatisch korrigiert.
- Um alle Textstellen mit dem Begriff im Dokument zu ignorieren, wählen Sie die Schaltfläche *Alle ignorieren*.
- Möchten Sie den Begriff in das Benutzerwörterbuch aufnehmen, klicken Sie auf die Schaltfläche *Zum Wörterbuch hinzufügen*.
- Ist Ihnen ein Schreibfehler häufiger unterlaufen, klicken Sie auf die Schaltfläche *AutoKorrektur*. Dann werden der fehlerhafte und der korrekte Begriff zur Tabelle mit den automatisch zu korrigierenden Wörtern hinzugefügt. Word korrigiert solche Begriffe anschließend direkt bei der Eingabe.

Über die Schaltfläche *Optionen* gelangen Sie zum Dialogfeld *Word-Optionen*, in dem Sie die Optionen der Rechtschreibprüfung anpassen können (siehe Kapitel 11).

> **Hinweis**
>
> Ist Ihnen bei der Korrektur ein Fehler unterlaufen und haben Sie bereits mit *Ändern* bestätigt, klicken Sie auf die Schaltfläche *Rückgängig*. Die Rechtschreibprüfung geht zur letzten Korrekturstelle im Dokument zurück und stellt den alten Zustand wieder her. Sie können die Schaltfläche *Rückgängig* mehrfach benutzen, um unterschiedliche Textkorrekturen rückgängig zu machen.

Grammatikprüfung, wenn's perfekt sein soll

Mit der Rechtschreibprüfung lassen sich offensichtlich falsche Schreibweisen in Wörtern aufdecken. Allerdings kann diese Funktion keine fehlenden Wörter oder andere sinnentstellende Fehler feststellen. Eine der Optionen der Rechtschreibprüfung ermöglicht es, die Grammatik der einzelnen Sätze nach bestimmten Kriterien zu analysieren.

1 Für diesen Zweck markieren Sie das Kontrollkästchen *Grammatik überprüfen* im Dialogfeld *Rechtschreibung und Grammatik*.

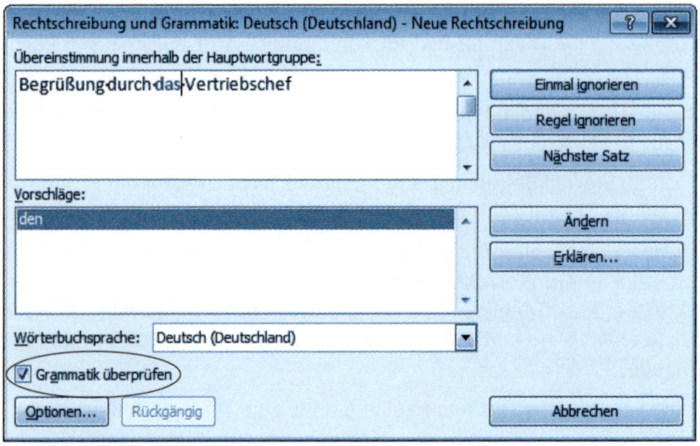

In diesem Fall wird Ihnen das Ergebnis der grammatikalischen Analyse während der Rechtschreibprüfung mit angezeigt. Sie erhalten zusätzlich Korrekturvorschläge. Im Gegensatz zu den rot angezeigten Rechtschreibfehlern werden Grammatikfehler mit grüner Farbe markiert.

2 Korrigieren Sie die bemängelten Textstellen im Dialogfeld oder markieren Sie den Vorschlag der Grammatikprüfung.

3 Klicken Sie auf die Schaltfläche *Ändern*, um die Korrektur vorzunehmen.

Über die restlichen Schaltflächen können Sie die Korrektur ignorieren, die Grammatikregel übergehen oder den nächsten Satz überprüfen.

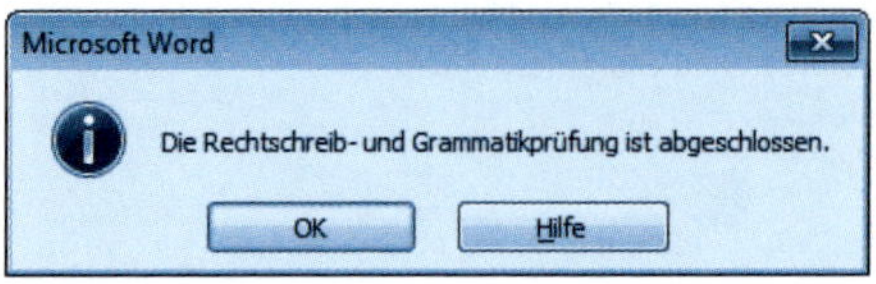

4 Sobald das hier gezeigte Meldungsfeld erscheint, ist die Rechtschreibprüfung des Dokuments beendet, und Sie können das Dialogfeld über die *OK*-Schaltfläche schließen.

Beachten Sie aber, dass die Rechtschreibkorrektur niemals alle Schreibfehler und grammatikalischen Ausrutscher finden kann. Weitere Details zur Rechtschreib- und Grammatikprüfung entnehmen Sie bitte der Programmhilfe.

Ganz nett: Übersetzen und Nachschlagen

Müssen Sie gelegentlich Texte in andere Sprachen übersetzen oder stehen Sie vor dem Problem, Texte auch sprachlich zurechtzufeilen? Dann bietet Ihnen Word mit der integrierten Übersetzungsfunktion und dem Synonymwörterbuch (Thesaurus) zwei nette Funktionen. Nehmen wir einmal an, Sie möchten sich über die Bedeutung eines Worts oder dessen Synonyme (sinnverwandte Wörter) schlau machen.

1 Klicken Sie mit der rechten Maustaste auf das Wort, dessen Synonyme Sie abrufen möchten.

Im Kontextmenü erscheint jetzt die Liste der möglichen Befehle.

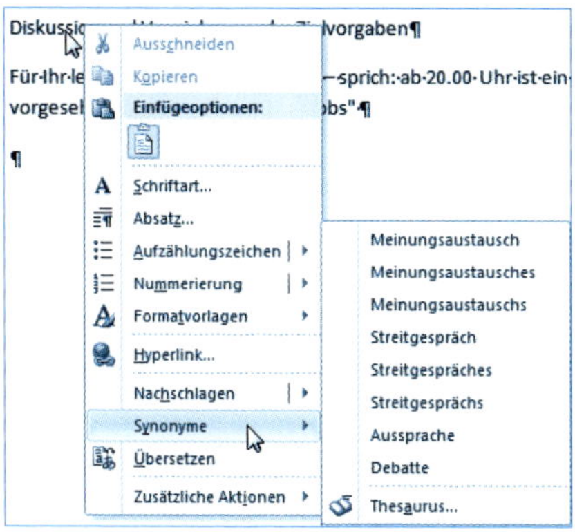

2 Wählen Sie den Befehl *Synonyme*, erscheint die Liste der im Synonymwörterbuch zum Begriff gefundenen Einträge.

Über den Eintrag *Thesaurus* im Untermenü können Sie das Synonymwörterbuch im Aufgabenbereich einblenden.

3 Wählen Sie im Kontextmenü eines markierten Worts den Befehl *Nachschlagen*, können Sie in Bing oder anderen Werken nach dem Begriff suchen.

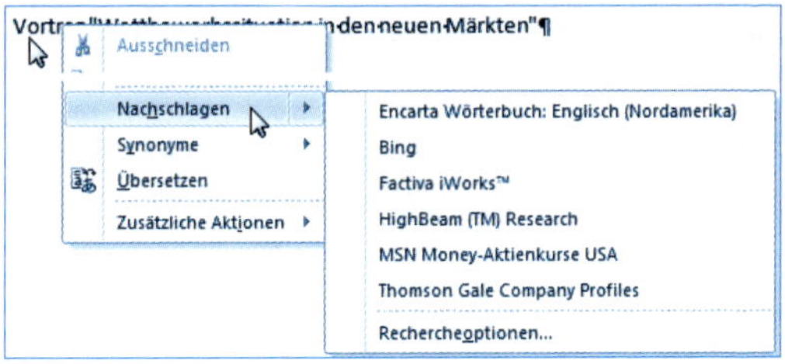

Benötigen Sie die fremdsprachliche Übersetzung für ein Wort? Auch hier kann Word Ihnen helfend unter die Arme greifen.

1 Klicken Sie mit der rechten Maustaste auf das zu übersetzende Wort und wählen Sie im Kontextmenü den Befehl *Übersetzen*.

Dann wird das Übersetzungsformular im Aufgabenbereich des Word-Fensters eingeblendet.

2 Ändern Sie in der Rubrik *Übersetzung* über die Listenfelder bei Bedarf noch die Ursprungssprache und die Zielsprache.

Existiert der Begriff, wird die Übersetzung im Aufgabenbereich eingeblendet.

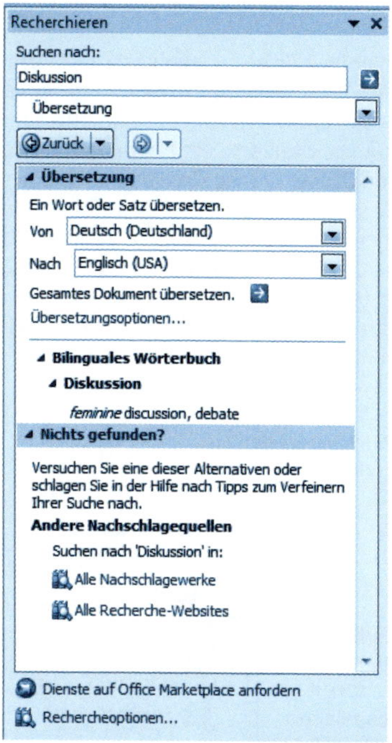

Hinweis

Über den Hyperlink *Übersetzungsoptionen* des Aufgabenbereichs lässt sich noch ein Dialogfeld zur Auswahl der einzubeziehenden Wörterbücher Deutsch/Englisch, Französisch/Englisch etc. öffnen. Voraussetzung zur Übersetzung ist, dass die betreffenden (meist kostenpflichtigen) Wörterbücher installiert sind.

Speichern und Drucken

Word ermöglicht, die mit den obigen Schritten erstellten Texte in eine Dokumentdatei zu speichern. Zudem können Sie Dokumente drucken. Die Techniken zum Speichern und Drucken werden nachfolgend vorgestellt.

Textdokumente speichern

Haben Sie die Einladung gemäß den obigen Anweisungen gestaltet? Dann sollten Sie dieses Dokument zur späteren Verwendung in einer Datei speichern. Speichern lässt sich in den Benutzerordnern auf der Festplatte oder auf Wechseldatenträgern (USB-Stick, Speicherkarte etc.). Standardmäßig schlagen die meisten Programme den Ordner *Eigene Dateien* (in Windows XP) bzw. *Dokumente* (in Windows Vista bzw. Windows 7) zum Speichern von Dokumentdateien vor. Sie können aber jeden beliebigen Speicherort auf einem Datenträger zum Ablegen des Dokuments wählen. Eine solche Datei lässt sich später erneut laden (siehe Kapitel 1), anpassen und ausdrucken. Die entsprechenden Schritte lernen Sie jetzt kennen. Das Speichern eines neuen Dokuments ist in Word ganz einfach:

1 Klicken Sie auf die Registerkarte *Datei* und wählen Sie im Menü der Backstage-Ansicht den Befehl *Speichern* bzw. *Speichern unter*.

Der Befehl *Speichern* sichert ein vorher geladenes Dokument ohne Nachfrage in der zugehörigen Datei. Bei einem neu erstellten Dokument, das bisher noch nicht gespeichert wurde, erscheint automatisch das Dialogfeld *Speichern unter*.

Möchten Sie ein geändertes Dokument, das bereits in einer Datei gespeichert oder aus einer Datei geladen wurde, unter einem anderen Dateinamen speichern? Dann müssen Sie den Befehl *Speichern unter* wählen, da dieser immer das gleichnamige Dialogfeld öffnet.

> **Tipp**
>
> Die Microsoft Office-Anwendungen besitzen in der Standardeinstellung zudem die Schaltfläche *Speichern* in der Symbolleiste für den Schnellzugriff. Klicken Sie auf diese Schaltfläche oder drücken die Tastenkombination Strg+S, wird die Speichern-Funktion ebenfalls aufgerufen. Alternativ können Sie auch die Funktionstaste F12 drücken, um direkt das Dialogfeld *Speichern unter* zu öffnen.

2 Erscheint das Dialogfeld *Speichern unter*, wechseln Sie über dessen Navigationsbereich zum Speicherordner.

3 Tippen Sie den Dateinamen in das Feld *Dateiname* ein und klicken Sie auf die Schaltfläche *Speichern*.

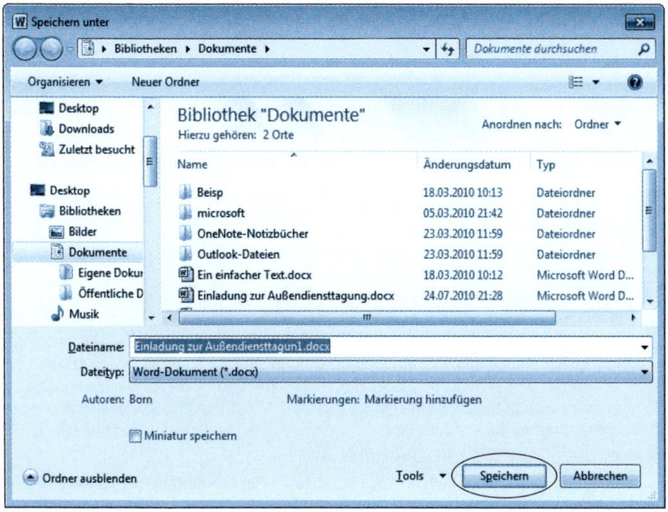

Bei Bedarf können Sie in Schritt 3 im Feld *Dateityp* die Dateiformate zum Speichern des Textes wählen. Die Standardeinstellung für Word 2007/2010-Dokumente ist *.docx*. Das *.doc*-Format wird von den älteren Word 97-2003-Versionen verwendet. Wählen Sie dagegen den Typ *.txt*, speichert Word das Dokument als einfache Textdatei. Allerdings geht die Formatierung beim Speichern in eine *.txt*-Datei verloren. Das Format *.rtf* (Rich-Text Format) ermöglicht den Dokumentaustausch mit Textverarbeitungsprogrammen von anderen Softwareanbietern.

Tipp

Über den Eintrag *PDF (*.PDF)* können Sie das Dokument als Adobe PDF-Format exportieren. Diese Dokumente lassen sich im Adobe Reader anzeigen. Das Dateiformat *XPS-Dokument (.xps)* erzeugt ein Dokument, welches z. B. im Internet Explorer oder im Microsoft XPS-Viewer angezeigt werden kann.

Alternativ können Sie im Menü der Backstage-Ansicht den Befehl *Speichern und Senden* wählen. Dann finden Sie in der mittleren Spalte die Kategorie *Dateitypen* mit dem Befehl *PDF/XPS-Dokument erstellen*. Wählen Sie diesen Befehl, lässt sich die gleichnamige Schaltfläche in der rechten Spalte anwählen. Dann öffnet sich ebenfalls ein Dialogfeld, in dem Sie den Zielort, den Dokumentnamen und das Speicherformat bestimmen können. Über die im Dialogfeld vorhandene Schaltfläche *Optionen* können zusätzliche Einstellungen für den PDF-/XPS-Export gesetzt werden.

Word schließt nach Anwahl der Schaltfläche *Speichern* das Dialogfeld *Speichern unter* und legt das Dokument unter dem vorgegebenen Namen mit dem eingestellten Dokumentformat in einer Datei im Zielordner ab.

Hinweis

Über den Navigationsbereich in der linken Spalte des Dialogfelds können Sie verschiedene Speicherorte wählen. Enthält der angewählte Speicherort bereits Ordner und Dateien, werden deren Symbole rechts im Anzeigebereich eingeblendet. Durch einen Doppelklick auf ein Ordnersymbol lässt sich zu diesem Unterordner wechseln. Die Schaltfläche *Neuer Ordner* am oberen Rand des Dialogfelds (oder der gleichnamige Kontextmenübefehl) ermöglicht Ihnen, einen neuen Ordner anzulegen. Der Aufbau des Dialogfelds *Speichern unter* hängt etwas von der verwendeten Betriebssystemversion ab. In Windows Vista müssen Sie ggf. in der linken unteren Dialogfeldecke auf die Schaltfläche *Ordner einblenden* klicken, um die hier gezeigte Darstellung zu erzwingen.

In den Standardeinstellungen zeigt Windows zudem keine Dateinamenerweiterungen wie *.docx* oder *.doc* etc. an. Zur Anzeige der Dateinamenerweiterungen öffnen Sie ein Ordnerfenster und drücken ggf. die `Alt`-Taste, um die Menüleiste einzublenden. Dann wählen Sie im Menü *Extras* des Ordnerfensters den Befehl *Ordneroptionen*. Auf der Registerkarte *Ansicht* lassen sich die Dateinamenerweiterungen durch Löschen der Markierung im Kontrollkästchen *Dateinamenerweiterungen bei bekannten Dateitypen ausblenden* anzuzeigen.

Speichern im Windows Live SkyDrive

Benötigen Sie auch unterwegs Zugriff auf Word-Dokumente oder sollen diese ggf. durch verschiedene Personen einsehbar sein? In diesem Fall bietet sich die Speicherung im Internet an. Sobald Sie ein Windows Live ID-Benutzerkonto besitzen und ein Weblaufwerk (SkyDrive) eingerichtet haben, können Sie Dokumente aus Microsoft Word (und anderen Office-Anwendungen) mit folgenden Schritten auf diesem Weblaufwerk veröffentlichen.

1 Klicken Sie auf die Registerkarte *Datei* und wählen Sie im Menü der Backstage-Ansicht den Befehl *Speichern und Senden*.

2 Wählen Sie in der Spalte *Speichern und Senden* der Backstage-Ansicht den Befehl *Im Web speichern*.

Bei eingerichtetem Live ID-Konto (siehe auch Kapitel 11) erscheinen dann in der Spalte *In Windows Live speichern* der Backstage-Ansicht die bereits vorhandenen Ordner.

> **Tipp**
>
> Über die in der Spalte eingeblendete Schaltfläche *Neu* lässt sich ein Browserfenster öffnen, in dem Sie sich am Windows Live-Konto anmelden und dann einen neuen Ordner im SkyDrive-Laufwerk anlegen können. Die betreffende Formularseite ermöglicht Ihnen, einen Ordnernamen sowie Zugriffsberechtigungen (Öffentlich, nur der Benutzer selbst oder bestimmte Personen bzw. das Netzwerk) zum Arbeiten mit dem Ordnerinhalt festzulegen.

3 Klicken Sie in der Spalte *In Windows Live speichern* auf den gewünschten Ordner und wählen Sie dann die Schaltfläche *Speichern unter*.

4 Besteht eine Onlineverbindung, erscheint nach kurzer Zeit das Dialogfeld *Speichern unter*, in dem Sie wie beim lokalen Speichern den Dateinamen eintragen und dann auf die *Speichern*-Schaltfläche klicken.

Das Dialogfeld *Speichern unter* besitzt den im vorherigen Abschnitt beschriebenen Aufbau. Office trägt die Internetadresse des SkyDrive-Laufwerks in das Adressfeld ein.

Hinweis

Um ein Dokument aus dem SkyDrive erneut in Word zu laden, können Sie in der Backstage-Ansicht den Befehl *Zuletzt verwendet* anwählen. Dann erscheint ggf. der Dokumentname in der Liste der zuletzt verwendeten Dokumente. Zudem sollte der SkyDrive-Ordner in der Spalte *Zuletzt besuchte Ordner* aufgeführt werden (siehe Kapitel 1, Abschnitt »Zugriff auf zuletzt verwendete Dokumente«).

Sind keine Einträge mehr unter *Zuletzt verwendet* vorhanden, verwenden Sie den Befehl *Öffnen* der Backstage-Ansicht.

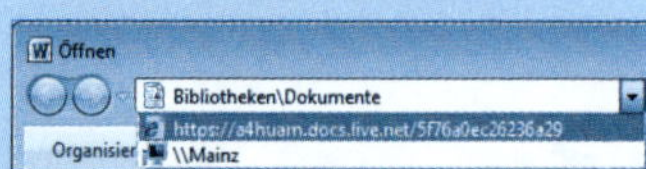

Dann lässt sich im Adressfeld des Dialogfelds *Öffnen* die URL des SkyDrive-Laufwerks abrufen. Alternativ besteht auch die Möglichkeit, die Webseite *http://skydrive.live.com* im Browserfenster aufzurufen, sich an Windows Live anzumelden und dann auf die Ordner des SkyDrive zuzugreifen. Bei öffentlich freigegebenen Ordnern kann auch deren Internetadresse im Browser eingegeben werden. Klicken Sie im Browser auf das Symbol einer Dokumentdatei, gelangen Sie zur Bearbeitungsseite (hier im Hintergrund sichtbar). Wählen Sie dann den dort angezeigten Befehl *Anzeigen*, um den Dokumentinhalt im Browser abzurufen. In der Dokumentdarstellung finden Sie einen Eintrag *In Word öffnen* (bzw. *In Excel öffnen* etc.), um das Dokument in der zugehörigen Office-Anwendung zu laden.

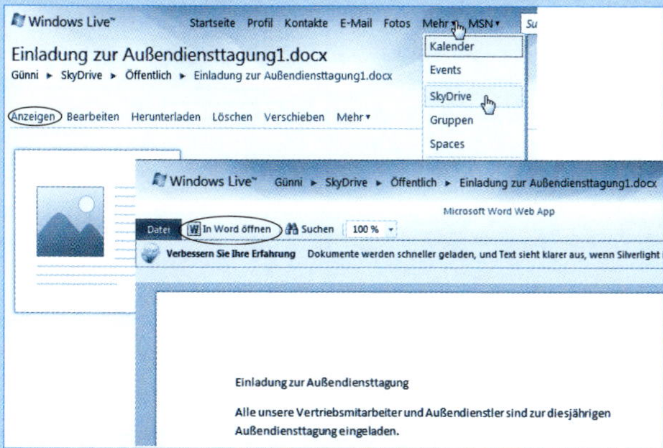

Mit dem Befehl *Herunterladen* lässt sich die Dokumentdatei aus dem SkyDrive-Ordner in einen lokalen Ordner der Festplatte übertragen. Der Befehl *Bearbeiten* ermöglicht, das Dokument in der zugehörigen Microsoft Office Web-Anwendung zu überarbeiten. Es stehen Ihnen dann online die Funktionen der betreffenden Office-Anwendung zur Verfügung.

Ein Dokument drucken

Das Drucken eines Dokuments ist in Word und in den anderen Office-Anwendungen sehr einfach. Haben Sie die Symbolleiste zum Schnellzugriff um ein Druckersymbol erweitert (siehe Kapitel 1), lässt sich der Schnelldruck durch einen Mausklick auf diese Schaltfläche ausführen. Dann bereitet Word (bzw. das Office-Programm) die Ausgabe für den Standarddrucker vor – alles erfolgt automatisch. Um gezielt ein geladenes Dokument in Word zu drucken, führen Sie folgende Schritte aus.

1 Öffnen Sie die Backstage-Ansicht über den Registerreiter *Datei* und klicken Sie in der Menüleiste auf den Befehl *Drucken*.

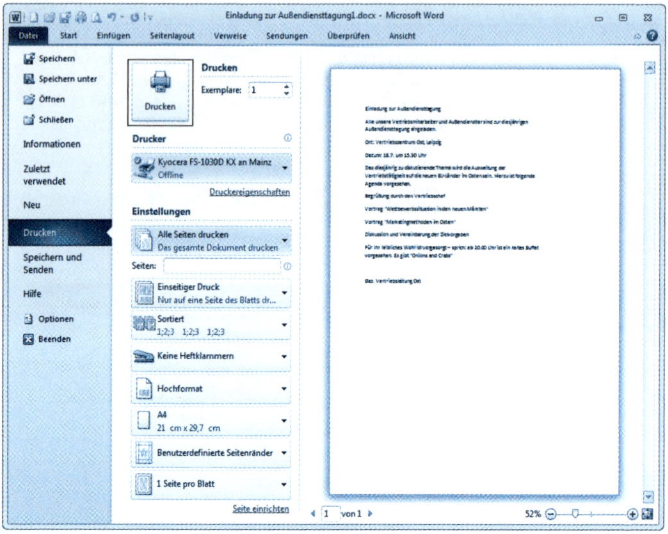

2 Wählen Sie anschließend im rechten Teil der Backstage-Ansicht die gewünschten Druckoptionen aus und klicken Sie dann auf die *Drucken*-Schaltfläche.

Hinweis

Alternativ können Sie auch die Tastenkombination Strg+P drücken, um die Druckseite in der Backstage-Ansicht aufzurufen.

In der rechten Spalte der Backstage-Ansicht wird automatisch eine **Druckvorschau** eingeblendet. Über den Zoom-Regler in der rechten unteren Ecke der Backstage-Ansicht können Sie die Darstellung dieser Druckvorschau vergrößern oder so weit verkleinern, dass mehre Druckseiten sichtbar werden.

Das Einstellen der Druckoptionen ist in Microsoft Office 2010 sehr komfortabel geworden.

Fachwort

Ein **Drehfeld** ist ein spezielles Bedienelement mit zwei Schaltflächen zur Eingabe von Werten. Über die beiden Schaltflächen lässt sich der Wert des Felds schrittweise erhöhen oder verringern.

- Die Zahl der Druckexemplare stellen Sie über das Drehfeld *Exemplare* ein.
- Das gewünschte Ausgabegerät lässt sich über die Menüschaltfläche *Drucker* auswählen. Neben angeschlossenen Druckern können Sie auch das Dokument als XPS-Datei, als Fax oder als OneNote-Dokument ausgeben.

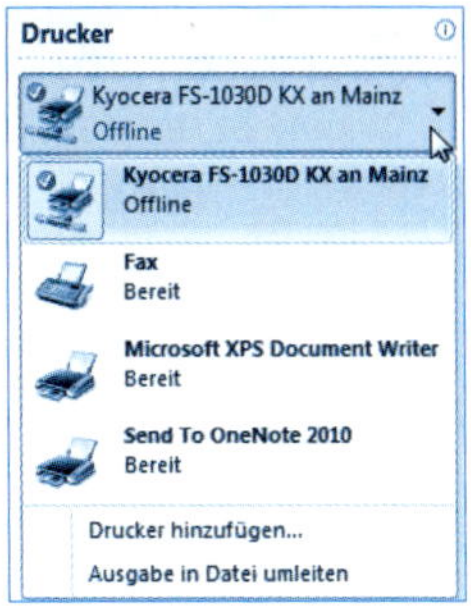

Neue Drucker müssen Sie unter Windows einrichten, da der Hyperlink *Drucker hinzufügen* im Menü einen Active Directory-Domänendienst voraussetzt.

- Um gezielt einzelne Seiten auszudrucken, klicken Sie in der Gruppe *Einstellungen* auf das Feld *Seiten*. Dann geben Sie die zu druckenden Seitenzahlen in das Feld ein. Die Seitenzahlen können durch Semikola getrennt werden (z. B. 5;7;8 druckt die Seiten 5, 7 und 8). Oder Sie geben ein Seitenintervall in der Form 2–4 in das Feld *Seiten* ein, um die fortlaufenden Seiten 2, 3 und 4 zu drucken. Die Menüschaltfläche oberhalb des Felds wird dann automatisch auf »Benutzerdefinierten Bereich drucken« gesetzt.

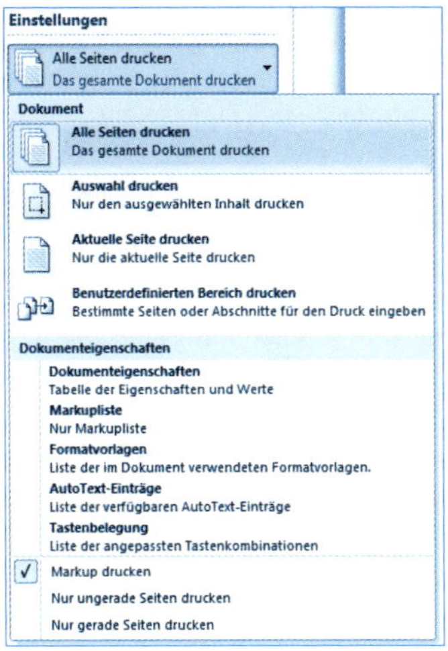

- Um gezielt Dokumentteile wie eine Auswahl, die aktuelle Seite oder Dokumenteigenschaften zu drucken, klicken Sie auf die Menüschaltfläche der Gruppe *Einstellungen* und wählen dann im eingeblendeten Menü den gewünschten Eintrag aus. Der Befehl *Auswahl drucken* ist nur anwählbar, wenn Sie vor dem Wechsel in die Backstage-Ansicht einen Dokumentbereich markieren.
- In der Spalte *Einstellungen* können Sie weitere Druckvorgaben bestimmen. So können Sie beim Drucken mehrerer Kopien bei mehrseitigen Dokumenten die Option *Sortiert* einstellen. Word druckt die einzelnen Blätter so aus, dass immer ein zusammengehörendes Dokument entsteht. Sie brauchen die ausgedruckten Kopien nicht mehr selbst zu sortieren. Allerdings kann der Zeitvorteil insbesondere bei Seiten mit Grafiken schnell wieder zunichtegemacht werden, weil die jeweiligen Seiten einzeln in den Druckerspeicher geladen werden müssen.
- Eine weitere Komfortfunktion besteht darin, dass Sie über die betreffende Menüschaltfläche die Seiten pro Blatt angeben können. Stellen Sie die Menüschaltfläche auf »2 Seiten pro Blatt«, wenn Sie die Ausgabe verkleinert im A5-Format auf einem DIN-A4-Blatt wünschen.

Weitere Einstellungen lassen sich über die Hyperlinks *Druckereigenschaften* und *Seite einrichten* abrufen. Sobald der Druck veranlasst wurde, bereitet Word die Ausgabe an den gewählten bzw. den Standarddrucker vor. Während des Aufbereitens sehen Sie eine Fortschrittsanzeige in der Statusleiste des Programmfensters.

Bei einem mehrseitigen Dokument erkennen Sie auch, wie viele Seiten bereits zum Drucken aufbereitet wurden. Bei längeren Dokumenten dauert die Druckaufbereitung einige Sekunden. Sie können in der Statusleiste die *Abbrechen*-Schaltfläche anklicken, um die Druckausgabe abzubrechen.

> **Hinweis**
>
> Wurde der Druckauftrag bereits an Windows übergeben, können Sie die Ausgabe nur noch im Windows-Druckmanager abbrechen. Das Fenster des Druckmanagers lässt sich z. B. aufrufen, indem Sie das im Infobereich der Windows-Taskleiste sichtbare Druckersymbol per Doppelklick wählen. Oder Sie öffnen das Ordnerfenster *(Geräte und) Drucker* (z. B. über die Systemsteuerung) und wählen das Druckersymbol per Doppelklick an. Im Fenster des Druckmanagers sehen Sie die Druckerwarteschlange mit den anstehenden Druckaufträgen. Klicken Sie mit der rechten Maustaste auf den Namen des Druckauftrags und wählen Sie im Kontextmenü den Befehl zum Abbrechen des Druckauftrags. Treten beim Ausdruck Probleme auf, lesen Sie bitte im Anhang dieses Buches nach. Dort finden Sie einige Tipps zum Beheben von Druckerstörungen.

Text formatieren

Häufig erhält man im Schriftverkehr Briefe oder Textdokumente, die optisch ansprechend gestaltet sind. Das reicht von fett oder unterstrichen hervorgehobenen Textteilen über vergrößerte Buchstaben bis hin zu in der Zeilenmitte ausgerichteten Überschriften. Die Gestaltung eines Textdokuments mit verschiedenen Schrifteffekten wie Fettschrift, Einrückungen, größeren Buchstaben usw. bezeichnet man auch als Formatieren. Word bietet Ihnen zahlreiche Funktionen zum Formatieren des Textdokuments, deren Anwendung Sie jetzt kennenlernen werden.

Text horizontal ausrichten

Sie kennen dies von vielen Texten: Alle Zeilen beginnen am linken Rand. Aber dies muss nicht zwangsläufig so sein. Manchmal soll eine Überschrift in der Zeilenmitte ausgerichtet werden. Dies ist in Word mit wenigen Schritten möglich.

1 Laden Sie einen Beispieltext wie die weiter oben erstellte Einladung und klicken Sie auf die erste Zeile des Textes.

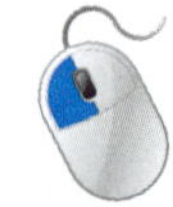

2 Wählen Sie auf der Registerkarte *Start* des Menübands die Schaltfläche *Zentriert* in der Gruppe *Absatz*.

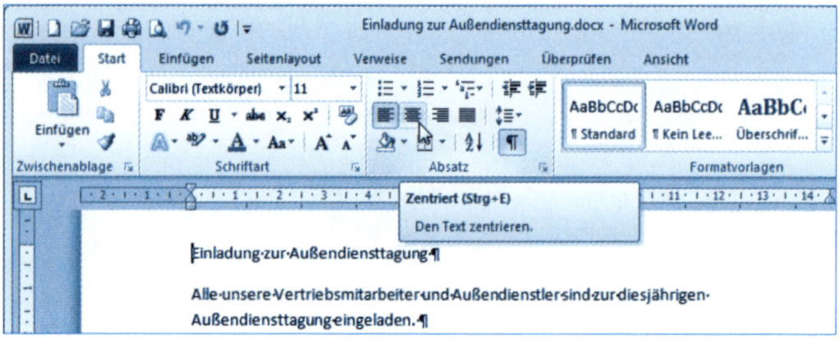

Word setzt die erste Zeile in die Zeilenmitte und richtet sie exakt zwischen dem rechten und dem linken Rand aus. Man sagt auch, dass die Zeile zentriert ausgerichtet wurde.

Hinweis

Das Ausrichten bezieht sich auf den aktuellen Absatz oder auf den markierten Textbereich. Falls Sie also bei der Texteingabe jede Zeile am Ende mittels der `Eingabe`-Taste umbrechen, entstehen viele Absätze und das Ausrichten wird recht aufwendig. Blocksatz funktioniert bei einzelnen Zeilen überhaupt nicht. Daher zahlt es sich aus, den Text gemäß den Empfehlungen am Kapitelanfang in Absätzen zu schreiben.

Um einen realistischen Eindruck zu erhalten, wie bestimmte Formatierungen wirken, sollten Sie den Anzeigemodus auf »Seitenlayout« stellen.

Den von **Word** benutzten **Anzeigemodus** können Sie über die rechts unten in der Statusleiste eingeblendeten Schaltflächen anpassen.

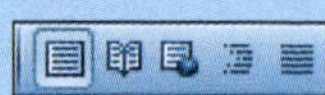

Die linke Schaltfläche *Seitenlayout* zeigt das Dokument z. B. mit Seitenrändern. Die zweite Schaltfläche *Vollbild-Lesemodus* blendet das Menüband aus, schaltet in einen Vollbildmodus und zeigt die Seite ebenfalls im Layout. Der Lesemodus verhält sich ähnlich wie die Seitenansicht. Der Text der Seite wird aber automatisch so angepasst, dass er sich lesen lässt. Dies ist z. B. zum Korrekturlesen von Schriftstücken am Bildschirm hilfreich, erlaubt aber ebenfalls die Beurteilung des Seitenlayouts. Über die im *Vollbild-Lesemodus* in der rechten oberen Fensterecke sichtbare Schaltfläche *Schließen* gelangen Sie zum vorherigen Anzeigemodus zurück. Die rechte Schaltfläche *Entwurf* zeigt das Textdokument in der Form, wie es eingegeben wird (ohne Seitenränder und Seitenwechsel). Zeigen Sie mit der Maus auf die Schaltflächen, erscheint eine QuickInfo mit dem Namen des betreffenden Modus.

Varianten zum Ausrichten

Benötigen Sie eine andere Ausrichtung der markierte(n) Zeile(n)? Auch dies ist kein Problem. Word enthält in der Gruppe *Absatz* der Registerkarte *Start* des Menübands verschiedene Schaltflächen, die die horizontale Ausrichtung einzelner Absätze regeln.

Die Schaltfläche *Linksbündig* sorgt dafür, dass die Zeilen am linken Rand ausgerichtet werden. Erreicht der Text den rechten Rand, wird das nächste Wort automatisch in die Folgezeile übernommen (umbrochen). Weil die Zeilen am rechten Rand unterschiedlich lang sind, bezeichnet man dies auch als »Flatterrand«. Eine linksbündige Ausrichtung ist die übliche Art der Texterfassung.

Verwenden Sie die Schaltfläche *Zentriert*, um Texte zwischen dem linken und rechten Rand zu zentrieren. Diese Anordnung eignet sich zum Beispiel zur Gestaltung von Überschriften.

Über die Schaltfläche *Rechtsbündig* enden die Textzeilen am rechten Seitenrand, während der »Flatterrand« links auftritt. Diese Schaltfläche ist beim rechtsbündigen Ausrichten einer Datumszeile in Briefen recht hilfreich. Ein Mausklick – und die Datumszeile erscheint am rechten Rand des Briefs.

Verwenden Sie die Schaltfläche *Blocksatz*, richtet Word den Text am linken und am rechten Rand bündig aus. Notfalls wird der Wortzwischenraum etwas erweitert, damit alle Zeilen eines Absatzes die gleiche Breite aufweisen.

So ändern Sie die Zeichengröße ...

Beim Verfassen von Texten benötigen Sie vermutlich recht bald unterschiedliche Schriftgrößen. In der Beispieleinladung soll jetzt die Zeile mit der Überschrift noch mit etwas größeren Buchstaben hervorgehoben werden.

1 Markieren Sie den Text der ersten Zeile.

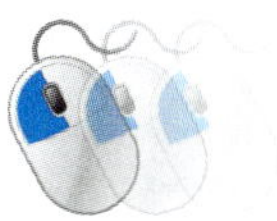

2 Klicken Sie auf der Registerkarte *Start* des Menübands in der Gruppe *Schriftart* auf den Pfeil neben dem Kombinationsfeld *Schriftgrad*.

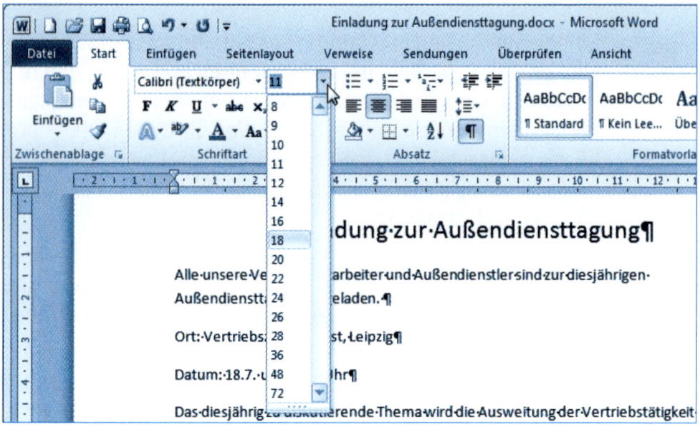

3 Klicken Sie in der geöffneten Liste auf den Wert 18.

4 Klicken Sie auf eine Stelle neben dem Text, um die Markierung aufzuheben.

Die Überschrift der Einladung erscheint vergrößert.

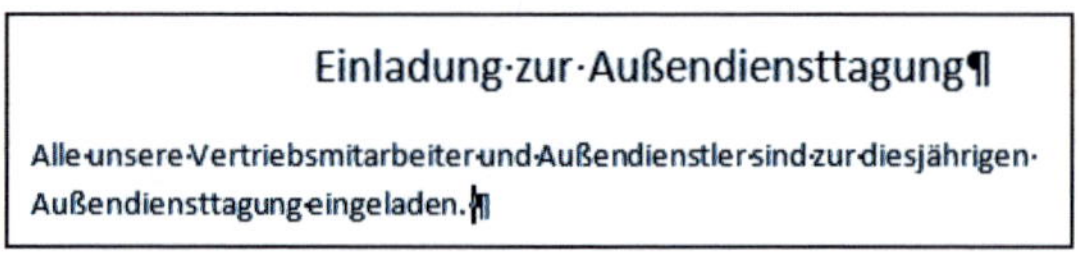

Fachwort

Kombinationsfelder und **Listenfelder** werden Ihnen in Windows häufiger begegnen. Diese Felder haben am rechten Rand eine Schaltfläche, bei deren Anwahl eine Liste mit wählbaren Optionen geöffnet wird. Sie können dann eine Option durch Anwahl des Listeneintrags abrufen. Bei einem Kombinationsfeld kann der Textbereich mit dem angezeigten Wert zunächst mit einem Mausklick ausgewählt werden. Dann besteht die Möglichkeit, den Wert per Tastatur zu überschreiben. Ein Listenfeld erlaubt dagegen nur die Auswahl der vorgegebenen Werte.

Bei der Formatierung von Texten werden verschiedene Fachbegriffe benutzt. Die Größe der Zeichen nennt man nicht Zeichengröße oder Zeichenhöhe, der korrekte Fachausdruck lautet **Schriftgrad**. Die Zahlen geben dabei den Schriftgrad in Punkt an. Punkt ist eine Maßeinheit, ähnlich wie mm. Je höher der Wert, umso größer erscheinen die Buchstaben. Normalerweise arbeiten Sie mit einem Schriftgrad von 10 oder 11 Punkt.

... und so ändern Sie die Schriftart

Zur Darstellung von Texten werden sogenannte Schriftarten benutzt. Diese beschreiben die Form der einzelnen Buchstaben. Die Schrift einer Zeitung sieht sicherlich anders aus als das Werbeplakat Ihres Lebensmittelhändlers.

Hinweis

Es gibt eine Unmenge verschiedener **Schriftarten**, die mit Namen wie Times, Courier, Helvetica usw. bezeichnet werden und für unterschiedliche Stile stehen. Solche Schriftarten unterliegen dem Copyrightschutz. Daher wurden die von Microsoft entwickelten und unter Windows bzw. Office verfügbaren Schriftarten mit geringfügig anderen Namen versehen.

Üblicherweise verfasst man einfache Schriftstücke in der Schriftart Times, die unter Windows als »Times New Roman« auftritt. Bei Überschriften kommt häufiger die Schriftart Helvetica (eine serifenlose Schriftart, die keine Querstriche an den Enden von Buchstaben aufweist) – in Windows als »Arial« bezeichnet – zum Einsatz. Courier-Schriftarten entsprechen in ihrem Schriftbild dem einer Schreibmaschine, da die Buchstaben alle die gleiche Breite besitzen.

Die Schriftart lässt sich ähnlich wie der Schriftgrad direkt über ein Listenfeld des Menübands abrufen.

1 Stellen Sie sicher, dass der zu formatierende Text markiert ist, und wählen Sie im Menüband die Registerkarte *Start*.

2 Klicken Sie in der Gruppe *Schriftart* auf das kleine Dreieck neben dem Feld *Schriftart*. Suchen Sie die gewünschte Schriftart in der Liste aus.

3 Bereits beim Zeigen passt Word die Schriftart in einer Vorschau an. Klicken Sie auf den Eintrag, um die Änderungen dauerhaft zu übernehmen.

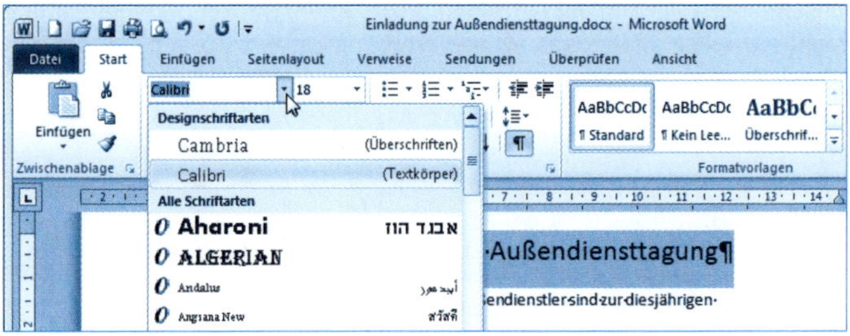

War ein Text markiert, weist Word diesem die neue Schriftart zu. Ist nichts markiert, merkt sich Word die eingestellte Schriftart. Tippen Sie einen Text ein, wird dieser in der soeben gewählten Schriftart dargestellt.

> **Hinweis**
>
> Sie sollten aber vorsichtig bei der Verwendung mehrerer Schriftarten in einem Dokument sein. Die Verwendung gemischter Schriftarten sieht nicht immer gut aus, und die Lesbarkeit des Dokuments leidet dadurch.

Zeichen im Text formatieren, so geht's

Neben der Variation des Schriftgrads und der Schriftart können Sie Textstellen auch fett, kursiv, unterstrichen etc. formatieren. Da sich diese Formate auf einzelne Zeichen bzw. markierte Textauszüge beziehen, spricht man auch von **Zeichenformaten**. Word bietet Ihnen im Menüband verschiedene Schaltflächen zur Zeichenformatierung in der Gruppe *Schriftart* der Registerkarte *Start*.

Diese Schaltfläche formatiert den markierten Text mit **fetten** Buchstaben.

Klicken Sie auf diese Schaltfläche, erscheint der markierte Text mit schräg gestellten Buchstaben. Man bezeichnet dies auch als *kursiv* formatieren.

Um einen markierten Text zu unterstreichen, klicken Sie auf diese Schaltfläche.

Über diese Schaltfläche lässt sich ein markierter Text ~~durchstreichen~~.

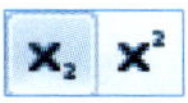

Diese beiden Schaltflächen ermöglichen Ihnen, markierte Buchstaben gegenüber dem restlichen Text tief- oder hochzustellen (z. B. $10\ m^3$ H_2O).

Die Gruppe *Schriftart* enthält darüber hinaus noch einige geteilte Schaltflächen mit einem kleinen Dreieck am rechten Rand. Klicken Sie auf dieses Dreieck, öffnet sich ein Menü oder ein Katalog zur Auswahl weiterer Optionen.

Öffnen Sie das Menü der Schaltfläche *Unterstreichen*, können Sie über die nebenstehend angezeigten Optionen die Art der Unterstreichung (einfach, doppelt, punktiert, strichpunktiert etc.) wählen. Bei Bedarf können Sie sogar die Unterstreichungsfarbe über den am unteren Menürand sichtbaren Befehl wählen.

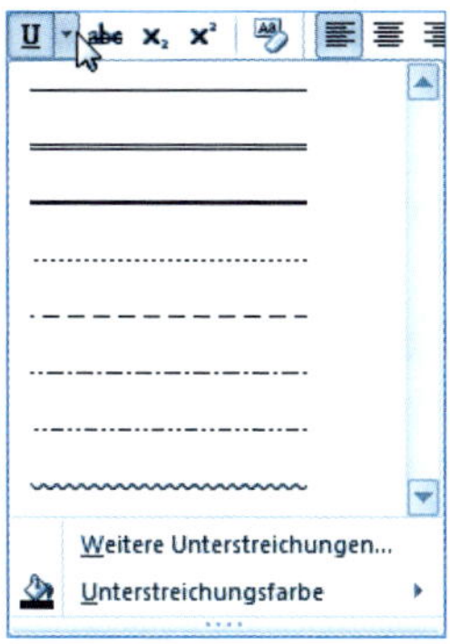

Die Menüschaltfläche *Hervorheben* öffnet eine Farbpalette, über dessen Farbfelder Sie eine Hervorhebungsfarbe wählen können. Beim Anklicken der Schaltfläche wird der markierte Text in der entsprechenden Farbe (ähnlich wie bei einem Farbmarker) hervorgehoben. Mit *Keine Farbe* bzw. dem Befehl *Hervorheben beenden* lässt sich der Modus aufheben.

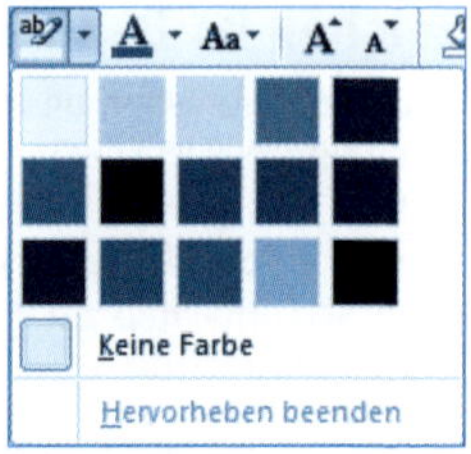

Über die Farbpalette der Schaltfläche *Schriftfarbe* lässt sich ein Farbfeld wählen. Die Farbe wird dem markierten oder anschließend eingetippten Text zugewiesen. Die Farbe *Automatisch* färbt den Text in der vom Betriebssystem vorgesehenen Farbe (meist Schwarz) ein. Über den Befehl *Weitere Farben* öffnen Sie ein Zusatzdialogfeld. In diesem Dialogfeld können Sie zusätzliche Farben wählen oder eine eigene Farbe mischen.

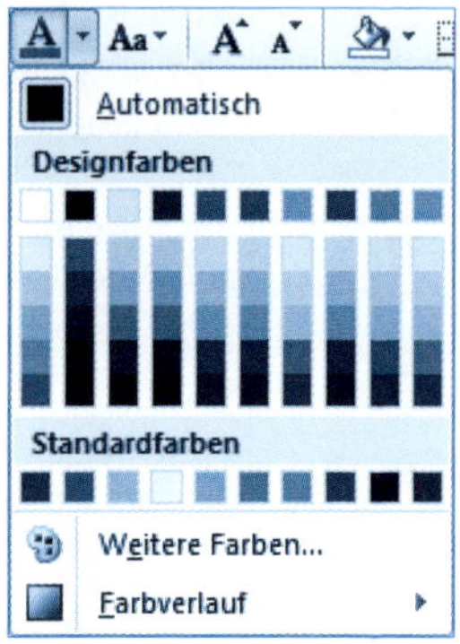

Drei weitere Schaltflächen der Gruppe *Schriftart* ermöglichen Ihnen, die Schrift zu vergrößern bzw. zu verkleinern sowie Texte zwischen Groß-/ Kleinschreibung umzuschalten.

Bei Bedarf können Sie die Formate kombinieren und einen markierten Textabschnitt beispielsweise fett, kursiv und unterstrichen darstellen. Um **Texte** mit den obigen Schaltflächen zu **formatieren**, wenden Sie folgende Schritte an.

1 Markieren Sie die gewünschte Textstelle (z. B. im Beispieldokument die Ortsangabe).

2 Wählen Sie im Menüband die Registerkarte *Start*, um die Schaltflächen der Gruppe *Schriftart* anzuzeigen.

3 Klicken Sie auf die Schaltfläche(n), deren Format Sie zuweisen möchten (z. B. Schaltfläche *Fett* und/oder *Kursiv*). Bei den Menüschaltflächen klicken Sie auf das kleine Dreieck am rechten Schaltflächenrand und wählen dann im Menü bzw. in der Palette die gewünschte Option.

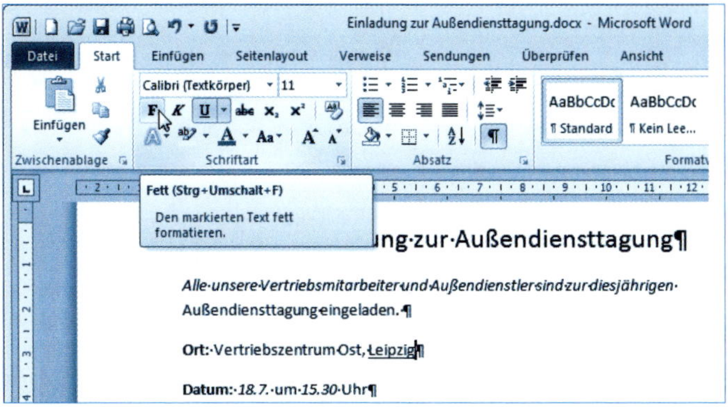

Hier sehen Sie einen Ausschnitt aus dem Beispieldokument, in dem die Überschrift sowie die Begriffe »Ort« und »Datum« fett, die Datums- und Zeitangaben kursiv und die Ortsangabe unterstrichen formatiert wurden.

Im hier gezeigten Beispiel steht die Textmarke hinter dem Ort. Im Menüband hebt Word die Schaltfläche *Unterstreichen* farbig hervor. Klicken Sie also auf einen markierten Text, lässt sich an den Schaltflächen erkennen, ob dieser fett, kursiv und/oder unterstrichen ausgezeichnet wurde. Zeigen Sie auf eine der Schaltflächen, blendet Word zudem eine QuickInfo mit dem Namen der betreffenden Schaltfläche sowie ggf. der Tastenkombination zum Abrufen der Funktion ein.

Um die Formatierung einer Textstelle aufzuheben, markieren Sie diese und wählen die Schaltfläche zum Formatieren erneut an. Wenn die Schaltfläche nicht mehr »markiert« dargestellt wird, ist das Format aufgehoben.

Hinweis

Markieren Sie einen Textabschnitt, wirkt das Format auf den gesamten Text. Steht die Einfügemarke in einem Wort, wird das gesamte Wort mit dem entsprechenden Format versehen. Vielschreiber kommen schneller mit den folgenden Tastenkombinationen voran:

Strg+Umschalt+F	Fett
Strg+Umschalt+K	Kursiv
Strg+Umschalt+U	Unterstrichen
Strg+Umschalt+D	Doppelt unterstrichen
Strg++	Hochgestellt ein-/ausschalten
Strg+#	Tiefgestellt ein-/ausschalten

Möchten Sie beim Eingeben des Textes das Format zuweisen? Dann klicken Sie auf die gewünschte Schaltfläche und tippen den Text ein. Welche Formate gerade benutzt werden, sehen Sie ebenfalls an den »gedrückt« dargestellten Schaltflächen. Drücken Sie die Tastenkombination einmal (bzw. klicken Sie auf die Schaltfläche), wird das Format zugewiesen. Wiederholen Sie die Tastenkombination (oder klicken Sie erneut auf die Schaltfläche), schaltet das die Formatierung ab.

Markieren Sie einen Textabschnitt und drücken dann die Tastenkombination Strg+Leer, werden alle Zeichenformate aufgehoben und Word weist das Standardformat zu.

Den gleichen Effekt erhalten Sie, wenn Sie bei einem markierten Text auf der Registerkarte *Start* des Menübands in der Gruppe *Schriftart* die Schaltfläche *Formatierung löschen* anklicken.

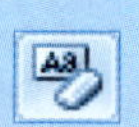

Zeichenformate gezielt zuweisen

Reichen Ihnen die Schaltflächen der Gruppe *Schriftart* auf der Registerkarte *Start* des Menübands nicht? Word (und auch die restlichen Office-Anwendungen) stellt Ihnen das Dialogfeld *Schriftart* zum Zugriff auf alle Zeichenformate zur Verfügung. Zum Aufrufen haben Sie mehrere Möglichkeiten.

- Klicken Sie in der Gruppe *Schriftart* auf die Schaltfläche *Startprogramm für Dialogfelder* oder drücken Sie die Tastenkombination Strg+D.

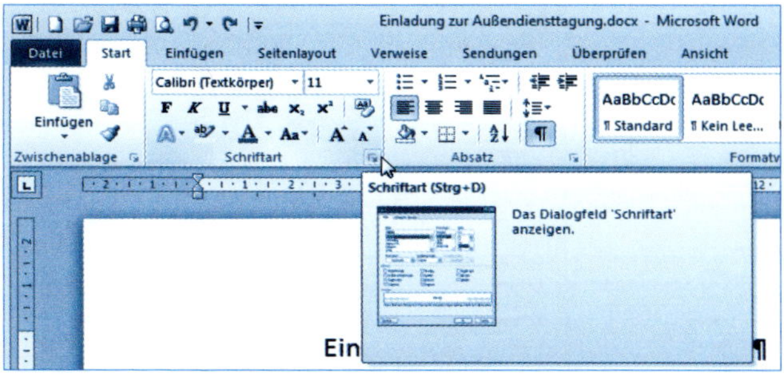

Klicken Sie den markierten Textbereich mit der rechten Maustaste an und wählen Sie den Kontextmenübefehl *Schriftart*.

Wenn Sie einen Text mit der rechten Maustaste anklicken, blendet Word übrigens (wie hier gezeigt) die Schaltflächen der Gruppe *Schriftart* oberhalb des Kontextmenüs in einer separaten Minileiste ein. Sie können dann ebenfalls eine der Schaltflächen anklicken, um das Zeichenformat zuzuweisen.

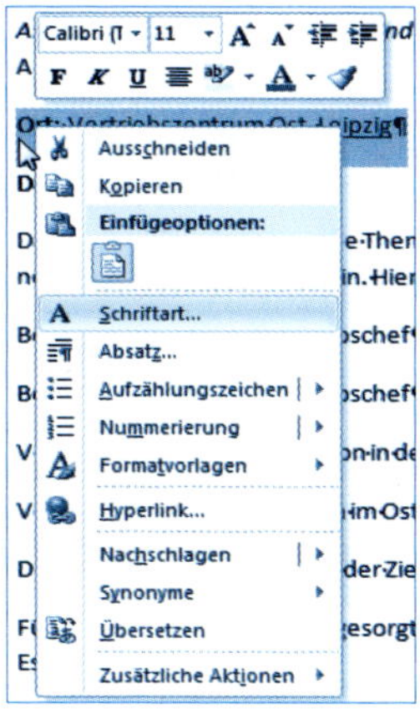

Word zeigt dann das Dialogfeld *Schriftart* mit den beiden Registerkarten *Schriftart* und *Erweitert*.

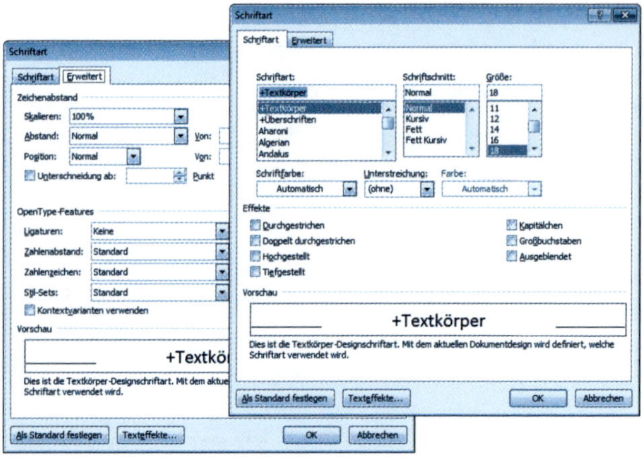

Über deren Steuerelemente können Sie jedes in Word verfügbare Zeichenformat anpassen und durch Anklicken der *OK*-Schaltfläche zuweisen (siehe auch »Textformatierung für Könner« in Kapitel 3).

Einrücken in Spalten

Bei der Gestaltung von Listen (z. B. Telefonlisten) oder bei eingerückten Absätzen haben manche Anwender ein Problem.

Hier ist ein Ausschnitt aus einer Telefonliste als Beispiel. Die einzelnen Einträge wurden durch eingefügte Leerzeichen spaltenweise ausgerichtet. Ein Ansatz, den die meisten Anwender bevorzugt verwenden.

Name·····Vorname·······Telefon¶
Born·······Klaus·············346¶
Braun······Dieter·············458¶
Daum······Willi··············192¶
Eigner·····Angnes···········374¶
Immer·····Inge···············111¶

Obwohl ich mir Mühe gegeben habe, sind die Einträge in den Spalten leicht gegeneinander verschoben. Die eingerückten Zeilen erscheinen beim Ausdruck nicht sauber in einer Spalte, sondern leicht verrutscht.

> **Hinweis**
>
> Das saubere Einrücken von Listen ist mit Leerzeichen nahezu unmöglich, da die Buchstaben der einzelnen Schriften meist unterschiedliche Breiten aufweisen. Dadurch kommt es zu einem geringen Versatz innerhalb der Spalten, der sich besonders beim Drucken auswirkt. Bei einer Schreibmaschine wird dagegen häufig die Schriftart Courier benutzt, deren Typen (das sind die Buchstaben der Schreibmaschine) gleiche Zeichenbreiten für alle Buchstaben aufweisen. Benutzen Sie daher die nachfolgend besprochenen Tabulatoren oder die im folgenden Kapitel erwähnten Tabellen zum Gestalten von Listen.

Das saubere Einrücken von Absätzen oder das Erstellen von Listen ist mit wenig Aufwand möglich. Dies soll jetzt am bereits vorliegenden Beispiel demonstriert werden – die Ortsangabe sowie Zeit- und Datumsangabe sollen etwas eingezogen und als Spalte untereinander angeordnet werden.

1 Klicken Sie hinter das Wort »Ort:« und drücken Sie einmal die [Tab]-Taste.

2 Klicken Sie hinter das Wort »Datum:« und drücken Sie einmal die [Tab]-Taste.

Word fügt jetzt bei diesen Schritten Tabulatorzeichen in das Dokument ein. Dies bewirkt, dass der rechts stehende Text eingerückt wird.

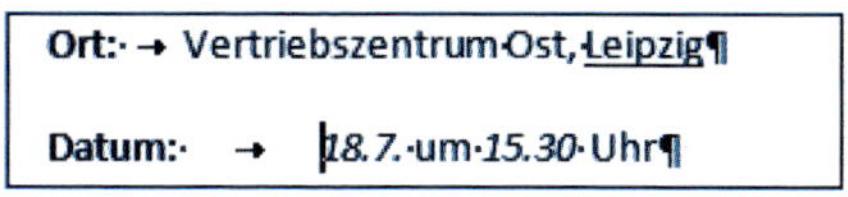
Ort:· → Vertriebszentrum·Ost,·Leipzig¶

Datum:· → 18.7.·um·15.30·Uhr¶

Hier sehen Sie das Ergebnis, die Tabulatorzeichen erscheinen im Dokument als kleine Pfeile (sofern die Anzeige verborgener Zeichen eingeschaltet ist). Durch die Verwendung der [Tab]-Taste sparen Sie sich den Aufwand, viele Leerzeichen einzutippen. Gleichzeitig stellen die Tabulatoren sicher, dass der Text immer in der gleichen Spalte beginnt.

Allerdings gibt es noch ein kleines Problem: Die Tabulatorstopps sind (wie bei einer Schreibmaschine) auf festen Positionen vordefiniert. Im aktuellen Beispiel führt dies dazu, dass der eingerückte Text der obersten Zeile um eine Tabulatorposition nach links verschoben ist. Sie könnten dies korrigieren, indem Sie in der ersten Zeile mit der Ortsangabe die Tab-Taste zweimal drücken. Bei umfangreicheren Listen ist es aber besser, wenn Sie die Positionen der Tabulatorstopps – wie nachfolgend gezeigt – manuell festlegen. Dann lässt sich später die Spaltenbreite für die komplette Liste anpassen.

Setzen und Löschen von Tabstopps

Die vordefinierten Tabstopps erfordern häufig, dass Sie mehrere Tabulatorzeichen eingeben müssen, um Texte in Listenform zu gestalten. Meist benötigt man aber die Tabstopps an definierten Positionen in der Zeile. Word ermöglicht Ihnen, die Tabstopps gezielt zu setzen.

1 Markieren Sie die Zeilen/Absätze, für die die neuen Tabulatorstopp-Positionen gelten sollen.

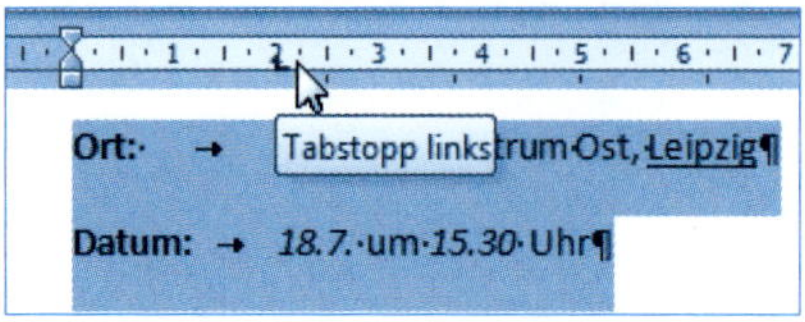

2 Klicken Sie an der gewünschten Position auf den unteren Rand des Lineals.

Word markiert die neue Tabstopp-Position durch eine Marke. Die Form des Zeichens gibt Ihnen einen Hinweis auf die Art des Tabulators (linksbündig, rechtsbündig, zentriert etc.).

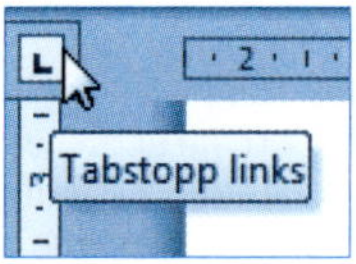

Den Tabstopp-Typ wechseln Sie durch einen Mausklick auf das Symbol links neben dem horizontalen Lineal, bevor der Tabstopp im Lineal gesetzt wird.

Zum Verschieben eines Tabstopps zeigen Sie mit der Maus auf das Symbol, halten die linke Maustaste gedrückt und ziehen das Tabstopp-Symbol nach links oder rechts.

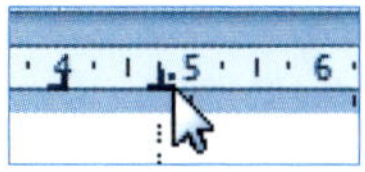

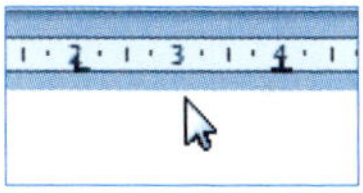

3 Ziehen Sie das Tabstopp-Symbol nach oben oder unten aus dem Lineal heraus, wird der Tabstopp entfernt.

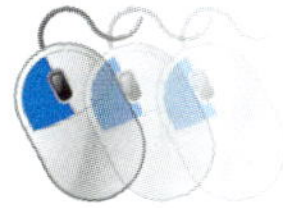

Tabstopps verwenden Sie in den folgenden Kapiteln zum Ausrichten von Tabellenspalten.

Aufzählungen und Nummerierungen gefällig?

Jetzt fehlen Ihnen noch zwei häufig in Dokumenten benutzte Formatauszeichnungen im Text: Aufzählungen und Nummerierungen. Im bisher benutzten Beispiel sollen die Punkte der Agenda mit einer Nummerierung versehen werden.

1 Markieren Sie die Zeilen bzw. Absätze, die als Nummerierung erscheinen sollen.

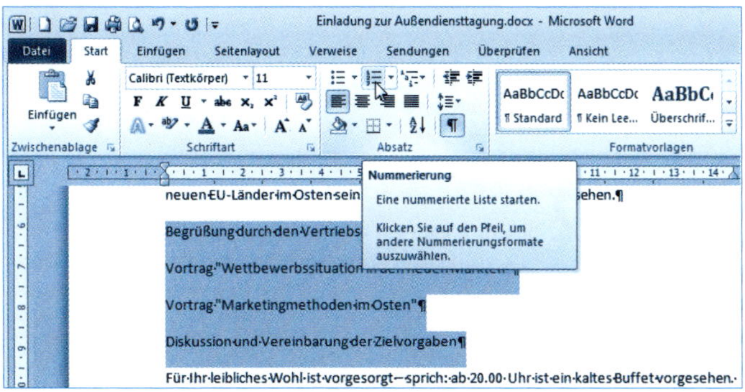

2 Klicken Sie auf der Registerkarte *Start* des Menübands in der Gruppe *Absatz* auf die Schaltfläche *Nummerierung*.

Word versieht nun die betreffenden Zeilen mit einer vorangestellten Nummer.

1.→ Begrüßung·durch·den·Vertriebschef¶
2.→ Vortrag·"Wettbewerbssituation·in·den·neuen·Märkten"¶
3.→ Vortrag·"Marketingmethoden·im·Osten"¶
4.→ Diskussion·und·Vereinbarung·der·Zielvorgaben¶

3 Klicken Sie auf eine Textstelle neben der Markierung, um diese aufzuheben.

Hinweis

Um gegebenenfalls eine Aufzählung oder Nummerierung aufzuheben, markieren Sie den betreffenden Bereich und klicken erneut auf die jeweilige Schaltfläche *Aufzählung* oder *Nummerierung*. Ähnlich wie bei Fettschrift etc. setzt Word das aktuelle Format zurück.

Möchten Sie dagegen die Punkte der Agenda mit einer **Aufzählung** versehen, sind folgende Schritte durchzuführen:

1 Markieren Sie die Zeilen bzw. Absätze, die als Aufzählung erscheinen sollen.

2 Klicken Sie auf der Registerkarte *Start* des Menübands auf die Schaltfläche *Aufzählungszeichen* der Gruppe *Absatz*.

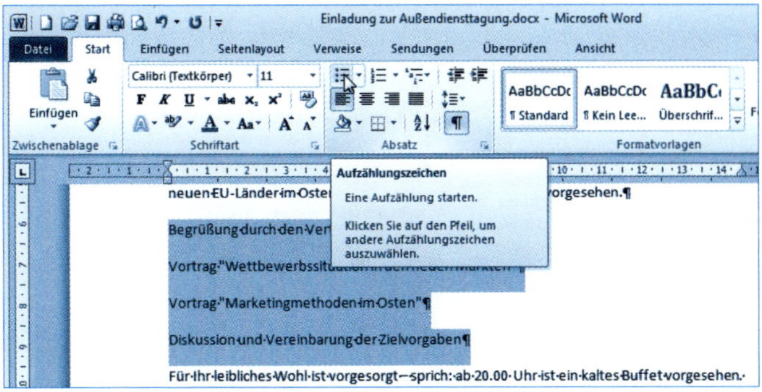

3 Klicken Sie auf eine Textstelle neben der Markierung, um diese aufzuheben.

Word setzt nun vor die betreffenden ersten Zeilen der Absätze einen kleinen Punkt (auch Schmuckpunkt oder Aufzählungszeichen genannt).

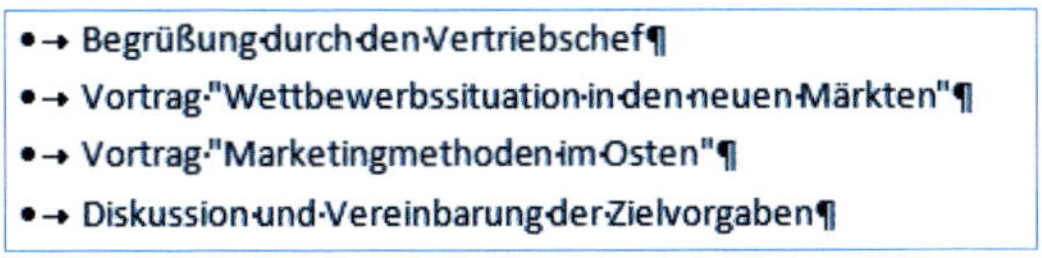

Der Text der betreffenden Absätze wird durch die vorangestellten Nummerierungen oder Schmuckpunkte etwas nach rechts verschoben. Enthält ein Absatz mehrere Zeilen, werden die Folgezeilen an den Anfang der ersten Zeile angepasst. Man sagt dazu auch, dass die Folgezeilen zur gleichen Spalte der ersten Zeile eingezogen werden.

Hinweis

Bei den Schaltflächen *Nummerierung* und *Aufzählungszeichen* können Sie einen Katalog zur Auswahl des Aufzählungszeichens oder des Nummerierungsschemas öffnen. Das zuletzt per Mausklick gewählte Symbol bleibt während der Sitzung erhalten und lässt sich später markierten Dokumentbereichen durch einfaches Anklicken der betreffenden Schaltfläche zuweisen.

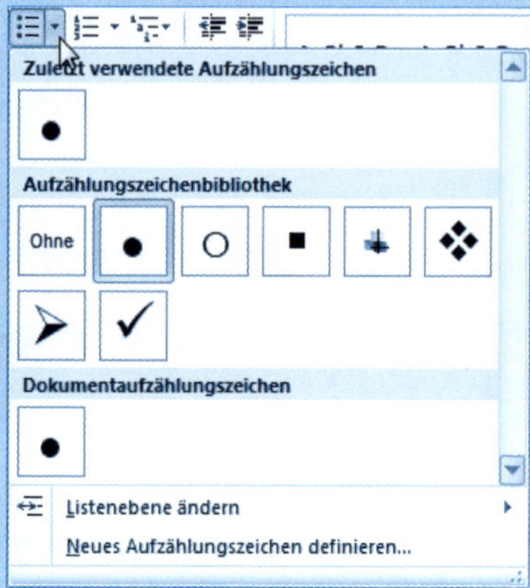

Word besitzt in der Symbolleiste die beiden nebenstehenden Schaltflächen, mit denen Sie markierte Absätze ebenfalls nach links oder rechts einziehen können.

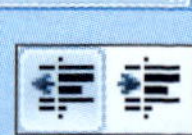

Dies ist beispielsweise hilfreich, wenn Sie Absätze ohne Nummerierungssymbol oder Schmuckpunkt etwas nach rechts einrücken möchten. Markieren Sie die betreffenden Absätze und erhöhen bzw. reduzieren Sie den Einzug über die beiden hier gezeigten Schaltflächen.

Die Zeilenlänge anpassen

Eine weitere Option zur Gestaltung eines Schriftstücks bietet die Zeilenlänge für den Text. Word beginnt mit der Zeile am linken Rand und sorgt dafür, dass der Text am Zeilenende in der nächsten Zeile fortgesetzt wird.

Die Ränder der Seite werden am rechten und linken Rand des vertikalen Lineals als dunkler Teil angezeigt.

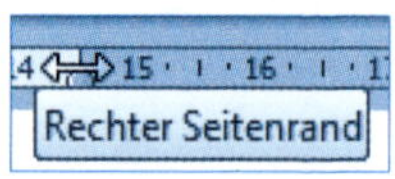

In der Seitenlayoutansicht können Sie mit der Maus auf den Übergang zeigen und den Seitenrand verschieben. Neben der Verstellung des Seitenrands lassen sich auch die Einzüge für die einzelnen Textzeilen eines Absatzes rechts bzw. links definiert setzen.

Im vertikalen Lineal sehen Sie am linken und rechten Rand kleine Dreiecke.

Diese Dreiecke werden auch **Randsteller** genannt. Sie können mit dem linken und dem rechten unteren Randsteller den **Einzug** für den **Zeilenanfang** und das **Zeilenende** festlegen. Der Randsteller links oben legt bei Absätzen mit mehreren Zeilen den Anfang der ersten Zeile fest. Man sagt auch, dass dieser Randsteller den Erstzeileneinzug (d. h. den Einzug der ersten Zeile eines Absatzes) festlegt. Dies soll jetzt verwendet werden, um den rechten Rand des Textes etwas nach links einzuziehen.

1 Markieren Sie den gesamten Text des Dokuments.

> **Hinweis**
>
> Sie können den Text durch Ziehen mit der Maus markieren. Schneller geht es aber, wenn Sie die Tastenkombination Strg+A drücken.

2 Zeigen Sie auf den rechten Randsteller und ziehen Sie diesen nach links.

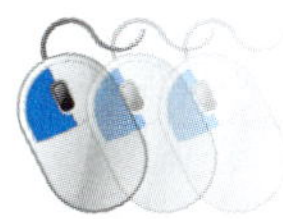

Word zeigt die Position im Dokument durch eine vertikale gestrichelte Linie an.

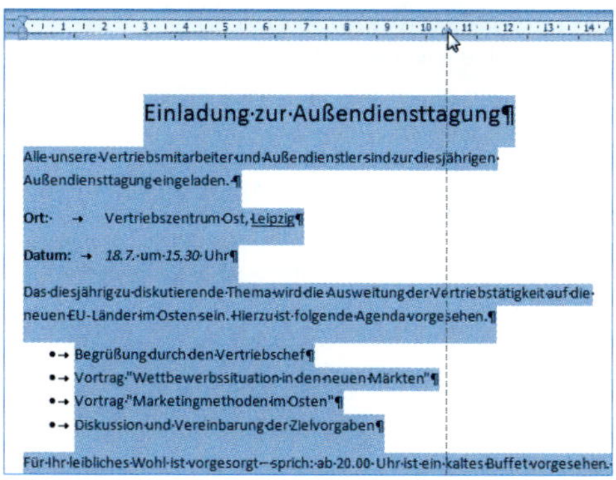

Durch das Ziehen des rechten Randstellers nach links wird die Zeilenbreite etwas reduziert. Word rückt den Text am rechten Rand entsprechend ein und sorgt auch für den Zeilenumbruch. Als Ergebnis erhalten Sie einen etwas schmäleren Absatztext. Auf diese Weise können Sie zum Beispiel den linken oder rechten Textrand festlegen.

> **Achtung**
>
> Die Randsteller wirken sich nur auf den aktuellen Absatz (oder auf einen markierten Bereich) aus. Soll der Textrand für ein Dokument neu gesetzt werden, müssen Sie das gesamte Dokument wie hier gezeigt vorher markieren.

Absatzabstände anpassen

Als Letztes kommen wir auf das Thema Absatzabstände zu sprechen. Viele Benutzer drücken beim Schreiben zweimal die [Eingabe]-Taste. Dies sorgt dafür, dass die Zeilen einen genügend großen vertikalen Abstand erhalten. Ich benutze dies selbst gelegentlich, wenn ich zu faul zum Anpassen der vertikalen Absatzabstände bin. Beim Schreiben von Briefen ist dies auch so akzeptabel. Bei längeren Dokumenten sollten Sie aber auf diese Technik verzichten.

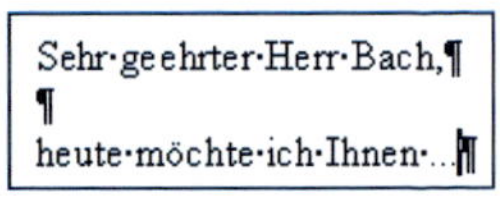

Das zweimalige Drücken der [Eingabe]-Taste erzeugt eine Leerzeile bzw. einen leeren Absatz.

Fällt diese Leerzeile später auf einen Seitenwechsel, beginnt die Folgeseite u. U. mit einer Leerzeile, was nicht erwünscht ist.

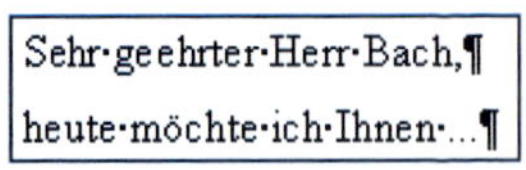

Besser ist es, wenn Sie die Absätze bei solchen Dokumenten nur durch eine Absatzmarke trennen und den vertikalen Absatzabstand zum vorhergehenden bzw. nachfolgenden Text über das **Absatzformat** anpassen.

Wie dies funktioniert, soll Ihnen das folgende Beispiel erläutern. In der Einladung folgen die einzelnen Absätze recht eng aufeinander.

1 Klicken Sie mit der rechten Maustaste auf einen Absatz oder einen markierten Bereich, dessen Abstand anzupassen ist.

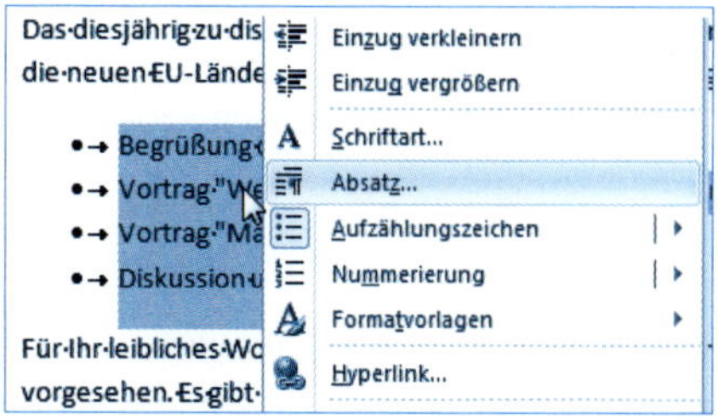

2 Wählen Sie im Kontextmenü den Befehl *Absatz*.

Auf der Registerkarte *Einzüge und Abstände* des Eigenschaftenfensters *Absatz* gibt Ihnen Word die Möglichkeit, die vertikalen Absatzabstände in der Gruppe *Abstand* anzupassen.

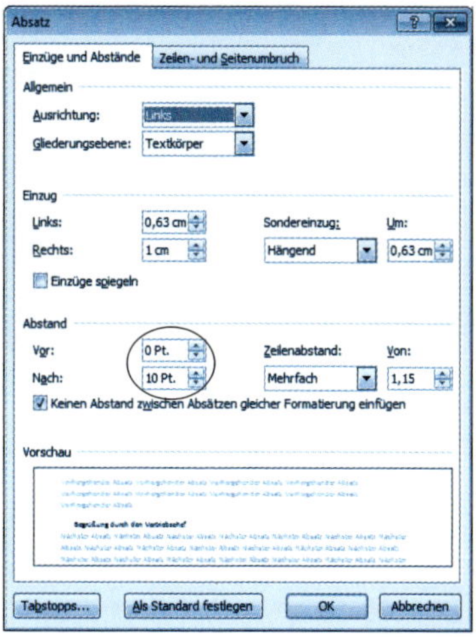

3 Setzen Sie den Wert des Drehfelds *Vor* beispielsweise auf 6 Pt.

4 Setzen Sie den Wert des Drehfelds *Nach* bei Bedarf ebenfalls.

Die beiden Felder *Vor* und *Nach* legen fest, wie groß der Abstand vor und nach dem Absatz zum restlichen Text sein soll.

5 Schließen Sie die Registerkarte *Einzüge und Abstände* über die *OK*-Schaltfläche.

Nach dem Schließen der Registerkarte passt Word die Absatzabstände an.

Hinweis

Das Abstandsmaß *Pt* steht dabei für die Maßeinheit Punkt. Sie können den Wert für den gewünschten Abstand direkt in das Feld eintragen, indem Sie dieses durch Anklicken markieren und dann den Wert eintippen. Alternativ lassen sich die kleinen Schaltflächen mit den Dreiecken des zugehörigen Drehfelds verwenden, um den Wert des Felds schrittweise zu verstellen. Beim Wert *Auto* legt Word den vertikalen Absatzabstand automatisch in Abhängigkeit vom Schriftgrad fest.

Beim Korrekturlesen längerer Dokumentausdrucke (z. B. Buchmanuskripte) müssen häufig handschriftliche Anmerkungen eingefügt werden. Für diesen Zweck arbeitet man mit einem vergrößerten **Zeilenabstand**. Mit den folgenden Tastenkombinationen können Sie den Zeilenabstand in einem Absatz oder in einem markierten Bereich schnell anpassen:

Strg+1	Zeilenabstand einfach
Strg+2	Zeilenabstand doppelt
Strg+5	Zeilenabstand eineinhalbfach

Alternativ können Sie auf der Registerkarte *Start* des Menübands in der Gruppe *Absatz* auf die Schaltfläche *Zeilen- und Absatzabstand* klicken. Öffnen Sie das Menü der Schaltfläche, lassen sich verschiedene Zeilenabstände wählen. Über die beiden unteren Befehle können Sie zudem den Abstand der Absätze vergrößern.

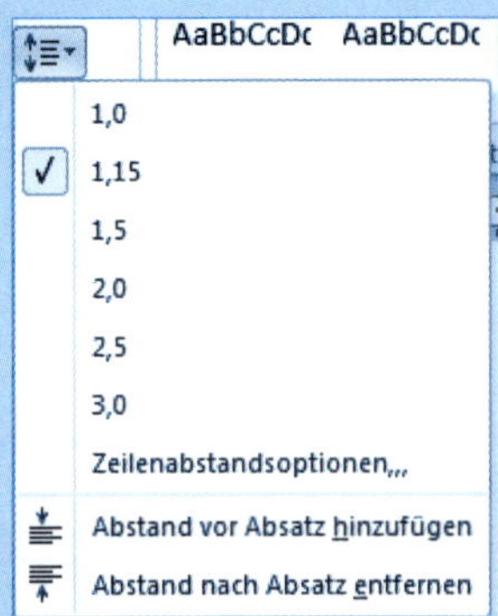

Weiterhin finden Sie auf der Registerkarte *Einzüge und Abstände* des Dialogfelds *Absatz* (siehe oben) ebenfalls das Listenfeld *Zeilenabstand*, über welches Sie den Wert anpassen können.

In den vorhergehenden Lernschritten haben Sie die wichtigsten Funktionen zum Erstellen einfacher Textdokumente und zum Formatieren eines Dokuments kennengelernt. Word besitzt noch weitere Funktionen zur Formatierung. Näheres entnehmen Sie bitte der Programmhilfe.

Testen Sie Ihr Wissen

Zur Überprüfung Ihrer Kenntnisse können Sie die folgenden Fragen beantworten (die Lösungen finden Sie in Klammern).

- **Wie speichern Sie ein Dokument unter einem neuen Namen?**

  (Klicken Sie auf den Registerreiter *Datei* und wählen Sie den Befehl *Speichern unter*. Anschließend können Sie das Dokument im Dialogfeld unter einem neuen Namen sichern.)

- **Wie lässt sich ein Text zentriert ausrichten?**

  (Markieren Sie den oder die betreffenden Absätze und wählen Sie auf der Registerkarte *Start* des Menübands in der Gruppe *Absatz* die Schaltfläche *Zentriert*.)

- **Wie lässt sich ein Text mit vergrößerter Schrift versehen?**

  (Markieren Sie den betreffenden Textabschnitt und wählen Sie auf der Registerkarte *Start* in der Gruppe *Schriftart* den gewünschten Schriftgrad über das Listenfeld.)

- **Was ist bei der Texteingabe am rechten Rand zu beachten?**

  (Wird der rechte Seitenrand beim Eingeben des Textes erreicht, dürfen Sie keinesfalls die [Eingabe]-Taste drücken, da dies einen Absatzwechsel auslöst. Schreiben Sie einfach weiter, da Word den Text automatisch umbricht.)

- **Wie lässt sich ein Text im Dokument verschieben?**

  (Markieren Sie den Text und drücken die Tastenkombination [Strg]+[X], um den Bereich auszuschneiden. Klicken Sie auf die Einfügestelle und drücken Sie die Tastenkombination [Strg]+[V].)

In den Folgekapiteln lernen Sie weitere Funktionen zum Arbeiten mit Word kennen.

Kapitel 3

Briefe und sonstige Word-Dokumente

Was bringt Ihnen dieses Kapitel?

Nach dem Einstieg in Microsoft Word ist es nun an der Zeit, dieses Programm als »Arbeitsmittel« für den täglichen Bedarf zum Schreiben von Briefen oder Rechnungen zu benutzen. Mit der richtigen Anleitung ist dies kein großes Problem, und Ihre Dokumente bekommen eine persönliche Note. Hier erfahren Sie, was es bei diesen Dokumenten zu beachten gilt. So ganz nebenbei lernen Sie auch, wie Briefe richtig gestaltet und auf Word abgestimmt werden.

So schreiben Sie einen Brief

Die häufigste Tätigkeit mit Word wird wohl das Verfassen von Briefen sein. In Firmen werden hierzu typischerweise Briefformulare benutzt. Der Nachteil dabei ist: Sobald sich eine Angabe wie die Adresse oder die Telefonnummer im Briefformular ändert, müssen Sie die Formulare wegwerfen. Dank Word lassen sich Briefformulare selbst gestalten. Nachfolgend erfahren Sie, wie sich mit Word Briefe erstellen und ggf. auf Briefformulare abstimmen lassen.

Arbeiten mit Word-Dokumentvorlagen

Um einen neuen Brief zu schreiben, benötigen Sie ein neues Blatt. Dieses wird beim Start von Word automatisch angelegt. Sie können einen **Briefbogen** auch über eine **Vorlage** anlegen und dann den Brieftext ergänzen.

1 Klicken Sie im Word-Fenster auf den Registerreiter *Datei* und wählen Sie in der Backstage-Ansicht den Befehl *Neu*.

2 Klicken Sie in der Spalte *Verfügbare Vorlagen* der Backstage-Ansicht auf die Kategorie mit der gewünschten Dokumentvorlage (z. B. *Beispielvorlagen* oder *Meine Vorlagen*).

In der Rubrik *Beispielvorlagen* stehen Dokumentvorlagen (Briefbögen, Berichte etc.) mit unterschiedlichen Stilen zur Verfügung. In der Kategorie *Meine Vorlagen* finden Sie selbst erstellte Dokumentvorlagen (siehe folgende Abschnitte). In der Rubrik *Office.com-Vorlagen* können Sie zusätzliche Dokumentvorlagen (z. B. über die Rubrik »Briefe«) aus dem Internet nachladen. Ein Mausklick zeigt den Inhalt der Kategorie an. Über die Schaltflächen im Spaltenkopf (z. B. *Zurück* bzw. *Start*) können Sie zur Übersicht mit den Vorlagenkategorien zurückspringen.

3 Sobald in der Backstage-Ansicht der Inhalt der Vorlagenkategorie in der Spalte *Verfügbare Vorlagen* angezeigt wird, markieren Sie die Dokumentvorlage (z. B. die Designvorlage *Rhea-Brief*) mit einem Mausklick.

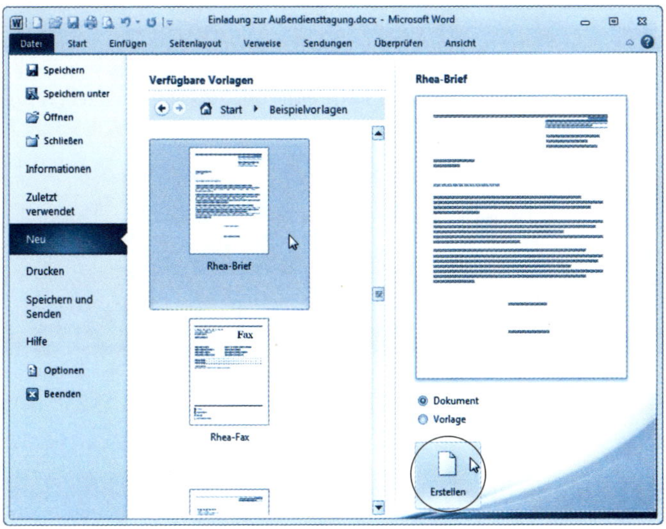

4 Wählen Sie die in der Backstage-Ansicht in der rechten Spalte angezeigte Schaltfläche *Erstellen* (bzw. *Download* bei Dokumentvorlagen aus dem Internet).

Die Backstage-Ansicht verschwindet, und Microsoft Word legt eine neue Seite an, welche bereits einen fertig vorbereiteten Briefbogen enthält.

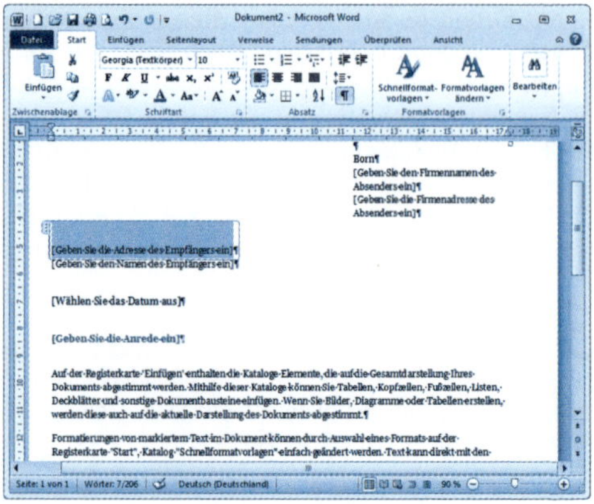

Sie brauchen jetzt nur noch diesen Briefbogen mit den notwendigen Angaben für Adresse und Absender zu versehen (einfach auf die Platzhalter klicken und den Inhalt ergänzen) sowie Ihren Brieftext hinzuzufügen. Fertig ist das Dokument.

Hinweis

Sie können **Dokumentvorlagen** verwenden, um standardisierte Briefe, Faxnachrichten, Lebensläufe, Berichte und andere Schriftstücke anzulegen. Microsoft liefert unter Namen wie Rhea, Apotheke, Dactylos etc. einige Designs für Dokumentvorlagen. Der Vorteil dieser Dokumentvorlagen: Sie müssen dann nur noch das Schriftstück an Ihre Bedürfnisse anpassen (indem Sie beispielsweise den Text hinzufügen). Der Nachteil: Die von Microsoft mitgelieferten Dokumentvorlagen sind nicht unbedingt optimal für den täglichen Gebrauch geeignet. Die Vorlagen für Geschäftsbriefe entsprechen zum Beispiel nicht den in Deutschland gebräuchlichen Vorgaben. Daher wird nachfolgend gezeigt, wie Sie eigene Vorlagen erzeugen können.

Eine eigene Briefvorlage erstellen

Um professionell und rationell mit Word zu arbeiten, empfiehlt es sich, eigene Briefvorlagen (bzw. Vorlagen für andere Dokumente) zu erstellen. Solche Vorlagen lassen sich an persönliche Anforderungen anpassen (indem z. B. der Absender bereits im Briefkopf vorgegeben wird). Auf diese Weise habe ich mir Vorlagen für Privat- und Geschäftsbriefe, Faxe,

Rechnungen usw. erstellt. Dies ist nicht sonderlich schwierig, und auf den folgenden Seiten lernen Sie zudem weitere Arbeitstechniken zum Umgang mit Word 2010.

Hinweis

Bei privaten Briefen sind Sie in der Gestaltung der Vorlage weitgehend frei. Im Geschäftsverkehr sollten Briefe nach DIN 5008 (Schreib- und Gestaltungsregeln für die Textverarbeitung, siehe *http://de.wikipedia.org/wiki/DIN_5008*) und DIN 676 (Gestaltung/Abstände Geschäftsbrief, siehe auch *www.luk-korbmacher.de/Schule/Text/din676.htm*) gestaltet werden.

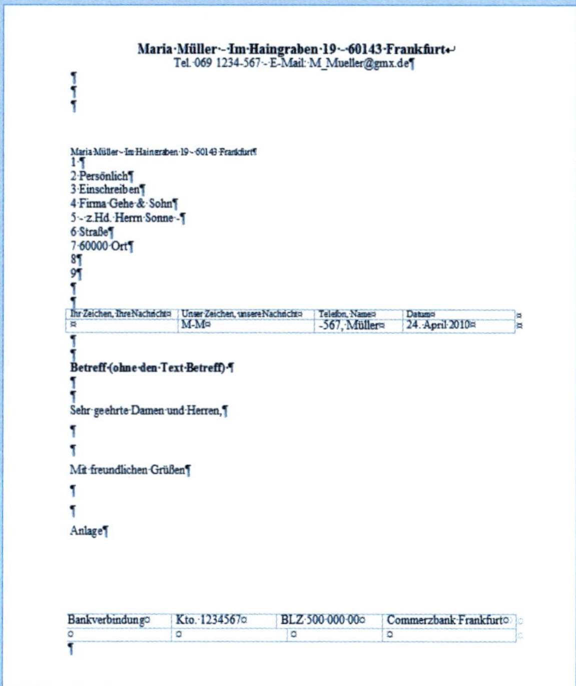

Maria Müller – Im Haingraben 19 – 60143 Frankfurt
Tel. 069 1234-567 – E-Mail: M_Mueller@gmx.de

Maria Müller – Im Haingraben 19 – 60143 Frankfurt
1
2 Persönlich
3 Einschreiben
4 Firma Gehe & Sohn
5 – z.Hd. Herrn Sonne –
6 Straße
7 60000 Ort
8
9

Ihr Zeichen, Ihre Nachricht	Unser Zeichen, unsere Nachricht	Telefon, Name	Datum
	M-M	-567, Müller	24. April 2010

Betreff (ohne den Text Betreff)

Sehr geehrte Damen und Herren,

Mit freundlichen Grüßen

Anlage

Bankverbindung	Kto. 1234567	BLZ 500 000 00	Commerzbank Frankfurt

Ein DIN-A4-Blatt ist 21 cm breit und 29,7 cm lang, wobei die ersten 4,5 cm im DIN-Brief zur freien Gestaltung des Briefkopfes reserviert sind. Die DIN legt den Rand für den Brief mit mindestens 2,4 cm links und 0,81 cm rechts fest. Als Schriftgrad ist ein Wert von mindestens 10 Punkt vorgegeben. Häufig beginnt man bereits bei 1,67 cm vom oberen Rand mit dem Firmenkopf. Eine Ortsangabe mit Datumszeile wird dann in der gleichen Zeile mit einem Tabulatorabstand von 10,16 cm bezogen auf den linken Blattrand angeordnet. Das Anschriftenfeld mit der Empfängeradresse beginnt 5,08 cm vom oberen sowie 2,41 cm vom linken Rand und weist neun Zeilen auf. Die ersten drei Zeilen sind für Versandart (z. B. Einschreiben) reserviert. Die achte Zeile ist der (übrigens nicht mehr fett oder unterstrichen hervorgehobenen) Ortsangabe vorbehalten. Weitere Bestandteile des Briefs sind Bezugs- und Betreffzeilen, die Anrede, die Grußformel, Unterschriftenfeld und die Anlagen. Diese Bestandteile werden durch eine vorgegebene Anzahl an Leerzeilen getrennt. Die Fußzeile am unteren Rand ist nach DIN frei gestaltbar. Eine gute Einführung in die DIN 5008 samt den Revisionen von 2007 findet sich unter *www.wintotal.de/artikel/artikel-2007/59.html* bzw. unter *www.din-5008-richtlinien.de*.

Leser aus Österreich sollten sich in der Briefgestaltung an der Önorm A 1080 (*www.topbox.at/Oenorm/*) orientieren. In der Schweiz gibt es die Norm SN 010130, die Abstandsangaben für Fensterkuverts regelt. Einige Gestaltungsregeln finden Sie in diesem Dokument: *www.agenturtschi.ch/t3/fileadmin/download/fachartikel/korrespondenz.pdf*.

Benötigen Sie eine abweichende Vorlage, lassen Sie die entsprechenden Elemente einfach weg. Drucken Sie beispielsweise auf Briefbogen mit fertigem Firmenkopf, entfallen die Schritte zur Definition des Briefkopfes. Benötigen Sie keine Bankverbindung, lassen Sie die Fußzeile weg. Weiterhin können Sie die Bezugszeile mit dem Text »Ihre Zeichen« entfallen lassen. Setzen Sie stattdessen am rechten Rand den Text »Ort, Datum« in die betreffende Zeile ein. Auf diese Weise können Sie sich sehr schnell individuelle Vorlagen schaffen.

Führen Sie die folgenden Schritte aus, um einen eigenen Briefkopf als Vorlage anzufertigen:

1 Legen Sie im Word-Fenster ein neues leeres Dokument zur Gestaltung der Vorlage an (siehe auch Kapitel 1).

2 Klicken Sie auf der Registerkarte *Start* des Menübands auf die Schaltfläche .

Dies sorgt für die Anzeige der verborgenen Zeichen der Absatzmarken.

3 Klicken Sie rechts in der Statusleiste des Word-Fensters auf die Schaltfläche *Seitenlayout*.

4 Markieren Sie die erste Absatzmarke im Dokument.

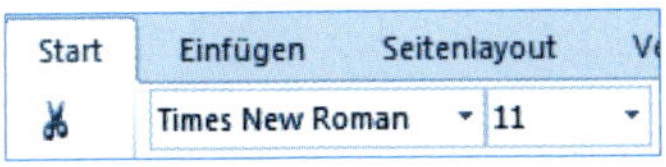

5 Ändern Sie die Schriftart über das Listenfeld der Gruppe *Schriftart* der Registerkarte *Start* auf »Times New Roman« und wählen Sie als Wert für den Schriftgrad 11 Punkt.

Diese Vorbereitungen helfen Ihnen bei den nachfolgenden Schritten. Die Umschaltung zur Ansicht *Seitenlayout* bewirkt beispielsweise die Anzeige des horizontalen und vertikalen Lineals. Mit der Umsetzung der Schriftart und des Schriftgrads stellen Sie sicher, dass die Brieftexte in einer vernünftigen Buchstabengröße ausgedruckt werden. Bei Bedarf können Sie ja den Schriftgrad auf 10 Punkt reduzieren.

Hinweis

Fehlt bei Ihnen das Lineal? Dann wechseln Sie im Menüband zur Registerkarte *Ansicht* und markieren in der Gruppe *Anzeigen* das Kontrollkästchen *Lineal*. Fehlt lediglich das vertikale Lineal? Öffnen Sie die Backstage-Ansicht über den Registerreiter *Datei* und wählen Sie den Menübefehl *Optionen*. Wählen Sie im Dialogfeld *Word-Optionen* die Kategorie *Erweitert*, blättern Sie im rechten Teil des Dialogfelds nach unten zur Rubrik *Anzeigen* und markieren Sie das Kontrollkästchen *Vertikales Lineal im Seitenlayout anzeigen*. Möchten Sie die Ränder der Vorlage durch eine gestrichelte Linie hervorheben? Dann markieren Sie in der Gruppe *Dokumentinhalt anzeigen* des Dialogfelds das Kontrollkästchen *Textbegrenzungen anzeigen*. Sobald Sie das Dialogfeld über die *OK*-Schaltfläche schließen, sollte das Lineal bzw. sollten die Textbegrenzungen angezeigt werden.

Die Seitenränder kontrollieren

Word setzt die Seitenränder zwar standardmäßig so, dass diese in den DIN-Vorgaben liegen. Bevor Sie mit der Gestaltung des Briefbogens beginnen, sollten Sie diese Einstellung aber zur Sicherheit kontrollieren.

1 Öffnen Sie im Menüband die Registerkarte *Seitenlayout* und klicken Sie in der dann angezeigten Gruppe *Seite einrichten* auf die Menüschaltfläche *Größe*.

2 Wählen Sie im eingeblendeten Menü den untersten Eintrag *Weitere Papierformate*.

3 Wechseln Sie im angezeigten Eigenschaftenfenster *Seite einrichten* zur Registerkarte *Seitenränder*.

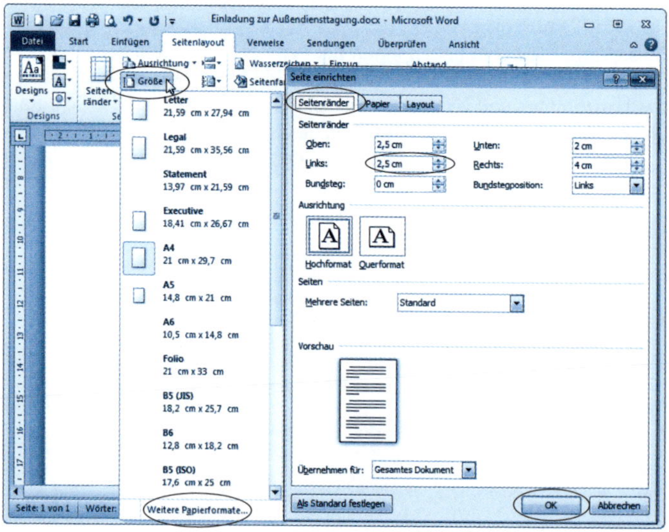

4 Setzen Sie ggf. auf der Registerkarte *Seitenränder* die Einstellungen für *Links* und *Rechts* so, dass diese DIN-konform sind, und schließen Sie die Registerkarte über die *OK*-Schaltfläche.

> **Hinweis**
>
> Die hier gezeigten Einstellungen entsprechen der DIN 5008. Mit einem linken Rand von 2,5 cm erscheinen die Texte des Anschriftenfelds im Fenster des Kuverts (linker Rand 2,41 cm).

So können Sie den Briefkopf anlegen ...

Ein Brief enthält meist Elemente (z. B. die Absenderangabe), die niemals oder nur selten geändert werden. Diese Teile des Briefs sollten Sie vor einer unbeabsichtigten Veränderung schützen. Hierzu können Sie in Word **Kopf- und Fußzeilen** verwenden.

1 Wählen Sie im Menüband die Registerkarte *Einfügen* und klicken Sie in der Gruppe *Kopf- und Fußzeile* auf die Menüschaltfläche *Kopfzeile*.

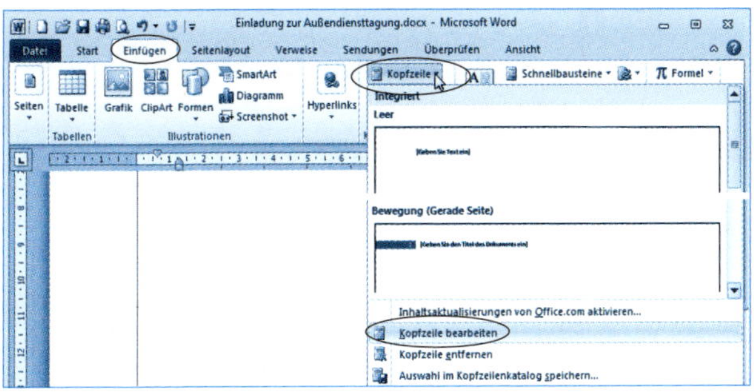

2 Anschließend wählen Sie im eingeblendeten Menü den Befehl *Kopfzeile bearbeiten* aus.

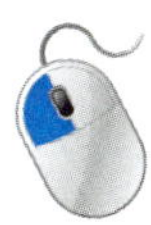

Word fügt eine Markierung für die Kopfzeile in die Dokumentseite ein. Sie können anschließend den Briefkopf mit Firmenname und Absender gestalten. Da die DIN 5008 nichts über die Kopfzeile sagt, dürfen Sie Ihre Adresse linksbündig oder zentriert anordnen. Bei einem privaten Brief können Sie die Absenderangabe linksbündig anordnen und in der ersten Zeile bei der Tabulatorposition 10,16 cm von links noch die Datumsangabe (der Art »Ort, den Datum«) hinzufügen. In diesem Beispiel soll die Adresse am rechten oberen Rand stehen. Der Text für die Absenderangabe beginnt üblicherweise bei 1,67 cm vom oberen Rand (das können Sie ggf. über den Absatzabstand der ersten Zeile anpassen).

3 Klicken Sie im horizontalen Lineal auf den unteren Rand unterhalb der Ziffer 11.

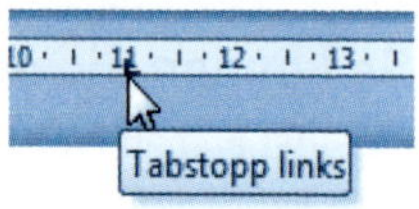

Dies erzeugt einen Tabulatorstopp an dieser Position. Drücken Sie jetzt die Tab-Taste, damit der Textcursor an die vordefinierten Tabulatorstopps springt. Dies ist hilfreich, wenn Sie beispielsweise Texte am rechten oberen Rand des Briefkopfes anordnen möchten.

4 Geben Sie jetzt den Text für den Briefkopf gemäß der hier benutzten Darstellung ein.

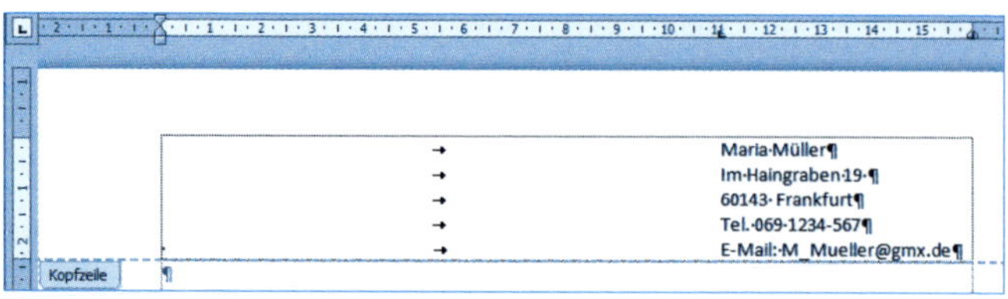

Die Zeilen werden jeweils durch Drücken der [Tab]-Taste nach rechts eingerückt.

5 Markieren Sie die Zeilen und weisen Sie ihnen ggf. ein Format zu.

Maria·Müller¶
Im·Haingraben·19·¶
60143·Frankfurt¶
Tel.·069·1234-567¶
E-Mail:·M_Mueller@gmx.de¶

Der Briefkopf könnte dann folgendermaßen aussehen.

Hier wurde die Adressangabe durch die Telefonnummer und die E-Mail-Adresse ergänzt. Weiterhin wurden die Zeilen mit unterschiedlichen Schriftgraden und Formaten versehen. Bei Bedarf können Sie Grafiken einfügen und mit größeren Absatzabständen arbeiten (es lassen sich auch Leerzeilen zum Absetzen der Zeilen nutzen).

Hinweis

Word passt die Höhe der Kopfzeile automatisch bei der Texteingabe an. Bei der Gestaltung der Kopfzeile sollten Sie aber beachten, dass diese nach DIN 5008 eine Höhe von 4,5 cm besitzt.

... und so das Anschriftenfeld gestalten

Jetzt gilt es das **Anschriftenfeld** samt Absender- und Empfängerangabe im Fenster des Briefumschlags zu **positionieren**. Gemäß DIN 5008 sind der linke Rand bei 2,41 cm und der rechte Rand bei 10,03 cm zu setzen. Der Abstand der ersten Zeile zum oberen Rand muss 5,08 cm betragen.

Der linke Rand der Briefvorlage ist bei einem leeren Word-Dokument mit 2,5 cm bereits korrekt eingerichtet. Über einige Leerzeilen lässt sich die Absenderangabe an den oberen Rand des Anschriftenfelds verschieben. Da sich diese Zeile kaum ändert, wird diese auch in der Kopfzeile untergebracht.

Hinweis

Sie können sich genau an die DIN 5008 halten und die Position des Anschriftenfelds millimetergenau bei 5,08 cm über den Absatzabstand ausrichten (siehe Kapitel 2). Aus praktischen Erwägungen benutze ich hier jedoch eine Technik, die lediglich sicherstellt, dass die Adressangaben (auch bei ungenauer Faltung) im Fensterkuvert erscheinen, aber ggf. einige Millimeter von den DIN-Regeln abweichen. Weiterhin wird hier auch eine (nach DIN 5008 nicht vorgeschriebene) Absenderangabe im Fenster positioniert.

Fehlt bei Ihnen die vertikale Abstandsangabe »Um: 5,1 cm« in der Statusleiste des Word-Fensters? Dann müssen Sie diese Information über den Kontextmenübefehl *Vertikale Seitenposition* der Statusleiste einblenden (siehe auch Kapitel 1).

1 Drücken Sie mehrfach die Taste Eingabe, bis in der Statusleiste ungefähr die Maßangabe »Um: 5,1 cm« erscheint.

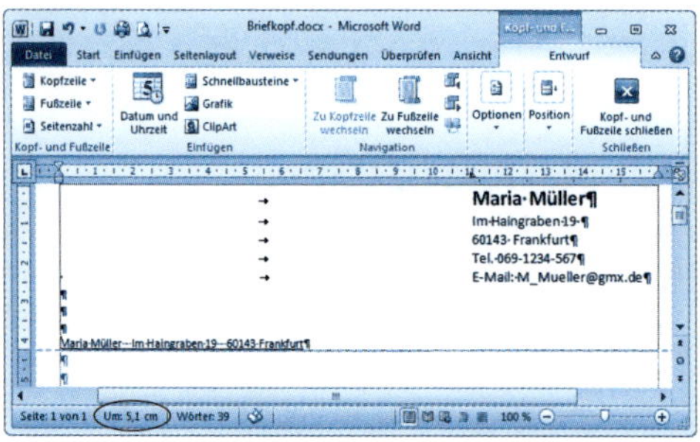

Die vertikale Abstandsangabe kann je nach gewähltem Schriftgrad etwas schwanken. Wichtig ist lediglich, dass der Mindestabstand zum oberen Rand erreicht wird.

2 Tippen Sie jetzt die Absenderangabe ein und formatieren Sie diese mit einem Schriftgrad von 9 Punkt und unterstrichen.

Mit diesen drei Schritten haben Sie die Absenderangabe so im Briefkopf angeordnet, dass diese später im Fensterumschlag zu sehen ist. Sie sparen sich folglich das Beschriften der Briefumschläge mit der Adresse. Sofern Sie Briefumschläge mit aufgedruckter Absenderangabe verwenden, lassen Sie die Zeile mit der Absenderangabe einfach leer.

Hinweis

Die restlichen Zeilen für die Adressangabe bleiben hier noch unberücksichtigt, da diese Zeilen in der Dokumentebene liegen müssen. Durch die Eingabe der Absenderadresse im Dokumentkopf wurde erreicht, dass diese vor einer unbeabsichtigten Änderung geschützt ist.

... sowie die Fußzeile ergänzen

Die Fußzeile eines Briefs wird häufig zur Angabe der Daten für Bankverbindungen oder andere Informationen genutzt. Geschäftliche Korrespondenz muss beispielsweise bestimmte Mindestangaben (z. B. zur Geschäftsführung und zum Handelsregistereintrag, siehe *www.druckeselbst.de/briefbogen/pflichtangaben.php*) enthalten. Solche Angaben lassen sich in der Fußzeile unterbringen. Um die Fußzeile zu gestalten, führen Sie jetzt die folgenden Schritte aus:

1 Holen Sie im Menüband die Registerkarte *Einfügen* in den Vordergrund, klicken Sie in der Gruppe *Kopf- und Fußzeilen* auf die Menüschaltfläche *Fußzeile* und wählen Sie im Menü den Befehl *Fußzeile bearbeiten*.

Word zeigt jetzt den Bereich der Fußzeile an. Um den Inhalt der Fußzeile besser pflegen und anordnen zu können, soll eine Tabelle eingefügt werden. Eine Tabelle besteht dabei aus Zeilen und Spalten. In jede Tabellenzelle können Sie einen Text einfügen. Dadurch lassen sich sehr einfach Texte spaltenweise anordnen. Um eine Tabelle einzufügen, sind die folgenden Schritte auszuführen:

2 Wechseln Sie im Menüband zur Registerkarte *Einfügen* und klicken Sie auf die Schaltfläche *Tabelle*.

3 Sobald Word eine **Palette zur Auswahl** der **Tabellengröße** öffnet, ziehen Sie die Maus so über die Felder der Palette, dass 4 x 2 Zellen markiert sind.

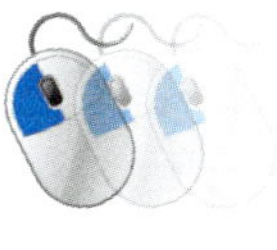

Sobald Sie die Maustaste loslassen, legt Word in der Fußzeile eine Tabelle an. Was stört, ist allerdings die Rahmenlinie, mit der die Tabelle ausgestattet ist. Diese Linie soll jetzt entfernt werden.

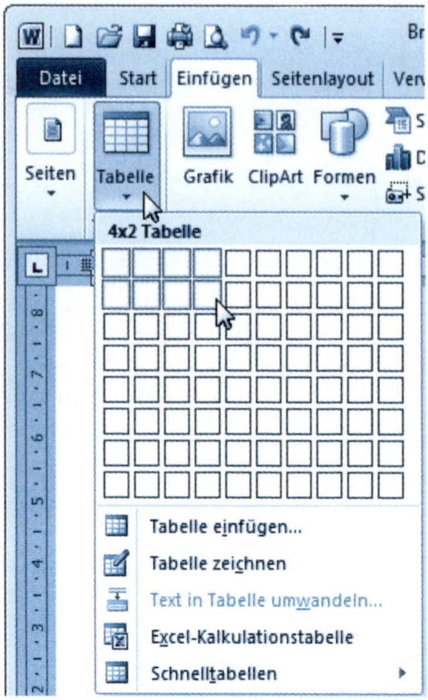

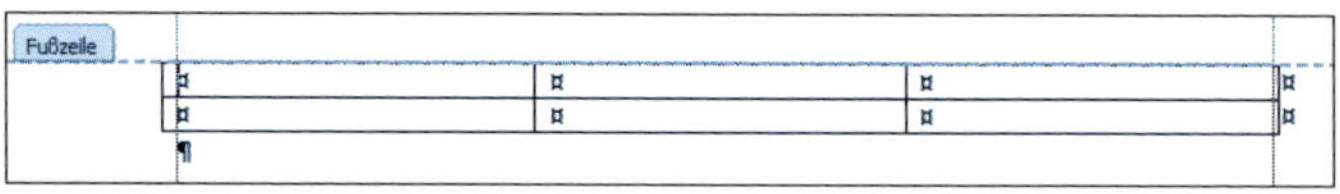

4 **Markieren** Sie die gesamte **Tabelle** (indem Sie beispielsweise vor die erste Zelle klicken und dann die Maus bei gedrückter linker Maustaste eine Zeile tiefer ziehen).

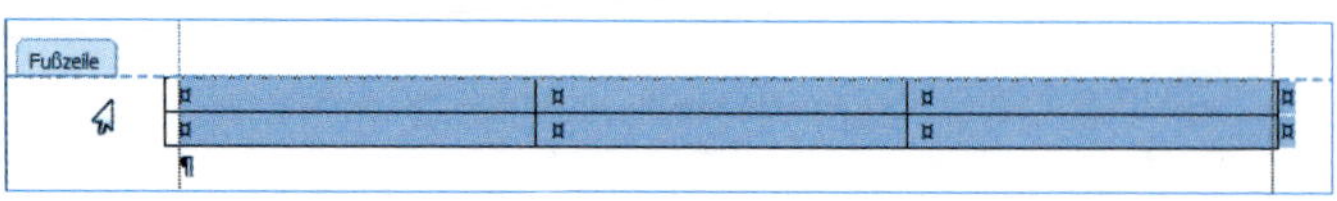

5 Öffnen Sie im Menüband auf der Registerkarte *Entwurf* der Tabellentools das Menü der Schaltfläche *Rahmen* und wählen Sie den Menübefehl *Kein Rahmen*.

6 Klicken Sie auf den Fußbereich unterhalb der Tabelle, um die Markierung aufzuheben.

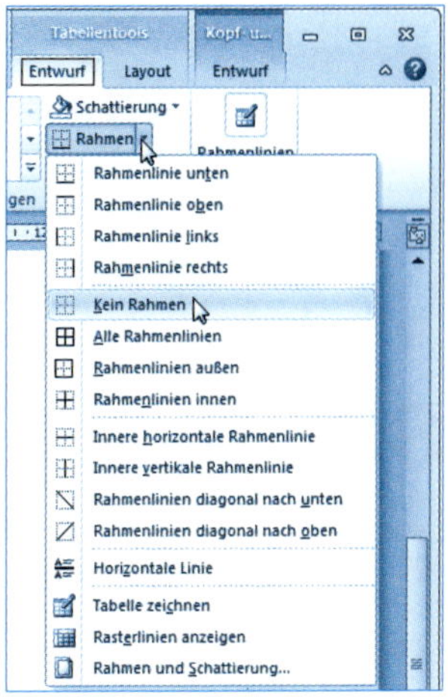

Hinweis

Die Menüschaltfläche zum **Setzen der Rahmenlinien** behält die zuletzt gewählte Rahmenart bei (erkennbar am stilisierten Symbol der Schaltfläche). Dann reicht in späteren Schritten ein Mausklick auf die Schaltfläche, um den Linienstil zuzuweisen.

Windows entfernt jetzt die schwarzen Linien aus der Tabelle und zeigt stattdessen blaue Linien (auch als Gitternetz- oder Rasterlinien bezeichnet). Diese geben lediglich einen Hinweis auf die Tabellenstruktur und werden nicht mit ausgedruckt.

Hinweis

Sind die blauen Rasterlinien zur Anzeige der Tabellenstruktur nicht zu sehen? Klicken Sie auf eine Zelle der Tabelle und holen Sie im Menüband die Registerkarte *Entwurf* in den Vordergrund. Im Menü der Schaltfläche *Rahmen* lassen sich über den Befehl *Rasterlinien anzeigen* diese Linien wahlweise ein- oder ausblenden. Lassen sich die Gitternetzlinien nicht ausblenden? Dann ist die Option *Textbegrenzungen anzeigen* aktiviert (abrufbar über den Befehl *Optionen* der Backstage-Ansicht, dann im Dialogfeld auf die Kategorie *Erweitert* klicken und zur Rubrik *Dokumentinhalt anzeigen* blättern, dort die Markierung des betreffenden Kontrollkästchens aufheben).

7 Klicken Sie jetzt in die einzelnen Zellen der Tabelle, geben Sie den gewünschten Text für die Fußzeile ein und formatieren Sie ihn (z. B. mit einer 11-Punkt-Schrift).

Fußzeile

Geschäftsführer	Maria Müller	HR xxxx	
Bankverbindung	Konto 47-11	BLZ 300-200-00	Stadtsparkasse Frankfurt

8 Ist die Fußzeile des Dokuments fertig, schließen Sie die Anzeige des Kopf-/Fußzeilenbereichs, indem Sie im Menüband auf der Registerkarte *Entwurf* der Kopf- und Fußzeilentools die Schaltfläche *Kopf- und Fußzeile schließen* anklicken.

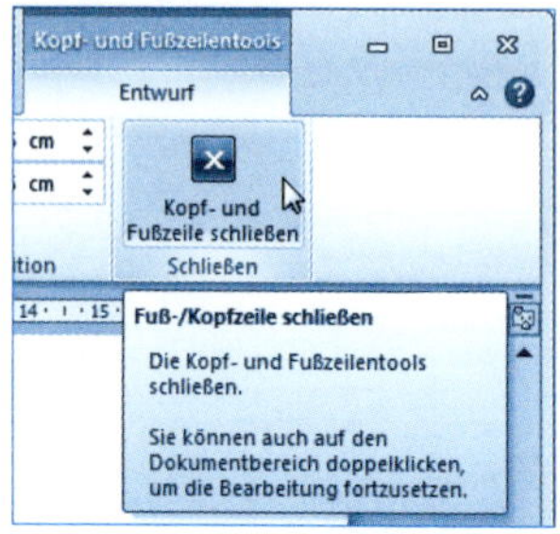

Hinweis

Beim Arbeiten mit Kopf- und Fußzeilen müssen Sie häufiger zwischen diesen Zeilen und dem eigentlichen Dokumentbereich wechseln. Schneller geht der Wechsel zwischen Kopf-/Fußzeile und Dokumentbereich, indem Sie den gewünschten Bereich (z. B. die Fußzeile oder den Dokumentbereich) per Doppelklick im Dokumentfenster anwählen.

Word zeigt Ihnen jetzt wieder das Dokumentfenster mit dem Bereich zur Texteingabe an. Der von Ihnen im Kopf-/Fußbereich eingetragene Text wird grau abgeblendet dargestellt, d. h., er wird durch Word geschützt. Nur wenn der Benutzer die Kopf-/Fußzeile per Doppelklick anwählt oder die Anzeige dieser Zeilen einschaltet, lässt sich der Text verändern.

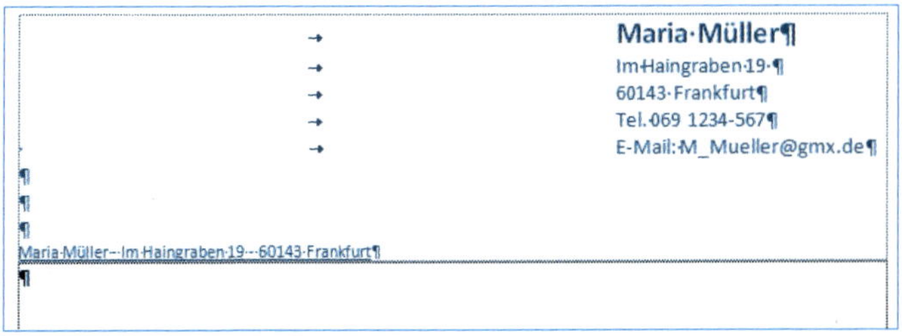

> **Hinweis**
>
> Durch die Tabellenstruktur lassen sich die Eingaben im Fußbereich leicht formatieren und anordnen. Benötigen Sie den Fußbereich nicht, übergehen Sie die obigen Schritte oder lassen die Tabelle leer.

Loch- und Falzmarken gefällig?

Vorgedruckte Formulare und Briefköpfe zeichnen sich durch Knick- und Falzmarken aus. Dies erleichtert das Kuvertieren der Briefe sowie das Lochen zum Einheften. Wäre es nicht super, wenn Ihre Briefvorlage mit solchen Marken versehen wäre? Falls Sie diese Marken wünschen, führen Sie zusätzlich die folgenden Schritte aus.

1 Doppelklicken Sie im Dokumentkopf auf den abgeblendeten Text der Kopfzeile.

Mit diesem Trick wechselt Word direkt zur Bearbeitung der Kopf-/Fußzeile.

2 Wechseln Sie zur Registerkarte *Einfügen* des Menübands und öffnen Sie in der Gruppe *Illustrationen* das Menü der Schaltfläche *Formen*.

3 Klicken Sie in der Formenpalette auf die Schaltfläche *Linie*.

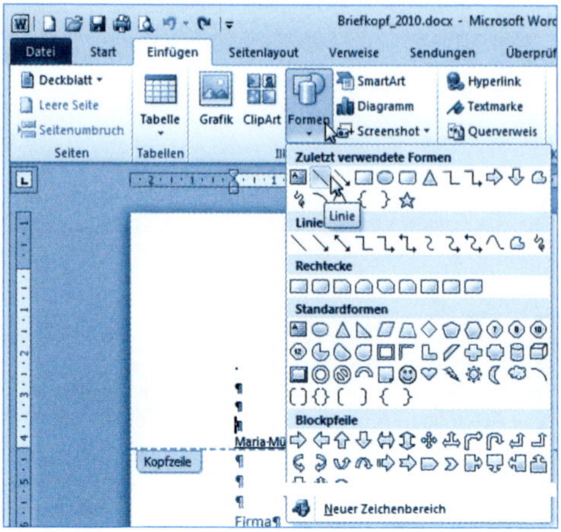

Anschließend können Sie **Linien im Dokument ziehen.**

4 Klicken Sie mit der Maus am äußersten linken Blattrand auf die vertikale Position bei ca. 10,5 cm (bezogen auf den oberen Blattrand).

Die Anzeige am vertikalen Lineal liegt wegen des oberen Seitenrands von 1,25 cm hier bei 9,25 cm.

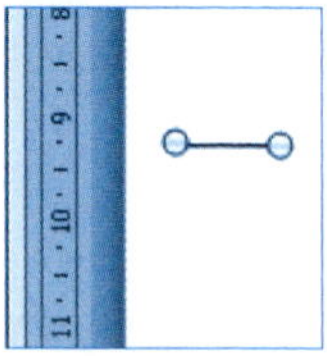

5 Halten Sie die Maustaste gedrückt und ziehen Sie eine kurze horizontale Linie.

Sobald Sie die linke Maustaste loslassen, fügt Word eine kurze schwarze Linie am linken Blattrand an. Dies ist die Position der Falzmarke, d. h., hier muss der spätere Brief zum Kuvertieren gefaltet werden.

Die Feinpositionierung dieser Marke per Maus auf die vorgeschriebenen Abstände ist fast unmöglich. Deshalb führen Sie anschließend die folgenden Zusatzschritte aus.

> **Tipp**
>
> Falls Sie Schwierigkeiten haben, eine Linie im Dokument zu markieren, löschen Sie die Markierung des Kontrollkästchens *Dokumenttext anzeigen* in der Gruppe *Optionen* der Registerkarte *Entwurf* der Kopf- und Fußzeilentools.

1 Stellen Sie sicher, dass die Linie durch Anklicken markiert ist (es sind zwei Kreise an den Linienenden zu sehen).

2 Klicken Sie mit der rechten Maustaste auf die Linie und wählen Sie im Kontextmenü den Befehl *Weitere Layoutoptionen*.

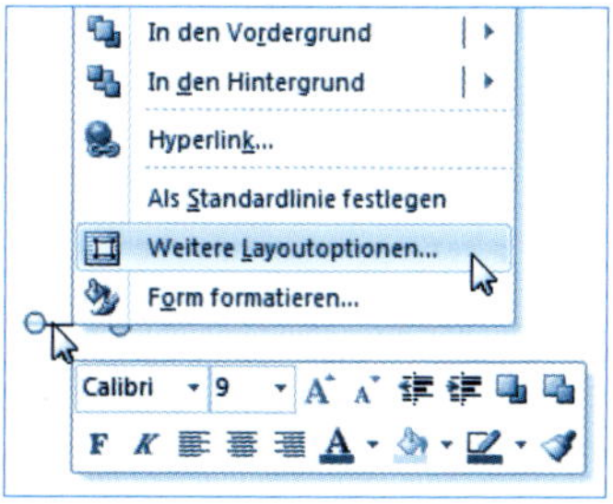

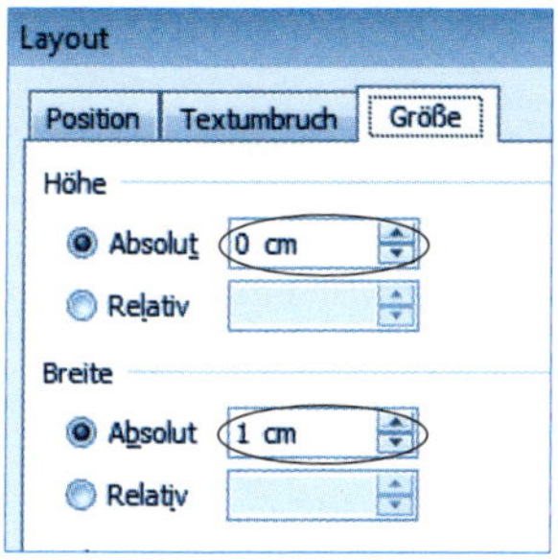

3 Stellen Sie auf der Registerkarte *Größe* des Eigenschaftenfensters *Layout* die *Höhe* auf 0 cm und die *Breite* zwischen 0,5 bis 1,0 cm ein.

4 Wechseln Sie zur Registerkarte *Position*, markieren Sie in der Gruppe *Horizontal* das Optionsfeld *Absolute Position* und stellen Sie die Position auf »0,5 cm rechts von Seite« ein.

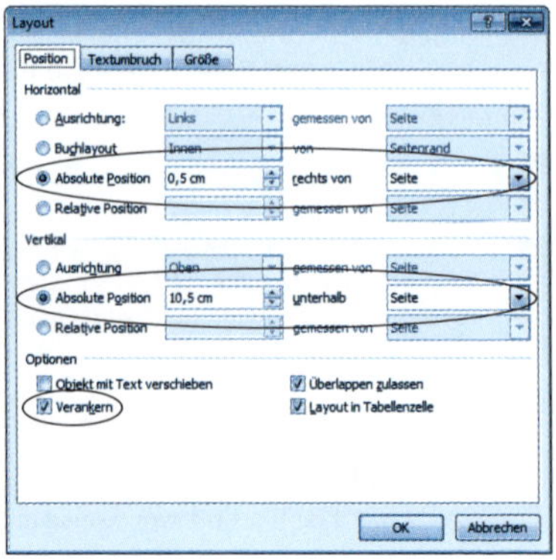

5 Markieren Sie in der Gruppe *Vertikal* das Optionsfeld *Absolute Position* und stellen Sie die Position auf »10,5 cm unterhalb Seite« ein.

6 Markieren Sie das Kontrollkästchen *Verankern* und schließen Sie die Registerkarte über die *OK*-Schaltfläche.

Mit dieser Technik haben Sie die obere Falzmarke am linken Rand positioniert. Wichtig ist dabei Schritt 6, der die Linie an der absoluten Position verankert.

1 Um die **Knickmarke** zum Lochen der Blätter zu setzen, wiederholen Sie die obigen Schritte.

Dieser Strich muss auf der vertikalen Position 14,85 cm bezogen auf den oberen Blattrand angeordnet werden.

> **Hinweis**
>
> Sie brauchen dabei nicht unbedingt über die Registerkarte *Einfügen* des Menübands zu gehen. Sobald Sie im Menü der Schaltfläche *Formen* eine Schaltfläche gewählt und eine Form gezeichnet haben, wird im Menüband die Registerkarte *Format* der Zeichentools eingeblendet. Dort finden Sie in der Gruppe *Formen einfügen* ebenfalls eine Schaltfläche *Linie*.

2 Anschließend fügen Sie noch eine zweite Falzmarke 21 cm vom oberen Rand ein.

3 Danach beenden Sie die Bearbeitung der Kopf- und Fußzeile (z. B. indem Sie auf den Dokumentbereich doppelklicken).

Word blendet die Kopf-/Fußzeile grau ab und kehrt zur Bearbeitung des Dokumentbereichs zurück.

> **Hinweis**
>
> Macht Word 2010 Probleme bei der Ausrichtung der Knick- und Falzmarken? Gelegentlich verankert Word die Zeichenobjekte nicht an der Kopf-, sondern an der Fußzeile. Wurde die Linie (bzw. das Zeichenobjekt) per Mausklick markiert, zeigt Word einen stilisierten Anker im Dokumentfenster an. Befindet sich dieses Ankersymbol in der Nähe der Fußleiste, ziehen Sie den Anker per Maus einfach zur Kopfzeile. Dann sollte die Ausrichtung gemäß obigen Angaben klappen.

Das Anschriftenfeld in den Briefkopf einfügen

Das Anschriftenfeld besteht aus neun Zeilen und gehört zu den Briefteilen, die sich ständig ändern. Daher muss dieses in den normalen Dokumentteil eingefügt werden. Für die nächsten Schritte ist daher wichtig, dass der Bearbeitungsmodus für die Kopf-/Fußzeile beendet ist. Falls nein, führen Sie den letzten Schritt im vorherigen Abschnitt aus.

> **Hinweis**
>
> Nach DIN 5008 sind für das **Anschriftenfeld** neun Zeilen vorgesehen (wobei die ersten drei Zeilen für Versandangaben und besondere Verfügungsformen wie Persönlich, Einschreiben etc. reserviert sind). Die restlichen Zeilen sind für Firmennamen bzw. die Anrede, den Empfängernamen sowie für die Straßen- und Ortsangaben vorgesehen. Die früher übliche Trennung des Straßen- und Ortsnamens durch eine Leerzeile ist seit 2005 in der DIN 5008 nicht mehr vorgesehen.

Durch die Gestaltung der Absenderangabe im Kopfbereich des Briefentwurfs beginnt die erste Zeile des Dokumentbereichs bereits an der richtigen Position im Anschriftenfeld. Da die Absenderangabe bereits vorhanden ist, verbleiben noch acht Zeilen für die Empfängerangabe.

1 Drücken Sie mehrere Male die Eingabe-Taste, um eine entsprechende Anzahl an Leerzeilen in das Anschriftenfeld einzufügen.

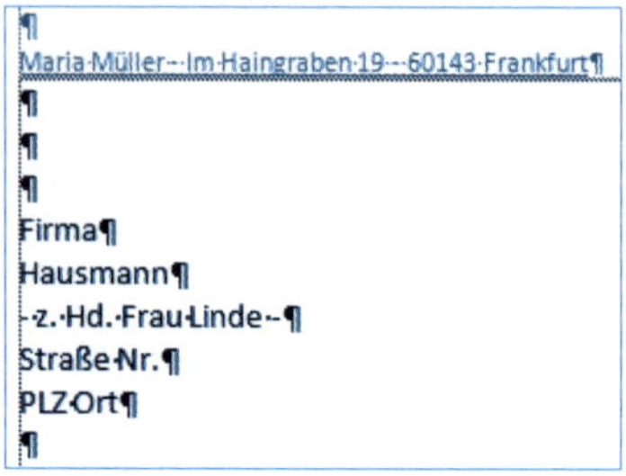
¶
Maria·Müller·–·Im·Haingraben·19·–·60143·Frankfurt¶
¶
¶
¶
Firma¶
Hausmann¶
·z.·Hd.·Frau·Linde·–¶
Straße·Nr.¶
PLZ·Ort¶
¶

2 Geben Sie am besten eine Beispieladresse gemäß nebenstehender Darstellung in die betreffenden Zeilen ein.

Hinweis

Wenn Sie eine Empfängerangabe in die Vorlage eintragen, ist bei der späteren Verwendung sofort klar, was in welche Zeile soll. Der Briefschreiber braucht nur noch auf die Textzeile zu klicken und den Text zu ersetzen bzw. zu überschreiben, die Formatierung bleibt dabei erhalten. Die DIN und der Duden sehen keine Hervorhebung des Ortsnamens bzw. eine Unterstreichung vor. Auch die Voranstellung des Länderkennzeichens (D, A, CH) ist bei Adressen innerhalb des Landes nicht mehr vorgesehen. Wohnt der Empfänger im Ausland, werden der Ortsname sowie das Empfängerland (in deutscher Sprache) in Großbuchstaben geschrieben. Dafür entfällt der Länderbuchstabe vor der Postleitzahl. Wenn Sie die Positionierung der Empfängerangaben auf den Millimeter bevorzugen, können Sie das Empfängerfeld mittels eines Textfelds in den Brief einfügen. Da dies aber in der Regel überflüssig ist, möchte ich auf die Diskussion der betreffenden Technik an dieser Stelle verzichten.

Bezugszeile und Betreff eingeben

Geschäftsbriefe weisen in der Regel eine Bezugszeile auf, in der Sachbearbeiterzeichen für den Schriftwechsel, Telefonnummern, Ansprechpartner etc. angegeben werden. Zur **Gestaltung** dieser **Bezugszeile** sind folgende Schritte auszuführen.

1 Fügen Sie vier Leerzeilen unterhalb der Ortsangabe des Anschriftenfelds ein.

2 Klicken Sie auf die dritte Absatzmarke.

3 Fügen Sie jetzt eine Tabelle mit vier Spalten und zwei Zeilen in das Dokument ein. Blenden Sie außerdem – wie weiter oben gezeigt – die Rasterlinien der Tabelle aus.

4 Tragen Sie in die Tabelle die Texte gemäß der folgenden Darstellung ein.

PLZ·Ort¶
¶
¶
¶

Ihr·Zeichen,·Ihre·Nachricht¤	Unser·Zeichen,·Unsere·Nachricht¤	Telefon,·Name¤	Datum¤	¤
¤	M-M¤	-002;·Müller¤	25.03.2010¤	¤

¶

Hinweis

Beim Einfügen einer Tabelle sollten Sie immer dafür sorgen, dass unterhalb der Tabelle eine Absatzmarke existiert. Dies ermöglicht Ihnen, auch Text unterhalb der Tabelle zu schreiben. Die Techniken zum Arbeiten mit Tabellen haben Sie bei der Gestaltung der Fußzeile kennengelernt. Um einen Eintrag in die Tabelle vorzunehmen, klicken Sie lediglich die betreffende Zelle an. Die Breite einer Tabellenspalte lässt sich korrigieren, indem Sie die Trennlinie zwischen den beiden benachbarten Zellen per Maus horizontal verschieben.

Die Texte der oberen Spalte sollten Sie nach der Eingabe markieren und mit einem Schriftgrad von 9 oder 10 Punkt versehen. Die untere Textzeile behält dagegen einen Schriftgrad von 10 Punkt bei. Sie können beim Gestalten der Tabelle bereits alles eintragen, was sich nicht oder selten ändert (z. B. die Angabe der Spalte »Unser Zeichen« oder Telefonnummer und Name).

> Die DIN 5008 kennt eine Kurzform sowie die hier gezeigte Langform für die Bezugszeile. Die Spalten besitzen folgende Abstände vom linken Seitenrand: 2,41; 7,49; 12,57 und 17,65 cm. Sie sollten daher die Zellbreiten über das horizontale Lineal kontrollieren und ggf. anpassen. Viele Anwender verwenden zum Aufbau der Bezugszeile keine Tabelle, sondern Tabstopps. Ich bevorzuge aber Tabellen, da diese recht problemlos zweizeilige Einträge in ein Feld zulassen.

Eine Besonderheit stellt noch die **Datumsangabe** ganz rechts dar. Die DIN sieht (in der Fassung bis 2007) die amerikanische Schreibweise (Jahr, Monat, Tag) in der Art 2007-07-06 vor (*www.din-5008-richtlinien.de/datum.php*). Diese Schreibweise hat sich aber in Deutschland nicht durchgesetzt. Im Entwurf wird die »klassische« Schreibweise mit »Tag. Monat Jahr« benutzt. Sie können die Datumsangabe fest im Briefbogen vorgeben bzw. weglassen. Dann müssen Sie das Datum beim Schreiben eines Briefs nachtragen. Es besteht aber auch die Möglichkeit, die Datumsangabe als Feld einzufügen und automatisch durch Word beim Anlegen des neuen Dokuments aktualisieren zu lassen.

> **Hinweis**
>
> Beim privaten Briefbogen können Sie die Datumsangabe, wie oben erwähnt, in der Kopfzeile angeben. Um das Datum besser aktualisieren zu können, bevorzuge ich es jedoch, die Orts- und Datumsangabe unterhalb der letzten Zeile des Empfängerfelds rechtsbündig eingerückt anzuordnen. Dann gehört die Zeile zum Brief und kann ohne Umschaltung zur Kopfzeile verändert werden.
>
> 
>
> Um sich das manuelle Eintippen des Datums zu sparen, können Sie zur Registerkarte *Einfügen* des Menübands wechseln und in der Gruppe *Text* auf die Schaltfläche *Datum und Uhrzeit* klicken.
>
> 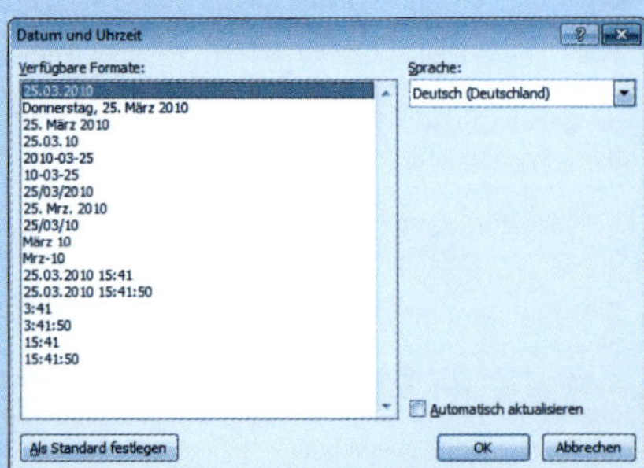
>
>
> Word öffnet ein Dialogfeld zur Auswahl des Datumsformats. Markieren Sie einen Eintrag in der Liste *Verfügbare Formate* und bestätigen dies über die *OK*-Schaltfläche, wird das Datum als einfacher Text in das Dokument eingefügt.

> Markieren Sie vor dem Schließen des Dialogfelds das Kontrollkästchen *Automatisch aktualisieren* oder verwenden die nachfolgenden Schritte, fügt Word ein Datumsfeld in das Textdokument ein. Der Vorteil eines Datumsfelds ist, dass der Brief immer ein aktuelles Datum trägt. Wenn Sie den Brief ausdrucken und abheften, ist dies kein Problem. Speichern Sie die Briefe und laden diese später erneut, wird natürlich das Datum ein weiteres Mal aktualisiert. Sie können dann ggf. nicht mehr kontrollieren, wann der Brief geschrieben wurde. Dieser Nachteil lässt sich aber korrigieren, indem Sie das Datumsfeld beim Anlegen des neuen Briefs einfrieren. Hierzu markieren Sie das (Datums-)Feld und drücken die Tastenkombination [Strg]+[Umschalt]+[F9].

Möchten Sie ein **aktualisierbares Datumsfeld** in den **Briefbogen** einfügen? Statt wie im vorherigen Hinweis beschrieben, das Kontrollkästchen *Automatisch aktualisieren* im Dialogfeld *Datum und Uhrzeit* zu markieren, lassen sich auch folgende Schritte ausführen.

1 Klicken Sie in die Tabellenzelle, in der das Datum erscheinen soll.

2 Gehen Sie im Menüband zur Registerkarte *Einfügen*, öffnen Sie in der Gruppe *Text* die Menüschaltfläche *Schnellbausteine* und wählen Sie den Menübefehl *Feld*.

Word öffnet jetzt das Dialogfeld *Feld*, in dem Sie den einzufügenden Feldnamen wählen.

3 Wählen Sie im Listenfeld *Kategorien* den Eintrag »Datum und Uhrzeit« und in der Spalte *Feldnamen* den Eintrag »Date« aus.

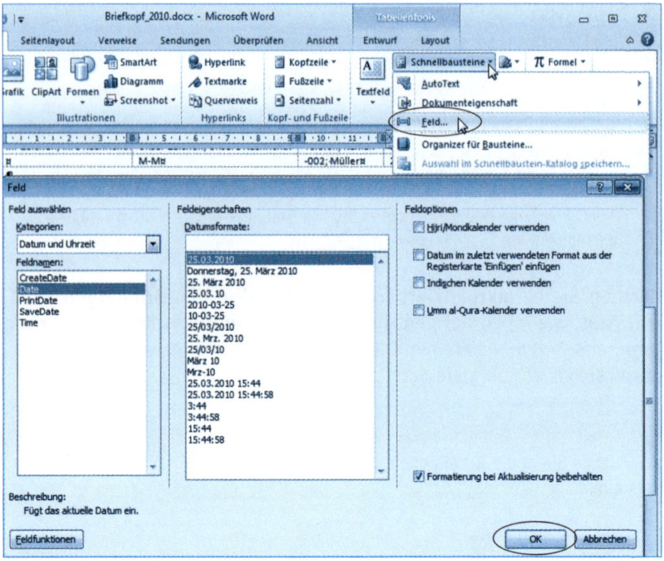

4 Wählen Sie unter *Datumsformate* das gewünschte Format aus und schließen Sie das Dialogfeld über die *OK*-Schaltfläche.

Word fügt jetzt das Feld in die Tabellenzelle ein. Bei der Dokumentanzeige sehen Sie dann an der betreffenden Stelle das aktuelle Datum.

Fachwort

Ein **Feld** ist eine Art Platzhalter mit einer zugeordneten Funktion, den Word in das Dokument einfügt. Die Funktion bewirkt dann, dass der Platzhalter durch einen Wert ersetzt wird. Im obigen Fall liefert das Feld das aktuelle Datum, welches bei jedem Aufruf des Briefentwurfs automatisch aktualisiert wird. Ein markiertes Feld können Sie durch Drücken der Funktionstaste `F9` aktualisieren. Zeigen Sie auf ein Datumsfeld, blendet Word zudem eine Minileiste mit einer Schaltfläche zur Feldaktualisierung im Dokument ein. Durch Drücken der Tasten `Umschalt`+`F9` lässt sich zwischen der Anzeige der Felddefinition und des Feldwerts umschalten.

Hinweis

Möchten Sie lediglich einen **Privatbrief verfassen**? Dann verzichten Sie auf die Tabelle mit der Bezugszeile. Stattdessen fügen Sie der ersten Kopfzeile den Text »Ort, den ...« an. Anstelle der drei Pünktchen fügen Sie ebenfalls ein Datumsfeld ein. Sie können diese Zeile dann rechtsbündig ausrichten lassen oder mit der Tabulatortaste nach rechts einziehen.

Bleibt jetzt noch die **Betreffzeile** einzufügen. Diese wird in der Regel zwei Zeilen unterhalb der Bezugszeile angeordnet und fett formatiert.

1 Fügen Sie unterhalb der Tabelle mit der Bezugszeile zwei Leerzeilen ein und geben Sie in der dritten Zeile das Wort »Betreff« ein.

2 Markieren Sie die Zeile »Betreff« und formatieren Sie diese fett 

.

An dieser Stelle kann später beim Schreiben des Briefs ein kurzer Satz, der den Betreff des Briefs angibt, eingefügt werden. Mit diesem Schritt ist der Briefkopf fertig.

Anrede, Brieftext und Grußformel

Um das Schreiben der späteren Briefe zu erleichtern, empfehle ich Ihnen, auch einen Rumpftext mit der Anrede, einen kurzen Satz als Brieftext und die Grußformel für den Abschluss hinzuzufügen. Weiterhin können Sie noch den Begriff »Anlagen« am Ende des Brieftexts aufnehmen.

1 Fügen Sie unterhalb der Betreffzeile zwei weitere Leerzeilen ein.

2 Geben Sie den Text »Sehr geehrte Damen und Herren,« in eine getrennte Zeile ein.

3 Fügen Sie jetzt einige Leerzeilen hinzu, die später zur Aufnahme des Brieftextes dienen.

4 Geben Sie am unteren Rand eine Grußformel wie »Mit freundlichen Grüßen« ein. Fügen Sie einige Leerzeilen und dann das Wort »Anlage« ein.

5 Bei Bedarf können Sie die Zeilen für den Brieftext markieren, mit der rechten Maustaste anklicken und den Kontextmenübefehl *Absatz* wählen. Anschließend setzen Sie auf der Registerkarte *Einzüge und Abstände* den Wert für den Absatzabstand auf 6 Punkt (siehe Kapitel 2).

Der Rest des Briefentwurfs könnte dann folgendermaßen aussehen.

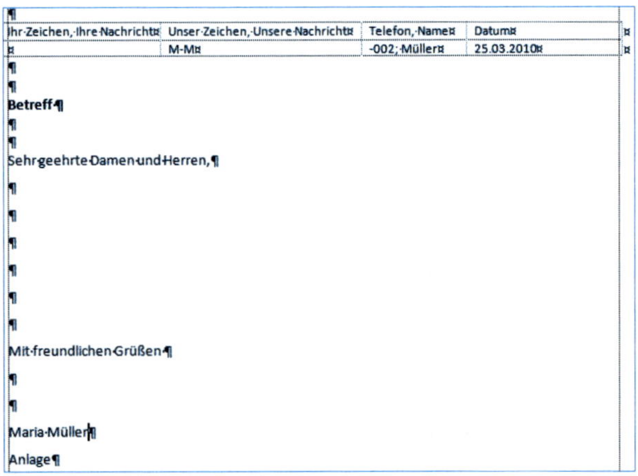

¶

Ihr·Zeichen,·Ihre·Nachricht¤	Unser·Zeichen,·Unsere·Nachricht¤	Telefon,·Name¤	Datum¤
¤	M-M¤	-002;·Müller¤	25.03.2010¤

¶
¶
Betreff¶
¶
¶
Sehr·geehrte·Damen·und·Herren,¶
¶
¶
¶
¶
¶
¶
Mit·freundlichen·Grüßen¶
¶
¶
Maria·Müller¶
Anlage¶

Hinweis

Beachten Sie beim Schreiben des Briefs, dass die Anrede in Deutschland mit einem Komma abgeschlossen und mit einer Leerzeile vom Brieftext getrennt wird. Das erste Wort des Folgesatzes schreibt man klein (außer Anredefürwort und Substantiv). In der deutschsprachigen Schweiz sind dagegen andere Schreibweisen – kein Komma hinter der Anrede und Großschreibung im Folgesatz – gebräuchlich.

Speichern des Entwurfs als Dokumentvorlage

Haben Sie den Briefentwurf gemäß den obigen Ausführungen erstellt? Dann ist es Zeit, diesen Entwurf als **Dokumentvorlage** zu **speichern**. Dies funktioniert fast genauso wie das Speichern einer normalen Dokumentdatei.

1 Klicken Sie auf den Registerreiter *Datei* und wählen Sie im Menü der Backstage-Ansicht den Befehl *Speichern unter*.

2 Geben Sie in das Feld *Dateiname* des Dialogfelds *Speichern unter* den Namen für die Dokumentvorlage ein.

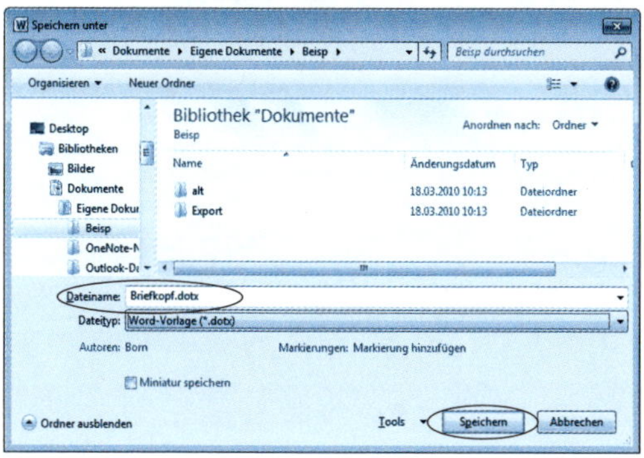

3 Stellen Sie ggf. den Dateityp und den Zielordner ein und schließen Sie das Dialogfeld über die *Speichern*-Schaltfläche.

Soll die Briefvorlage auch mit älteren Word-Versionen (97 bis 2003) benutzt werden können, wählen Sie über das betreffende Listenfeld den Wert »Word 97-2003-Vorlage (*.dot)« als Dateityp aus. Falls die Vorlage nur mit Word 2007/2010 zu verwenden ist, setzen Sie den Wert des Listenfelds *Dateityp* auf »Word-Vorlage (*.dotx)«. Word legt beim Speichern das Dokument als Vorlage ab. Sie können dann das Dokument schließen und auf Basis der gerade erzeugten und gespeicherten Vorlage neue Dokumente erzeugen.

Hinweis

Sie können in der Backstage-Ansicht auch den Befehl *Speichern und Senden* wählen. Klicken Sie auf den Eintrag *Dateityp ändern* der Kategorie *Dateitypen*, lässt sich in der Spalte *Dateityp ändern* der Befehl *Vorlage (*.dotx)* einstellen. Sobald Sie dann die *Speichern unter*-Schaltfläche anklicken, erscheint das gleichnamige Dialogfeld, wobei dann der Dateityp bereits auf »Word-Vorlage (*.docx)« voreingestellt ist.

Über die Schaltfläche *Neuer Ordner* des Dialogfelds *Speichern unter* können Sie übrigens neue Unterordner (z. B. *Privatbrief*, *Bürovorlagen* etc.) beim Speichern von Dokumentvorlagen anlegen. Die Unterordner ermöglichen, die Vorlagen in Kategorien aufzuteilen. Wählen Sie später in der Backstage-Ansicht den Menübefehl *Neu* und klicken dann auf den Eintrag *Meine Vorlagen*, erscheint das Word-Dialogfeld *Neu*. Die beim Speichern der Vorlage erzeugten Unterordner werden dann als separate Registerkarten angezeigt (siehe folgende Seiten).

Word speichert benutzerdefinierte Dokumentvorlagen in einem speziellen Vorlagenordner. Dieser Vorlagenordner sollte im Navigationsbereich des Dialogfelds *Speichern unter* am oberen Rand unterhalb des Begriffs »Microsoft Word« eingeblendet werden. Standardmäßig liegt der Vorlagenordner unter Windows Vista/Windows 7 im Benutzerprofil unter *Users\<Benutzername>\AppData\Roaming\Microsoft\Templates*. Bei Bedarf lässt sich der Pfad aber über die Word-Optionen anpassen (siehe Kapitel 11). Wählen Sie im Dialogfeld *Word-Optionen* die Kategorie *Erweitert*, blättern Sie bis zur Gruppe *Allgemein* und klicken Sie auf die Schaltfläche *Dateispeicherorte*. Dann kann im Dialogfeld *Speicherort für Dateien* der Wert *Benutzervorlagen* über die Schaltfläche *Anpassen* geändert werden.

Einen Brief verfassen

Wenn Sie anschließend einen **Brief aus** dieser **Vorlage erstellen** möchten, führen Sie die folgenden Schritte aus:

1 Öffnen Sie die Backstage-Ansicht über die Registerkarte *Datei*, klicken Sie auf den Befehl *Neu* und wählen Sie den Eintrag *Meine Vorlagen*.

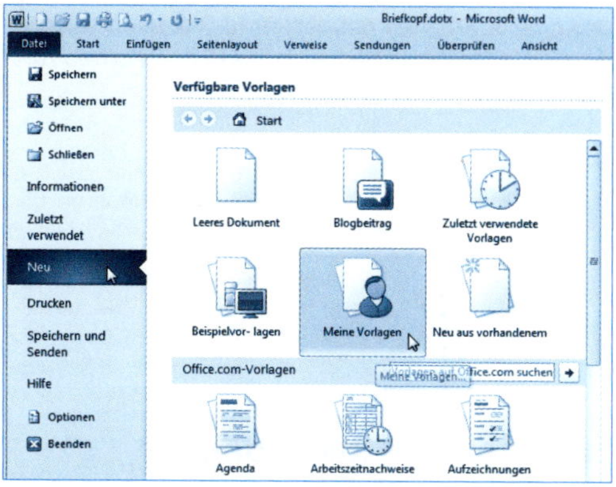

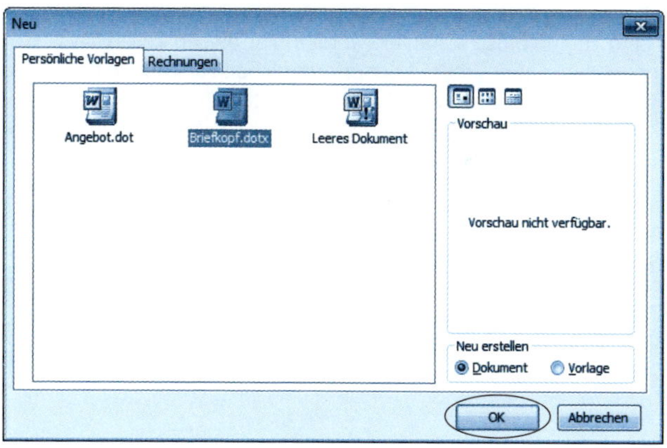

2 Wählen Sie im Dialogfeld *Neu* die Registerkarte mit den Vorlagen (hier *Persönliche Vorlagen*), markieren Sie die gewünschte Dokumentvorlage, markieren Sie ggf. das Optionsfeld *Dokument* und schließen Sie das Dialogfeld über die *OK*-Schaltfläche.

Word verwendet die Vorlage zum Erstellen des neuen Dokuments. Dies entspricht weitgehend der am Kapitelanfang besprochenen Vorgehensweise beim Arbeiten mit den Word-Dokumentvorlagen. Bei benutzerdefinierten Vorlagen wird lediglich das Dialogfeld *Neu* zur Auswahl verwendet.

Hinweis

Sie sehen, es ist nicht sonderlich schwer, eine eigene Dokumentvorlage zu erstellen. Sie entwerfen einfach ein Musterdokument. Hierbei wenden Sie die Funktionen an, die Ihnen Word zur Dokumentgestaltung und Formatierung bietet. Anschließend speichern Sie das Ergebnis als *.dotx*-Datei in den Vorlagenordner (oder in dessen Unterordner). Auf diese Weise können Sie verschiedene Vorlagen für Geschäftsbriefe, Rechnungen, Privatbriefe, Faxe usw. anlegen. Einfacher kann man es kaum noch haben.

Erstellen von Rechnungen

Ein weiterer häufig benutzter Dokumenttyp stellen Rechnungen dar. Im Grunde handelt es sich um einen Brief, in dem die Rechnungsbeträge aufgeführt und zum Schluss summiert werden. Für diesen Zweck lässt sich Word verwenden. Einen Großteil der erforderlichen Funktionen haben Sie bereits in den vorherigen Kapiteln und Abschnitten kennengelernt. Nachfolgend wird Ihnen exemplarisch gezeigt, wie Sie mit Word und der gerade erstellten Briefvorlage eine Rechnung schreiben.

Hinweis

In Deutschland müssen Rechnungen bestimmte formale Bedingungen erfüllen, um vom Finanzamt anerkannt zu werden. Unter *http://tinyurl.com/ykosgt5* finden Sie eine gute Übersicht über die formalen Kriterien zur Gestaltung von Rechnungen.

1 Starten Sie Word und erzeugen Sie ein neues Dokument unter Verwendung der auf den vorherigen Seiten erstellten Dokumentvorlage.

2 Ergänzen Sie die Empfängeradresse und passen Sie ggf. die Daten der Bezugszeile an.

3 Fügen Sie in der Betreffzeile die eindeutige Rechnungsnummer ein.

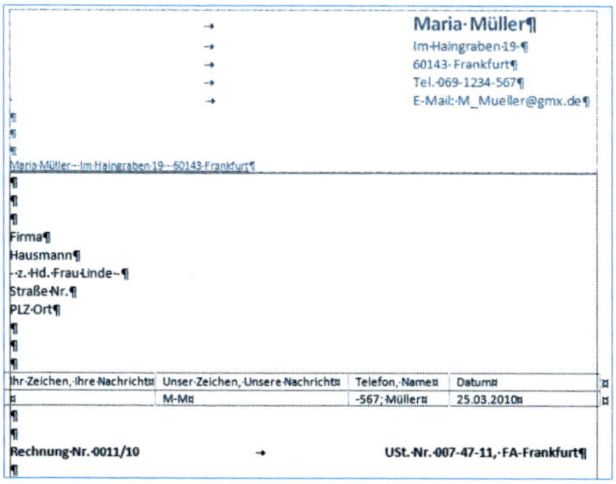

Maria Müller
Im Haingraben 19
60143 Frankfurt
Tel. 069-1234-567
E-Mail: M_Mueller@gmx.de

Maria Müller · Im Haingraben 19 · 60143 Frankfurt

Firma
Hausmann
z. Hd. Frau Linde
Straße Nr.
PLZ Ort

Ihr Zeichen, Ihre Nachricht	Unser Zeichen, Unsere Nachricht	Telefon, Name	Datum
	M-M	-567; Müller	25.03.2010

Rechnung Nr. 0011/10 **USt.-Nr. 007-47-11, FA Frankfurt**

Zur Erfüllung steuerrechtlicher Anforderungen müssen Sie in Deutschland die Rechnung mit der Steuernummer oder der Umsatzsteuer-Identifikationsnummer versehen. Achten Sie auch darauf, dass der Name und die Anschrift des leistenden Unternehmens sowie des Leistungsempfängers und das Rechnungsdatum mit aufgeführt sind. Anschließend ist der Rechnungsinhalt zu erstellen. Dabei sind der Termin der Lieferung oder der Leistung, die Menge und Bezeichnung der gelieferten Produkte bzw. die Art und der Umfang der erbrachten Dienstleistung etc. mit anzugeben. Üblicherweise wird man im Textteil die einzelnen Rechnungspositionen auflisten sowie die Einzelsummen, die Umsatzsteuer und die Gesamtsumme bestimmen. Um sich diese Arbeit zu erleichtern, empfehle ich Ihnen, eine einfache Tabelle mit drei Spalten zu verwenden.

4 Wechseln Sie zur Registerkarte *Einfügen* des Menübands und fügen Sie über den Katalog der Schaltfläche *Tabelle* eine Tabelle mit drei Spalten und einer Zeile in den Textbereich ein.

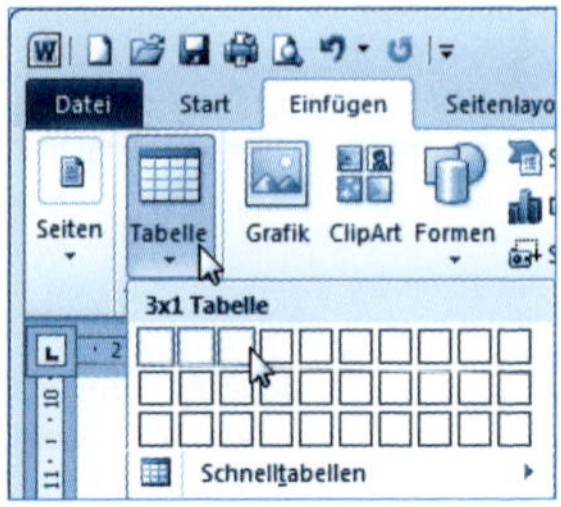

5 Markieren Sie bei Bedarf die Tabelle und löschen Sie die Rahmenlinien.

Die einzelnen Schritte wurden auf den vorhergehenden Seiten beim Anlegen der Briefvorlage skizziert (siehe oben).

6 Tragen Sie die Spaltenüberschriften »Pos.:«, »Bezeichnung« und »Betrag« in die erste Zeile der Tabelle ein und formatieren Sie diese bei Bedarf (z. B. fett).

7 Zeigen Sie auf die vertikale Trennlinie zwischen den Tabellenzellen und ziehen Sie diese per Maus in die gewünschte Richtung nach links oder rechts.

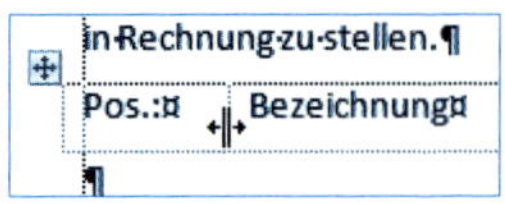

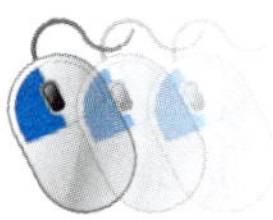

Auf diese Weise passen Sie die Breite der einzelnen Tabellenspalten an.

8 Geben Sie danach einen Text für die Rechnung (unter Beachtung der steuerlichen Anforderungen) ein.

> **Hinweis**
>
> Durch Drücken der Tab-Taste können Sie jeweils von einer Tabellenzelle zur rechts daneben liegenden Zelle wechseln. Die Tastenkombination Umschalt+Tab verschiebt den Textcursor dagegen zur links befindlichen Zelle. Erreichen Sie das Tabellenende, verschiebt die Tab-Taste den Cursor in die erste Zelle der darunter liegenden Zelle. Erreichen Sie die Tabellenzelle in der rechten unteren Ecke und drücken dort die Tab-Taste, legt Word automatisch eine neue Tabellenzeile an. Alternativ können Sie die jeweiligen Zellen direkt durch Anklicken mit der Maus markieren und dann den Zellinhalt eingeben.
>
> Formatieren Sie die letzte Zeile einer Tabelle oder den letzten Absatz eines Dokuments, wird das Format beim Drücken der Eingabe-Taste in die Folgezeile übernommen. Sie können dies verhindern, indem Sie vor dem Formatieren der betreffenden Zeile bereits die Folgezeile erzeugen.

Wenn Sie alles richtig machen, sollte die Tabelle dann den folgenden Aufbau besitzen.

Pos.:	**Bezeichnung**	**Betrag**
1	10 Arbeitsstunden a 35,00 €	350,00 €
2	Material	25,00 €
	Netto	
	MwSt. 19%	
	Brutto	

Die Tabelle ermöglicht Ihnen, die einzelnen Rechnungspositionen exakt untereinander in einer Liste aufzuführen. Die Preise stehen in der letzten Spalte.

> **Hinweis**
>
> Die Währungsbeträge wurden bereits mit dem Eurosymbol (Tastenkombination Alt Gr+E) versehen.

Währungsbeträge ausrichten

Die Überschrift »Betrag« lässt sich in der gezeigten Tabelle zentriert in der Tabellenspalte anordnen. Beim **Ausrichten** der **Währungsbeträge** hilft das Zentrieren aber nicht. Sie müssen die Zahlen vielmehr am Dezimalpunkt ausrichten.

1 Klicken Sie auf die betreffende Zelle der Tabelle und wählen Sie auf der Registerkarte *Start* des Menübands die Schaltfläche *Zentriert* in der Gruppe *Absatz*.

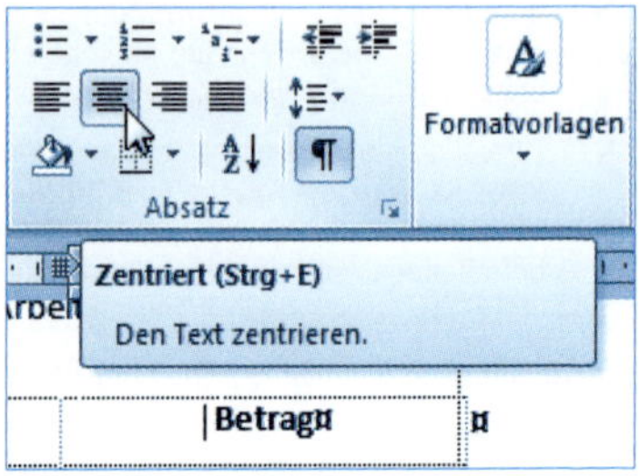

Jetzt wird der Zellinhalt »Betrag« zentriert angeordnet. Nun gilt es noch die Währungsbeträge korrekt auszurichten. Dies soll mit Tabulatorstopps (siehe Kapitel 2) erfolgen.

2 Markieren Sie die Zellen, die Währungsbeträge aufnehmen sollen (z. B. indem Sie auf die erste Zelle klicken und dann mit der Maus über die restlichen Zellen ziehen).

3 Wählen Sie jetzt am linken Rand des horizontalen Lineals den »Tabstopp dezimal« (mehrfach auf das Feld klicken).

4 Sobald das Symbol »Tabstopp dezimal« erscheint, klicken Sie am unteren Rand des horizontalen Lineals auf die Position, an die der Tabstopp einzufügen ist.

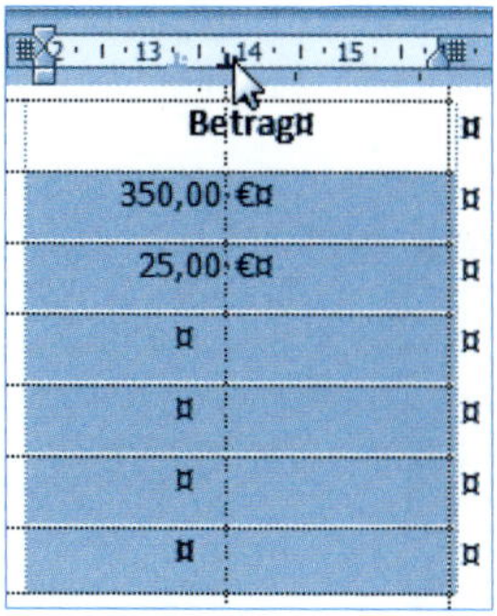

Eine gestrichelte Linie zeigt die Position des Tabstopps an. Bei Bedarf können Sie diesen Tabstopp per Maus innerhalb des Lineals verschieben.

Die obigen Schritte bewirken, dass Word die Währungsbeträge des markierten Tabellenbereichs in den Tabellenzellen am Dezimalkomma unterhalb der Tabstopp-Marke ausrichtet.

> **Hinweis**
>
> Falls die Zellinhalte nicht korrekt ausgerichtet werden sollten, klicken Sie auf die betreffenden Zellen, positionieren die Einfügemarke vor dem Währungsbetrag und fügen ein Tabulatorzeichen mittels der Tastenkombination Strg+Tab in die Tabelle ein. Wiederholen Sie dies bei den restlichen Zellen.

Berechnungen in Tabellen vornehmen

Nach diesen Vorbereitungen ist es jetzt an der Zeit, die **Summe** der **Einzelbeträge** zu **ermitteln**, den Mehrwertsteueranteil zu berechnen und die Gesamtsumme zu bilden. Haben Sie schon mal den Taschenrechner bereitgelegt? Gemach, gemach: Um solche Werte zu berechnen, sind Sie nicht auf Ihren alten Abakus angewiesen. Word kann Ihnen diese Aufgabe bis zu einem gewissen Grad abnehmen.

1 Klicken Sie in die Tabellenzelle, in der das berechnete Ergebnis angezeigt werden soll (hier Spalte Betrag und Zeile Netto).

2 Wechseln Sie im Menüband zur Registerkarte *Einfügen*, öffnen Sie das Menü der Schaltfläche *Schnellbausteine* und wählen Sie den Befehl *Feld*.

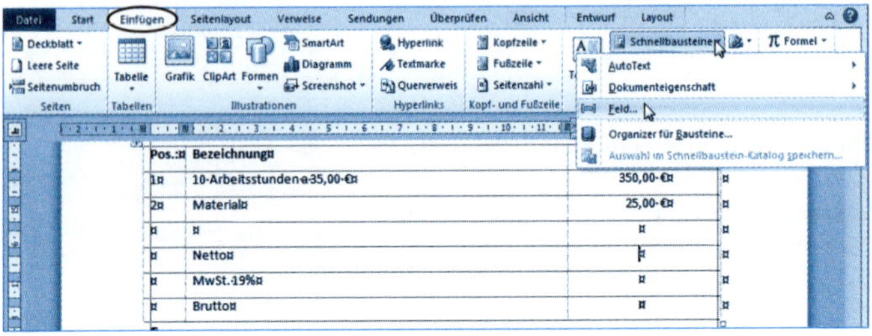

3 Sobald das Dialogfeld *Feld* erscheint, markieren Sie in der Liste *Feldname* den Eintrag »=(Formula)« und klicken anschließend auf die Schaltfläche *Formeln*.

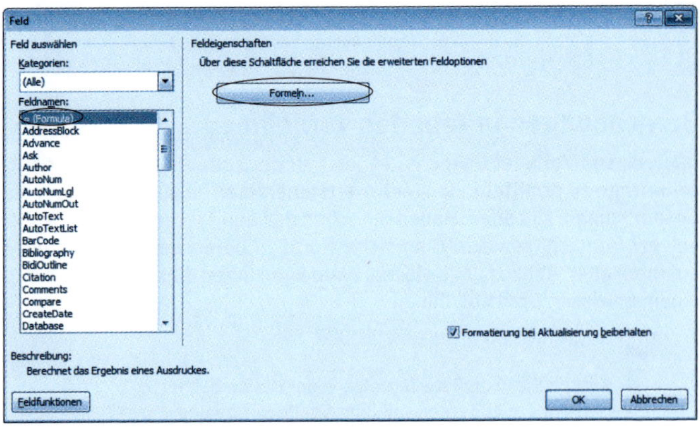

Word öffnet jetzt das Dialogfeld *Formel*.

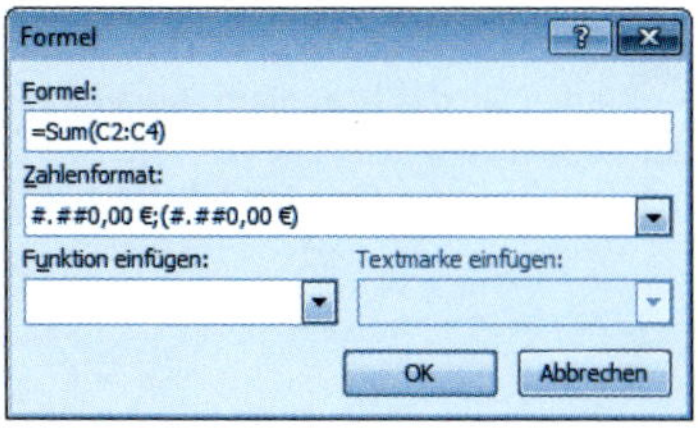

4 Geben Sie in das Feld *Formel* den **Ausdruck** zur **Berechnung** ein.

5 Wählen Sie im Feld *Zahlenformat* das gewünschte Format aus.

6 Schließen Sie das Dialogfeld über die *OK*-Schaltfläche.

Hinweis

Die Zellen einer Tabelle werden spaltenweise mit den Buchstaben A, B, C etc. durchnummeriert. Die einzelnen Zeilen erhalten fortlaufende Nummern. Die Zelle in der linken oberen Tabellenecke besitzt dann den Namen A1, die rechts daneben liegende Zelle wird über B1 angesprochen. In der Formel müssen Sie die Namen der Zellen mit mathematischen Operatoren (+, -, *, /, SUM etc.) verknüpfen. Im Listenfeld *Funktion einfügen* finden Sie die Operatoren. Die Formel =SUM(C2:C4) weist Word an, die Summe der Zellen C2 bis C4 zu bilden. Das **Zahlenformat** lässt sich über das Listenfeld *Zahlenformat* abrufen. Die obige Abbildung zeigt die Formel zur **Berechnung** der **Nettosumme**.

7 Klicken Sie in die Zelle mit dem Mehrwertsteuerbetrag.

8 Rufen Sie das Dialogfeld *Formel* auf (siehe oben) und geben Sie die nebenstehend gezeigte Formel ein.

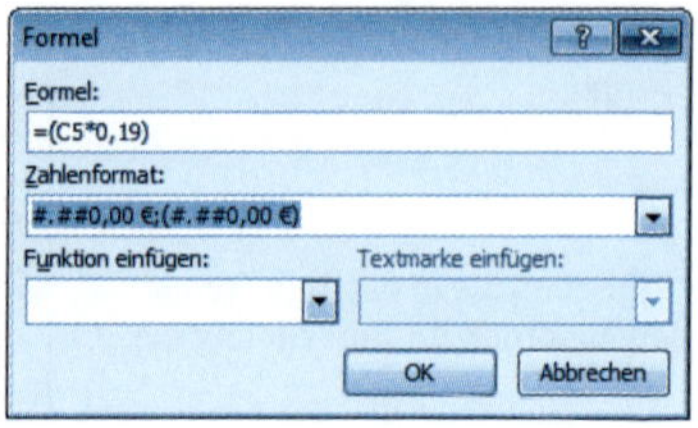

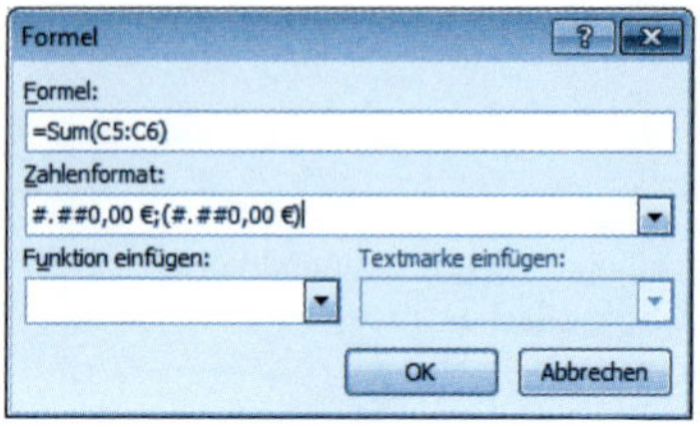

9 Fügen Sie auf die gleiche Weise die nebenstehende Formel zur Berechnung der Bruttosumme in die Tabelle ein.

10 Markieren Sie die einzelnen Werte der Ergebniszellen und weisen Sie diesen Formate wie Fett und Unterstrichen zu.

Hinweis

Wenn Sie eine Formel nachträglich korrigieren möchten, markieren Sie den betreffenden Tabelleneintrag. Dann lässt sich die Anzeige der Feldfunktionen durch Drücken der Tastenkombination Strg+F9 ein- oder abschalten. Bei eingeblendeter Felddefinition können Sie den Formelausdruck direkt ändern. Oder Sie markieren das Feld und rufen das Dialogfeld *Formel* gemäß obiger Handlungsanweisung erneut auf. Dann zeigt Word dort die in der Tabellenzelle enthaltene Formel samt dem Zahlenformat, und Sie können die Daten bequem korrigieren. Aktualisieren lassen sich die Feldinhalte, indem Sie die betreffenden Tabellenzellen markieren und dann die Funktionstaste F9 drücken.

Nachdem die Summen berechnet sind, schreiben Sie den restlichen Text der Rechnung. Dieser könnte beispielsweise den folgenden Aufbau aufweisen.

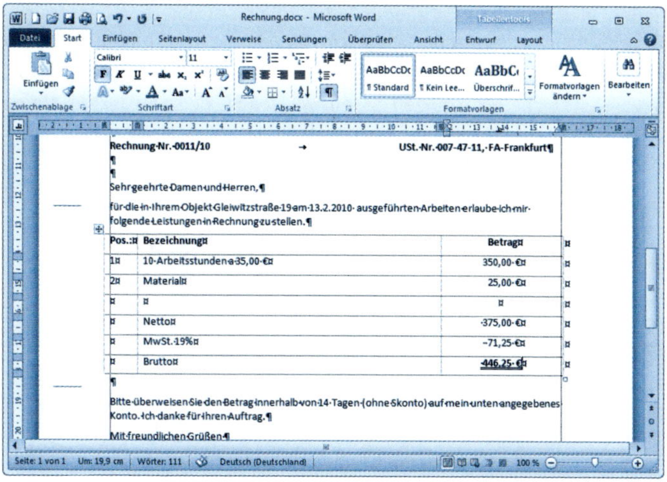

Anschließend können Sie dieses Dokument auf Rechtschreibfehler prüfen, in eine Datei speichern und drucken. Die Handhabung ist nicht anders als bei der Gestaltung eines anderen Textdokuments. Neu ist lediglich die Möglichkeit, Berechnungen innerhalb der Tabelle durch Word ausführen zu lassen.

Techniken zur Dokumentgestaltung

Auf den vorherigen Seiten haben Sie bereits einige Funktionen zum Umgang mit Word kennengelernt. Mit diesen Funktionen lassen sich die gebräuchlichsten Dokumente erstellen, speichern und ausdrucken. Mit der Zeit werden Sie aber weitere Optionen nutzen wollen. Nachfolgend werden Ihnen daher noch einige »Komfortfunktionen« sowie Zusatzoptionen vorgestellt.

So definieren Sie neue AutoText-Einträge

Beim Schreiben von Briefen oder sonstiger Dokumente müssen Sie häufig die gleichen Textfloskeln eingeben. Denken Sie an »Sehr geehrte Frau«, »Sehr geehrter Herr«, »Sehr geehrte Damen und Herren,« oder »Hochachtungsvoll« usw. Sicherlich ist es kein Problem, die paar Buchstaben einzutippen. Vielschreiber sind aber an jeder Arbeitserleichterung interessiert. Wäre es nicht schön, wenn sich solche Standardtexte per Mausklick oder mit einem Buchstabenkürzel abrufen ließen?

Bevor sich solche Texte nutzen lassen, müssen Sie diese als Textbausteine vereinbaren. Solche eigenen Textbausteine lassen sich als AutoText mit wenigen Schritten erstellen.

1 Tippen Sie den gewünschten Text in das Dokument ein und markieren Sie ihn.

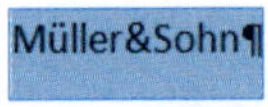

> **Hinweis**
>
> Möchten Sie nur den Text aufnehmen, markieren Sie diesen. Soll auch das (Absatz-) Format übertragen werden, markieren Sie den Text einschließlich der Absatzmarke.

2 Wechseln Sie im Menüband zur Registerkarte *Einfügen* und öffnen Sie in der Gruppe *Text* das Menü der Schaltfläche *Schnellbausteine*. Klicken Sie danach auf den Menübefehl *Auswahl in Schnellbaustein-Katalog speichern*.

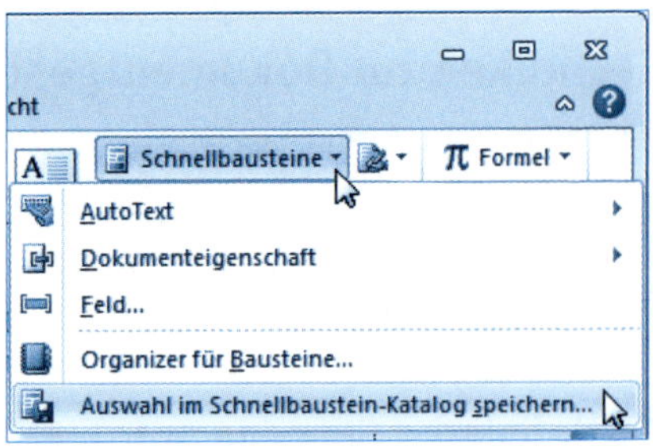

Noch einfacher geht es, wenn Sie in Schritt 2 einfach die Tastenkombination `Alt`+`F3` drücken.

Word öffnet das Dialogfeld *Neuen Baustein erstellen*.

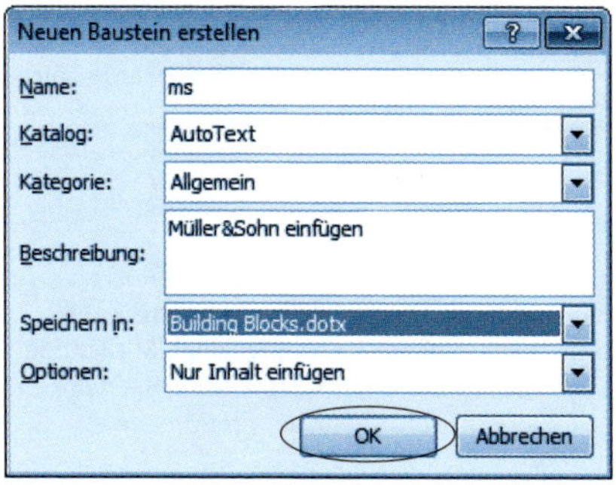

3 Passen Sie bei Bedarf die Einträge im Dialogfeld an und schließen Sie es über die *OK*-Schaltfläche.

Den Wert des Felds *Katalog* sollten Sie von »Schnellbausteine« auf »AutoText« umstellen. Im Feld *Name* ist beim Aufruf der von Ihnen markierte Word-Text (hier z. B. »Müller&Sohn«) enthalten. Ändern Sie diesen Text ggf. in ein Kürzel wie »ms«, welches zum späteren Abrufen des AutoText-Eintrags benutzt werden soll. Optional können Sie über das Listenfeld *Speichern in* vorgeben, in welche Vorlagendatei der AutoText-Eintrag abzulegen ist. Im Feld *Optionen* können Sie zwischen »Nur Inhalt einfügen«, »Inhalt in eigenem Absatz einfügen« etc. vorgeben, wie der AutoText-Eintrag beim Abruf einzufügen ist.

Auf diese Weise können Sie sich eine Sammlung von häufig benutzten **Textfloskeln erstellen** und als AutoText-Einträge abrufen.

Möchten Sie zu einem späteren Zeitpunkt solche selbst definierten **Textbausteine** im Dokument **abrufen**?

1 Tippen Sie das vereinbarte Kürzel für den AutoText (z. B. »ms«) in das Dokument ein.

2 Drücken Sie die Funktionstaste F3, um das Kürzel durch den Inhalt des zugehörigen AutoText-Eintrags zu ersetzen.

Haben Sie einmal ein Kürzel für einen AutoText-Eintrag vergessen? Dann können Sie den Textbaustein über folgende Schritte in Word abrufen.

1 Wechseln Sie im Menüband zur Registerkarte *Einfügen* und öffnen Sie in der Gruppe *Text* das Menü der Schaltfläche *Schnellbausteine*.

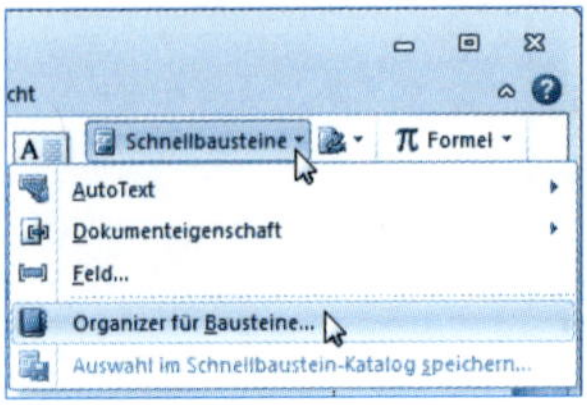

2 Wird der Schnellbaustein als Katalogeintrag im Menü angezeigt, klicken Sie diesen an. Andernfalls wählen Sie den Menübefehl *Organizer für Bausteine*.

3 Markieren Sie im Dialogfeld *Organizer für Bausteine* den gewünschten Baustein, klicken Sie auf die Schaltfläche *Einfügen* und beenden Sie das Dialogfeld über die *Schließen*-Schaltfläche.

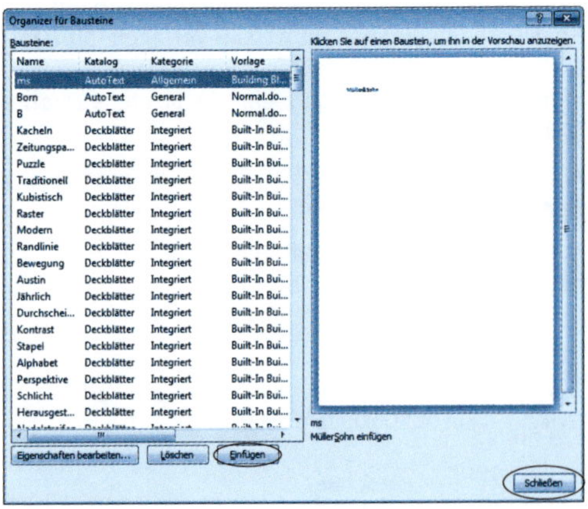

Der betreffende Textbaustein wird jetzt im Dokument an die aktuelle Stelle eingefügt.

Hinweis

In Kapitel 2 haben Sie bereits die Funktion AutoKorrektur kennengelernt. Auch über diese Funktion lassen sich bei der Eingabe automatisch Ergänzungen vornehmen (z. B. können Sie »mfg« als Autokorrektur definieren, sodass das Kürzel automatisch in »Mit freundlichen Grüßen« korrigiert wird). Welche Funktion Sie verwenden, bleibt Ihnen überlassen.

Textformatierung für Könner

In Kapitel 2 haben Sie erfahren, wie sich Textbereiche über die Schaltflächen der Registerkarte *Start* des Menübands formatieren lassen. Klicken Sie auf eine dieser Schaltflächen, wird der markierte Text entsprechend ausgezeichnet. Ein zweiter Mausklick hebt das Format wieder auf. Ist dagegen nichts markiert, aktiviert die betreffende Schaltfläche das Format. Beim Schreiben des nachfolgenden Textes erhält dieser das Format zugewiesen.

Haben Sie eine Textstelle mit einem **Format** versehen und möchten dieses Format jetzt einer anderen Textstelle **zuweisen**? Kein Problem, die Lösung liegt nur einige Mausklicks entfernt.

1 Markieren Sie die Textstelle, die bereits das gewünschte Format aufweist.

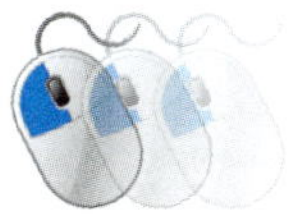

2 Klicken Sie auf die Schaltfläche *Format übertragen*.

Sie finden diese Schaltfläche auf der Registerkarte *Start* des Menübands in der Gruppe *Zwischenablage*.

Alternativ können Sie den markierten Text mit der rechten Maustaste anklicken. Dann wird die Minileiste sichtbar, und Sie können die Schaltfläche ebenfalls anklicken.

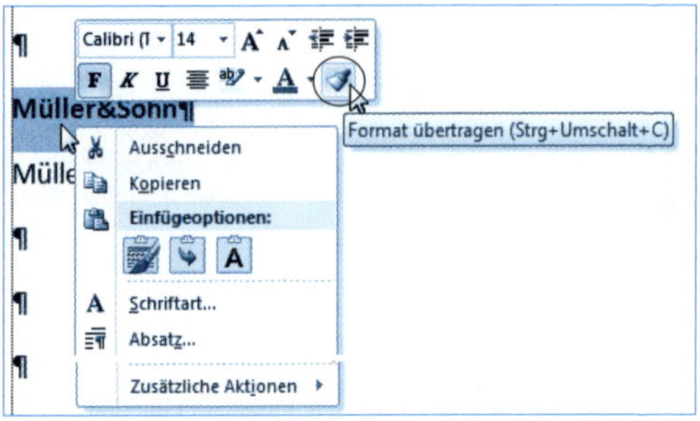

3 Markieren Sie anschließend die neue Textstelle per Maus.

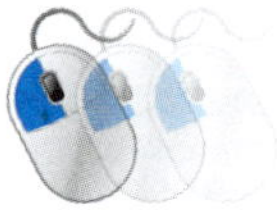

Während Sie diese Textstelle markieren, nimmt der Mauszeiger die Form eines stilisierten Pinsels an. Beim Loslassen der Maustaste wird das Format kopiert. Sobald Sie die Markierung aufheben, ist das neue Format zu sehen.

> **Hinweis**
>
> Die Schaltfläche *Format übertragen* bleibt immer nur für eine Textstelle markiert. Möchten Sie ein Format auf mehrere Dokumentstellen übertragen, wählen Sie die Schaltfläche per Doppelklick an. Dann wird die Schaltfläche so lange als »markiert« dargestellt, bis Sie diese erneut anklicken oder die `Esc`-Taste drücken. Im aktivierten Zustand wird automatisch das zuletzt gewählte Format übertragen.
>
> Sie können auch einen Text markieren und dann `Strg`+`Umschalt`+`C` drücken. Dann wird das Format in die Zwischenablage übernommen. Markieren Sie eine weitere Textstelle, lässt sich das Format aus der Zwischenablage mittels der Tastenkombination `Strg`+`Umschalt`+`V` übertragen.

Ein anderes Problem betrifft Sonderformate für Textstellen. Manchmal muss eine **Textstelle hochgestellt** oder **tiefgestellt** werden. Oder eine Zahl bzw. ein Text ist doppelt zu unterstreichen, oder der Zeilenabstand soll angepasst werden.

1 Markieren Sie die Textstelle, die mit dem Format auszuzeichnen ist, und klicken Sie mit der rechten Maustaste auf die markierte Textstelle.

2 Im dann eingeblendeten Kontextmenü können Sie die Befehle *Schriftart* oder *Absatz* wählen und dann die gewünschten Formatoptionen auf den Registerkarten des angezeigten Eigenschaftenfensters setzen.

Die betreffende Technik wurde bereits kurz in Kapitel 2 erläutert. Vielschreiber finden dort auch eine Übersicht über Tastenkombinationen, um bestimmte Zeichenformate direkt zuzuweisen.

Textformatierung mit Formatvorlagen

Beim Bearbeiten umfangreicher Dokumente (wie Berichte oder Handbücher) gibt es bezüglich der Formatierung mehrere Probleme. Möchten Sie mehrere Textstellen mit gleichen Formaten (z. B. fett, kursiv, bestimmtem Schriftgrad) versehen, artet dies eventuell in eine Mausklickorgie aus. Für jede Textstelle müssen Sie die gleichen Formate zuweisen. Noch aufwendiger wird es, wenn Sie die Formatierung solcher Textstellen nachträglich im Dokument ändern möchten (z. B. der Schriftgrad soll um einen Punkt erhöht werden). Dann heißt es diese Formatänderung an allen Textstellen durchführen. Der cleverere Ansatz besteht darin, auf das direkte Zuweisen von Zeichen- und Absatzformaten zu verzichten und stattdessen mit Formatvorlagen zu arbeiten. Diese legen fest, wie die Dokumentstelle zu formatieren ist. Sie können also Dokumentteile wie Überschriften, Absätze etc. sehr elegant über Formatvorlagen auszeichnen. Dies stellt z. B. sicher, dass alle Überschriften mit der gleichen Formatierung versehen werden. Word stellt Ihnen hierzu Schnellformatvorlagen und ggf. Formatvorlagen aus Dokumentvorlagendateien zur Verfügung.

Um Dokumentteile mit Schnellformatvorlagen auszuzeichnen, gehen Sie in folgenden Schritten vor.

1 Markieren Sie die Textstelle, die mit der Schnellformatvorlage auszuzeichnen ist, oder klicken Sie auf den zu formatierenden Absatz.

2 Wechseln Sie im Menüband zur Registerkarte *Start* und klicken Sie in der Gruppe *Formatvorlagen* auf das Symbol der Schaltfläche *Schnellformatvorlagen*.

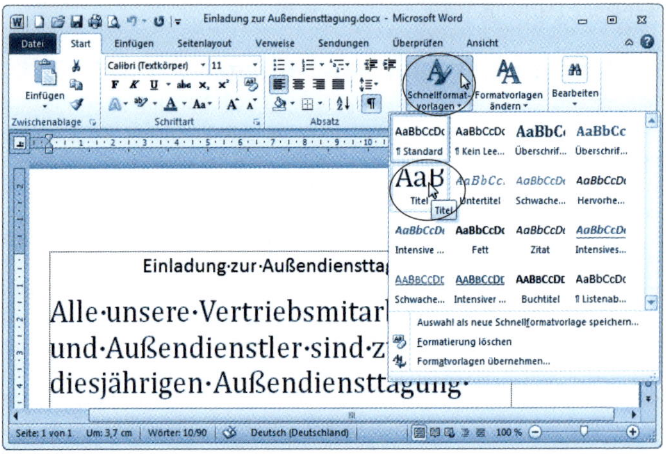

3 Anschließend weisen Sie dem Text eine der im eingeblendeten Katalog aufgeführten Schnellformatvorlagen per Mausklick zu.

Hinweis

Es reicht dabei bereits, mit der Maus auf einen Katalogeintrag zu zeigen, um die Wirkung einer Schnellformatvorlage im markierten Dokumentbereich zu sehen.

Um die der Dokumentstelle zugewiesene Formatvorlage zu entfernen, markieren Sie den Text und drücken die Tastenkombination Strg+Leer.

Über die Menüschaltfläche *Formatvorlagen ändern* der Gruppe *Formatvorlagen* auf der Registerkarte *Start* können Sie ein Menü mit verschiedenen Befehlen öffnen. Diese Befehle ermöglichen Ihnen, über Untermenüs verschiedene Formatvorlagensätze (Elegant, Klassisch, Modern etc.), andere Farben und Schriftarten abzurufen.

Um Bücher, Berichte, Diplomarbeiten oder andere umfangreichere Dokumente über Formatvorlagen einheitlich zu gestalten, wird häufig eine eigene Dokumentvorlagendatei benutzt. Ähnlich wie bei der am Kapitelanfang entwickelten Briefvorlage lässt sich ein neues Dokument auf Basis dieser Dokumentvorlage erzeugen. Enthält die Dokumentvorlagendatei separate Formatvorlagen, können Sie das neue Dokument mit diesen Vorlagen formatieren. Dies stellt ein einheitliches Erscheinungsbild des Dokuments sicher (z. B. alle Überschriften besitzen die gleiche Schriftart, Schriftgröße und Formatierung). Um Dokumentteilen solche Formatvorlagen zuzuweisen, gehen Sie in folgenden Schritten vor.

1 Markieren Sie die Textstelle, die mit dem Format auszuzeichnen ist, oder klicken Sie auf den zu formatierenden Absatz.

2 Wechseln Sie im Menüband zur Registerkarte *Start* und klicken Sie neben der Gruppenbeschriftung *Formatvorlagen* auf das Symbol *Startprogramm für Dialogfelder.*

3 Suchen Sie im nun eingeblendeten Fenster *Formatvorlagen* die gewünschte Vorlage und klicken Sie diese per Maus an.

Word weist dann die Formatvorlage dem markierten Textbereich oder dem aktuellen Absatz zu.

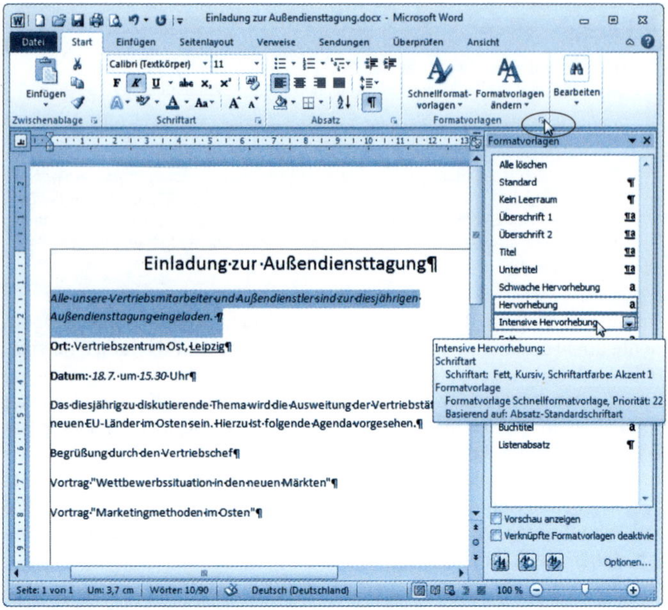

Hinweis

Der Vorteil dieses Vorgehens besteht darin, dass sich die Eigenschaften der Formatvorlage ändern lassen. Dann passt Word automatisch alle Dokumentstellen an, denen die Vorlage zugewiesen wurde. Zum Anpassen der Formatvorlage klicken Sie diese im Fenster (bzw. bei Schnellformatvorlagen im Katalog) mit der rechten Maustaste an (oder klicken Sie auf die Pfeilschaltfläche am rechten Rand) und wählen den Kontextmenübefehl *Ändern*. Anschließend lassen sich die Formatoptionen über ein Dialogfeld einsehen und anpassen.

> Die Formatvorlagen werden in der Dokumentvorlage gespeichert, die beim Anlegen des Dokuments benutzt wird (entweder die Datei *Normal.dot* oder eine dem Dokument zugeordnete spezielle Vorlagendatei). Weiterhin können Sie Dokumentvorlagen nachträglich über die Word-Optionen zuweisen. Klicken Sie auf den Registerreiter *Datei* und wählen Sie im Menü den Befehl *Optionen*. Im Dialogfeld *Word-Optionen* ist in der linken Spalte die Kategorie *Add-Ins* zu wählen, im rechten Teil ist der Wert des Listenfelds *Verwalten* von »Add-Ins« auf »Vorlagen« umzustellen und die Schaltfläche *Gehe zu* anzuklicken. Sie gelangen zum Dialogfeld *Dokumentvorlagen und Add-Ins*, auf dessen Registerkarte *Vorlagen* sich die Dokumentvorlage als Datei aus dem Vorlagenordner auswählen lässt. Die Beschreibung der Techniken zur Gestaltung von Dokumentvorlagen geht weit über den Ansatz dieses Buches hinaus. Meist erhalten Sie solche Vorlagen von Dritten. Andernfalls konsultieren Sie die Word-Hilfe oder weiterführende Literatur.

Seitennummerierung einfügen

Zum Abschluss dieses Lernschritts sollen Sie noch erfahren, wie Sie eine Seitennummerierung in Word-Dokumente einfügen. Dies ist immer dann hilfreich, wenn Sie ein mehrseitiges Textdokument erstellen und später ausdrucken.

1 Öffnen Sie ein neues Dokument und tippen Sie einen kurzen Text ein.

2 Drücken Sie die Tastenkombination Strg+Eingabe, um einen **Seitenwechsel** in das Dokument einzufügen.

Sie erkennen den Seitenwechsel anhand einer horizontal gestrichelten Linie, sobald die Anzeige der verborgenen Zeichen eingeschaltet ist.

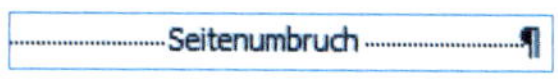

3 Tippen Sie jetzt auf der zweiten Seite weiteren Text ein.

4 Blättern Sie zur ersten Dokumentseite zurück.

Mit den obigen Schritten haben Sie Ihr Dokument so vorbereitet, dass dieses zwei Seiten enthält und eine Seitennummerierung Sinn macht. Jetzt gilt es die Seitennummer in das Dokument einzufügen.

1 Wählen Sie im Menüband die Registerkarte *Einfügen* und öffnen Sie das Menü der Schaltfläche *Seitenzahl*.

2 Wählen Sie im angezeigten Menü einen der Befehle wie *Seitenanfang*, *Seitenende* etc. und klicken Sie im Untermenü auf eine der eingeblendeten Vorlagen für die Seitennummerierung.

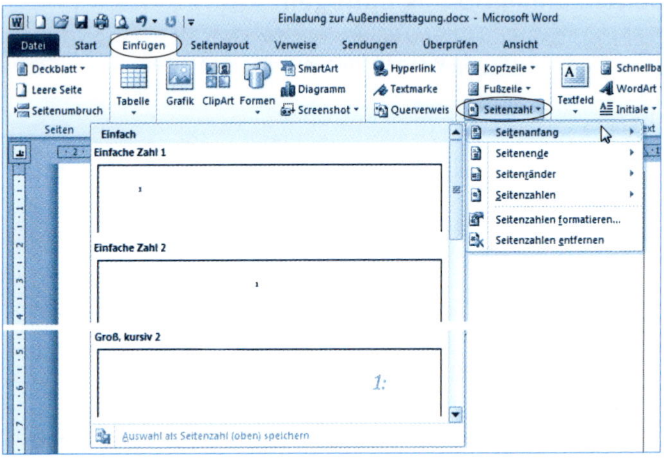

Je nach gewähltem Befehl legt Word dann das Feld für die Seitennummerierung in der Kopf- oder Fußzeile oder am Rand ab. Im Untermenü lässt sich zudem über die Vorlage bestimmen, ob die Seitennummer links, rechts oder zentriert einzufügen ist. Anschließend zeigt Word die Seitennummer an der betreffenden Position auf den Seiten an.

Hinweis

Möchten Sie den Startwert der Seitennummerierung ändern oder spezielle Seitenformate nutzen? Dann wählen Sie im Menü der Schaltfläche *Seitenzahl* den Befehl *Seitenzahlen formatieren*. Im angezeigten Dialogfeld lässt sich der Startwert für die Seitennummer eintragen oder das Zahlenformat für die Seitennummerierung anpassen. Weiterhin besteht die Möglichkeit, den Befehl *Feld* im Menü der Schaltfläche *Schnellbausteine* zu wählen. Im Dialogfeld *Feld* (siehe auch vorhergehende Seiten zum Thema »Datum einfügen«) lässt sich über die Kategorie *Nummerierung* das Feld *Page* in den Text einfügen. Word ergänzt dieses Feld durch eine laufende Seitennummer. Möchten Sie neben der aktuellen Seitennummer auch die Gesamtseitenzahl des Dokuments in der Art »Seite 1 von 2« anzeigen? Dann fügen Sie zusätzlich das Feld »NumPages« der Kategorie *Dokumentinformationen* in den Text ein.

Listen gestalten

Abschließend sollten Sie noch einige **Techniken zur Gestaltung von Listen** kennenlernen. Als Beispiel wird eine kleine Telefonliste dienen, die privat oder geschäftlich einsetzbar ist.

Eine Liste anlegen

Um diese Liste zu erstellen, greifen Sie am besten auf eine Tabelle zurück. Die Techniken zum Erstellen von Tabellen haben Sie ja bereits kennengelernt.

1 Öffnen Sie ein neues leeres Dokument.

2 Legen Sie eine Tabelle mit mindestens vier Spalten und zwei Zeilen an.

3 Tippen Sie in die erste Zeile die Tabellenüberschriften ein.

Die Tabelle könnte dann in etwa folgendes Aussehen aufweisen.

Name	Vorname	Anrede	☎ Telefon

Bei Bedarf lässt sich die Kopfzeile fett formatieren.

Sonderzeichen und Symbole einfügen

Ist Ihnen das Telefonsymbol in der letzten Tabellenspalte aufgefallen? In vielen Schriftstücken sieht man solche Sonderzeichen (z. B. einen stilisierten Brief, ein Telefon etc.). Diese Symbole lassen sich mit wenigen Schritten in den Text einfügen.

1 Klicken Sie an die Textstelle, an die das betreffende Symbol einzufügen ist.

2 Wählen Sie im Menüband die Registerkarte *Einfügen*.

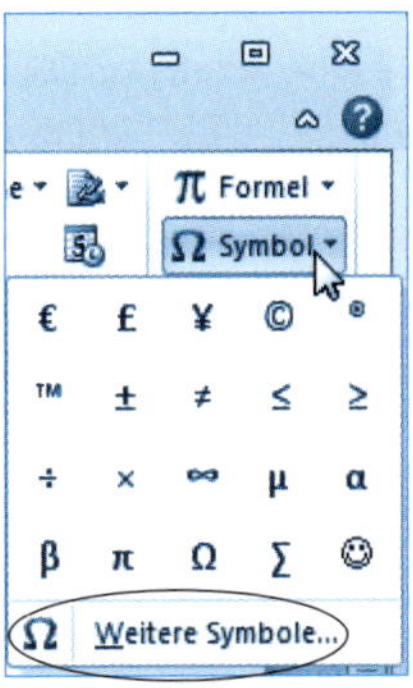

3 Öffnen Sie in der Gruppe *Symbole* der Registerkarte das Menü der Schaltfläche *Symbol* und klicken Sie auf den Befehl *Weitere Symbole*.

Word öffnet dann das Dialogfeld *Symbole*, in dem Sie unterschiedliche Symbole aus verschiedenen Schriftarten auswählen können.

4 Wählen Sie im Dialogfeld *Symbol* auf der Registerkarte *Symbole* die gewünschte Schriftart im Listenfeld *Schriftart* aus.

Symbole finden Sie insbesondere in der Schriftart »Wingdings«.

5 Suchen Sie das gewünschte Symbol in der Tabelle und markieren Sie dieses per Mausklick.

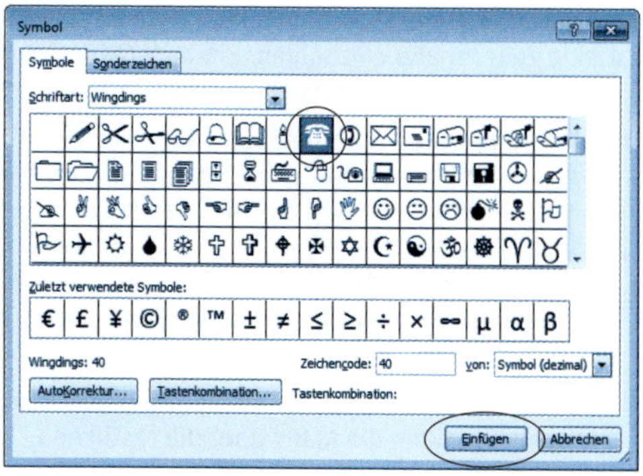

6 Klicken Sie jetzt auf die Schaltfläche *Einfügen* und dann auf die angezeigte *Schließen*-Schaltfläche.

Word hat jetzt das von Ihnen gewählte Sonderzeichen in den Text eingefügt. Sie können dieses Symbol wie andere Texte formatieren, kopieren und auch wieder löschen.

Tabellenelemente bearbeiten

Haben Sie die Tabellenüberschrift eingegeben und entsprechend formatiert? Dann können Sie jetzt die Namen samt Telefonnummern in die Liste eintragen. Das Ergebnis könnte dann folgendermaßen aussehen.

¶

Name¤	**Vorname¤**	**Anrede¤**	**☎ Telefon¤**
Born¤	Klaus¤	Herr¤	7346¤
Braun¤	Dieter¤	Herr¤	7458¤
Daum¤	Willi¤	Herr¤	7192¤
Eigner¤	Agnes¤	Frau¤	7374¤
Immer¤	Inge¤	Frau¤	7111¤

¶

Vielleicht ist bei Ihnen diese Liste etwas länger. Für die weiteren Schritte genügt das obige Beispiel. Wenn Sie mit Listen arbeiten, werden Sie früher oder später auf die Frage stoßen: Wie lässt sich die **Tabelle anpassen**? Manchmal ist eine Zeile/Spalte einzufügen. Ein anderes Mal soll die Spalte oder Zeile gelöscht werden. Im Prinzip beherrschen Sie diese Techniken schon:

- Die **Breite einer Tabellenspalte** lässt sich durch Ziehen des Spaltentrenners **anpassen**. Sie setzen den Mauszeiger einfach auf die Trennlinie zwischen zwei Zellen und ziehen die Trennlinie bei gedrückter linker Maustaste nach links/rechts. Sie müssen nur darauf achten, dass keine Zelle markiert ist. Andernfalls bezieht sich die Größenänderung nur auf den markierten Zellbereich. Hier noch ein paar Tipps zur schnelleren Bearbeitung von Tabellen.
- Markieren lassen sich die Tabellenzellen, indem Sie auf die erste Zelle klicken und dann die Maus über die restlichen Zellen ziehen.
- Um eine ganze Tabellenzeile schnell zu markieren, klicken Sie einfach links neben den Tabellenanfang.

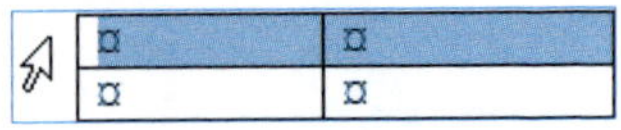

- Eine Tabellenspalte markieren Sie durch einen Mausklick auf die oberste Linie des Spaltenkopfes.

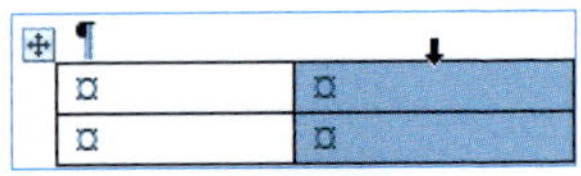

- Eine markierte Tabellenzeile oder -spalte können Sie mit den nebenstehend gezeigten Schaltflächen der Gruppe *Zwischenablage* auf der Registerkarte *Start* des Menübands ausschneiden, kopieren und wieder einfügen.

Auch diese Technik kennen Sie bereits aus Kapitel 2, wo das Ausschneiden, Kopieren und Einfügen von Textstellen besprochen wurde.

> **Hinweis**
>
> Alternativ lassen sich auch Tastenkombinationen wie Strg+X (Ausschneiden), Strg+C (Kopieren) und Strg+V (Einfügen) verwenden. Um den Inhalt aller markierten Zellen zu löschen, drücken Sie einfach die Taste Entf. Die Zellstruktur (also der Tabellenaufbau an sich) bleibt bei diesem Schritt erhalten. Eine Änderung können Sie mit der Schaltfläche *Rückgängig* bzw. mit der Tastenkombination Strg+Z wieder zurücknehmen.

Zellen teilen oder vereinen

Müssen Sie die Zellen einer Tabellenspalte nachträglich teilen oder möchten Sie benachbarte Zellen vereinen? Auch kein Problem.

1 Markieren Sie die Tabellenspalte(n) der Tabelle, deren Zellen zu teilen (bzw. zu vereinen) sind.

2 Wählen Sie im Menüband die Registerkarte *Layout* und in der Gruppe *Zusammenführen* die gewünschte Schaltfläche.

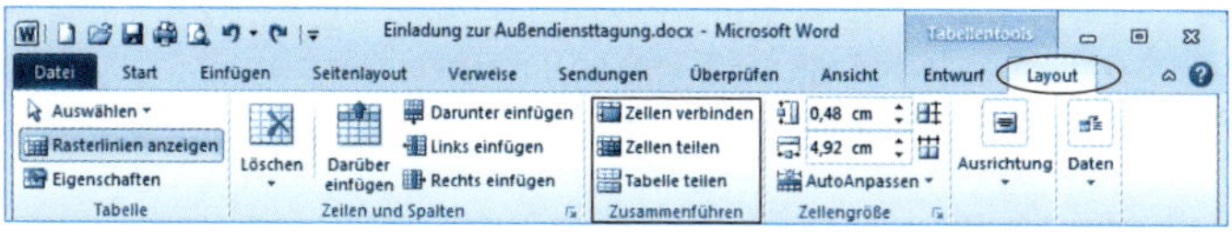

Über die Schaltfläche *Zellen teilen* lassen sich die Zellen der markierten Spalte teilen. Mit der Schaltfläche *Zellen verbinden* werden die Zellen der markierten Spalten zu einer Zelle vereint. Die Schaltfläche *Tabelle teilen* ermöglicht Ihnen, eine Tabelle an der markierten Zeile in zwei Teiltabellen zu trennen. Dies ist hilfreich, falls die Tabelle mehr als eine Seite umfasst.

Hinweis

Weiter oben hatte ich Ihnen gezeigt, wie Sie einfache Tabellen mit der Schaltfläche *Tabelle* und der Palette *Tabelle einfügen* der Gruppe *Tabellen* auf der Registerkarte *Einfügen* des Menübands anlegen. Bei komplexeren Tabellen empfiehlt es sich aber, die Schaltfläche *Tabellen* anzuklicken und dann im eingeblendeten Menü den Befehl *Tabelle zeichnen* zu wählen. Anschließend können Sie die Tabelle quasi mit dem »Stift« zeichnen. Sobald der Modus zum Zeichnen der Tabelle aktiv ist, blendet das Menüband die Registerkarte *Entwurf* der Tabellentools ein.

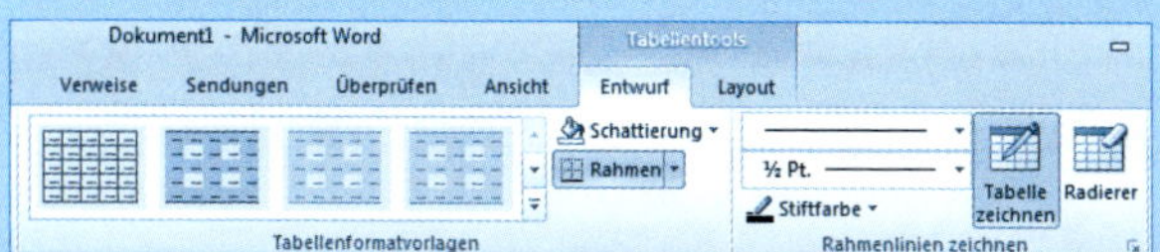

Dort finden Sie in der Gruppe *Rahmenlinien zeichnen* nicht nur Elemente zum Anpassen der Stiftfarbe. Sie können die Schaltfläche *Tabelle zeichnen* dort erneut anklicken, um zum Textbearbeitungsmodus zurückzukehren. Die Schaltfläche *Radierer* ermöglicht Ihnen, Tabellenzellen zu löschen (einfach auf die Linien der Zellränder klicken).

Tabelle sortieren

Eine Telefonliste wird üblicherweise nach dem Namen sortiert. Schnell ist beim Eintippen ein Fehler passiert, und die alphabetische Auflistung stimmt nicht mehr. Um die Tabelle nach dem Inhalt einer bestimmten Spalte zu sortieren, gehen Sie folgendermaßen vor:

1 Klicken Sie auf eine Zelle der Tabelle oder markieren Sie die betreffende(n) Tabellenspalte(n) bzw. Zellen.

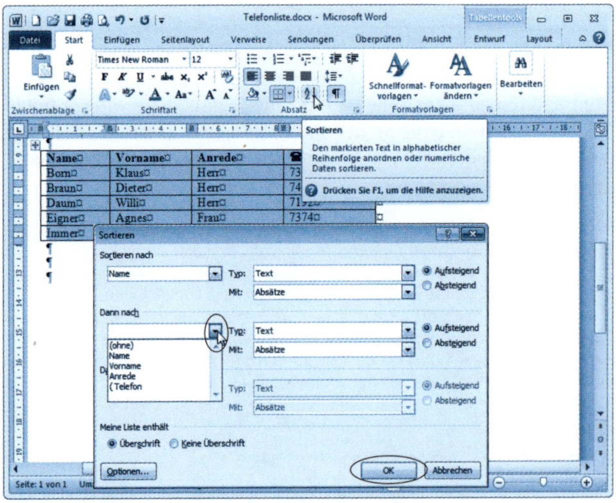

2 Holen Sie im Menüband die Registerkarte *Start* in den Vordergrund und klicken Sie in der Gruppe *Absatz* auf die Schaltfläche *Sortieren*.

Word blendet dann das Dialogfeld *Sortieren* im Vordergrund des Dokumentfensters ein.

3 Geben Sie in das Dialogfeld *Sortieren* die Sortierkriterien ein und legen Sie die restlichen Sortieroptionen im Dialogfeld fest.

4 Klicken Sie auf die *OK*-Schaltfläche, um das Dialogfeld zu schließen und die Sortierung anzuwenden.

Sobald das Dialogfeld geschlossen wird, sortiert Word den Inhalt der Tabelle nach den gewählten Kriterien.

> **Hinweis**
>
> Sie können bis zu drei Spalten der Tabelle über Listenfelder wie *Sortieren nach*, *Dann nach* etc. angeben. Enthält die Tabelle keine Überschriften, aktivieren Sie das Optionsfeld *Keine Überschrift*. In diesem Fall werden im Feld *Sortieren nach* die Begriffe »Spalte1«, »Spalte2« etc. eingeblendet. Im Feld *Typ* legen Sie fest, ob die Spalte Text, Zahlen oder Datumswerte enthält. Über die Optionsfelder *Aufsteigend* bzw. *Absteigend* geben Sie die Sortierrichtung an. Mit der Schaltfläche *Optionen* rufen Sie ein weiteres Dialogfeld auf. In diesem Dialogfeld lässt sich beispielsweise die Landessprache wählen, nach der die Sortierung vorzunehmen ist. Standardmäßig verwendet Word die Sortierreihenfolge der deutschen Sprache.

Tabellengestaltung mit AutoFormat

Möchten Sie die Tabelle noch besonders gestalten (z. B. mit Hintergründen oder farblichen Hervorhebungen)? Word 2010 stellt Ihnen hierzu verschiedene Tabellenformatvorlagen bereit, über die Sie ein AutoFormat vornehmen können.

1 Markieren Sie die mit der Tabellenformatvorlage zu formatierende Tabelle.

2 Wählen Sie im Menüband auf der Registerkarte *Entwurf* eine der Vorlagen in der Gruppe *Tabellenformatvorlagen* aus.

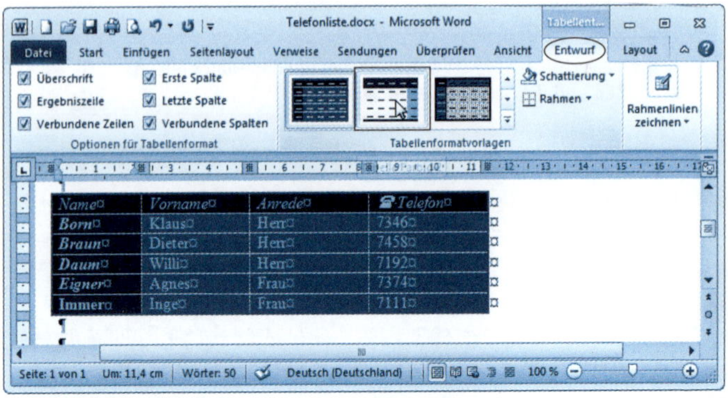

Die Gruppe *Tabellenformatvorlagen* ist als Katalog ausgeführt. Zeigen Sie auf eine der stilisierten Tabellen, ändert Word bereits das Tabellenformat gemäß der betreffenden Tabellenformatvorlage. Das Format wird aber erst permanent zugewiesen, sobald Sie auf die Tabellenformatvorlage des Katalogs klicken. Über die Bildlaufpfeile am rechten Rand der Gruppe können Sie zwischen den Vorlagen blättern.

Hinweis

Zur leichteren Auswahl der Tabellenformatvorlagen können Sie am rechten Gruppenrand auf die unterste Schaltfläche der Bildlaufleiste klicken. Word blendet dann den Katalog mit allen Vorlagen und zusätzlichen Befehlen im Vordergrund des Dokumentfensters ein. Über den Befehl *Tabellenformatvorlage ändern* des Katalogs können Sie ein Dialogfeld öffnen, in dem sich die Optionen für das Tabellenformat festlegen lassen. Um die **Formatierung** der **Tabelle** wieder **aufzuheben**, führen Sie die obigen Schritte erneut aus, wählen aber als Formatvorlage »Benutzerdefiniert«.

Bloggen mit Word

Ganz nett ist auch die Möglichkeit in Word, Beiträge für einen Blog zu pflegen. Nachfolgend möchte ich die Funktionen kurz vorstellen.

Einen neuen Blogbeitrag erstellen

Um einen Blogbeitrag zu erstellen und in einen eigenen Blog einzustellen, gehen Sie in folgenden Schritten vor.

1 Wechseln Sie über den Registerreiter *Datei* zur Backstage-Ansicht und wählen Sie dort den Befehl *Neu*.

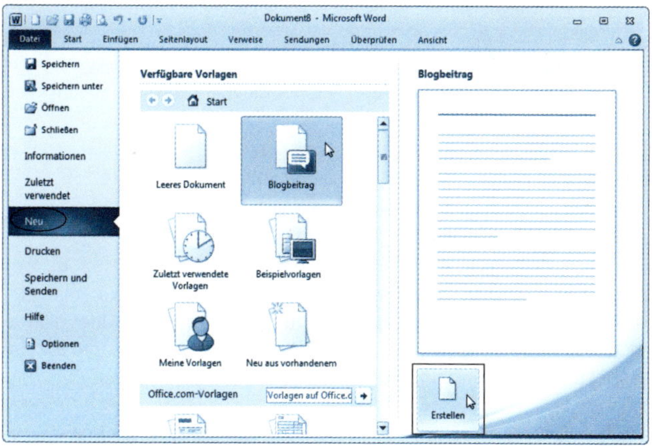

2 Klicken Sie in der Spalte *Verfügbare Vorlagen* auf den Eintrag *Blogbeitrag* und wählen Sie in der rechten Spalte die Schaltfläche *Erstellen*.

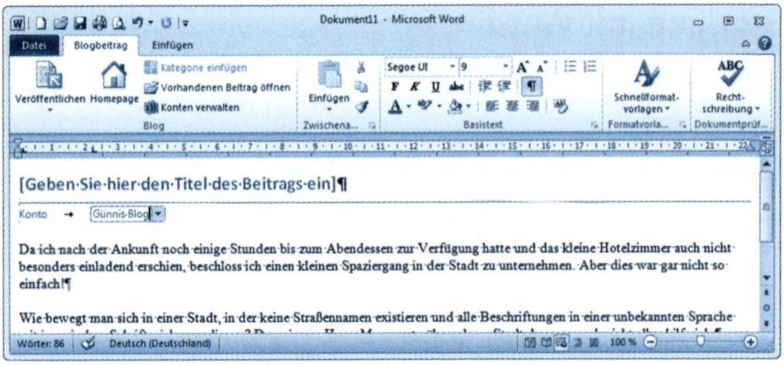

3 Klicken Sie im Dokumentbereich auf den Platzhalter für den Titeltext und geben Sie den Titel für den Blog ein.

4 Klicken Sie auf den Textbereich und verfassen Sie anschließend den Text des Blogbeitrags.

> **Hinweis**
>
> Falls ein Dialogfeld zum Registrieren des Blogkontos erscheint, können Sie dieses über die Schaltfläche *Später registrieren* beenden.

Auf der Registerkarte *Blogbeitrag* stehen Ihnen Funktionen zur Formatierung des Texts sowie zur Rechtschreibprüfung zur Verfügung. Über die Registerkarte *Einfügen* lassen sich Tabellen, Grafiken, Hyperlinks und andere Elemente zum Dokument hinzufügen (siehe auch Kapitel 4).

5 Zum Veröffentlichen wählen Sie auf der Registerkarte *Blogbeitrag* die Schaltfläche *Veröffentlichen* und dann den gleichnamigen Befehl.

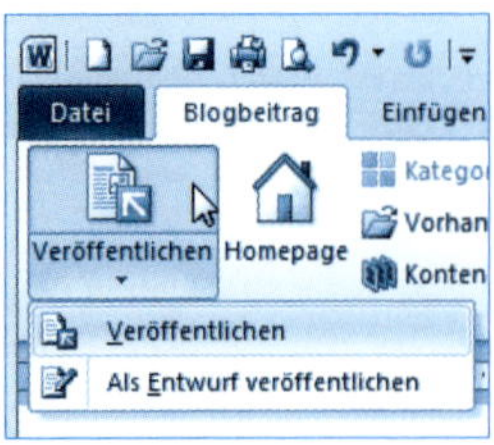

> **Hinweis**
>
> Sind mehrere Blogkonten eingerichtet, müssen Sie vor dem Veröffentlichen im Dokumentbereich unterhalb des Titels noch das Konto auswählen.

Das Veröffentlichen (d. h. Hochladen) des Beitrags erfolgt über eine ungesicherte Internetverbindung, über die Dritte ggf. den Benutzernamen und das Kennwort ausspähen könnten. Daher wird ein Dialogfeld mit einer Sicherheitswarnung angezeigt, welches Sie über die *Ja*-Schaltfläche schließen müssen. Word zeigt eine Statusmeldung oberhalb der Titelzeile an, wenn der Beitrag erfolgreich veröffentlicht wurde.

Über die Schaltfläche *Homepage* der Registerkarte *Blogbeitrag* können Sie die Blogseite im Browser öffnen und den zuletzt veröffentlichten Beitrag einsehen.

Blogbeitrag nachträglich ändern

Um einen bereits bestehenden Blogbeitrag erneut in Word zu laden und ggf. zu ändern, müssen Sie folgende Schritte durchführen.

1 Gehen Sie wie in den obigen Schritten 1 und 2 vor und legen Sie einen neuen (leeren) Blogbeitrag an.

2 Wählen Sie auf der Registerkarte *Blogbeitrag* die Schaltfläche *Vorhandenen Beitrag öffnen*.

3 Anschließend wählen Sie im Dialogfeld *Vorhandenen Beitrag öffnen* bei Bedarf das Konto, dann den Titel des gewünschten Beitrags und klicken auf die *OK*-Schaltfläche.

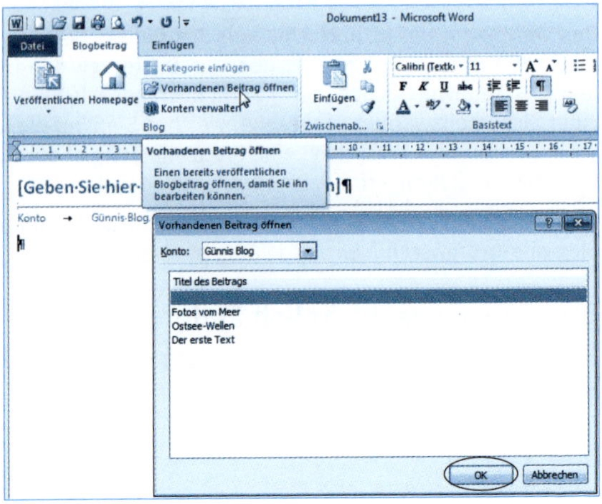

Je nach Einstellungen müssen Sie bei diesen Schritten das Dialogfeld mit der Sicherheitsmeldung über die *Ja*-Schaltfläche bestätigen. Dann wird der Beitrag geladen und lässt sich im Dokumentfenster bearbeiten.

Hinweis

Um Blogbeiträge veröffentlichen zu können, müssen die Zugangsdaten des Blogs in Word konfiguriert sein. Falls das Dialogfeld *Blogkonto registrieren* erscheint, können Sie die Schaltfläche *Jetzt registrieren* wählen. Oder Sie klicken auf der Registerkarte *Blogbeitrag* die Schaltfläche *Konten verwalten* an.

Word öffnet das Dialogfeld *Blogkonten*, über dessen Schaltfläche *Neu* Sie das Konto einrichten können. Dabei werden Sie in verschiedenen Dialogfeldern durch die Schritte zum Registrieren des Bloganbieters geführt. Im ersten Dialogfeld lässt sich der Bloganbieter wählen.

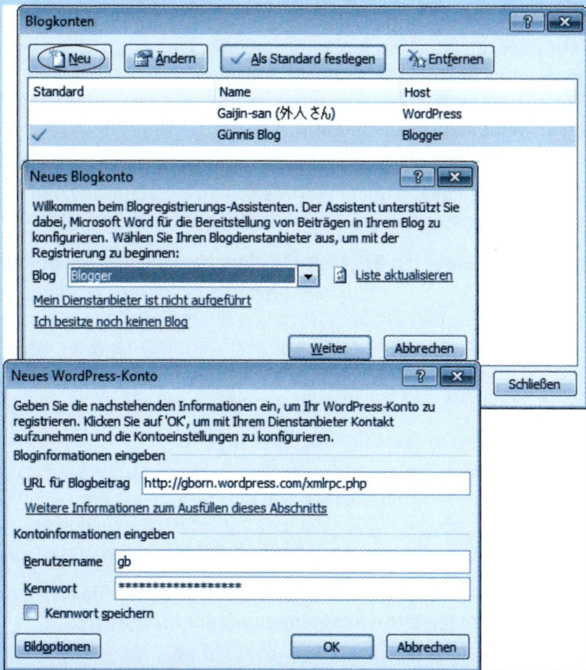

In einem weiteren Dialogfeld sind die Zugangsdaten des Blogs und ggf. weitere Informationen einzutragen. Die Zugangsparameter erhalten Sie ggf. vom Bloganbieter oder in der Hilfe. Kostenfreie Blogs können Sie bei Windows Live (*http://loging.live.com*), bei Google (*www.blogger.com*) oder bei WordPress (*http://de.wordpress.com*) einrichten. Der Nachteil beim Bloggen mit Word besteht aber darin, dass Bilder in Blogbeiträgen nur eingebunden werden können, wenn diese bei einem Image-Hoster (z. B. *www.flickr.com*) hochgeladen werden. Persönlich bevorzuge ich daher zum Bloggen eher Windows Live Writer aus den Windows Live Essentials (*http://download.live.com*).

Testen Sie Ihr Wissen

Nachdem Sie dieses Kapitel durchgearbeitet haben, können Sie bereits fast alles, um mit Word zu arbeiten. Zumindest können Sie die am häufigsten benutzten Dokumente erstellen. Möchten Sie Ihr bisheriges Wissen nochmals überprüfen, dann beantworten Sie die folgenden Fragen (die Lösungen finden Sie in Klammern).

- **Erstellen Sie eine Vorlage für ein Rechnungsformular.**

  (Legen Sie die Rechnung wie in diesem Kapitel beschrieben als Dokument an und speichern Sie dieses als Dokumentvorlage ab.)

- **Wie können Sie einen Brief mittels einer eigenen Vorlage erstellen?**

  (Klicken Sie im Menü der Backstage-Ansicht auf den Befehl *Neu* und wählen dann in der rechten Spalte die Kategorie *Meine Vorlagen*. Dann klicken Sie im Dialogfeld *Neu* auf die gewünschte Dokumentvorlage und dann auf die Schaltfläche *OK*. Schreiben Sie den Brief und speichern Sie diesen wie ein normales Dokument.)

- **Erstellen Sie eine Textseite mit einer Tabelle.**

  (Wählen Sie auf der Registerkarte *Einfügen* des Menübands die Schaltfläche *Tabelle* und markieren Sie die Zahl der Zeilen und Spalten. Anschließend können Sie die Tabelle durch Anklicken der Zelle in der rechten unteren Ecke und Drücken der [Tab]-Taste um weitere Zeilen ergänzen.)

- **Kopieren Sie eine Spalte in der Tabelle. Wiederholen Sie dies mit einer Zeile. Machen Sie diese Änderungen wieder rückgängig.**

  (Klicken Sie auf den Spaltenkopf – d. h. auf die Rasterlinie am oberen Tabellenrand –, um die Spalte zu markieren. Kopieren Sie die Spalte mit [Strg]+[C] in die Zwischenablage und fügen Sie den Inhalt anschließend mit [Strg]+[V] wieder in die Tabelle ein. Markieren Sie jetzt den Zeilenkopf über die Gitternetzlinie am linken Tabellenrand und drücken Sie erneut die beschriebenen Tastenkombinationen. Zum Aufheben der Korrekturen verwenden Sie die Tastenkombination [Strg]+[Z].)

- **Definieren Sie einen AutoText-Eintrag »Liebe Frau« und legen Sie diesen unter »lf« ab.**

  (Geben Sie den Text »Liebe Frau« ein und markieren Sie diesen. Drücken Sie die Tastenkombination [Alt]+[F3], setzen Sie im Dialogfeld *Neuen Baustein erstellen* den Wert des Textfelds *Name* auf »lf« und klicken Sie auf die *OK*-Schaltfläche.)

- **Sortieren Sie die Tabelle nach der letzten Spalte.**

(Klicken Sie auf die Tabelle und wählen Sie auf der Registerkarte *Start* des Menübands die in der Gruppe *Absatz* angezeigte Schaltfläche *Sortieren*. Geben Sie im Dialogfeld *Sortieren* im Listenfeld *Sortieren nach* als Sortierschlüssel die letzte Spalte an.)

- **Erstellen Sie eine Liste mit zwei durch Tabulatorzeichen getrennten Spalten und probieren Sie die unterschiedlichen Tabstopp-Varianten aus.**

(Geben Sie den Text der Spalten, ohne Verwendung einer Tabelle, zeilenweise ein. Legen Sie die Spalten durch Drücken der [Tab]-Taste an.)

- **Summieren Sie eine Tabellenspalte.**

(Klicken Sie auf die unterste Zelle der Tabellenspalte, die die Werte enthält. Klicken Sie im Menüband auf den Registerreiter *Einfügen*, wählen Sie in der Gruppe *Text* die Menüschaltfläche *Schnellbausteine* und klicken Sie den Menübefehl *Feld* an. Klicken Sie im gleichnamigen Dialogfeld auf die Schaltfläche *Formeln* und tragen Sie im Dialogfeld *Formeln* die gewünschte Summenformel, z. B. =SUM(C1:C3), in das Feld *Formel* ein. Schließen Sie das Dialogfeld über die *OK*-Schaltfläche.)

Kapitel 4

Texteffekte und Grafik in Word

Was bringt Ihnen dieses Kapitel?

In den vorhergehenden Kapiteln haben Sie die Grundfunktionen von Word kennengelernt. Aber das Programm kann wesentlich mehr. Natürlich bleibt in diesem Buch kein Platz, um alle Funktionen zu beschreiben. Zumindest das Einbinden von Grafiken oder Zeichnungen in Textdokumente sollten Sie aber beherrschen. In diesem Kapitel erfahren Sie, wie Sie Zeichnungen erstellen und Grafiken in Dokumente einbinden.

Texteffekte und Grafiken

Häufig werden Dokumente mit einem Logo oder einem Bild versehen. Für diesen Zweck bietet Ihnen Word verschiedene Funktionen. Sie können sowohl Grafiken einbinden als auch mit den Word-Zeichenwerkzeugen arbeiten. In diesem Lernschritt sollen Sie die wichtigsten Techniken zum Arbeiten mit Grafiken in Word kennenlernen.

Eine Textzeile schattieren

Erstellen Sie ggf. einen Einladungstext, der in der Titelzeile den Text »Einladung ...« enthält. Wie wäre es, wenn Sie diese Einladung etwas pfiffiger gestalten. Im ersten Schritt soll die Titelzeile mit einem grauen Balken hinterlegt werden. In Word lässt sich Derartiges über die Funktion *Schattierung* durchführen.

1 Laden Sie das Dokument mit der Einladung und der Einladungszeile oder öffnen Sie einen bereits bestehenden Text aus einer Datei.

2 Markieren Sie die erste Zeile einschließlich der Absatzmarke.

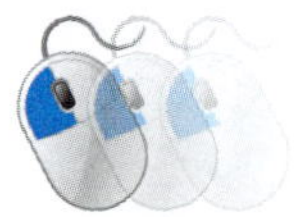

3 Klicken Sie auf der Registerkarte *Start* des Menübands in der Gruppe *Absatz* auf das kleine Dreieck der Menüschaltfläche *Schattierung*.

Sobald Sie auf die Farbfelder des eingeblendeten Farbkatalogs zeigen, sehen Sie bereits die Auswirkungen der Schattierungsfunktion im Text.

4 Klicken Sie im eingeblendeten Katalog der Schaltfläche *Schattierung* auf das gewünschte Farbfeld.

Word stellt den Text anschließend mit einem schattierten Hintergrund in der gewählten Farbe dar.

Hinweis

Um die Schattierung wieder aufzuheben, führen Sie die obigen Schritte erneut aus. Wählen Sie im Katalog den Befehl *Keine Farbe*.

Neben Tabellen können Sie auch Texte mit Rahmenlinien auszeichnen. Um Überschriften oder ganze Absätze mit einem Rahmen zu versehen, müssen Sie diese markieren. Dann können Sie in der Gruppe *Absatz* der Registerkarte *Start* des Menübands die Menüschaltfläche *Rahmen* wählen und im eingeblendeten Menü einen der Befehle wie *Rahmenlinie außen* zuweisen.

Möchten Sie eine Tabelle schattieren? Markieren Sie die betreffenden Tabellenzellen und wechseln Sie zur Registerkarte *Entwurf* der Tabellentools im Menüband. Sie finden dort die Menüschaltfläche *Schattierung*, über deren Katalog Sie den Zellhintergrund mit einer Farbe als Schattierung versehen können.

ClipArts in den Text einfügen

Ein Bild kann zur Auflockerung des Dokuments beitragen. Word ermöglicht Ihnen, sowohl Grafikdateien als auch Zeichnungselemente sowie ClipArts in ein Dokument einzufügen. Um eine ClipArt in den Text einzufügen, führen Sie die folgenden Schritte aus:

> **Hinweis**
>
> Der Unterschied zwischen Grafikdateien und ClipArts besteht in der Speicherung der Daten. ClipArts werden in einem speziellen von Microsoft definierten Format gespeichert. Grafikdateien können in verschiedenen Formaten vorliegen. Word unterscheidet beim Einfügen einer Grafik zwischen ClipArts und Grafikdateien. Zeichnungselemente (AutoFormen) werden direkt durch Word-Funktionen in den Text eingefügt. Das Programm stellt für diese Varianten getrennte Befehle zum Einfügen zur Verfügung.

1 Klicken Sie an die Stelle im Dokument, an die die ClipArt eingefügt werden soll.

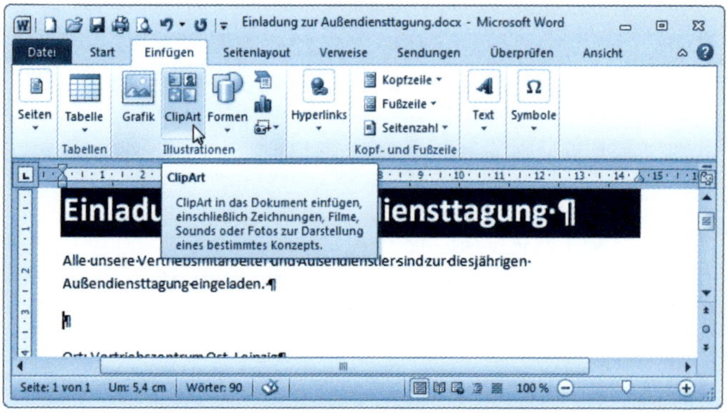

2 Wechseln Sie im Menüband zur Registerkarte *Einfügen* und klicken Sie in der Gruppe *Illustrationen* auf die Schaltfläche *ClipArt*.

Word öffnet jetzt den Aufgabenbereich *ClipArt*. Hier können Sie die Optionen zur Auswahl der ClipArts wählen.

3 Tippen Sie ggf. einen Suchbegriff für einen ClipArt-Namen in das Textfeld *Suchen nach* ein. Sie können das Listenfeld *Ergebnisse* öffnen und die Kontrollkästchen der gewünschten Kategorien (Illustrationen, Fotos, Videos) markieren, aus denen ClipArts zu berücksichtigen sind.

4 Klicken Sie auf die *OK*-Schaltfläche, um die Suche in der ClipArt-Bibliothek zu starten.

Word wird jetzt in den Mediendaten nach geeigneten ClipArts suchen. Ist nichts in das Feld *Suchen nach* eingetragen, werden alle ClipArt-Einträge im Aufgabenbereich aufgeführt.

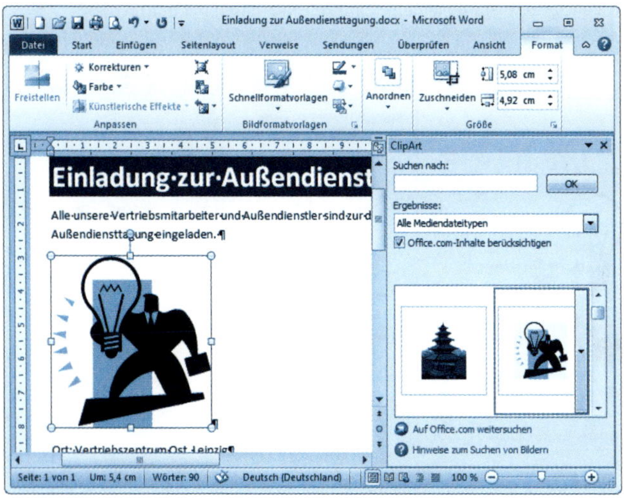

5 Klicken Sie auf die gewünschte ClipArt, um diese in den Text zu übernehmen, und schließen Sie dann den Aufgabenbereich über die Schaltfläche ✖.

6 Klicken Sie im Dokument auf das eingefügte ClipArt-Bild, um dessen Bildgröße durch Verschieben der Ziehmarken anzupassen.

Auf diese Weise können Sie Textdokumente mit ClipArts ansprechender gestalten.

Grafik und ClipArts im Text positionieren

Sie sollten eine Grafik in Word in einen eigenen Absatz einfügen. Der Text wird dann ober- und unterhalb der Grafik angeordnet. Außerdem können Sie die Grafik zentriert in der Zeile ausrichten. Möchten Sie dagegen eine **Grafik** rechts oder links **neben** den **Text platzieren**?

1 Klicken Sie das Grafikelement (ClipArt, Grafikdatei) mit der rechten Maustaste an und wählen Sie den Kontextmenübefehl *Größe und Position*.

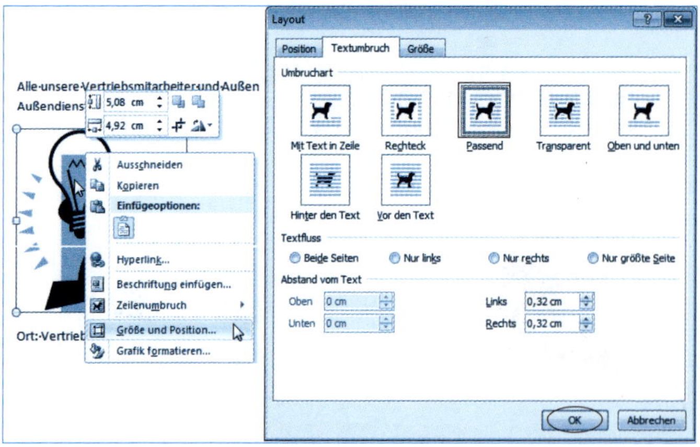

2 Klicken Sie im Dialogfeld *Layout* auf der Registerkarte *Textumbruch* eine der Schaltflächen an, um die Umbruchart festzulegen, und bestätigen Sie mit der *OK*-Schaltfläche.

Die Umbrucharten »Rechteck« und »Passend« ermöglichen es, Text um ein Grafikelement herumlaufen zu lassen. Bei Bedarf können Sie die Elemente auch vor oder hinter den Text legen.

> **Tipp**
>
> Um Grafiken oder ClipArts einfacher neben einem Text positionieren zu können, verwende ich meist eine Tabelle mit einer Zeile und zwei Spalten, bei der der Rahmen aufgehoben wurde. Dann lässt sich eine Tabellenzelle markieren und das Grafikelement im Modus »Text in Zeile« einfügen. Die andere Tabellenzelle ermöglicht Ihnen, weiteren Text rechts oder links neben das Grafikelement einzutragen, ohne sich um die Positionierung des Bildes kümmern zu müssen.

So werden Grafikdateien eingefügt

Möchten Sie keine ClipArt, sondern eine Bilddatei als Grafik in das Dokument einbinden, gehen Sie in folgenden Schritten vor:

1 Klicken Sie an die Stelle im Dokument, an die die Grafik einzufügen ist.

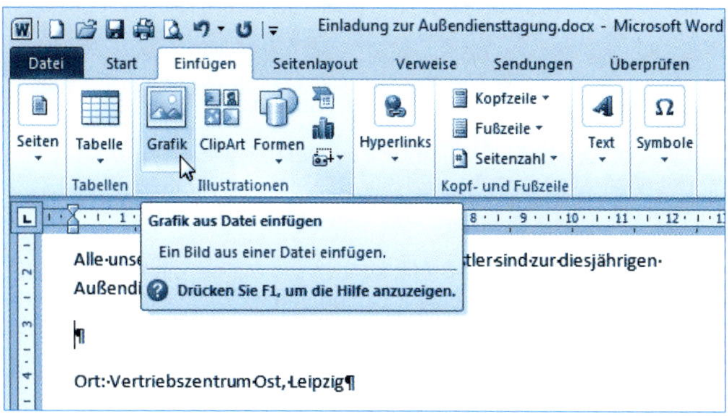

2 Wechseln Sie im Menüband zur Registerkarte *Einfügen* und klicken Sie in der Gruppe *Illustrationen* auf die Schaltfläche *Grafik*.

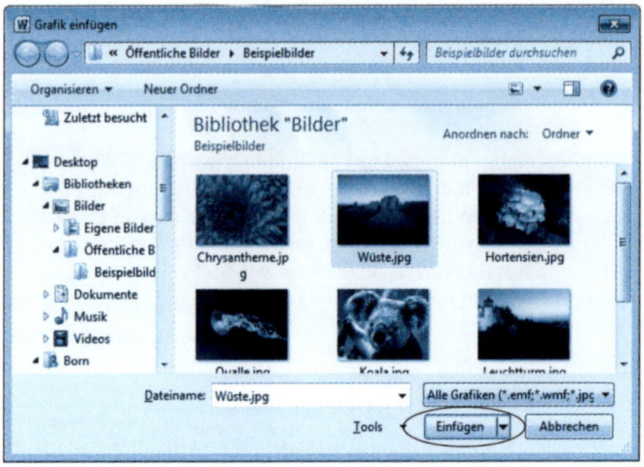

3 Wählen Sie im Dialogfeld *Grafik einfügen* den Ordner sowie die Grafikdatei aus und klicken Sie auf die *Einfügen*-Schaltfläche.

Hinweis

Über das kleine Dreieck neben der Schaltfläche *Einfügen* können Sie ein Menü mit Optionen zum Einfügen öffnen. Der Befehl *Mit Datei verknüpfen* bewirkt beispielsweise, dass Word nur einen »Verweis« auf die Grafikdatei mit dem Dokument speichert, statt die Grafikdatei einzufügen. Öffnen Sie das Dokument, liest Word die verknüpfte Grafikdatei automatisch im Hintergrund ein. Der Vorteil dieses Ansatzes: Die Dokumentdateien werden kleiner, und bei Änderungen am Bild wirken sich diese beim Laden automatisch aus. Der Nachteil: Fehlt die Bilddatei oder wurde sie verschoben, wird dieses auch nicht mehr im Dokument angezeigt. Über die zweite Menüschaltfläche (rechts neben dem Feld *Dateiname*) lässt sich das Grafikformat zur Auswahl der Grafikdateien vorgeben. Standardmäßig sollten Sie diese Einstellung aber auf »Alle Grafiken« belassen.

Die im Dokument eingefügte Grafik können Sie wie ein ClipArt-Bild in der Größe verändern und im Dokument positionieren.

Zeichnen in Word

Word bietet Ihnen zusätzlich die Möglichkeit, über die Funktion *Formen* einfache Striche, Pfeile etc. oder Flächen (Formen) in den Text einzufügen. Die Funktion *SmartArt* ermöglicht Ihnen, spezielle Grafiken (z. B. Pyramiden, Elemente von Ablaufdiagrammen etc.) in das Dokument einzufügen. Weiterhin lassen sich Texte über die Funktion *WordArt* mit speziellen Effekten versehen. Nachfolgend finden Sie eine kurze Übersicht über diese Funktionen.

Zeichnen in Word mit der Funktion *Formen*

Word besitzt die Funktion *Formen*, mit der sich direkt im Dokumentbereich zeichnen lässt. Sie können über diese Funktion auch komplette Formen abrufen und im Dokument ablegen.

1 Holen Sie im Menüband die Registerkarte *Einfügen* in den Vordergrund und öffnen Sie in der Gruppe *Illustrationen* das Menü der Schaltfläche *Formen*.

2 Wählen Sie in der Palette mit den Autoformen eine der gewünschten Formen (z. B. eine Form in der Rubrik *Linien* oder *Sterne und Banner*).

3 Klicken Sie im Dokument auf die gewünschte Position des Zeichenelements.

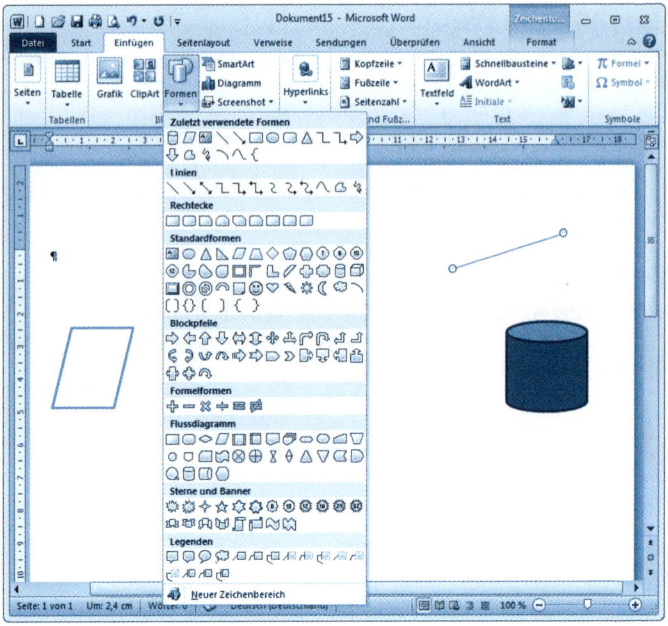

4 Ziehen Sie mit der Maus das Zeichenelement auf, um dessen Größe festzulegen.

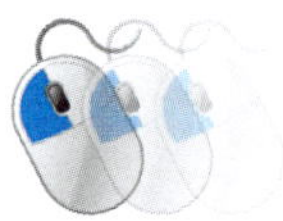

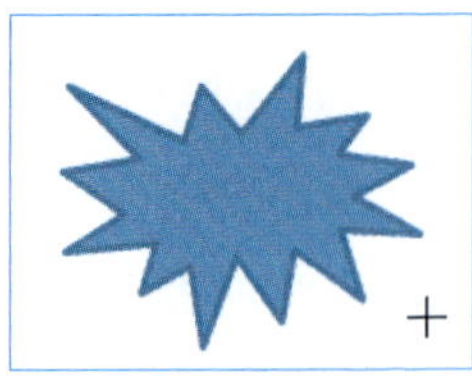

Sobald Sie die Maustaste loslassen und das Element gezeichnet wurde (bzw. sobald ein Zeichenelement markiert ist), wird im Menüband die Registerkarte *Format* der Zeichentools eingeblendet.

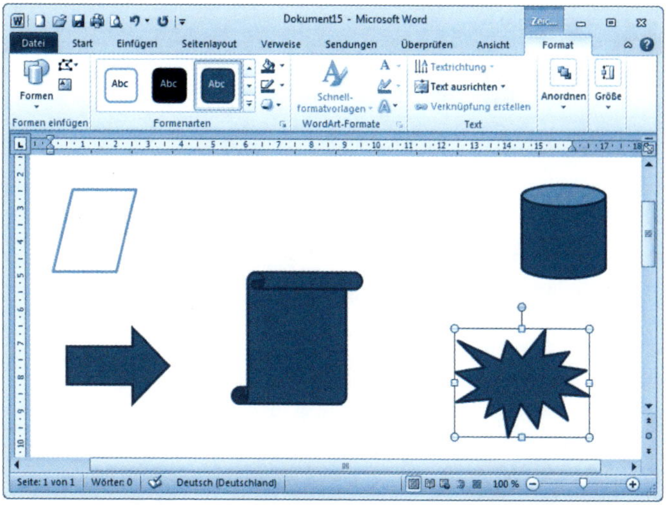

In den Gruppen dieser Registerkarte finden Sie Schaltflächen, um weitere Formen einzufügen (z. B. Gruppe *Formen einfügen*). In der Gruppe *Formenarten* können Sie Farben und Formen über den Katalog abrufen. Die Gruppe *Formenarten* enthält am rechten Rand drei Schaltflächen.

- Die Schaltfläche *Fülleffekt* öffnet einen Katalog, über dessen Farbpalette und Befehle Sie die Füllfarbe bzw. den Füllmodus definieren können.
- Mit der Schaltfläche *Formkontur* öffnen Sie einen Katalog, über dessen Farbpalette und Menübefehle Sie die Farbe und Breite der Umrisslinie sowie die Linienart definieren.
- Die Schaltfläche *Formeffekte* öffnet ein Menü, über dessen Befehle Sie verschiedene Effekte auf das Grafikelement anwenden können. Klicken Sie eine neue Form im Menü an, ändert Word die im Dokument aktuell markierte Form in das neu gewählte Element.

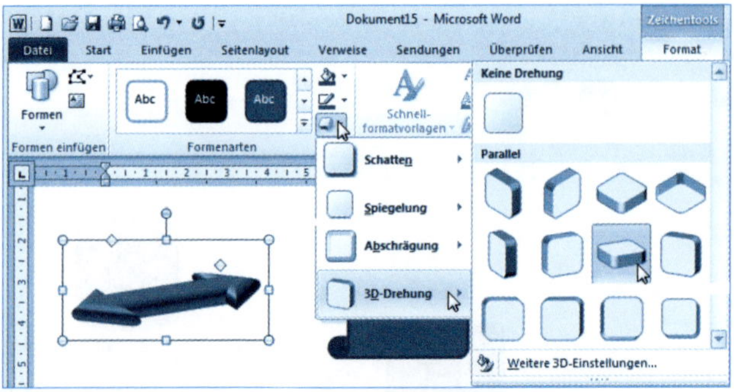

Die restlichen Schaltflächen der Registerkarte ermöglichen Ihnen, das Zeichenelement im Dokument anzuordnen oder die Größe anzupassen.

Hinweis

Klicken Sie auf das Element, hebt Word dieses mit Ziehmarken hervor. Sie können das Element anschließend mit der Maus im Dokument verschieben, in der Größe verändern oder durch Drücken der Entf-Taste löschen. Einer der runden Punkte ist grün eingefärbt. Ziehen Sie diesen mithilfe der Maus, wird das Zeichenelement gedreht. Über die Schaltfläche *Textfeld einfügen* der Gruppe *Formen einfügen* können Sie anschließend diese Zeichenelemente mit Texten überlagern und beschriften. Formatieren lassen sich die Zeichenelemente, indem Sie diese mit der rechten Maustaste anklicken und den Kontextmenübefehl *Form formatieren* wählen. Dann öffnet sich ein Dialogfeld, in dem Sie verschiedene Kategorien (Füllung, Linienfarbe, 3D-Format, 3D-Drehung etc.) wählen und dann die zugehörigen Formateigenschaften anpassen können.

SmartArt-Grafiken in Word nutzen

Zur Gestaltung von Präsentationen und Berichten werden häufig Pyramiden, Blockdiagramme und Ähnliches eingesetzt. Mit der Funktion »SmartArt« bietet Word eine komfortable Möglichkeit, solche Elemente in ein Textdokument einzufügen.

1 Holen Sie im Menüband die Registerkarte *Einfügen* in den Vordergrund und klicken Sie in der Gruppe *Illustrationen* auf die Schaltfläche *SmartArt*.

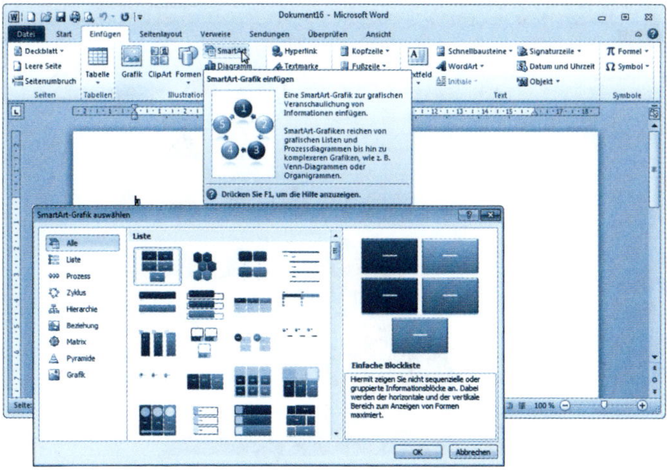

2 Wählen Sie im Dialogfeld *SmartArt-Grafik auswählen* eine der Kategorien in der linken Spalte, klicken Sie dann in der Liste auf die gewünschte Variante und schließen Sie das Dialogfeld über die *OK*-Schaltfläche.

Word fügt die gewählte SmartArt-Grafik als Element in das Textdokument ein und versieht es mit einem Markierungsrahmen. Klicken Sie auf die als »Anfasser« ausgebildete Schaltfläche am linken Rand des Markierungsrahmens, öffnet sich ein Fenster, in dem Sie die Platzhalter zur Beschriftung der SmartArt-Grafik mit neuem Text versehen können. In der bei angewählter SmartArt-Grafik im Menüband eingeblendeten Registerkarte *Entwurf* der *SmartArt-Tools* finden Sie in der Gruppe *SmartArt-Formatvorlagen* zudem einen Katalog, über den Sie die Formen des Elements (z. B. mit oder ohne Farbverläufe) anpassen können. Der Katalog der Schaltfläche *Farben ändern* ermöglicht Ihnen, dem Element verschiedene Farbkombinationen zuzuweisen.

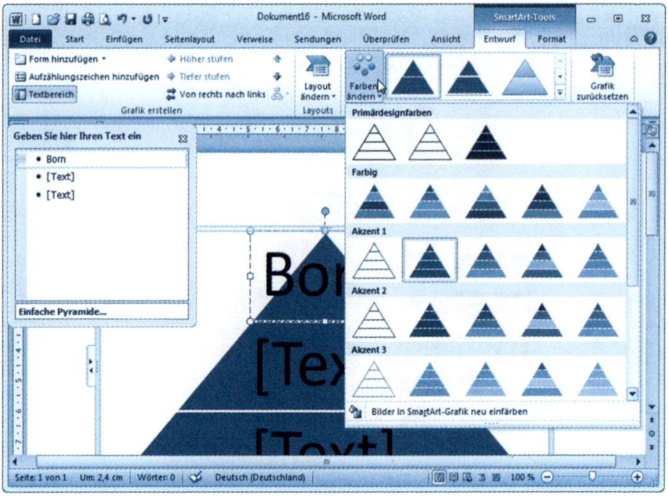

Spezialeffekte mit WordArt

Gelegentlich sieht man Texte, die mit Spezialeffekten verbogen oder in 3D-Darstellung auf einem Blatt angeordnet wurden. Diese Effekte lassen sich mit der Funktion WordArt erzeugen. Wie dies funktioniert, möchte ich jetzt an einer Überschrift zeigen.

1 Öffnen Sie ein Word-Dokument, geben Sie eine Überschriftzeile mit dem gewünschten Text ein und markieren Sie diesen Text.

2 Wechseln Sie im Menüband zur Registerkarte *Einfügen* und klicken Sie in der Gruppe *Text* auf die Schaltfläche *WordArt*.

Word wandelt den markierten Text in ein WordArt-Objekt und versieht dieses mit dem gewählten WordArt-Effekt. Sie können dieses Objekt an beliebige Positionen verschieben oder über dessen Ziehmarken in der Größe anpassen.

Bei Bedarf können Sie den Text markierten und dann mit der rechten Maustaste anklicken. Wählen Sie den Kontextmenübefehl *Schriftart*, lassen sich die Schriftart, der Schriftgrad und verschiedene Schrifteffekte (Unterstrichen etc.) auf den Text anwenden. Solange das WordArt-Objekt angewählt ist (die Ziehmarken sind sichtbar), blendet Word zudem die Registerkarte *Format* der *Zeichentools* im Menüband ein.

3 Klicken Sie in der Gruppe *WordArt-Formate* auf die Schaltfläche *Texteffekte*, können Sie über das eingeblendete Menü Schatten, Spiegelungen oder, wie hier gezeigt, Transformationen auf das WordArt-Objekt anwenden.

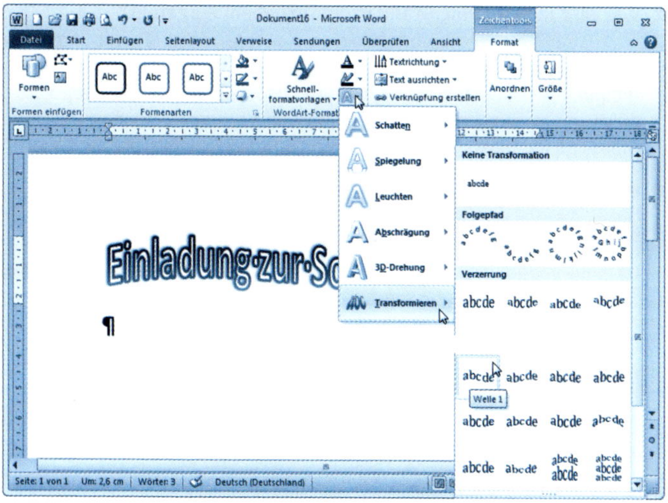

Über weitere Schaltflächen der Registerkarte können Sie die Füllfarbe (Schaltfläche *Textfüllung*) und die Linienfarbe (Schaltfläche *Textkontur*) der Schrift ändern oder die Textausrichtung anpassen.

> **Hinweis**
>
> Ein Mausklick neben das Objekt hebt dessen Markierung auf, während ein zweiter Mausklick auf das Objekt dieses wieder mit einem Markierungsrahmen versieht. Durch Drücken der Entf-Taste lässt sich das markierte **WordArt-Objekt** wieder **löschen**.

Testen Sie Ihr Wissen

Nachdem Sie dieses Kapitel durchgearbeitet haben, beherrschen Sie die meisten Grundfunktionen von Word und können bereits eine ganze Menge mit dem Programm »anstellen«. Für weitere Schritte sollten Sie auf die Programmhilfe oder zusätzliche Literatur zurückgreifen. Zur Kontrolle Ihres Wissens können Sie die nachfolgenden Fragen beantworten. Die Antworten dazu finden Sie in Klammern.

- **Wie wird in Word eine Grafik in ein Dokument eingefügt?**

  (Klicken Sie auf die Einfügestelle im Dokument, wechseln Sie im Menüband zur Registerkarte *Einfügen* und klicken Sie auf die Schaltfläche *Grafik* der Gruppe *Illustrationen*. Wählen Sie die gewünschte Grafikdatei und klicken Sie auf die Schaltfläche *Einfügen* oder verwenden Sie einen der per Menüschaltfläche abrufbaren Befehle.)

- **Wie lassen sich ClipArts in ein Dokument einfügen?**

  (Gehen Sie wie beim Einfügen einer Grafik vor, wählen aber auf der Registerkarte *Einfügen* die Schaltfläche *ClipArt*. Anschließend müssen Sie im Fenster *ClipArt* die *OK*-Schaltfläche anklicken und dann die gewünschte ClipArt auswählen.)

- **Wie lassen sich Formen in ein Dokument einfügen?**

(Wählen Sie auf der Registerkarte *Einfügen* des Menübands die Menüschaltfläche *Formen* der Gruppe *Illustrationen*. Klicken Sie auf die Schaltfläche einer Form und fügen Sie das Grafikelement durch Ziehen per Maus in den Dokumentbereich ein.)

Im nächsten Kapitel lernen Sie das in Microsoft Office enthaltene Programm Microsoft Excel kennen. Weitere Word-Funktionen (z. B. zum Erstellen von Serienbriefen) finden Sie in Kapitel 8.

Kapitel 5

Excel-Schnelleinstieg

Was bringt Ihnen dieses Kapitel?

Excel ist die Tabellenkalkulation in Microsoft Office und lässt sich bei allen Aufgaben verwenden, die wiederkehrende Berechnungen und Analysen verlangen. In diesem Kapitel lernen Sie die wichtigsten Excel-Funktionen kennen. Sie können anschließend das Programm starten, eigene Kalkulationstabellen erstellen, drucken und speichern.

Excel-Einführung

Haben Sie noch nie mit Excel oder einem anderen Tabellenkalkulationsprogramm gearbeitet und fragen Sie sich vielleicht, was eine Tabellenkalkulation überhaupt ist? In Kapitel 1 ist nachzulesen, dass Excel Arbeitsblätter zur Aufnahme von Daten zur Verfügung stellt und Berechnungen mit diesen Daten ermöglicht. Sie könnten also eine »Kaffeekasse« mit Excel führen oder Budgetplanungen durchführen. Zum Einstieg schlage ich jedoch ein einfaches Beispiel vor, welches einerseits die Grundbegriffe vermittelt und andererseits für jeden nutzbar ist. Sie wundern sich, wo am Monatsende Ihr Geld geblieben ist? Zur Kontrolle tragen Sie zukünftig die **Ausgaben in** eine kleine **Liste** ein und berechnen täglich oder wöchentlich die Summe der Ausgaben.

Üblicherweise werden Sie die Einzelzahlen auf einem Blatt Papier in Form einer Tabelle notieren. Die Summe kommt dann in die unterste Zeile.

Diese Tabelle zeigt Ihnen nicht nur die Summe der Ausgaben, sondern auch, wofür das Geld ausgegeben wurde. Hier wurde eine stark vereinfachte Liste benutzt – Sie können die Ausgaben aber wesentlich detaillierter gliedern.

Ausgaben	
Miete	700,00
Nebenkosten	200,00
Strom etc.	50,00
Versicherungen	100,00
Telefon	70,00
Lebensmittel	500,00
Kleidung	300,00
Sonstiges	20,00
Summe	**1940,00**

Statt den Vorgang mit Papier, Bleistift zu notieren und die Summe der Ausgabe per Taschenrechner zu ermitteln, ließe sich das Ganze mit einer Tabellenkalkulation wie Excel erledigen. Sie können sich sicherlich weitere Aufgaben (Kassenbuch, Reisekostenabrechnung, Gehaltsaufstellung für Aushilfen, Umsatzkontrolle, Kfz-Kostenübersicht etc.) vorstellen, wo ähnliche Anforderungen mit wiederkehrenden Berechnungen auftreten. Sie tragen lediglich die betreffenden Zahlen (hier beispielsweise die Ausgaben) in eine Tabelle ein und geben einmalig die Rechenvorschriften vor. Anschließend berechnet Excel bei jeder Eingabe automatisch die gewünschten Ergebnisse und zeigt diese in der Tabelle an. Hier sehen Sie ein Fenster von Excel, in dem ein Haushaltsbuch mit den Rubriken für Einnahmen und Ausgaben sowie für die Differenz als Tabelle dargestellt wird.

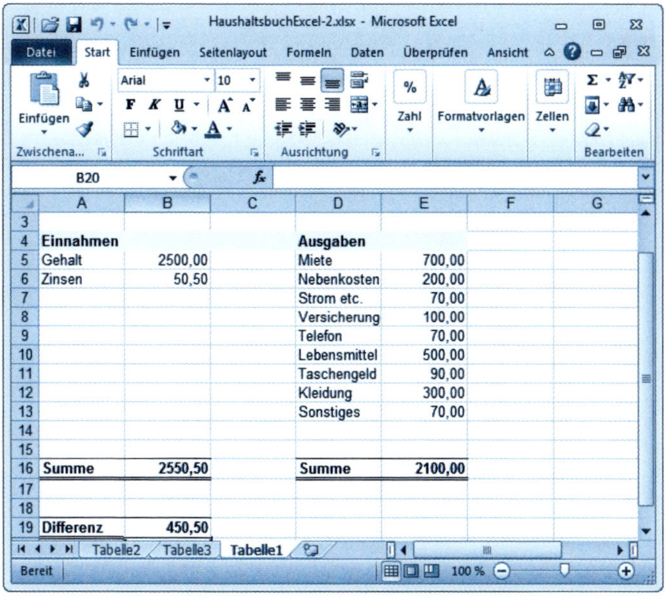

Der Benutzer braucht nur noch die Einnahmen und Ausgaben in die betreffende Spalte einzutippen. **Excel berechnet** dann **automatisch** die daraus resultierenden laufenden **Summen** und zeigt diese sowie die Differenz aus Einnahmen und Ausgaben an. Die Ergebnisse liegen anschließend sauber als Tabelle vor und lassen sich speichern, drucken oder mit wenigen Mausklicks grafisch auswerten. Wie dies funktioniert, erfahren Sie auf den folgenden Seiten.

Das Excel-Fenster im Überblick

Nach dem Aufruf von Excel (siehe Kapitel 1) legt das Programm ein neues Dokument an und zeigt dieses im Anwendungsfenster. Ähnlich wie bei Microsoft Word oder anderen Windows-Programmen besteht dieses Fenster aus einem Dokumentbereich, dem Menüband und der Statusleiste.

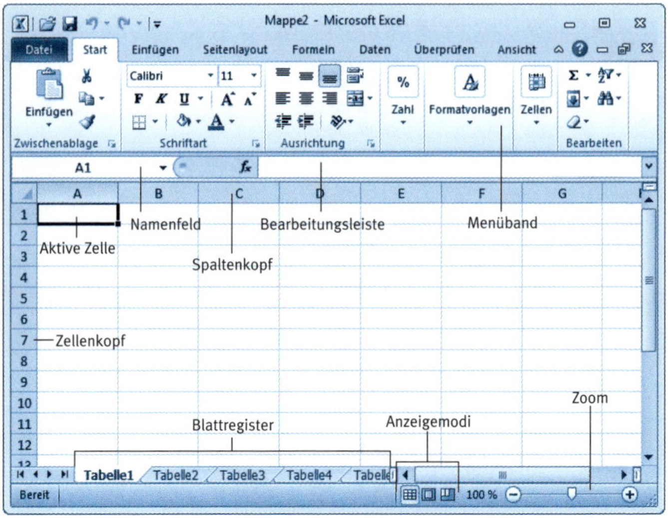

Über die Registerkarten des Excel-**Menübands** können Sie ähnlich wie bei Word die einzelnen Funktionen zur Gestaltung des Dokuments, zum Speichern, zum Drucken etc. abrufen. Die Benennung der Registerkarten, Gruppen und Elemente stimmt dabei sogar in weiten Teilen mit der in Word überein. Einige der Schaltflächen auf den Registerkarten müssten Sie bereits von den vorherigen Kapiteln kennen, andere werden vielleicht neu für Sie sein.

Die **Bearbeitungsleiste** wird zwischen Menüband und Dokumentbereich eingeblendet und enthält das **Namenfeld** zur Anzeige der aktuellen Zelle, mehrere Schaltflächen sowie den Bereich zur Bearbeitung des Zellinhalts der aktuell gewählten Zelle.

Der **Dokumentbereich** (das Innere des Fensters) **dient zur Aufnahme der Kalkulationstabellen.** Je nach Fenstergröße werden noch horizontale bzw. vertikale Bildlaufleisten zum Blättern im Dokumentbereich eingeblendet.

In der Statusleiste zeigt Ihnen Excel Hinweise darüber an, was gerade passiert. Meist steht in der linken Ecke der Text *Bereit*, d. h., Excel wartet auf eine weitere Eingabe von Ihnen. Tippen Sie etwas ein, wird der Text *Eingeben* sichtbar. Ermittelt Excel Ergebnisse für die Tabelle, erscheint kurzzeitig der Text *Berechnen*. Der Text *Bearbeiten* signalisiert eine Bearbeitung der Zelle. Zusätzlich kann diese Leiste noch einige zusätzliche Statusangaben enthalten. So finden Sie einen Schieberegler zum Anpassen des Zoom-Faktors vor oder Schaltflächen zum Umschalten der Tabellendarstellung.

Hinweis

Sie sehen, beim Arbeiten mit Windows- und Office-Programmen ist vieles gleich. Sie werden daher einiges, was Sie in den Word-Kapiteln gelernt haben, beim Arbeiten mit Excel wiederfinden.

... und das sollten Sie auch wissen

Bevor es richtig zur Sache geht, möchte ich Ihnen noch einige Grundbegriffe rund um Excel erläutern. Ohne diese Grundbegriffe ist es schwierig, die betreffenden Handlungsanweisungen zu verstehen. Nach dem Aufruf zeigt Excel ein Dokumentfenster mit einer leeren Tabelle an. Sie erkennen die Tabelle an den Gitternetzlinien (die Ihnen auch in Word bereits beim Bearbeiten der Tabellen begegnet sind). In Excel spricht man aber nicht von Tabellen, der korrekte Begriff lautet **Arbeitsblatt**.

Wenn Sie das Dokumentfenster genauer ansehen, stellen Sie fest, dass Excel drei leere Arbeitsblätter geladen hat.

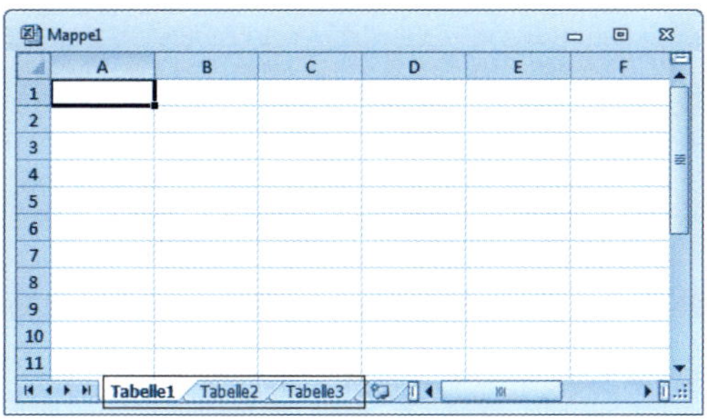

Am unteren Rand des Dokuments sehen Sie Registerreiter mit den Bezeichnungen *Tabelle1*, *Tabelle2* und *Tabelle3*. Diese Registerreiter werden in Excel als **Blattregister** bezeichnet. Durch Anklicken dieser Blattregister können Sie auf die einzelnen Arbeitsblätter des Dokuments zugreifen. *Tabelle1* ist dabei der Name des ersten Arbeitsblatts.

> **Hinweis**
>
> Die Zahl der Tabellen in einer neuen Arbeitsmappe lässt sich über die Excel-Optionen (Kategorie *Allgemein*, Rubrik *Beim Erstellen neuer Arbeitsmappen*, Option *Die folgende Anzahl Blätter aufnehmen*) einstellen.

Die einzelnen Arbeitsblätter werden in einem Excel-Dokument durch die Blattregister so ähnlich wie in der Ablagemappe einer Hängeregistratur angeordnet. Der Fachbegriff für ein Excel-Dokument lautet daher **Arbeitsmappe**. Diese Arbeitsmappe fasst alle Arbeitsblätter zu einem Dokument zusammen und speichert diese ggf. in einer Datei mit der Dateinamenerweiterung *.xls* (für das Dokumentformat, welches mit Excel 97 bis 2003 kompatibel ist) oder *.xlsx* (für Excel 2007/2010-Dokumente).

> **Hinweis**
>
> Ein Excel-Dokument kann beliebig viele solcher Arbeitsblätter aufnehmen (die Anzahl ist lediglich durch den verfügbaren Speicher begrenzt). Der Platz zur Anzeige aller Blattregister reicht in diesem Fall nicht aus, es werden nur einige benachbarte Blattregister dargestellt. Die vier Schaltflächen in der linken unteren Ecke des Dokumentfensters ermöglichen Ihnen, zwischen den Arbeitsblättern zu blättern, d. h., der sichtbare Ausschnitt aus der Menge der Blattregister wird jeweils verschoben. Die einzelnen Arbeitsblätter können dabei Tabellen, Diagramme oder andere Inhalte aufweisen. Standardmäßig legt Excel eine neue Arbeitsmappe mit drei leeren Arbeitsblättern an.

Ein Arbeitsblatt wird in einzelne Spalten und Zeilen unterteilt, wodurch sich die Tabelle ergibt. Die einzelnen Felder der Tabelle bezeichnet man dann als **Zellen**.

Eine dieser Zellen wird im aktuellen Arbeitsblatt mit einem schwarzen Rahmen hervorgehoben. Dies ist die **aktive Zelle**, d. h., Eingaben erfolgen in dieser Zelle.

Um eine Zelle anzuwählen und Eingaben zu tätigen, genügt es, diese mit der Maus anzuklicken und dann etwas einzutippen. Alternativ können Sie natürlich auch die Cursortasten verwenden, um zwischen den Zellen zu wechseln.

Taste	Bewegungsrichtung
↑	Eine Zelle höher
↓	Eine Zelle tiefer

Taste	Bewegungsrichtung
[←]	Zelle nach links
[→]	Zelle nach rechts
[Tab]	Zelle nach rechts
[Umschalt]+[Tab]	Zelle nach links
[Strg]+[↑]	Zur obersten Zeile
[Strg]+[↓]	Zur letzten Zeile
[Strg]+[←]	Zur ersten Spalte
[Strg]+[→]	Zur letzten Spalte

Drücken Sie bei der Eingabe die [Eingabe]-Taste, wechselt die aktive Zelle ebenfalls eine Zeile oder Spalte weiter.

Befindet sich der Mauszeiger im Bereich der Tabelle, nimmt dieser die nebenstehend gezeigte Form eines kleinen Kreuzes an.

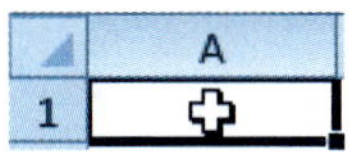

Immer wenn Sie diese Form des Mauszeigers sehen, bedeutet dies, dass Excel auf eine Aktion im Arbeitsblatt (z. B. Markieren einer Zelle, Eingabe eines Werts etc.) wartet. Zeigen Sie dagegen im Excel-Fenster im Menüband auf eine Schaltfläche oder ein anderes Element außerhalb der Tabelle, ist wieder der gewohnte Pfeil als Mauszeiger zu sehen.

Hinweis

Dieses Verhalten bezüglich der Änderung des Mauszeigers kennen Sie bereits von Word. Dort nimmt der Mauszeiger im Dokumentbereich beispielsweise die Form des Textcursors an. Zum **Blättern** im **Arbeitsblatt** lassen sich die Bildlaufleisten verwenden.

Für das Arbeiten mit Excel ist auch die **Adressierung der Zellen** innerhalb des Arbeitsblatts wichtig. Bei Berechnungen müssen Sie festlegen, auf welche Zellen sich diese beziehen. Ein Blick in das Dokumentfenster zeigt, dass die **Spalten** mit den Buchstaben A, B etc. bezeichnet sind. Die **Zeilen** tragen aufsteigende **Nummern** (1, 2, 3 etc.). Ein Arbeitsblatt kann in Excel 2010 maximal 16.384 Spalten (Bezeichnung A bis XFD) und 1.048.576 Zeilen aufweisen.

Um die Lage einer Zelle – auch als Adresse bezeichnet – innerhalb des Arbeitsblatts eindeutig zu beschreiben, gibt man die Spalte und die Zeile an. Sie werden diese Art der Adressierung noch häufiger finden.

Die Zelle in der linken oberen Ecke des Kalkulationsblatts besitzt dann die Adresse A1 (d. h. Spalte A und Zeile 1).

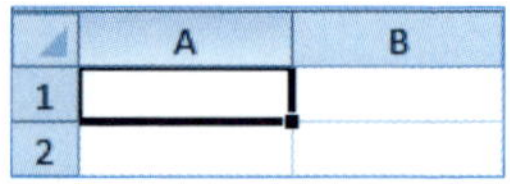

Excel hebt die betreffenden Spalten- und Zeilenköpfe farbig hervor (hier A1). Weiterhin taucht die Zelladresse (oder der Zellname) im Namenfeld der Bearbeitungsleiste auf. Möchten Sie einen Zellbereich angeben, trennen Sie die beiden Zelladressen durch einen Doppelpunkt. Die vier Zellen A1, A2, B1 und B2 lassen sich dann durch die Bereichsangabe A1:B2 spezifizieren. A1 definiert die Zelle in der linken oberen Ecke des rechteckigen Bereichs, während B2 die Zelle unten rechts festlegt.

Ein paar Eingaben gefällig?

Nach dieser etwas längeren Einleitung soll es jetzt aber losgehen. Als erste Übung sollten Sie ein paar Eintragungen in die Tabelle vornehmen.

1 Falls noch nicht geschehen, starten Sie Excel.

2 Klicken Sie auf die erste Zelle A1 in der linken oberen Ecke und tippen Sie die Zahl 100 ein.

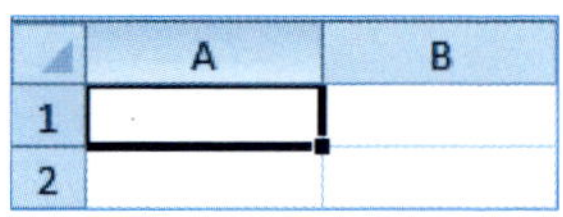

Die eingetippten Ziffern erscheinen linksbündig ausgerichtet in der aktuellen Zelle.

Gleichzeitig wird die Eingabe in der Bearbeitungsleiste angezeigt.

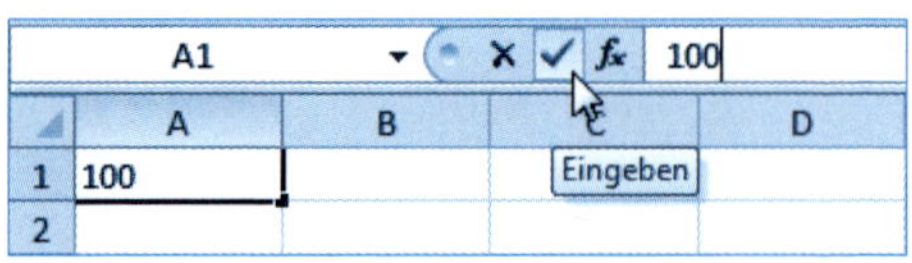

3 Drücken Sie die [Eingabe]-Taste oder klicken Sie in der Bearbeitungsleiste auf die Schaltfläche *Eingeben*.

Jetzt passiert Folgendes: Die eingegebene Zahl wird rechtsbündig in der Zelle A1 angeordnet. Die Bearbeitungsleiste zeigt nichts mehr an, und auch die Schaltfläche *Eingeben* verschwindet.

Zudem wird (nur beim Drücken der [Eingabe]-Taste) die Zelle A2 zur aktiven Zelle.

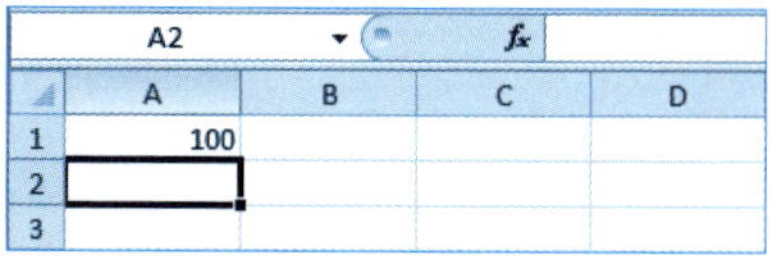

Durch das Drücken der [Eingabe]-Taste oder Anklicken der Schaltfläche *Eingeben* wurde Ihre Eingabe in die Tabellenzelle übernommen.

4 Tippen Sie jetzt den Text »Hallo« in die Zelle A2 ein und drücken Sie die [Eingabe]-Taste.

Jetzt richtet Excel die Eingabe linksbündig in der Zelle aus.

Zahlen werden in Excel **rechtsbündig in** den **Zellen ausgerichtet**, während **Texte linksbündig** erscheinen.

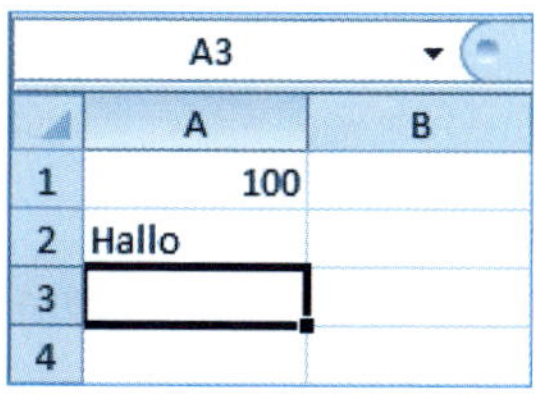

Sie können diese Vorgaben aber durch eine geeignete Formatierung außer Kraft setzen (siehe auch Abschnitt »Zellformate gezielt anwenden« in Kapitel 6).

> **Hinweis**
>
> Dieses Verhalten beim Drücken der [Eingabe]-Taste lässt sich in Excel über die *Excel-Optionen* einstellen. Wählen Sie in der Backstage-Ansicht den Befehl *Optionen*. Klicken Sie im Dialogfeld *Excel-Optionen* auf die Kategorie *Erweitert*. Ist das Kontrollkästchen *Markierung nach dem Drücken der Eingabetaste verschieben* der Rubrik *Bearbeitungsoptionen* markiert, bewirkt dies das beschriebene Excel-Verhalten. Die Richtung lässt sich dabei über das zugehörige Listenfeld *Richtung* einstellen (siehe Kapitel 11).

Bei der Eingabe in Excel verhält sich die Tastatur ähnlich wie bei Word. Sie können die Groß-/Kleinschreibung verwenden.

Umgang mit der Bearbeitungsleiste

Haben Sie bei der Eingabe der obigen Werte genau aufgepasst? Dann ist Ihnen die als Bearbeitungsleiste bezeichnete Zeile oberhalb des Dokumentfensters aufgefallen. In dieser Leiste zeigt Ihnen Excel nicht nur den Inhalt der aktiven Zelle an. Im linken, als Namenfeld bezeichneten Feld zeigt Excel standardmäßig auch die Zelladresse an.

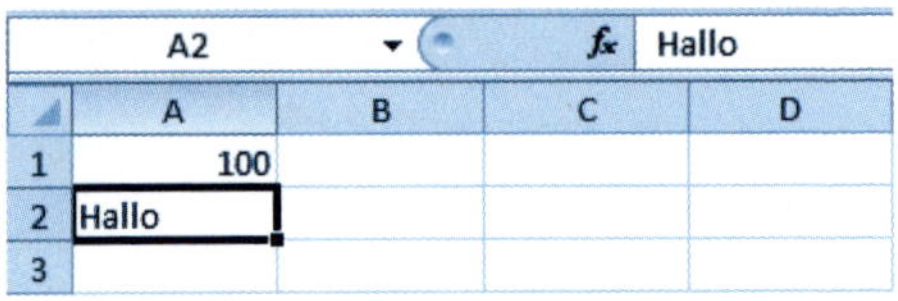

Hier wurde die Zelle A2 mit dem Inhalt »Hallo« angewählt. Sie sehen den Zellbereich sowie die Anzeige in der Bearbeitungsleiste. Sobald Sie etwas eingeben, ändert sich jedoch der Inhalt der Bearbeitungsleiste.

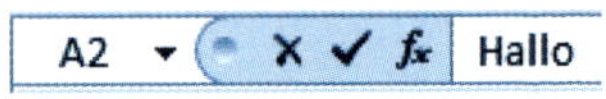

Bei der Eingabe in eine Zelle sieht die Leiste so aus.

- Die (linke) Schaltfläche *Abbrechen* (mit dem X) beendet Ihre Eingabe und verwirft die eingetippten Daten (Text, Zahl etc.). Der vorherige Zellinhalt wird wieder sichtbar. Die gleiche Wirkung hat das Drücken der `Esc`-Taste.
- Die Schaltfläche mit dem Häkchen steht für die Funktion *Eingeben*. Klicken Sie auf die betreffende Schaltfläche oder drücken die `Eingabe`-Taste, überträgt Excel die Eingabe aus der Bearbeitungsleiste in die aktive Zelle.

Die Schaltfläche mit dem Text *fx* ermöglicht Ihnen dagegen, Funktionen abzurufen. Auf diese Thematik kommen wir im nächsten Kapitel zurück.

> **Hinweis**
>
> Vorerst sollten Sie sich lediglich merken, dass die Bearbeitungsleiste Ihnen die Adresse sowie den Wert der aktiven Zelle anzeigt.

Eingaben korrigieren

Beim Eintippen von Werten in das Arbeitsblatt unterlaufen Ihnen vermutlich ab und zu Fehler. Oder die eingegebenen Werte ändern sich später und müssen korrigiert werden. Bemerken Sie den Fehler direkt bei der Eingabe, können Sie diese über die Esc-Taste abbrechen. Haben Sie die Eingabe bereits über die Eingabe-Taste in die Zelle übertragen, drücken Sie sofort die Tastenkombination Strg+Z zur Rücknahme der Änderungen.

Um den Inhalt einer Zelle zu löschen, genügt es, diese zu markieren (z. B. Anklicken) und dann die Entf-Taste zu drücken. Tippen Sie dagegen etwas ein, wird der Inhalt der markierten Zelle mit dieser Eingabe überschrieben.

Möchten Sie den Inhalt einer markierten Zelle gezielt verändern? Dann hilft Ihnen die Bearbeitungsleiste weiter.

1 Klicken Sie auf die gewünschte Zelle.

Excel zeigt jetzt den Wert in der Bearbeitungsleiste an, und Sie können den kompletten Zellinhalt durch eine neue Eingabe überschreiben. Um lediglich Teile des Zellinhalts zu korrigieren, führen Sie die folgenden Schritte aus.

2 Markieren Sie den zu korrigierenden Teil des Werts in der Bearbeitungsleiste.

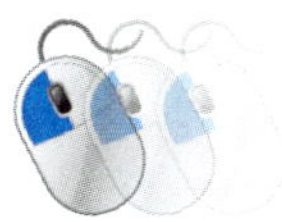

3 Tippen Sie den neuen Text ein und drücken Sie dann die Eingabe-Taste.

Excel übernimmt jetzt die Korrektur in die Zelle. Es wurde aber nur der markierte Teil überschrieben.

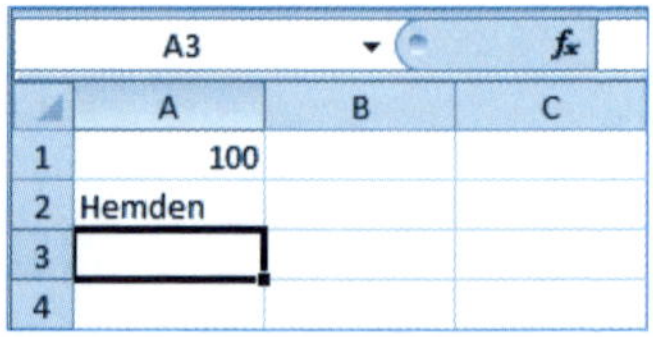

> **Hinweis**
>
> Ähnlich wie in Word können Sie den in der Bearbeitungsleiste gezeigten Zellinhalt komplett oder teilweise mit der Maus markieren. Über die [Entf]-Taste wird der markierte Bereich gelöscht. Klicken Sie lediglich auf ein Zeichen, blendet Excel einen senkrechten Strich als **Einfügemarke** ein. Drücken Sie dann die [Entf]-Taste, wird das Zeichen rechts von der Einfügemarke gelöscht. Die [Rück]-Taste löscht das Zeichen links von der Einfügemarke.
>
> Ist die Bearbeitungsleiste angewählt und drücken Sie die Taste [Einfg], schaltet Excel den Einfügemodus ein- oder aus. Der Einfügemodus lässt sich am senkrecht blinkenden Strich der Einfügemarke erkennen. Ist dagegen das Zeichen rechts von der Einfügeposition markiert, ist der Überschreibmodus eingeschaltet. Tippen Sie jetzt einen Text ein, werden die rechts von der Einfügemarke stehenden Zeichen in der Bearbeitungsleiste überschrieben. Welche Art der Korrektur Sie wählen (Eingabe eines neuen Werts oder Überschreiben von Teilen), hängt von Ihren Vorlieben ab. Bei Zahlen wird der neue Wert in der Regel neu eingetippt. Bei längeren Texten lohnt sich aber die Korrektur des Zellinhalts über die Bearbeitungsleiste.

Ein Haushaltsbuch mit Excel führen

Nach den Erläuterungen der vorhergehenden Seiten soll nun konkret das Beispiel eines Haushaltsbuches in Excel realisiert werden. Sie lernen dabei die Eingabe und das Formatieren von Zahlen sowie das Einfügen von Rechenvorschriften für die Auswertung. Das Haushaltsbuch könnte in etwa folgenden Aufbau haben.

Die erste Rubrik enthält die Einnahmen, die zweite Rubrik stellt die Ausgaben gegenüber. In einer getrennten Zeile wird die Differenz angezeigt.

	A	B	C	D	E
1			**Haushaltsbuch**		
2					
3	**Einnahmen**			**Ausgaben**	
4	Gehalt	2500,00		Miete	700,00
5	Einmalzahlung	50,50		Nebenkosten	200,00
6				Strom etc.	50,00
7				Versicherungen	100,00
8				Telefon	70,00
9				Lebensmittel	500,00
10				Kleidung	300,00
11				Sonstiges	20,00
12					
13					
14					
15	**Summe**	**2550,50**		**Summe**	**1940,00**
16					
17					
18	**Einnahmen-Ausgaben**	**610,50**			
19					

Es steht Ihnen natürlich frei, Ihr Haushaltsbuch etwas anders zu gestalten. Zur Übung eignet sich der hier gezeigte Entwurf aber allemal.

1 Falls noch nicht geschehen, starten Sie Excel und öffnen die Backstage-Ansicht über die Registerkarte *Datei*.

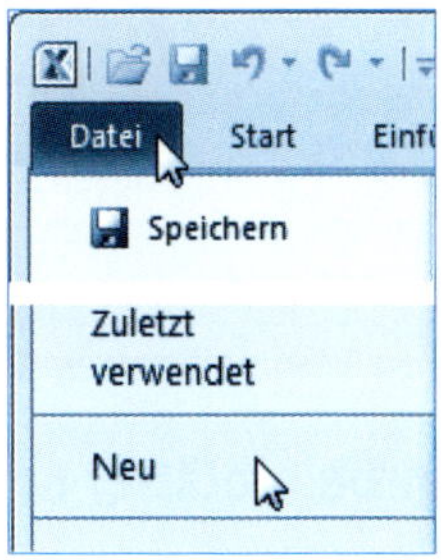

2 Wählen Sie im Menü der Backstage-Ansicht den Befehl *Neu*.

3 Wählen Sie in der Spalte *Verfügbare Vorlagen* der Backstage-Ansicht die Vorlagenkategorie und dann die Vorlage.

Im aktuellen Beispiel klicken Sie auf die Vorlage *Leere Arbeitsmappe*.

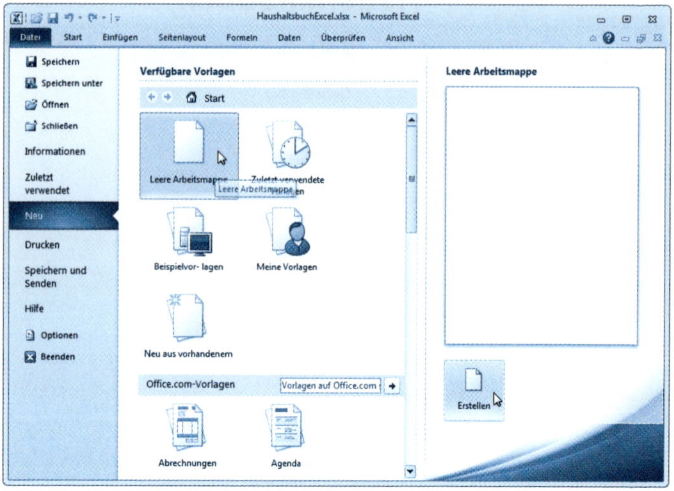

4 Bestätigen Sie die Auswahl der Vorlage durch Anklicken der in der rechten Spalte der Backstage-Ansicht eingeblendeten Schaltfläche *Erstellen*.

Mit diesen Schritten haben Sie eine neue leere Arbeitsmappe mit mehreren Arbeitsblättern erzeugt.

Arbeitsblätter umbenennen

Bevor Sie mit dem Eintragen Ihrer Eingaben/Ausgaben beginnen, sollten Sie die Blattregister der einzelnen Arbeitsblätter mit den Monatsnamen beschriften. Namen wie »Januar«, »Februar« etc. geben Ihnen einen direkten Hinweis auf den Inhalt des Arbeitsblatts.

1 Klicken Sie mit der rechten Maustaste auf den gewünschten Registerreiter des Arbeitsblatts.

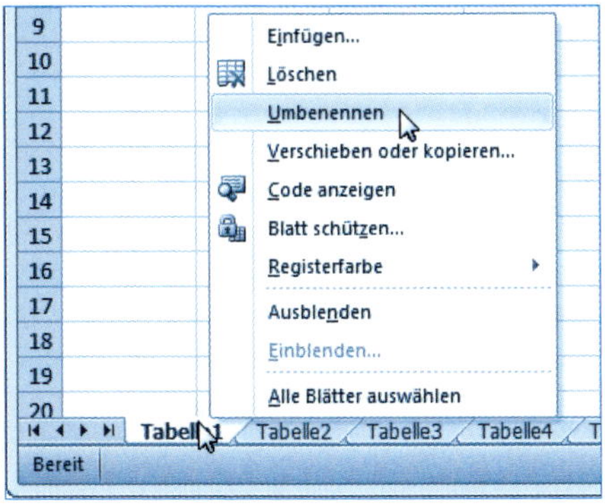

2 Klicken Sie im Kontextmenü auf den Befehl *Umbenennen*.

3 Tippen Sie den gewünschten Namen auf den Registerreiter ein.

4 Klicken Sie auf eine beliebige Stelle im Arbeitsblatt.

Excel übernimmt jetzt den neuen Namen für das Arbeitsblatt. Auf die gleiche Weise können Sie die restlichen Arbeitsblätter ebenfalls umbenennen. Wie Sie eventuell benötigte neue Arbeitsblätter zur Arbeitsmappe hinzufügen, ist im nächsten Kapitel beschrieben.

Achtung

Der Name für ein Arbeitsblatt darf bis zu 31 Zeichen lang sein. Sie dürfen Leerzeichen im Namen verwenden (z. B. »Haushaltsbuch Januar«). Nicht eingegeben werden können jedoch die Zeichen [ ] : / \ ? und *. Weiterhin muss der Name in der Arbeitsmappe eindeutig sein, d. h., Sie dürfen den gleichen Namen nicht doppelt vergeben.

Die Einnahmenseite gestalten ...

Im nächsten Schritt gilt es nun die Rubrik »Einnahmen« anzulegen.

1 Klicken Sie auf die Zelle A3, tippen Sie den Text »Einnahmen« ein und drücken Sie die Eingabe-Taste.

2 Wiederholen Sie die obigen Schritte und tippen Sie die restlichen Texte der Spalte A gemäß nebenstehender Darstellung ein.

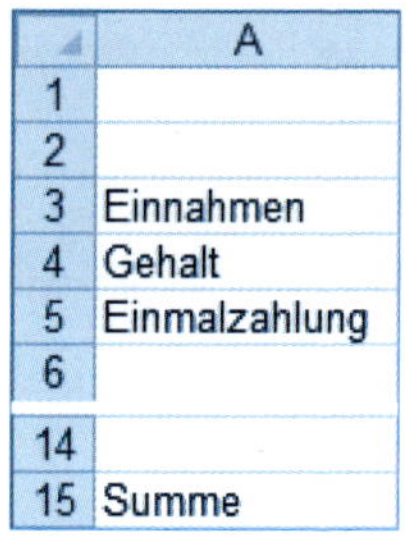

Standardmäßig verschiebt Excel beim Drücken der Eingabe-Taste die aktive Zelle um eine Zeile tiefer. Sie brauchen daher nur den Text einzutippen und dann die Eingabe-Taste zu drücken.

Hinweis

Ist Ihnen bei der Eingabe in eine Zelle ein Fehler unterlaufen? Dann drücken Sie einfach die Tastenkombination Strg+Z. Excel macht dadurch die letzte Eingabe rückgängig. Haben Sie zwischenzeitlich bereits weitere Eingaben getätigt? Dann korrigieren Sie die fehlerhafte Eingabe (siehe oben im Abschnitt Eingaben korrigieren).

... und die Rubrik für Ausgaben hinzufügen

Anschließend ist die Spalte D mit den Texten für die Ausgaben zu füllen (auf die Eingabe der Werte gehe ich gleich ein).

1 Klicken Sie auf die Zelle D3, tippen Sie den Text »Ausgaben« ein und drücken Sie dann die [Eingabe]-Taste.

	A	B	C	D	E
1					
2					
3	Einnahmen			Ausgaben	
4	Gehalt			Miete	
5	Einmalzahlung			Nebenkosten	
6				Strom etc.	
7				Versicherungen	
8				Telefon	
9				Lebensmittel	
10				Kleidung	
11				Sonstiges	
12					
13					
14					
15	Summe			Summe	
16					
17	Differenz				

2 Wiederholen Sie diese Schritte und ergänzen Sie den restlichen Text gemäß der hier gezeigten Darstellung.

Bei Bedarf können Sie zusätzliche Einnahme- oder Ausgabepositionen hinzufügen oder einfach Einträge weglassen. Das Beispiel soll ja lediglich das Prinzip zum Umgang mit Arbeitsblättern vermitteln.

Die Spaltenbreite korrigieren

Beim Arbeiten mit Tabellen gibt es aber noch ein kleines Problem. Sind die in einer Zelle eingetragenen Texte zu lang, reichen diese bis in die nächste Spalte hinein. Sobald Sie etwas in die benachbarte Zelle der Spalte eintippen, wird der Text in der links davon befindlichen Spalte abgeschnitten. Um dieses Problem zu lösen, passen Sie die Spaltenbreite einfach an. Wie dies geht, ahnen Sie vielleicht schon. Zumindest bei Word haben Sie einen ähnlichen Ansatz bei Tabellen kennengelernt.

1 Zeigen Sie auf den Spaltentrenner zwischen den Spaltenköpfen. Der Mauszeiger sollte die hier gezeigte Form eines Doppelpfeils annehmen.

2 Ziehen Sie jetzt den Spaltentrenner per Maus etwas nach rechts.

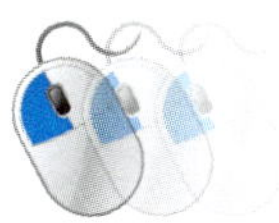

Die Breite der Spalte wird als QuickInfo angezeigt.

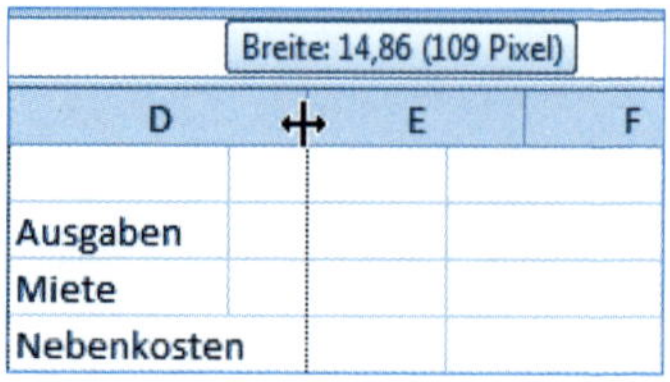

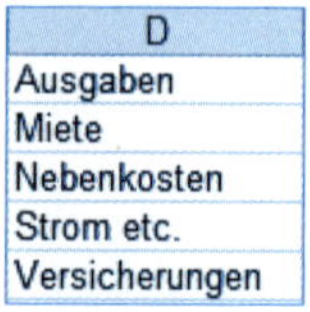

Sobald Sie die linke Maustaste loslassen, passt Excel die Spaltenbreite an. Weist diese genügend Platz auf, wird auch der Zellinhalt komplett dargestellt.

Hinweis

Auf die gleiche Weise lässt sich die Zeilenhöhe verändern. Sie zeigen lediglich am linken Rand auf die Zeilenköpfe und ziehen den Zeilentrenner nach oben oder unten.

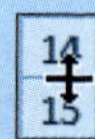

Noch schneller geht die Anpassung übrigens, wenn Sie einen Doppelklick auf den Spaltentrenner ausführen. Dann passt Excel die Spaltenbreite an den längsten Eintrag in einer Zelle innerhalb der Spalte an.

Geben Sie nun die Zahlen ein

Sobald die Texte für die Rubriken »Einnahmen« und »Ausgaben« feststehen, können Sie mit der Eingabe der Zahlen beginnen.

1 Klicken Sie auf die Zelle B4 und geben Sie den Betrag 2500,00 ein.

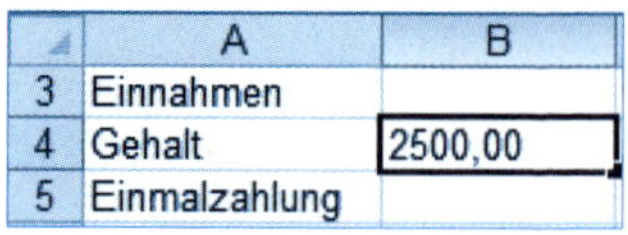

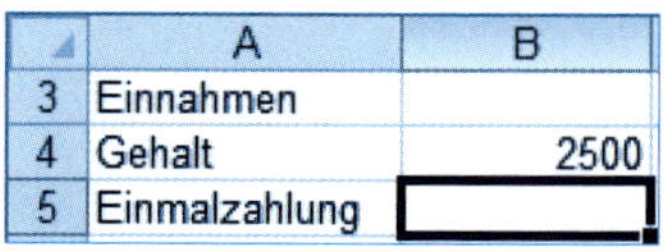

2 Drücken Sie die Eingabe-Taste.

Das Arbeitsblatt sieht dann so aus. Komischerweise sind die beim Betrag 2500,00 eingetippten Nachkommastellen verschwunden.

Nur wenn Sie eine Zahl wie beispielsweise 2500,01 eingeben, bleiben die Nachkommastellen in der Anzeige erhalten. Die Ursache für diesen »merkwürdigen« Effekt liegt im Excel-Zellformat. Jeder Zelle wird in Excel nicht nur der eingetippte Wert, sondern auch ein **Zellformat** zur Darstellung des Zellinhalts zugewiesen. Bei einem neuen Arbeitsblatt verwendet Excel das Zellformat »Standard«. Dieses Format ermöglicht unterschiedliche Eingaben in eine Zelle (Texte, Zahlen etc.). Excel sorgt dann selbsttätig für eine »optimale« Anzeige des Zellinhalts. Geben Sie eine Zahl ein, die hinter dem Dezimalpunkt nur Nullen aufweist, werden diese abgeschnitten. Sie müssen daher das Zellformat für die betreffenden Zahlen anpassen. Wie dies geht, möchte ich Ihnen weiter unten zeigen (dann können wir das Zellformat gleich für die gesamte Spalte setzen).

Fachwort

Das **Zellformat** legt fest, wie Excel Zahlen, Texte oder sonstige Zellinhalte darstellen soll. Fett geschriebene oder linksbündig ausgerichtete Texte werden genauso über das Zellformat gesteuert wie die Angabe über die Zahl der Nachkommastellen.

Achtung

Das Zellformat kann gelegentlich ganz »mysteriöse« Effekte in Excel bewirken. Im nebenstehenden Tabellenausschnitt zeigt die linke Spalte die ursprüngliche Eingabe, während die rechte Spalte die Darstellung in Excel enthält.

Eingabe	
13,5	12:00
100,00	100
20	2,00E+01

Die abgeschnittenen Nachkommastellen kennen Sie ja bereits. Aber wie erklärt sich die Anzeige 12:00:00, wo doch die Eingabe 13,5 war? Bei dieser Zelle war vorher ein Wert zur Anzeige von Uhrzeiten eingetragen. Auch wenn der Wert der Zelle vom Benutzer durch eine Dezimalzahl überschrieben wird, benutzt Excel zur Anzeige das Uhrzeitformat. Ähnliches gilt für die Exponentialdarstellung in der untersten Zeile. Wie Sie das Zellformat aufheben, zeige ich Ihnen am Ende des nächsten Kapitels.

Die Zahlen in der ersten Spalte wurden bei der Eingabe mit einem vorangestellten Hochkomma (z.B. '13,5) versehen. Das Zeichen signalisiert Excel, dass die **Zahl als Text** zu **behandeln** und linksbündig auszurichten ist.

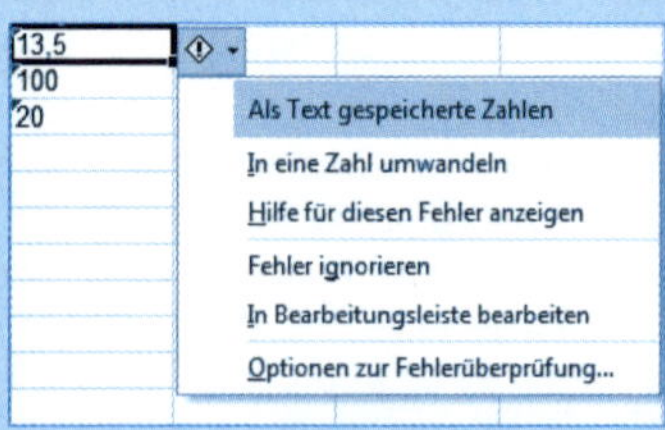

Durch ein grünes Dreieck in der linken oberen Ecke weist Excel Sie auf ein »Problem« in der Zelle hin. Markieren Sie die Zelle, erscheint eine Schaltfläche mit einem Ausrufezeichen. Klicken Sie auf das kleine Dreieck neben der Schaltfläche, öffnet Excel ein Kontextmenü mit Korrekturbefehlen. Über den Befehl *Fehler ignorieren* können Sie das angezeigte Dreieck ausblenden.

3 Geben Sie jetzt die restlichen Werte für das Haushaltsbuch in die Tabelle ein.

Das Ergebnis sollte dann so ähnlich wie hier gezeigt aussehen.

	A	B	C	D	E
3	Einnahmen			Ausgaben	
4	Gehalt	2500		Miete	700
5	Einmalzahlung	50,5		Nebenkosten	200
6				Strom etc.	50
7				Versicherungen	100
8				Telefon	70
9				Lebensmittel	500
10				Kleidung	300
11				Sonstiges	20
12					
13					
14					
15	Summe			Summe	

Die Zahlen formatieren

Um alle Zahlen mit zwei Nachkommastellen anzuzeigen, muss das Zahlenformat gewählt werden. Sie können dabei mehrere **Zellen markieren**, da andernfalls die Schritte für jede einzelne Zelle durchzuführen sind.

1 Klicken Sie auf die Zelle B4.

2 Ziehen Sie die Maus bei gedrückter linker Maustaste bis zur Zelle B15.

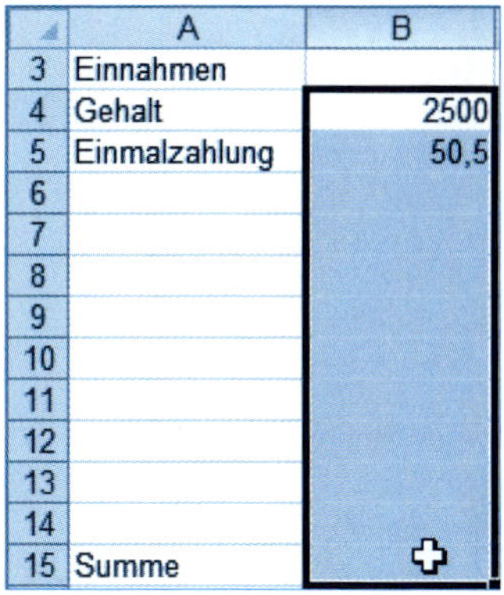

Excel markiert den dazwischen liegenden Zellbereich.

In der Gruppe *Zahl* auf der Registerkarte *Start* des Menübands enthält Excel die beiden nebenstehenden Schaltflächen *Dezimalstelle hinzufügen* und *Dezimalstelle löschen*.

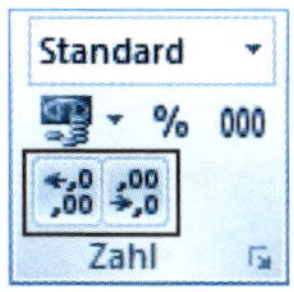

3 Klicken Sie zweimal auf die Schaltfläche *Dezimalstelle hinzufügen*.

Bei jedem Mausklick fügt Excel eine Nachkommastelle ein. Das Ergebnis sieht dann wie nebenstehend gezeigt aus. Da Sie den gesamten Zellbereich bis zum Feld »Summe« markiert haben, wird das Zellformat auch für die noch leeren Zellen gesetzt. Tragen Sie später hier Werte ein, werden diese automatisch in der betreffenden Darstellung angezeigt.

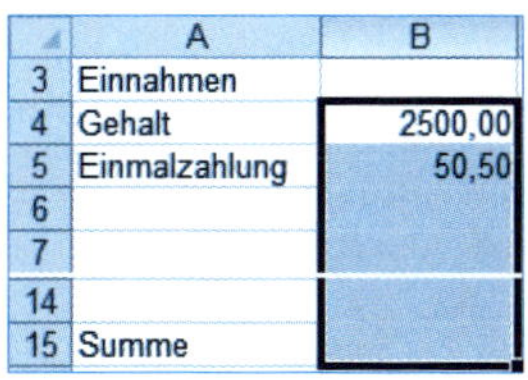

4 Wiederholen Sie die obigen Schritte jetzt für die Rubrik »Ausgaben«.

	A	B	C	D	E
3	Einnahmen			Ausgaben	
4	Gehalt	2500,00		Miete	700,00
5	Einmalzahlung	50,50		Nebenkosten	200,00
6				Strom etc.	50,00
7				Versicherungen	100,00
8				Telefon	70,00
9				Lebensmittel	500,00
10				Kleidung	300,00
11				Sonstiges	20,00
12					
13					
14					
15	Summe			Summe	

Die Tabelle sollte jetzt folgende Zahlendarstellung aufweisen.

Hinweis

Möchten Sie die Zahl der Dezimalstellen reduzieren, markieren Sie die Zelle und klicken auf die Schaltfläche *Dezimalstelle löschen* der Gruppe *Zahl* auf der Registerkarte *Start* des Menübands. Im nächsten Kapitel lernen Sie weitere Möglichkeiten zum Formatieren von Zellinhalten (z. B. mit Tausendertrennstellen oder Währungsbeträgen) kennen.

So kommen Berechnungen in die Tabelle

Der Pfiff am Haushaltsbuch mit Excel ist die Möglichkeit, die Ein- und Ausgaben automatisch zu summieren. Zudem ließe sich die Differenz ermitteln. Um die Rechenvorschriften im Arbeitsblatt zu definieren, gehen Sie folgendermaßen vor:

1 Klicken Sie auf die Zelle B15.

2 Klicken Sie auf der Registerkarte *Start* des Menübands auf die in der Gruppe *Bearbeiten* sichtbare Schaltfläche *AutoSumme*.

Excel erkennt Ihre Absicht und umrahmt im Arbeitsblatt einen in der Nähe liegenden Zahlenblock durch eine gestrichelte Linie. Diese Linie zeigt Ihnen an, welche Zellen in die Berechnung eingehen. In der Zelle B15 wird jetzt die Formel =SUMME(...) eingeblendet. Die Angabe B4:B14 in der Klammer steht für den markierten Zellbereich.

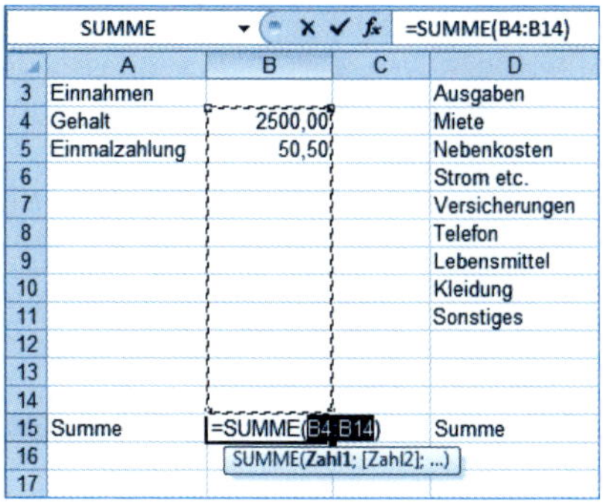

3 Drücken Sie die Eingabe-Taste, um die Formel zu bestätigen.

Das Ergebnis wird dann in Zelle B15 (und da das Zellformat bereits in vorherigen Schritten festgelegt wurde) mit zwei Nachkommastellen angezeigt.

> **Hinweis**
>
> Excel analysiert die Umgebung der aktiven Zelle bei Anwahl der Schaltfläche *Summe*. Werden in der Nachbarschaft Zahlen in einer Zeile oder Spalte gefunden, markiert das Programm die betreffenden Zellen. Sie können aber jederzeit andere Zellen anklicken und einen Bereich durch Ziehen mit der Maus markieren. Excel zeigt dann die umlaufende Linie um den markierten Zellbereich. Sobald Sie diese Auswahl durch Drücken der Eingabe-Taste bestätigen, wird die Bereichsangabe in die Zielzelle übernommen. Auf diese Weise können Sie auch nicht benachbarte Zellbereiche summieren und das Ergebnis in eine Zelle übertragen.

Bei der Anwendung der obigen Formel wurde der gesamte Bereich der Zelle B4 bis zur Zelle B14 summiert, obwohl einige Zellen leer sind. Dies bietet Ihnen die Möglichkeit, weitere Werte in die Zeilen 6, 7, 8 etc. einzutragen, ohne die Formel ändern zu müssen. Sobald Sie in die betreffenden Zellen einen Wert eintippen, berechnet Excel automatisch das Ergebnis und zeigt dieses in der Zelle B15 an. Dies ist die Stärke von Excel: Bei Änderungen wird einfach das Arbeitsblatt neu durchgerechnet, und Sie sehen sofort die Ergebnisse.

Hinweis

In Excel können Sie übrigens auf das kleine Dreieck neben der Menüschaltfläche *AutoSumme* klicken. Dann öffnet sich ein Menü mit Befehlen zum Abrufen weiterer Funktionen wie Mittelwert oder Anzahl der Werte.

4 Wiederholen Sie jetzt die obigen Schritte, indem Sie auf die Zelle E15 klicken und dann die Funktion *Summe* erneut anwenden.

Wenn Sie alles richtig gemacht haben, sollte Excel jetzt auch die Summe der Ausgaben in der betreffenden Zelle einblenden.

Im nächsten Schritt bleibt uns nur noch die Berechnung der Differenz zwischen Einnahmen und Ausgaben. Je nach Ergebnis herrscht dann entweder eitel Sonnenschein oder Katzenjammer. Aber zumindest wissen Sie anschließend, wo Ihr Geld geblieben ist.

1 Klicken Sie auf die Zelle A18 und geben Sie den Text »Einnahmen-« per Tastatur ein.

2 Drücken Sie die Tastenkombination Alt+Eingabe, ergänzen Sie den Text »Ausgaben« und drücken Sie die Eingabe-Taste.

Durch die Tastenkombination Alt+Eingabe wird ein Zeilenumbruch in die aktuelle Zelle eingefügt.

Excel zeigt jetzt das nebenstehende Ergebnis in der Zelle A18. Die Eingabe wurde auf zwei Zeilen aufgeteilt.

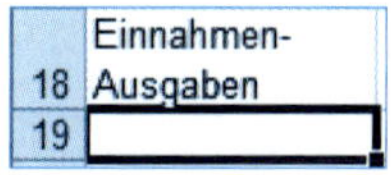

> **Hinweis**
>
> Texte können Sie innerhalb einer Zelle auf mehrere Zeilen aufteilen, indem Sie bei der Eingabe durch Drücken der Tastenkombination [Alt]+[Eingabe] Zeilenschaltungen vornehmen.

Jetzt bleibt noch die Aufgabe, die Differenz zwischen Einnahmen und Ausgaben zu ermitteln. Hierzu müssen Sie die Differenz der Inhalte der Zellen B15 und E15 bestimmen und in der Zelle B18 ablegen. Dies ist mit wenigen Mausklicks erledigt.

1 Klicken Sie auf die Zelle B18 und tippen Sie das Zeichen = ein.

Das Gleichheitszeichen am Anfang des Ausdrucks signalisiert Excel, dass eine Formel folgt. Sie könnten direkt nach dem Gleichheitszeichen die Formel in der Form »= B15–E15« eintippen. Neben dem Eintippen der Formel können Sie die Zellbezüge auch über die Maus einfügen lassen.

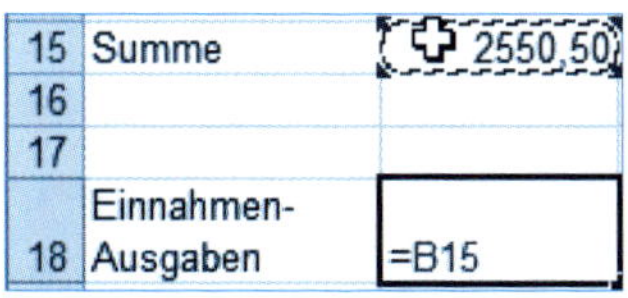

2 Klicken Sie jetzt auf die Zelle B15.

Excel markiert die angeklickte Zelle mit einer umlaufenden Linie. Dies zeigt an, dass der Wert in die Berechnung eingeht. Gleichzeitig wird die Zelladresse B15 sowohl in die Zielzelle als auch in die Bearbeitungsleiste eingetragen.

3 Tippen Sie jetzt ein Minuszeichen ein.

Excel erkennt, dass Sie weitere Ausdrücke zur Formel hinzufügen möchten. Die Zelle enthält jetzt den Teilausdruck der Formel.

15	Summe	2550,50
16		
17		
18	Einnahmen-Ausgaben	=B15-

15	Summe	2550,50		Summe	1940,00
16					
17					
18	Einnahmen-Ausgaben	=B15-E15			

4 Klicken Sie jetzt auf die Zelle E15.

5 Drücken Sie die Eingabe-Taste, um die Formel abzuschließen.

Excel zeigt das Ergebnis der Berechnung in der Zielzelle an.

	A	B	C	D	E
3	Einnahmen			Ausgaben	
4	Gehalt	2500,00		Miete	700,00
5	Einmalzahlung	50,50		Nebenkosten	200,00
6				Strom etc.	50,00
7				Versicherungen	100,00
8				Telefon	70,00
9				Lebensmittel	500,00
10				Kleidung	300,00
11				Sonstiges	20,00
12					
13					
14					
15	Summe	2550,50		Summe	1940,00
16					
17					
18	Einnahmen-Ausgaben	610,50			
19					

Hinweis

Zur erneuten Anzeige der Formel klicken Sie einfach auf die betreffende Zelle. Excel blendet die Formel dann in der Bearbeitungsleiste ein. Beim Doppelklick auf die Zelle zeigt Excel die Formel sogar in der Zelle an. Sie können dann die Formel in der Bearbeitungsleiste anklicken und korrigieren.

Nach diesen Schritten sehen Sie das Ergebnis Ihrer Einnahmen-Ausgaben-Überschussrechnung. Sie können ja jetzt einmal versuchsweise die Daten der Rubriken »Einnahmen« und »Ausgaben« ändern. Sobald Sie einen Wert eingetippt und mit der Eingabe-Taste bestätigt haben, zeigt Excel bereits das korrigierte Ergebnis an. Komfortabler kann man es kaum noch haben, oder? Und genau dies ist die Stärke von Excel. Sobald Sie die Berechnungsformeln in ein Arbeitsblatt eingefügt haben, übernimmt Excel alle Berechnungen für Sie.

Den Tabelleninhalt formatieren

Die in obigem Beispiel erstellte Kalkulationstabelle bietet jetzt zwar die gewünschte Funktionalität, sieht aber noch nicht sonderlich gut aus. Sie können aber den Inhalt der Tabelle noch etwas ansehnlicher formatieren.

1 Markieren Sie die Zelle A3 (oder die Zellen A3:B3, falls B3 später noch Text aufnehmen soll).

2		
3	Einnahmen	
4	Gehalt	2500,00

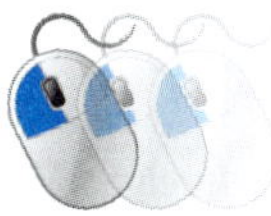

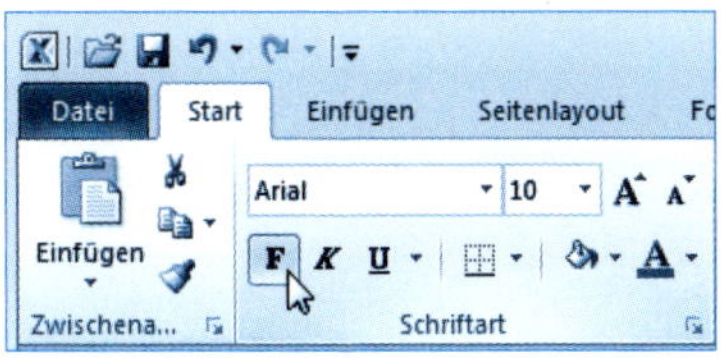

2 Gehen Sie im Menüband zur Registerkarte *Start* und klicken Sie in der Gruppe *Schriftart* auf die Schaltfläche *Fett*.

Sobald Sie jetzt die Markierung aufheben, zeigt Excel die betreffende Zelle fett hervorgehoben an.

3	**Einnahmen**	
4	Gehalt	2500,00
5	Einmalzahlung	50,50

> **Hinweis**
>
> Auf die gleiche Art können Sie einen markierten Zellbereich oder die aktive **Zelle kursiv** oder **unterstrichen formatieren.** Sie müssen lediglich die betreffenden Schaltflächen in der Gruppe *Schriftart* anklicken.

3 Markieren Sie den Zellbereich A3:B3.

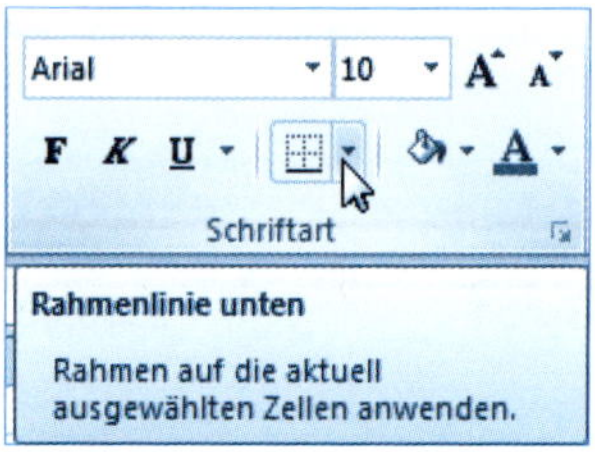

4 Klicken Sie auf der Registerkarte *Start* des Menübands in der Gruppe *Schriftart* auf das kleine Dreieck neben der Menüschaltfläche *Rahmen* und wählen Sie im Menü den Befehl *Rahmenlinie unten*.

Heben Sie jetzt die Markierung auf, zeigt Excel die betreffenden Zellen fett und unterstrichen an.

3	**Einnahmen**	
4	Gehalt	2500,00

> **Achtung**
>
> Die Verwendung des Befehls *Rahmenlinie unten* zeigt die betreffende Rahmenlinie der Zelle an, d. h., die gesamte Zelle wird mit der Linie unterstrichen. Markieren Sie dagegen einen Zellinhalt und wählen die Schaltfläche *Unterstrichen* der gleichen Gruppe, wird nur der Zellinhalt (z. B. die Zahl) unterstrichen dargestellt. Diese beiden Varianten sollten Sie auf jeden Fall beim Formatieren einer Tabelle unterscheiden.

Sie können bei Bedarf weitere Zellen der Tabelle formatieren. Als Nächstes lernen Sie, das **Format** einer **Zelle** zu **kopieren**.

1 Klicken Sie auf die Zelle A3.

3	**Einnahmen**

2 Klicken Sie auf der Registerkarte *Start* des Menübands auf die nebenstehend gezeigte Schaltfläche *Format übertragen* der Gruppe *Zwischenablage*.

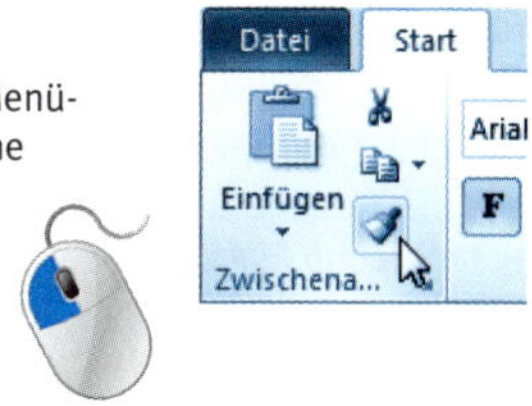

3 Markieren Sie jetzt den Zellbereich A15:B15.

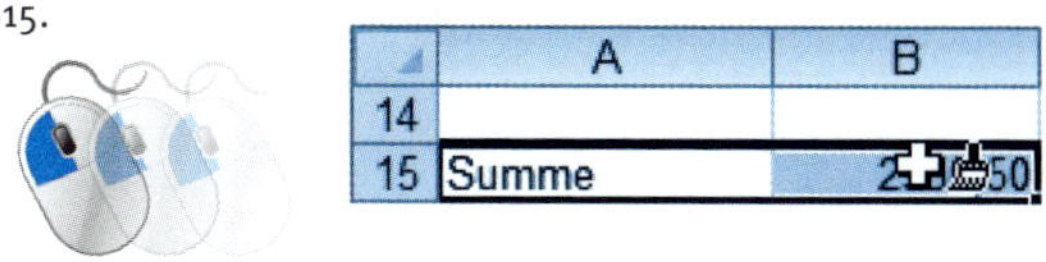

Excel überträgt das aktuelle Zellformat des vorher ausgewählten Bereichs auf den markierten Zielbereich. Als Folge wird die Summenzeile fett und unterstrichen formatiert. Sie sehen dies besser, sobald Sie die Markierung aufheben.

4 Verwenden Sie jetzt die oben beschriebenen Techniken, um die restlichen Zellen der Tabelle zu formatieren.

Den doppelten Unterstrich der Summenzellen erhalten Sie ebenfalls über die Schaltfläche *Rahmen*.

	A	B	C	D	E
1					
2					
3	**Einnahmen**			**Ausgaben**	
4	Gehalt	2500,00		Miete	700,00
5	Einmalzahlung	50,50		Nebenkosten	200,00
6				Strom etc.	50,00
7				Versicherungen	100,00
8				Telefon	70,00
9				Lebensmittel	500,00
10				Kleidung	300,00
11				Sonstiges	20,00
12					
13					
14					
15	**Summe**	**2550,50**		**Summe**	**1940,00**
16					
17					
18	**Einnahmen-Ausgaben**	**610,50**			

Sie müssen das Menü der Schaltfläche öffnen und den Befehl *Doppelte Rahmenlinien unten* wählen.

Um den **Zellhintergrund** oder den **Zellinhalt einzufärben**, verwenden Sie auf der Registerkarte *Start* des Menübands in der Gruppe *Schriftart* die Schaltfläche *Füllfarbe* bzw. **Schriftfarbe**.

1 Markieren Sie den einzufärbenden Zellbereich (z. B. A3:B3).

2 Öffnen Sie auf der Registerkarte *Start* des Menübands in der Gruppe *Schriftart* die Palette der Schaltfläche *Füllfarbe*.

Wählen Sie das kleine Dreieck neben der Schaltfläche, öffnet Excel eine Palette zur Auswahl der Füllfarbe. Ein Klick auf ein Farbfeld schließt die Palette und überträgt die Farbe.

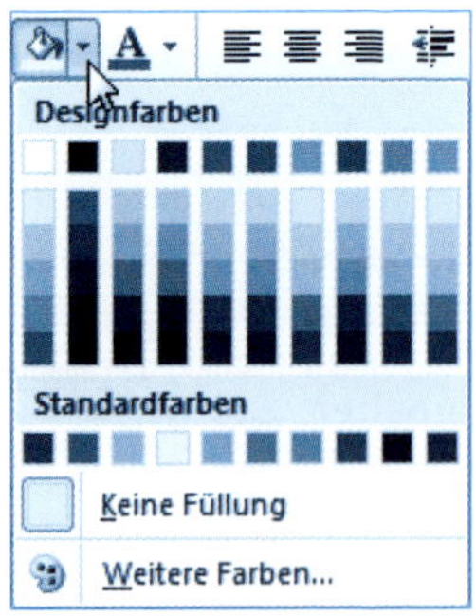

3	**Einnahmen**	
4	Gehalt	2500,00
5	Einmalzahlung	50,50

Hier sehen Sie einen Zellbereich mit der Rubrik »Eingaben«, dessen Titelzeile grau hinterlegt wurde.

Wählen Sie das kleine Dreieck neben der Schaltfläche *Schriftfarbe* der Gruppe *Schriftart*, öffnet Excel eine Palette zur Auswahl der Schriftfarbe. Klicken Sie auf die Schaltfläche, wird die Farbe auf den Zellinhalt übertragen.

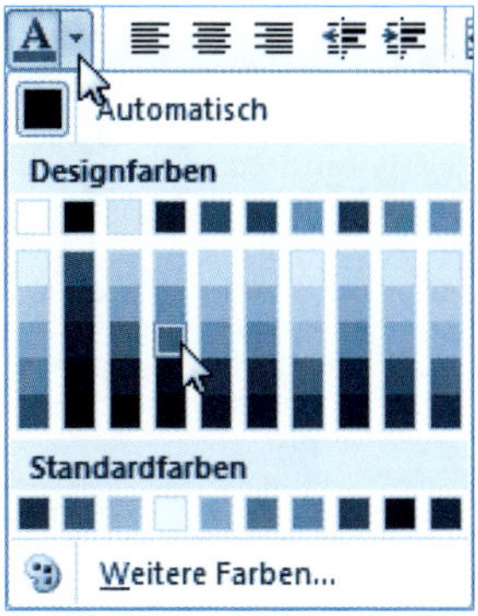

Mit diesen Funktionen können Sie die Zellinhalte Ihrer Arbeitsblätter recht ansprechend mit Farben hinterlegen, die Zellinhalte einfärben oder mit Rahmen versehen.

Hinweis

Achten Sie allerdings beim Einsatz von Farben darauf, dass die Kontraste zwischen Zellhintergrund und Zellinhalt erhalten bleiben. Eine Darstellung von weißen Buchstaben vor gelbem Hintergrund wird nicht allzu deutlich erkennbar sein.

Schriftgrad für Überschrift anpassen

Möchten Sie noch eine Überschrift in das Arbeitsblatt einfügen? Diese Überschrift könnte dann fett hervorgehoben und mit einem anderen Schriftgrad angezeigt werden. Die Vorgehensweise müssten Sie bereits aus Word und von den vorhergehenden Seiten kennen.

1 Klicken Sie auf die Zelle C1, tippen Sie den Text »Haushaltsbuch« ein und drücken Sie die `Eingabe`-Taste, um die Eingabe in die Zelle zu übertragen.

2 Markieren Sie den Zellinhalt erneut durch einen Mausklick und formatieren Sie den Schriftzug über die betreffende Schaltfläche der Gruppe *Schriftart* auf der Registerkarte *Start* fett.

3 Öffnen Sie in der Gruppe *Schriftart* der Registerkarte *Start* das Kombinationsfeld für den Schriftgrad und ändern Sie den Wert auf 22 Punkt oder höher.

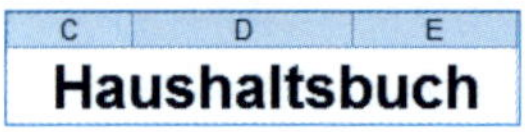

Anschließend wird der Schriftzug fett und etwas vergrößert als Tabellenüberschrift dargestellt.

Tipp

Möchten Sie einen Text, der über mehrere Zellen reicht, wie hier gezeigt, zentriert darstellen? Markieren Sie die Zellen, die durch den Text belegt werden. Dann klicken Sie auf der Registerkarte *Start* des Menübands auf die Schaltfläche *Verbinden und zentrieren* der Gruppe *Ausrichtung*.

Die Schritte zum Formatieren eines Zellinhalts sollten Sie bereits vom Arbeiten mit Word her kennen. Sie sehen also, vieles wiederholt sich in Office, und nach kurzer Zeit werden Sie viele Programmfunktionen verwenden, ohne groß nachdenken zu müssen.

Speichern, laden, drucken

Sie können Arbeitsmappen drucken, speichern, Excel beenden und die Arbeitsmappe später erneut laden. Die jeweiligen Schritte lernen Sie jetzt kennen.

Arbeitsmappe speichern

Um eine Arbeitsmappe zur späteren Verwendung in einer Datei zu speichern, gehen Sie in folgenden Schritten vor:

1 Klicken Sie auf den Registerreiter *Datei* und wählen Sie im Menü der Backstage-Ansicht den Befehl *Speichern* bzw. *Speichern unter*.

Ein vorher aus einer Datei geladenes Arbeitsblatt wird beim Befehl *Speichern* sofort in der Datei gesichert (d. h., der alte Dateiinhalt wird durch die Änderungen überschrieben). Bei einem neuen Dokument erscheint das Dialogfeld *Speichern unter*. Dies ist auch der Fall, wenn Sie den Befehl *Speichern unter* in der Backstage-Ansicht wählen.

Das Dialogfeld enthält in der linken Spalte den Navigationsbereich mit den Symbolen für Speicherorte, an denen Sie die Datei ablegen können.

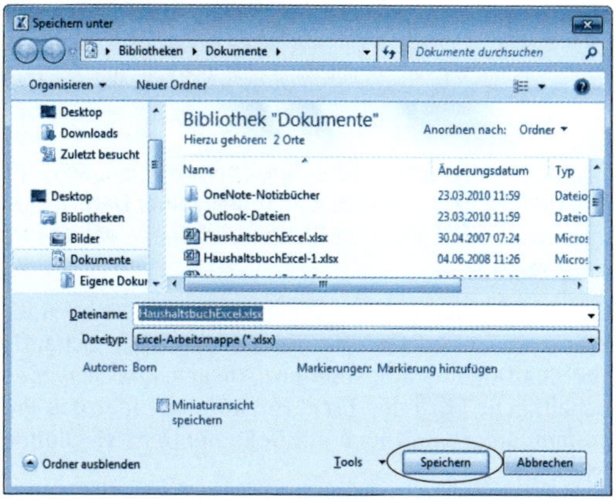

2 Wählen Sie über den Navigationsbereich am linken Dialogfeldrand den Zielordner, geben Sie den Dateinamen für die Arbeitsmappe an, korrigieren Sie ggf. den Dateityp über das gleichnamige Listenfeld und klicken Sie auf die *Speichern*-Schaltfläche.

Hinweis

Bei Bedarf können Sie im Listenfeld *Dateityp* das Speicherformat wählen. Für unsere Zwecke reicht jedoch die Voreinstellung *Excel-Arbeitsmappe (*.xlsx)*, um die Tabelle im Excel 2007/2010-Format zu speichern. Soll die Datei auch mit Excel 97 bis 2003 gelesen werden, stellen Sie als Dateityp *Excel 97-2003-Arbeitsmappe (*.xls)* ein. Die Erweiterung *.xls* bzw. *.xlsx* brauchen Sie im Dateinamen nicht anzugeben. Excel ergänzt diese Erweiterung automatisch anhand des Dateityps. Das Kontrollkästchen *Miniaturansicht speichern* bewirkt, das Excel eine Grafik mit der Vorschau auf die Tabelle speichert. Diese Grafik lässt sich unter Windows als Miniaturansicht im Ordnerfenster abrufen. Über die Schaltflächen der Symbolleiste des Dialogfelds bzw. über Kontextmenübefehle können Sie neue Ordner im Dialogfeld anlegen, diese umbenennen und auch Dateielemente löschen.

Ähnlich wie bei Word können Sie auch Excel-Dokumente über den Befehl *Speichern und Senden* der Backstage-Ansicht im Internet auf ein SkyDrive-Laufwerk speichern und dann gemeinsam mit anderen Benutzern verwenden. Die Vorgehensweise lässt sich in Kapitel 2 im Abschnitt zum Speichern von Word-Dokumenten nachlesen.

Sobald Sie die Schaltfläche *Speichern* wählen, schließt Excel das Dialogfeld und legt jetzt die Arbeitsmappe in einer Datei im gewünschten Ordner unter dem eingegebenen Namen und der gewählten Dateinamenerweiterung ab.

Um das Dokument zu schließen oder Excel zu beenden, brauchen Sie lediglich die *Fenster schließen*-Schaltfläche des Dokumentfensters anzuklicken. Die *Schließen*-Schaltfläche ✕ des Excel-Fensters beendet das Programm, sofern nur noch ein Dokumentfenster geöffnet ist.

Weist das Dokument beim Schließen noch ungesicherte Änderungen auf, macht Sie Excel über ein Dialogfeld darauf aufmerksam.

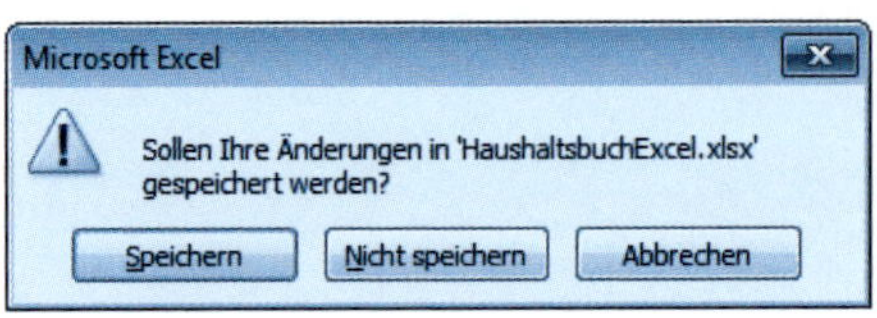

Mit der Schaltfläche *Speichern* sichern Sie das Dokument (ggf. über das Dialogfeld zum Speichern). Klicken Sie auf *Nicht speichern*, um die zuletzt vorgenommenen Änderungen zurückzunehmen. Mit *Abbrechen* kehren Sie wieder zum Dokument zurück.

Hinweis

Erscheint diese Darstellung des Dialogfelds, hat die betreffende Microsoft Office 2010-Anwendung eine Autospeicherung durchgeführt.

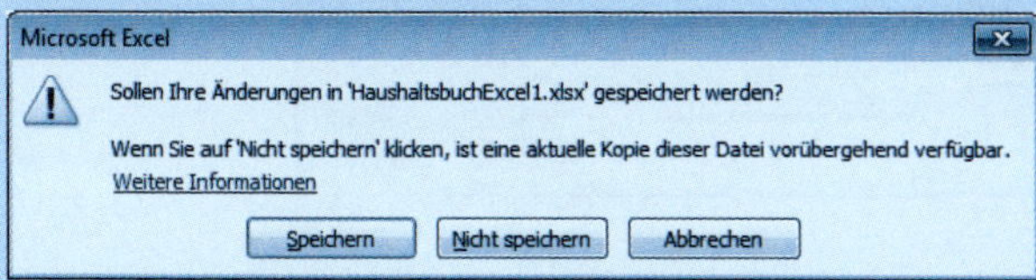

Dann lässt sich das Dokument auch bei Anwahl der Schaltfläche *Nicht speichern* wiederherstellen. Hierzu müssen Sie in der Backstage-Ansicht den Befehl *Zuletzt verwendet* anwählen und dann die betreffende Option zum Wiederherstellen wählen.

Eine Arbeitsmappe erneut laden

Haben Sie Excel beendet und möchten jetzt eine bereits gespeicherte Arbeitsmappe erneut laden? Entsprechend den Ausführungen in Kapitel 1 reicht es, die Dokumentdatei in einem Ordnerfenster per Doppelklick anzuwählen.

1 Oder Sie starten Microsoft Excel, öffnen die Backstage-Ansicht über den Registerreiter *Datei* und wählen im Menü den Befehl *Öffnen*.

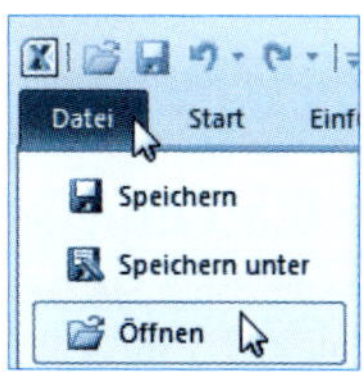

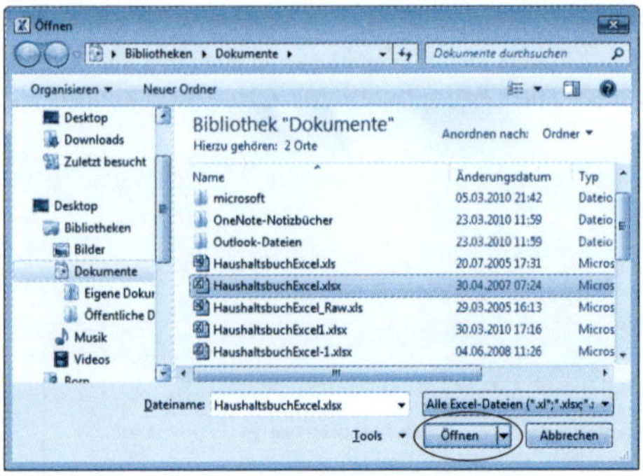

2 Im Dialogfeld *Öffnen* navigieren Sie zum Speicherort, klicken auf die Dokumentdatei und bestätigen dies über die *Öffnen*-Schaltfläche.

Arbeitsmappen werden unter Windows XP häufig unter *Eigene Dateien* bzw. in Windows Vista bzw. Windows 7 im Ordner *Dokumente* oder deren Unterordner abgelegt. Unterordner öffnen Sie durch einen Doppelklick auf deren Ordnersymbol. Das Listenfeld neben dem Feld *Dateiname* ermöglicht Ihnen, ggf. den Dateityp für das Dokumentformat anzupassen (was in der Regel aber nicht notwendig ist, da Excel die infrage kommenden Dateitypen automatisch filtert). Excel lädt anschließend die Arbeitsmappe und zeigt diese im Dokumentfenster an.

> **Hinweis**
>
> Über das kleine Dreieck neben der Schaltfläche *Öffnen* lässt sich ein Menü anzeigen, welches zusätzliche Optionen zum Öffnen der Arbeitsmappe enthält. Sie können beispielsweise die Mappe schreibgeschützt öffnen. Dies verhindert das ungewollte Speichern von Änderungen in der Arbeitsmappendatei. Im Menü der Schaltfläche finden Sie zudem einen Befehl, um beschädigte Arbeitsmappen – falls erforderlich – im Reparaturmodus zu öffnen. Ähnlich wie bei Word speichert Excel die Namen der zuletzt bearbeiteten Dateien im Menü *Zuletzt verwendet* der Backstage-Ansicht. Sie können dann die Arbeitsmappe über den betreffenden Menüeintrag öffnen.

Das Arbeitsblatt drucken

Möglicherweise möchten Sie die Ergebnisse Ihres Haushaltsbuches (oder andere Arbeitsblätter) ausdrucken. Dies funktioniert ähnlich wie bei Microsoft Word.

1 Öffnen Sie die Backstage-Ansicht über die Registerkarte *Datei* und wählen Sie den Menübefehl *Drucken*.

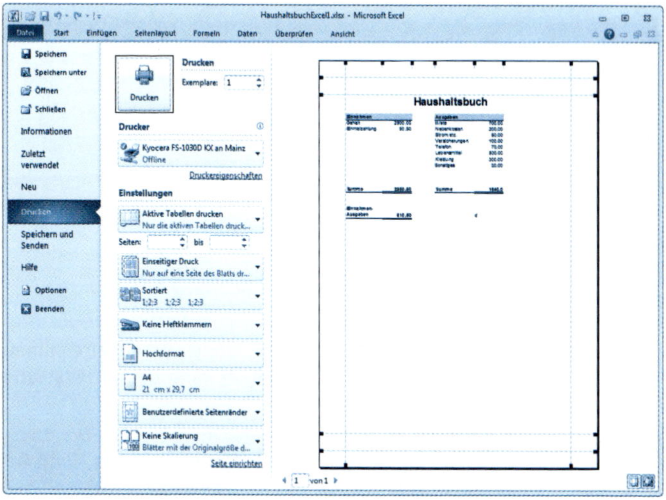

2 Anschließend wählen Sie in angezeigten Spalten der Backstage-Ansicht den Drucker sowie die Druckeinstellungen und bestätigen dies über die Schaltfläche *Drucken*.

Die rechte Spalte der Backstage-Ansicht zeigt dabei bereits eine Druckvorschau, an der Sie erkennen, was auf eine Druckseite kommt. Ähnlich wie bei Microsoft Word (siehe Kapitel 2) können Sie in der Kategorie »Einstellungen« die Druckoptionen wählen. Über den ersten Menübefehl lässt sich die aktive Tabelle, die Arbeitsmappe oder eine Auswahl drucken.

Manche Tabellen sind besonders breit, passen also beim Ausdrucken nicht auf ein Blatt im Hochformat. Ist der Zellbereich mit den Werten breiter als ein Blatt, druckt Excel die betreffenden Informationen auf verschiedene Blätter. Sie können die Blätter dann zusammenkleben, um die Tabelle zu erhalten. In manchen Fällen ist es aber einfacher, wenn Sie die Tabelle über den betreffenden Menübefehl in der Kategorie »Einstellungen« quer auf ein Blatt Papier drucken. Der unterste Menübefehl ermöglicht zudem eine Skalierung der Druckausgaben, sodass sich übergroße Tabellenausschnitte ggf. durch Verkleinern auf einer DIN-A4-Seite ausgeben lassen.

Hinweis

Um Tabellen im Querformat zu drucken, können Sie in Menüband zur Registerkarte *Seitenlayout* wechseln. Klicken Sie auf die Menüschaltfläche *Ausrichtung* der Gruppe *Seite einrichten*, lässt sich im eingeblendeten Menü zwischen Hoch- und Querformat wählen.

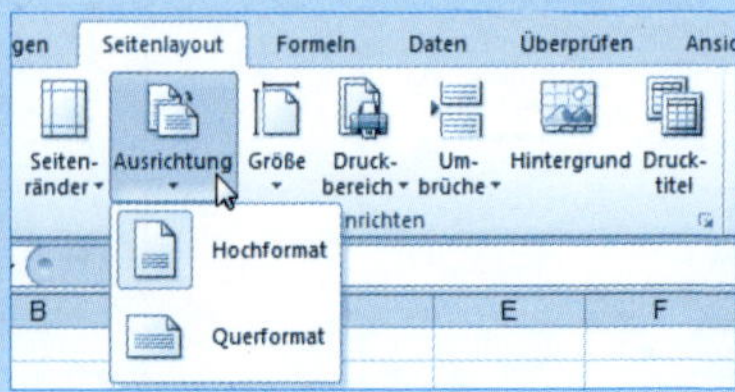

Excel berücksichtigt beim Drucken nur die Zellbereiche, die Werte enthalten. Leere Zellbereiche am unteren und rechten Rand des Arbeitsblatts werden beim Ausdruck weggelassen.

Während Excel die Daten für die Druckausgabe unter Windows aufbereitet, sehen Sie das nebenstehende Dialogfeld. Solange das Dialogfeld angezeigt wird, können Sie die Ausgabe über die Schaltfläche *Abbrechen* unterbinden.

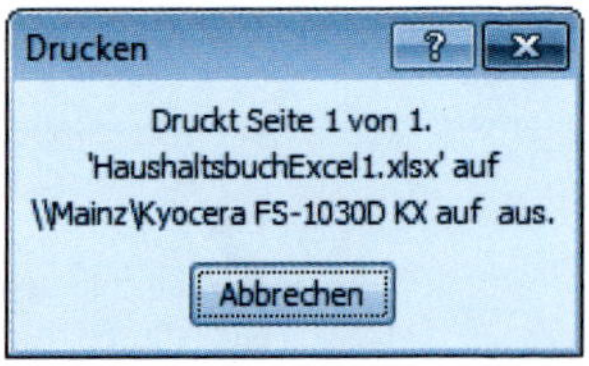

Bei einem mehrseitigen Dokument erkennen Sie auch, wie viele Seiten bereits zum Drucken aufbereitet wurden.

Hinweis

Gibt es Probleme beim Ausdruck, schauen Sie bitte im Anhang dieses Buches nach. Dort finden Sie einige Tipps zur Behebung von Druckerstörungen.

Seitenwechsel einfügen und löschen

Haben Sie eine Tabelle mit einer besonderen Struktur erstellt? Dann passen die automatisch von Excel beim Ausdruck eingefügten Seitenwechsel unter Umständen nicht mit der Tabellenstruktur zusammen. Möchten Sie Excel zwingen, logisch zusammengehörende Tabelleninhalte auf getrennte Seiten zu drucken? Fügen Sie die erforderlichen Seitenwechsel selbst in das Arbeitsblatt ein.

1 Klicken Sie auf die Zelle, an der der **Seitenwechsel** einzufügen ist.

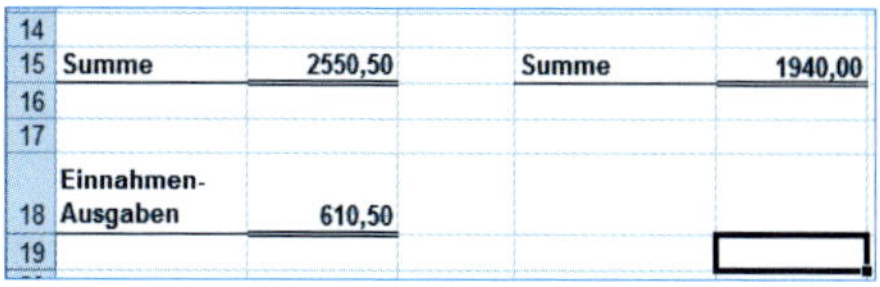

Excel zeigt übrigens mit einer gestrichelten senkrechten Linie an, wo ein Seitenumbruch im Standardarbeitsblatt auftritt.

2 Wechseln Sie im Menüband zur Registerkarte *Seitenlayout* und klicken Sie in der Gruppe *Seite einrichten* auf die Schaltfläche *Umbrüche*.

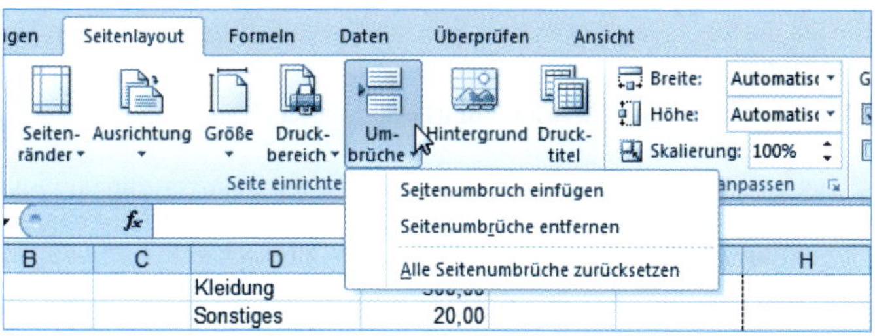

3 Anschließend wählen Sie im eingeblendeten Menü den Befehl *Seitenumbruch einfügen*.

Excel fügt jetzt sowohl einen horizontalen als auch einen vertikalen Seitenumbruch links neben und oberhalb der markierten Zelle ein. Sie erkennen die Umbrüche durch die gestrichelten vertikalen und horizontalen Linien. Möchten Sie diesen eingefügten **Seitenumbruch** wieder **entfernen**?

1 Klicken Sie auf die Zelle rechts unterhalb der Linien für den Seitenwechsel.

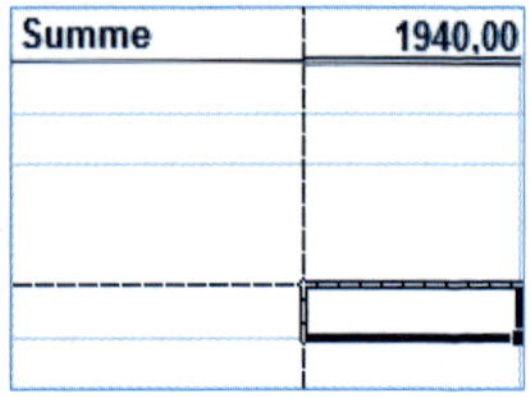

2 Wiederholen Sie die obigen Schritte, wählen aber im Menü den Befehl *Seitenumbrüche entfernen*.

Excel entfernt die gestrichelten Linien, hebt also den Seitenwechsel wieder auf.

Testen Sie Ihr Wissen

Jetzt haben Sie bereits die wichtigsten Excel-Funktionen zum Erstellen einfacher Tabellen kennengelernt. Sie können Tabellen formatieren, speichern, ausdrucken und erneut laden. Zur Überprüfung Ihres Wissens sollten Sie die folgenden Fragen beantworten. Die Antworten dazu finden Sie in Klammern.

- **Wie speichern Sie ein Arbeitsblatt unter neuem Namen?**

  (Öffnen Sie die Backstage-Ansicht über den Registerreiter *Datei* und wählen Sie den Befehl *Speichern unter*. Im gleichnamigen Dialogfeld ist dann der Dateiname zu ändern und die Schaltfläche *Speichern* anzuklicken.)

- **Erstellen Sie eine Tabelle, in der die Zellinhalte zentriert ausgerichtet sind.**

  (Tippen Sie die Zellinhalte in das Tabellenblatt ein. Dann markieren Sie den Zellbereich mit den auszurichtenden Inhalten und klicken auf der Registerkarte *Start* des Menübands in der Gruppe *Ausrichtung* auf die Schaltfläche *Zentriert ausrichten*.)

- **Wie lässt sich ein Text in einer Zelle mit einer größeren Schrift versehen?**

  (Markieren Sie den Zellbereich, wechseln Sie zur Registerkarte *Start* des Menübands und passen Sie den Wert des Kombinationsfelds *Schriftgrad* in der Gruppe *Schriftart* an.)

- **Wie kann eine Summe über mehrere Zeilen erstellt werden?**

  (Klicken Sie in der Gruppe *Bearbeiten* der Registerkarte *Start* des Menübands auf die Schaltfläche *Summe*. Markieren Sie die zu summierenden Zellen und drücken Sie die [Eingabe]-Taste.)

- **Erstellen Sie eine Zelle mit einer Berechnungsformel, in der die zwei darüber liegenden Zellinhalte miteinander multipliziert werden, der Wert 10 addiert und dann der Ausdruck durch 10 dividiert wird.**

  (Klicken Sie auf die Ergebniszelle und tippen Sie die Formel »=(A2*A3+10)/10« ein. Hierbei wird angenommen, dass die zwei zu summierenden Zellen in A2 und A3 abgelegt sind.)

- **Wie lässt sich ein Bereich in einer Tabelle markieren?**

  (Klicken Sie auf die oberste linke Zelle des Bereichs, halten Sie die linke Maustaste gedrückt und ziehen Sie die Maus zur diagonal gegenüberliegenden Zelle des zu markierenden Bereichs.)

- **Wie legen Sie in Excel die Anzahl der Dezimalstellen für eine angezeigte Zahl fest?**

  (Klicken Sie auf die Zelle, wechseln Sie im Menüband zur Registerkarte *Start* und verwenden Sie die beiden Schaltflächen *Dezimalstelle hinzufügen* und *Dezimalstelle löschen* in der Gruppe *Zahl*.)

Im nächsten Kapitel lernen Sie weitere Funktionen zum Arbeiten mit Excel kennen.

Kapitel 6

Erweiterte Excel-Funktionen und Diagramme

Was bringt Ihnen dieses Kapitel?

In diesem Kapitel lernen Sie, wie sich Daten grafisch als Diagramm aufbereiten lassen. Ganz nebenbei werden weitere wichtige und hilfreiche Excel-Funktionen vorgestellt. Zusätzlich erfahren Sie, wie sich die Excel-Dokumentvorlagen zum Erstellen einer Rechnung verwenden lassen. Dieses Wissen eröffnet Ihnen die Basis, um zum »Excel-Experten« aufzusteigen.

Erstellen eines Umsatzberichts

Eine der Stärken von Excel ist neben der Durchführung von Berechnungen die Möglichkeit, Daten sehr einfach in grafischer Form aufzubereiten. Dies soll nun an der nächsten Übung demonstriert werden. Als Beispiel dient eine kleine Firma, die vier Filialen in den Vertriebsgebieten Nord, Süd, Ost und West betreibt. Der Firmeninhaber möchte die Umsatzzahlen der Filialen in den Vertriebsgebieten quartalsweise sowie den Gesamtumsatz (z. B. für alle Waren oder nur für ein bestimmtes Produkt) in aufbereiteter Form haben.

Die betreffende Tabelle könnte in etwa so aussehen.

Filiale	1.Quartal	2.Quartal	3.Quartal	4.Quartal	
Nord	83,00 €	87,00 €	88,00 €	84,00 €	342,00 €
Süd	82,50 €	80,50 €	81,50 €	85,60 €	330,10 €
Ost	59,00 €	61,00 €	62,00 €	61,00 €	243,00 €
West	77,00 €	75,00 €	76,00 €	80,00 €	308,00 €
Summen	301,50 €	303,50 €	307,50 €	310,60 €	1.223,10 €

Nach der Lektüre des vorhergehenden Kapitels ist Ihnen wohl klar, dass diese Aufgabe elegant mit Excel gelöst werden kann.

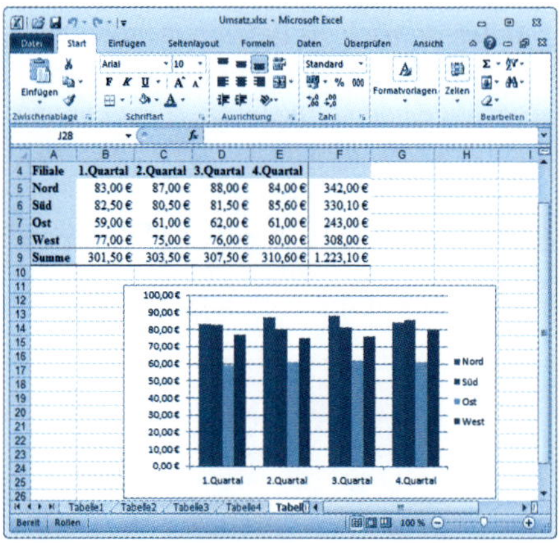

Hier sehen Sie ein Beispiel mit einer optisch aufbereiteten Tabelle samt grafischer Darstellung der Umsätze.

In den Lernschritten dieses Kapitels erfahren Sie, wie sich eine solche Tabelle erstellen lässt.

Tabelle mit Zeilenbeschriftung anlegen

Im ersten Schritt soll die obige Beispieltabelle erstellt werden. Diese enthält in der linken Spalte die Namen der betreffenden Filialen/Vertriebsgebiete, die in die Umsatzstatistik einbezogen werden sollen. Zur Festigung des Wissens hier noch die Schritte, um die Tabelle samt Spalte mit den Namen anzulegen.

1 Starten Sie Excel und legen Sie – falls erforderlich – eine neue Arbeitsmappe an.

2 Klicken Sie auf das Blattregister *Tabelle1*, um das betreffende Arbeitsblatt in den Vordergrund zu holen.

3 Klicken Sie auf die Zelle A4, geben Sie den Text »Filiale« ein und drücken Sie die Eingabe-Taste.

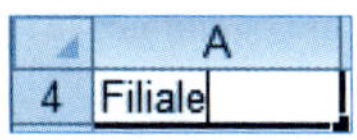

4 Wiederholen Sie die oben gezeigten Schritte, um auch die Vertriebsgebiete Nord, Süd, Ost, West sowie die Summenzeile einzugeben.

Jedes Mal, wenn Sie die Eingabe-Taste drücken, übernimmt Excel die eingetippten Zeichen in die Zelle, und die »aktive Zelle« wandert eine Position tiefer.

Falls Sie einmal nichts in eine Zelle eingeben wollen, drücken Sie einfach nochmals die Eingabe-Taste. Excel markiert dann die unter der »aktiven Zelle« liegende Zelle als neue »aktive Zelle«.

Hinweis

Unterläuft Ihnen bei der Eingabe ein Fehler, drücken Sie die Tastenkombination [Strg]+[Z], um den letzten Befehl zurückzunehmen. Bemerken Sie den Fehler erst später, korrigieren Sie die betreffenden Zellinhalte. Details dazu finden Sie im vorhergehenden Kapitel 5.

Eingabe der Spaltenüberschrift …

Jetzt können Sie auch die Spaltenüberschriften für die Tabelle in das Arbeitsblatt eintragen. Die Technik ist bereits bekannt.

1 Klicken Sie auf die Zelle B4, tippen Sie den Text »1. Quartal« ein und drücken Sie danach die [Eingabe]-Taste.

Dummerweise erwartet Excel eine spaltenweise Eingabe, d. h., die aktive Zelle wird nach dem Drücken der [Eingabe]-Taste auf die darunter liegende Zelle B5 gesetzt.

	A	B
3		
4	Filiale	1. Quartal
5	Nord	

2 Klicken Sie daher auf die Zelle C4, tippen Sie den Text »2. Quartal« ein und drücken Sie jetzt die [Tab]-Taste.

Excel übernimmt den Wert in die Zelle C4 und positioniert die Markierung der aktiven Zelle auf D4.

	A	B	C	D
3				
4	Filiale	1. Quartal	2. Quartal	

Hinweis

Zeilenweise Eingaben können Sie mit der [Tab]-Taste anstatt mit der [Eingabe]-Taste abschließen. Oder Sie verwenden Cursortasten wie [→], um eine Eingabe abzuschließen und dabei automatisch die nächste Zelle anzuwählen. Beachten Sie, dass sich die Richtung, in der Excel die Markierung der aktiven Zelle beim Drücken der [Eingabe]-Taste verschiebt, einstellen lässt (siehe Kapitel 5).

... mit der Funktion AutoAusfüllen

Bei der Eingabe von wenigen Zellwerten ist die obige Methode recht hilfreich. Häufig tritt jedoch der Fall auf, dass benachbarte Zellen eine Folge von Werten enthalten. Dies könnte beispielsweise eine Zahlenreihe 1, 2, 3, 4 etc. oder eine Folge von Monatsnamen wie Januar, Februar etc. sein. Bei der Spaltenüberschrift ist dies ähnlich, hier wird eine Folge der Art 1. Quartal, 2. Quartal, 3. Quartal und 4. Quartal benötigt. Excel bietet Ihnen die Funktion *AutoAusfüllen* an, über die sich Eingabebereiche mit einem gleichen Wert oder einer Wertereihe füllen lassen.

Wie dies geht, erfahren Sie jetzt anhand der Spaltenüberschrift und eines weiteren Beispiels:

1 Markieren Sie die Zellen B4:C4.

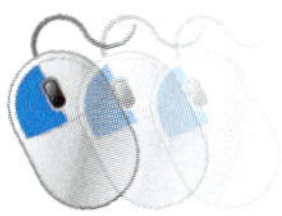

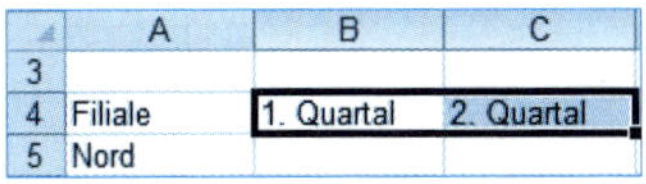

2 Zeigen Sie per Maus auf das Symbol des **Ausfüllkästchens** rechts unten in der zweiten markierten Zelle.

Der Mauszeiger nimmt jetzt die Form eines schwarzen Kreuzes an.

> **Hinweis**
>
> Als **Ausfüllkästchen** wird das kleine Viereck in der rechten unteren Ecke des markierten Zellbereichs bezeichnet.
>
> 

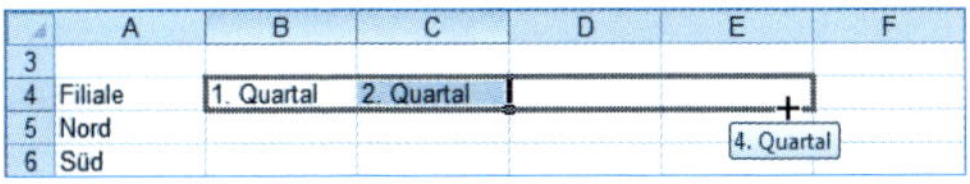

3 Ziehen Sie das Ausfüllkästchen nach rechts zur Zelle E4.

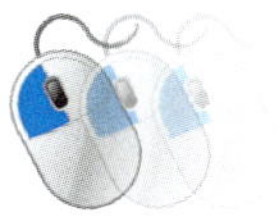

Excel zeigt beim Ziehen in einer QuickInfo die zu ergänzenden Informationen an. Sobald Sie die linke Maustaste loslassen, ergänzt Excel die Zellen im markierten Bereich mit den noch fehlenden Informationen.

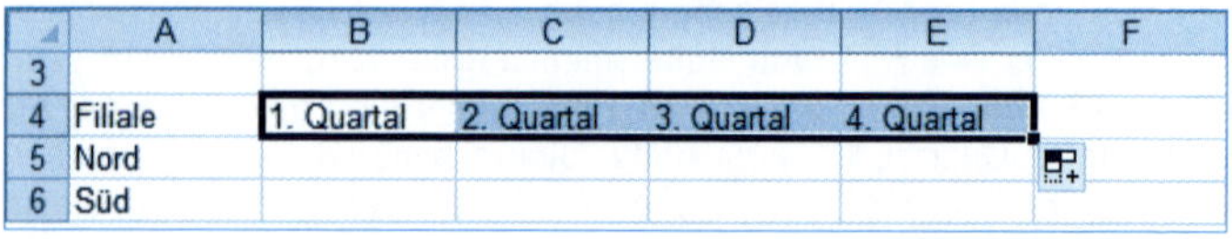

Die gerade benutzte Funktion *AutoAusfüllen* erweist sich als recht komfortabel beim Eingeben von Reihen. Excel verwendet die Informationen in den markierten Zellen, um die Werte der neu auszufüllenden Zellen zu bestimmen. Lässt sich eine Reihenbildung erkennen (z. B. bei der Folge 1, 2, 3 etc.), wird die Reihe beim Ausfüllen fortgesetzt. Die obige Überschriftenzeile enthält im Text die Zahlen 1., 2. etc., d. h., Excel kann die Vorschrift zur Reihenbildung ebenfalls erkennen. Im hier gezeigten Beispiel hat Excel die Folgezellen daher mit korrekten Werten gefüllt.

Dies muss aber nicht immer so sein. Nehmen wir ein einfaches Beispiel. Es wird nur eine Zelle markiert, die den Wert 1 enthält. Jetzt erkennt Excel nicht genau, was Sie vorhaben. Beim Ziehen des Ausfüllkästchens wird üblicherweise der Zellinhalt kopiert, d. h., alle Folgezellen erhalten den Wert 1 zugewiesen. Excel blendet daher beim Loslassen der Maustaste eine kleine Schaltfläche neben dem Ausfüllkästchen ein. Zeigen Sie auf die Schaltfläche und klicken dann auf den Pfeil neben der Schaltfläche, öffnet sich ein Menü mit verschiedenen Befehlen für den aktuellen Kontext. Über die Option *Datenreihe ausfüllen* des Menüs erreichen Sie, dass Excel die beim Ziehen markierten Zellen mit einer Datenreihe (1, 2, 3 oder etwas Entsprechendem) füllt.

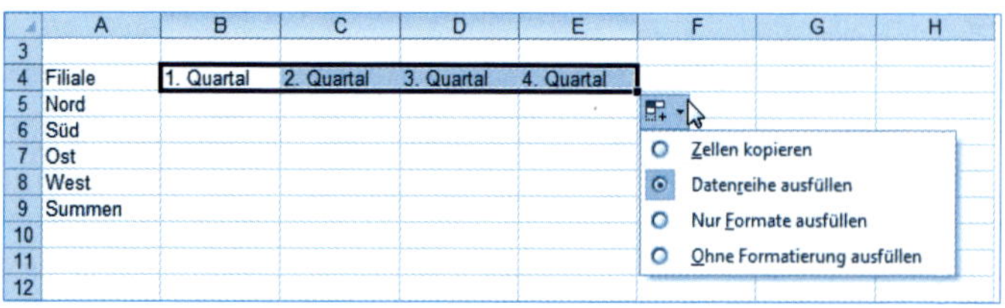

Hinweis

Neben Zahlenreihen und Texten, in denen Zahlen vorkommen, unterstützt Excel auch einige Textfolgen. Sie können diese Folgen über das Dialogfeld *Excel-Optionen* anpassen. Wählen Sie den Befehl *Optionen* im Menü der Excel Backstage-Ansicht und klicken Sie im Dialogfeld *Excel-Optionen* auf die Kategorie *Erweitert*. Blättern Sie im rechten Dialogfeldteil zur Rubrik »Allgemein« und klicken Sie auf die Schaltfläche *Benutzerdefinierte Listen bearbeiten*. Auf der dann angezeigten Registerkarte *Benutzerdefinierte Listen* lassen sich auch eigene Folgen definieren (siehe Kapitel 11).

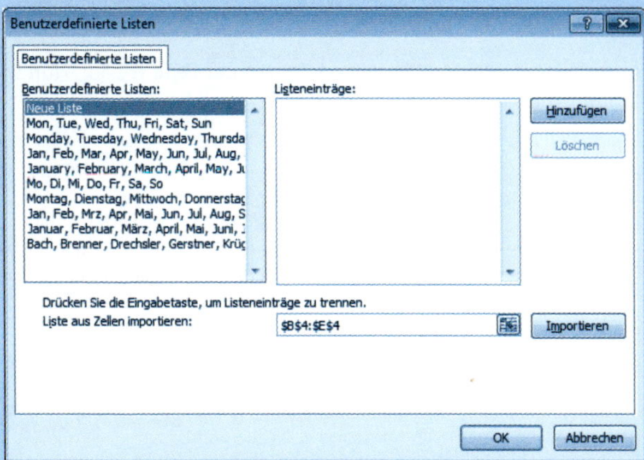

Nachdem Sie jetzt wissen, wie die Funktion *AutoAusfüllen* arbeitet, ließe sich diese benutzen, um den Datenbereich vor einer weiteren Bearbeitung mit Nullwerten zu füllen und vielleicht zur Anzeige der Werte vorzubereiten. Dies ist zwar nicht zwingend erforderlich, vereinfacht aber die nachfolgenden Schritte etwas.

1 Klicken Sie auf die Zelle B5 und tippen Sie den Wert 0 in die Zelle ein.

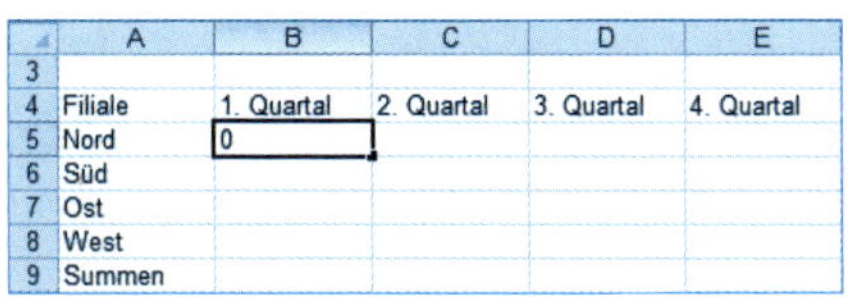

2 Drücken Sie die Eingabe-Taste und markieren Sie die Zelle B5 erneut durch einen Mausklick.

3 Klicken Sie auf der Registerkarte *Start* des Menübands zweimal auf die in der Gruppe *Zahl* sichtbare Schaltfläche *Dezimalstelle hinzufügen*.

Excel stellt jetzt zwei Nachkommastellen in der Zelle B5 dar. Nun soll der Zellinhalt auf andere Zellen übertragen werden.

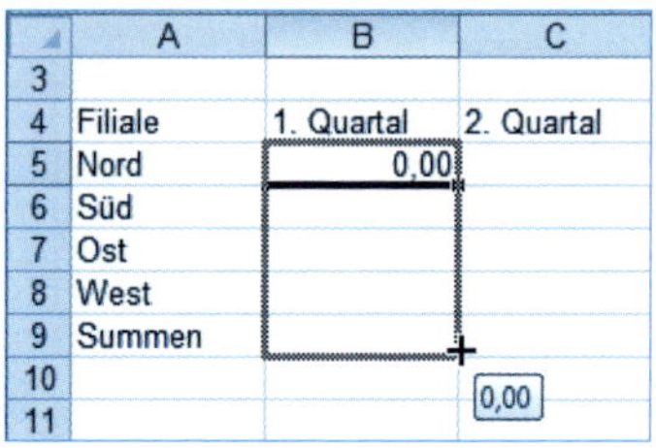

4 Zeigen Sie auf das Ausfüllkästchen der markierten Zelle und ziehen Sie das Ausfüllkästchen über die zu füllenden Zellen der Spalte.

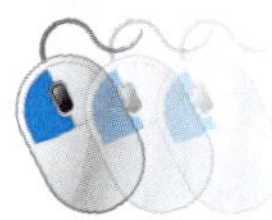

Sobald Sie die linke Maustaste loslassen, füllt Excel den markierten Zellbereich mit dem Wert 0,00.

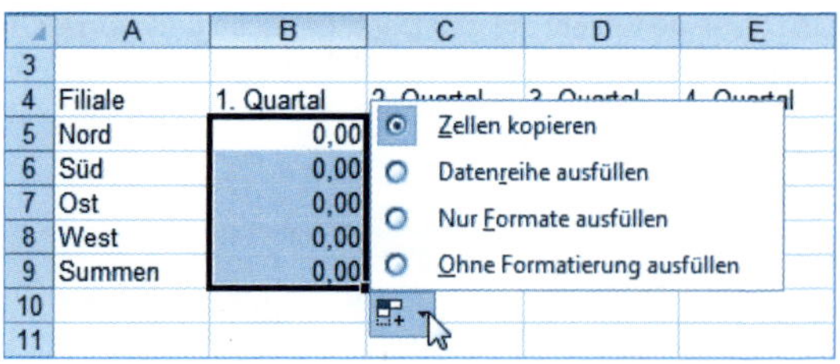

Hinweis

Da nur eine Zelle markiert war, kann Excel keine Gesetze zur Reihenbildung erkennen und überträgt den Vorgabewert der markierten Zelle. Interessant ist dabei, dass das Zellformat gleich mit übertragen wird. Sie können aber auch auf die angezeigte Schaltfläche klicken und dann im Kontextmenü den gewünschten Befehl wie *Zellen kopieren* oder *Nur Formate ausfüllen* wählen.

1 Geben Sie in die Zelle B6 versuchsweise den Wert 1,0 ein und markieren Sie danach den Zellbereich B5:B9.

	A	B	C	D	E	F
3						
4	Filiale	1. Quartal	2. Quartal	3. Quartal	4. Quartal	
5	Nord	0,00				
6	Süd	1,00				
7	Ost	0,00				
8	West	0,00				
9	Summen	0,00			+	
10					0,00	
11						

2 Ziehen Sie das Ausfüllkästchen des markierten Bereichs nach rechts über die zu füllenden Zellen der Tabelle.

Sobald Sie die linke Maustaste loslassen, füllt Excel den markierten Bereich mit den Vorgabewerten der ersten Spalte.

	A	B	C	D	E	F
3						
4	Filiale	1. Quartal	2. Quartal	3. Quartal	4. Quartal	
5	Nord	0,00	0,00	0,00	0,00	
6	Süd	1,00	1,00	1,00	1,00	
7	Ost	0,00	0,00	0,00	0,00	
8	West	0,00	0,00	0,00	0,00	
9	Summen	0,00	0,00	0,00	0,00	
10						
11						

Beachten Sie, dass die Zeile 6 mit dem Vorgabewert 1,00 gefüllt wird, d. h., Excel verwendet für jede Zeile eigene Vorgabewerte.

3 Setzen Sie jetzt die Werte der Zeile 6 auf 0,00 zurück und tragen Sie (frei wählbare) Werte für die Umsatzzahlen in die Tabelle ein.

Hinweis

An dieser Stelle möchte ich Ihnen noch einen Trick hinsichtlich der Funktion »AutoAusfüllen« verraten. Kann die Funktion die Reihenbildung nicht erkennen (z. B. weil nur eine Zelle markiert war), wird der Wert der zuerst markierten Zelle in den Zielbereich übertragen.

Falls Sie aber beim Ziehen zusätzlich die [Strg]-Taste gedrückt halten, wird bei Zahlen eine Reihenbildung erzwungen.

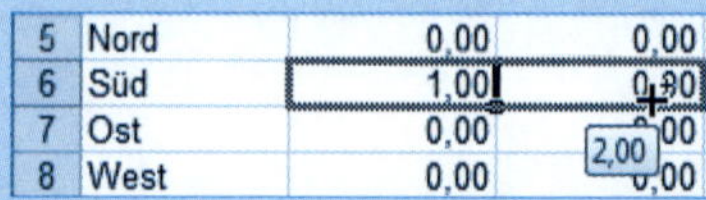

Excel zeigt dies bereits in der QuickInfo an. Lassen Sie die Maustaste los, füllt Excel den Bereich mit einer Zahlenreihe aus. Sie sparen sich also den »Umweg« über den Befehl *Datenreihe ausfüllen* im Kontextmenü der eingeblendeten Schaltfläche.

Die Summen berechnen

Jetzt sollen die Summen der einzelnen Zeilen und Spalten berechnet werden. Die Vorgehensweise kennen Sie eigentlich schon aus dem vorherigen Kapitel. Jetzt möchte ich nur noch einige Feinheiten zeigen. Um die **Quartalssummen** der einzelnen **Filialen** zu **bestimmen**, führen Sie die folgenden Schritte durch.

1 Klicken Sie in der Zeile »Summen« auf die Zelle B9, da diese die Spaltensummen aufnehmen soll.

2 Klicken Sie auf der Registerkarte *Start* des Menübands auf die in der Gruppe *Bearbeiten* sichtbare Schaltfläche *AutoSumme*.

Excel zeigt jetzt den Zellbereich oberhalb der aktiven Zelle mit einem Rahmen an.

3 Bestätigen Sie die Auswahl über die [Eingabe]-Taste.

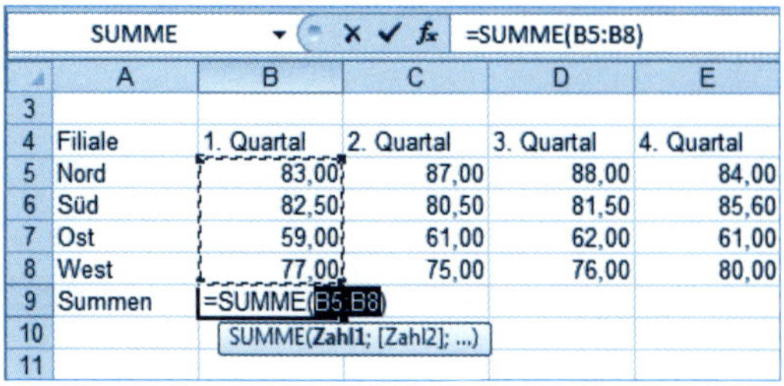

SUMME | =SUMME(B5:B8)

	A	B	C	D	E
3					
4	Filiale	1. Quartal	2. Quartal	3. Quartal	4. Quartal
5	Nord	83,00	87,00	88,00	84,00
6	Süd	82,50	80,50	81,50	85,60
7	Ost	59,00	61,00	62,00	61,00
8	West	77,00	75,00	76,00	80,00
9	Summen	=SUMME(B5:B8)			
10		SUMME(Zahl1; [Zahl2]; ...)			
11					

Jetzt zeigt Excel die erste Summe an.

4 Klicken Sie erneut auf die Zelle B9 und ziehen Sie das Ausfüllkästchen der markierten Zelle nach rechts über die restlichen Zellen der Zeile.

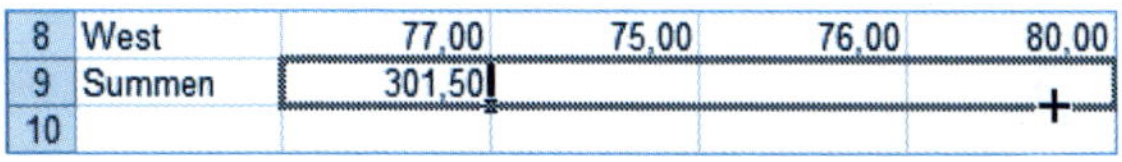

8	West	77,00	75,00	76,00	80,00
9	Summen	301,50			
10					

Sobald Sie die linke Maustaste loslassen, überträgt Excel die Formel in die restlichen Zellen und berechnet dabei automatisch die Spaltensummen.

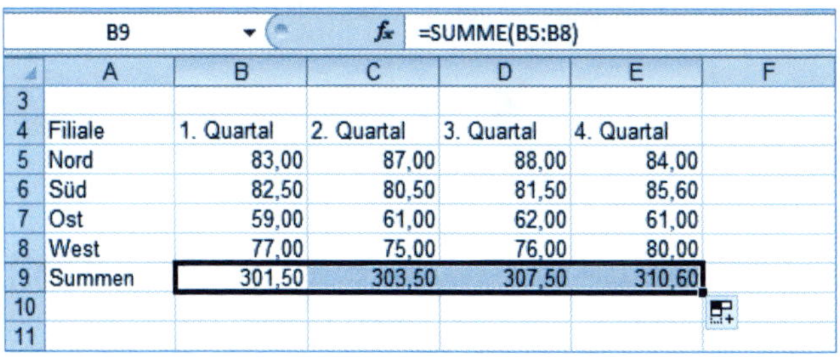

B9 | =SUMME(B5:B8)

	A	B	C	D	E	F
3						
4	Filiale	1. Quartal	2. Quartal	3. Quartal	4. Quartal	
5	Nord	83,00	87,00	88,00	84,00	
6	Süd	82,50	80,50	81,50	85,60	
7	Ost	59,00	61,00	62,00	61,00	
8	West	77,00	75,00	76,00	80,00	
9	Summen	301,50	303,50	307,50	310,60	
10						
11						

Jetzt können Sie auf ähnliche Art die **Zeilensummen** für die einzelnen Filialen **bestimmen.**

1 Klicken Sie auf die Zelle F5 und wählen Sie auf der Registerkarte *Start* des Menübands die Schaltfläche *AutoSumme* in der Gruppe *Bearbeiten*.

Excel markiert jetzt die links daneben liegenden Zellen mit einem gestrichelten Rahmen.

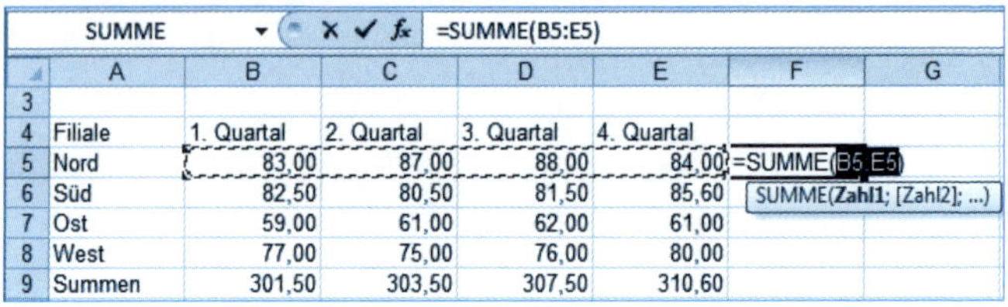

	A	B	C	D	E	F	G
3							
4	Filiale	1. Quartal	2. Quartal	3. Quartal	4. Quartal		
5	Nord	83,00	87,00	88,00	84,00	=SUMME(B5:E5)	
6	Süd	82,50	80,50	81,50	85,60		
7	Ost	59,00	61,00	62,00	61,00		
8	West	77,00	75,00	76,00	80,00		
9	Summen	301,50	303,50	307,50	310,60		

2 Bestätigen Sie die Auswahl über die `Eingabe`-Taste.

Excel fügt die Summenformel in die Zelle ein, zeigt das berechnete Ergebnis an und markiert die darunter liegende Zelle als aktive Zelle.

3 Markieren Sie jetzt die Zelle F5 erneut und ziehen Sie das Ausfüllkästchen der Zelle nach unten bis zur Zelle F8.

Sobald Sie die Maustaste loslassen, erweitert Excel die Formeln auf die markierten Zellen und zeigt die berechneten Summen an. Sie können jetzt nochmals die Zellen anklicken und die Formeln kontrollieren. Offenbar denkt Excel aber mit und passt die Zellbereiche beim Kopieren der Formel an.

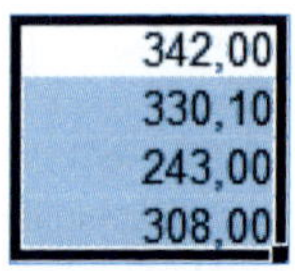

Achtung

Beim Kopieren eines Zellinhalts mit einer Formel durch Ziehen per Maus passt Excel in der Regel diese Zellbezüge an die veränderten Bezugsadressen an. Dies muss aber nicht immer stimmen. Kopieren Sie eine Formel gar per Zwischenablage, werden die Zellbezüge in der Formel nicht korrigiert. Sie sollten daher die kopierten Zellen per Maus anklicken und die Formeln in der Bearbeitungsleiste überprüfen.

Mit ähnlichen Schritten können Sie jetzt noch die Gesamtsumme der Jahresumsätze in Zelle F9 bestimmen. Bei Bedarf formatieren Sie die Zellen, sodass die Werte mit zwei Nachkommastellen angezeigt werden. Diese Schritte hatten Sie ja weiter oben bereits kennengelernt. Das Ergebnis könnte in etwa so aussehen. Jetzt lassen sich auch die Ergebnisse der Summenbildung überprüfen.

	A	B	C	D	E	F	G
3							
4	Filiale	1. Quartal	2. Quartal	3. Quartal	4. Quartal		
5	Nord	83,00	87,00	88,00	84,00	342,00	
6	Süd	82,50	80,50	81,50	85,60	330,10	
7	Ost	59,00	61,00	62,00	61,00	243,00	
8	West	77,00	75,00	76,00	80,00	308,00	
9	Summen	301,50	303,50	307,50	310,60	1223,10	
10							

Tabellen mit AutoFormat gestalten

Zum Abschluss soll die Tabelle noch etwas »kosmetisch« aufbereitet werden.

1 Ergänzen Sie den Tabellentitel »Umsatz« in der Zelle C1 und formatieren Sie den Text fett sowie mit einem größeren Schriftgrad.

2 Benennen Sie das Blattregister *Tabelle1* ggf. in »Gesamtumsatz« um.

Hinweis

Falls Sie noch Probleme beim Umbenennen haben, schlagen Sie im vorherigen Kapitel 5 im Abschnitt »Arbeitsblätter umbenennen« nach.

Wie wäre es mit der Formatierung des Tabellenwerks? Im vorhergehenden Kapitel hatte ich Ihnen gezeigt, wie Sie die Zellen manuell mit Hintergrundfarben und Linien formatieren. Bei einer Tabelle bietet es sich an, diese Aufgabe gegebenenfalls an Excel zu delegieren. Sie können ausgewählten Tabellenbereichen z. B. Zellenformatvorlagen zuweisen. Oder Sie lassen den Zellbereich mit den Daten durch Excel als »Tabelle« formatieren. Hier die Schritte, um markierten Zellbereichen Zellenformatvorlagen zuzuweisen.

1 Markieren Sie den Zellbereich der Tabelle, dem eine Zellenformatvorlage zuzuweisen ist.

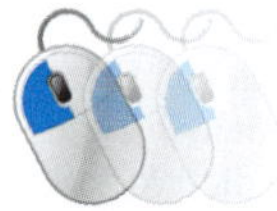

	A	B	C	D	E	F
1			Umsatz			
2						
3						
4	Filiale	1. Quartal	2. Quartal	3. Quartal	4. Quartal	
5	Nord	83,00	87,00	88,00	84,00	342,00
6	Süd	82,50	80,50	81,50	85,60	330,10
7	Ost	59,00	61,00	62,00	61,00	243,00
8	West	77,00	75,00	76,00	80,00	308,00
9	Summen	301,50	303,50	307,50	310,60	1223,10

2 Klicken Sie auf der Registerkarte *Start* des Menübands in der Gruppe *Formatvorlagen* auf die Menüschaltfläche *Zellenformatvorlagen*.

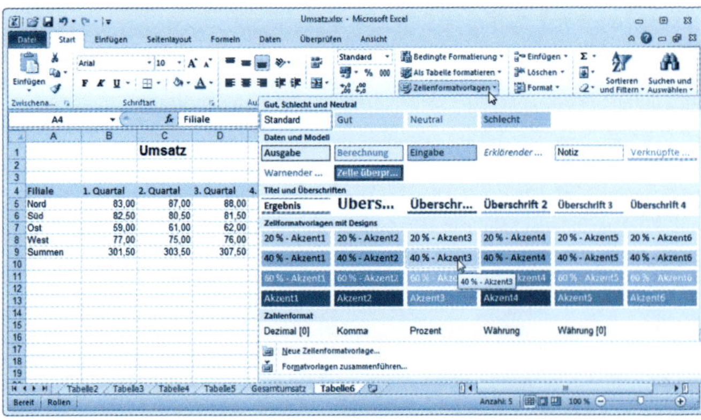

3 Wählen Sie im angezeigten Katalog die gewünschte Zellenformatvorlage mit einem Mausklick aus.

Um die Wirkung einer Zellenformatvorlage zu studieren, reicht es, im Katalog auf die betreffende Vorlage zu zeigen. Excel zeigt sofort die Auswirkungen der Vorlage im Arbeitsblatt an. Aber erst beim Anklicken der Zellenformatvorlage wird diese dem markierten Zellbereich zugewiesen.

Auf diese Weise können Sie schrittweise verschiedene Zellbereiche der Tabelle markieren und unterschiedliche Formatvorlagen zuweisen.

	A	B	C	D	E	F
1			Umsatz			
2						
3						
4	Filiale	1. Quartal	2. Quartal	3. Quartal	4. Quartal	
5	Nord	83,00	87,00	88,00	84,00	342,00
6	Süd	82,50	80,50	81,50	85,60	330,10
7	Ost	59,00	61,00	62,00	61,00	243,00
8	West	77,00	75,00	76,00	80,00	308,00
9	Summen	301,50	303,50	307,50	310,60	1223,10

> **Hinweis**
>
> Um das Zellformat aufzuheben, gehen Sie wie beim Zuweisen vor, wählen aber im Katalog die Zellenformatvorlage *Standard*. Dann wird der markierte Zellbereich wieder ohne Zellformatierung dargestellt. Leider gehen dabei auch die Zellformate für die Darstellung der Zellinhalte (z. B. mit zwei Nachkommastellen) verloren und müssen ggf. neu zugewiesen werden.

Die Alternative zur Formatierung von Zellen innerhalb eines Arbeitsblatts besteht darin, dass Sie die Tabelle automatisch durch Excel formatieren lassen. Hierzu kommt die Funktion *Als Tabelle formatieren* zum Einsatz. Gehen Sie in folgenden Schritten vor.

1 Markieren Sie den Datenbereich der Tabelle.

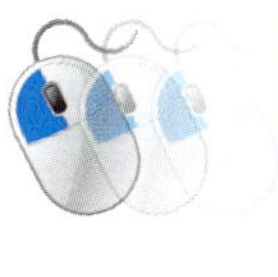

	A	B	C	D	E	F	G
1			Umsatz				
2							
3							
4	Filiale	1. Quartal	2. Quartal	3. Quartal	4. Quartal		
5	Nord	83,00	87,00	88,00	84,00	342,00	
6	Süd	82,50	80,50	81,50	85,60	330,10	
7	Ost	59,00	61,00	62,00	61,00	243,00	
8	West	77,00	75,00	76,00	80,00	308,00	
9	Summen	301,50	303,50	307,50	310,60	1223,10	
10							

2 Klicken Sie auf der Registerkarte *Start* des Menübands in der Gruppe *Formatvorlagen* auf die Menüschaltfläche *Als Tabelle formatieren*.

3 Anschließend wählen Sie in der angezeigten Palette mit den stilisierten Tabellen die gewünschte Tabellenformatvorlage mit einem Mausklick an.

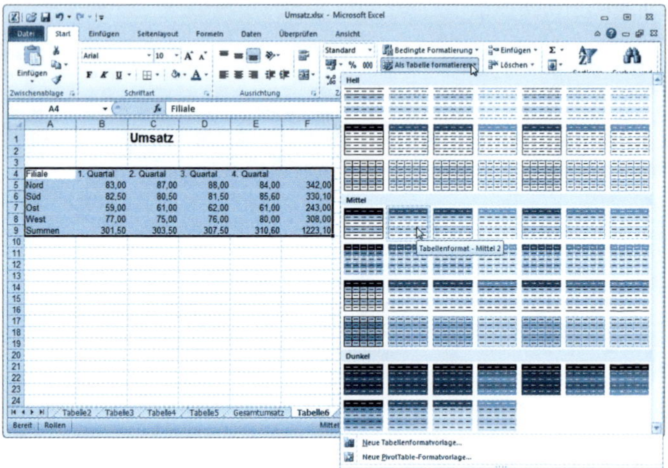

4 Sobald das Dialogfeld *Als Tabelle formatieren* erscheint, können Sie bei Bedarf die Markierung für den zu formatierenden Tabellenbereich durch Ziehen mit der Maus anpassen.

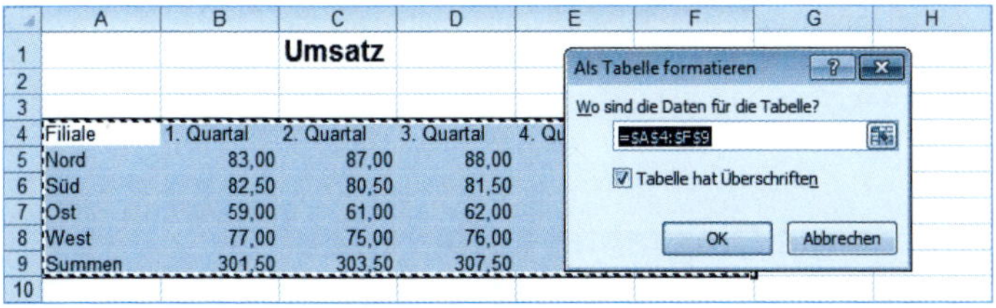

Falls das Dialogfeld die Tabelle verdeckt, schieben Sie dieses durch Ziehen der Titelleiste zur Seite und markieren danach den gewünschten Zellbereich.

5 Markieren Sie im Dialogfeld *Als Tabelle formatieren* ggf. das Kontrollkästchen *Tabelle hat Überschriften* und schließen Sie das Dialogfeld über die *OK*-Schaltfläche.

Tipp

Die Schaltfläche rechts neben dem Feld mit dem angezeigten Zellbereich ermöglicht Ihnen, das Dialogfeld in der Größe zu reduzieren, die Markierung des Zellbereichs mit der Maus vorzunehmen und anschließend durch Drücken der `Eingabe`-Taste das Dialogfeld auf die Originalgröße zurückzusetzen. Diese Schaltfläche wird Ihnen in vielen Excel-Dialogfeldern, die Zellbezüge enthalten, begegnen.

Excel überträgt jetzt das Format auf den markierten Bereich des Arbeitsblatts. Das Ergebnis könnte so aussehen.

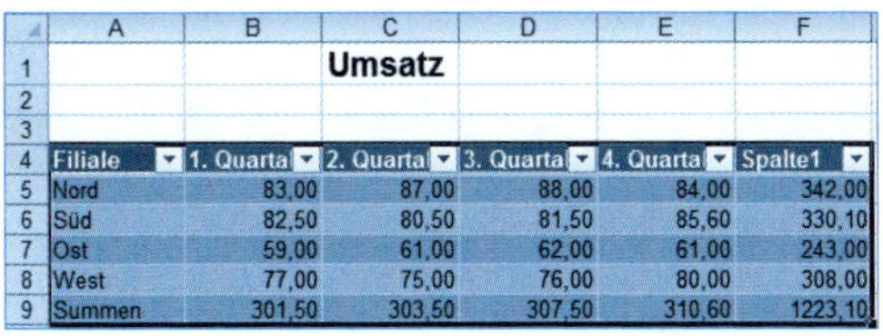

Hinweis

Die Titelzeile wird bei der Formatierung als Tabelle mit Schaltflächen für Dropdown-Auswahllisten versehen, über die sich eine Palette mit **Sortier- und Filterkriterien** einblenden lässt. Durch Auswahl der betreffenden Palettenelemente können Sie den Inhalt der Tabelle nach verschiedenen Kriterien sortieren oder filtern. Die Beschreibung dieser Funktion geht aber über den Ansatz dieses Buches hinaus.

Gefällt Ihnen die fertige Tabelle? Dann sollten Sie das Ergebnis für weitere Übungen in eine Datei speichern und dieser z. B. den Namen *Umsatz2010.xlsx* zuweisen. Die entsprechenden Schritte wurden im vorherigen Kapitel beschrieben.

Daten als Diagramm aufbereiten

Neben der Möglichkeit zur Durchführung von Berechnungen ist die Darstellung von Werten als Diagramm eine der weiteren Stärken von Excel. Sie können mit wenigen Mausklicks den Inhalt einer Tabelle in ein Balkendiagramm, ein Liniendiagramm, ein Kreisdiagramm oder in eine andere Diagrammvariante umsetzen.

Diagrammerstellung Schritt für Schritt

Wie das Erstellen eines Diagramms funktioniert, soll jetzt am Beispiel der Umsatztabelle demonstriert werden. Haben Sie noch die Arbeitsmappe mit den Umsatzdaten, die im vorherigen Lernschritt erstellt wurde?

1 Laden Sie die Datei mit der Arbeitsmappe in Excel und holen Sie das Arbeitsblatt mit der Umsatztabelle durch Anklicken des zugehörigen Blattregisters in den Vordergrund.

> **Hinweis**
>
> Nach dem Laden kann es vorkommen, dass Sie ein leeres Arbeitsblatt sehen (und dies, obwohl die Mappe Daten enthält). Excel merkt sich beim Speichern der Arbeitsmappe das zuletzt gewählte Arbeitsblatt sowie die Position der aktiven Zelle. Laden Sie eine Arbeitsmappe, wird genau dieser Zellbereich im Dokumentfenster dargestellt. Hatten Sie vor dem Speichern ein leeres Arbeitsblatt gewählt, wird dieses beim Laden erneut angezeigt. Klicken Sie dann auf das Blattregister der Tabelle, die die Daten enthält.

Die Daten der Umsatztabelle sollen jetzt als **Säulendiagramm** aufbereitet werden.

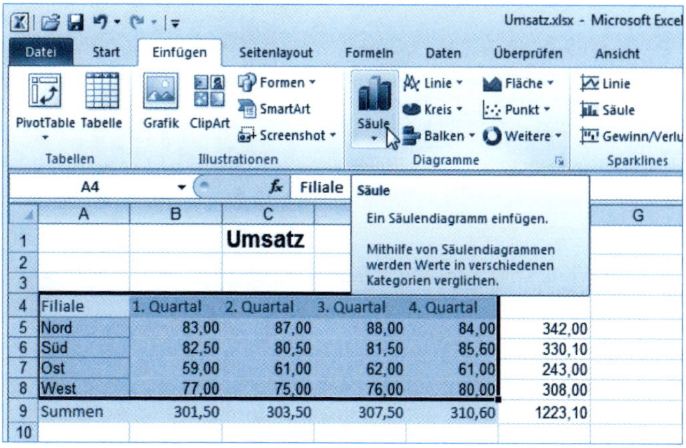

2 Markieren Sie im Arbeitsblatt die Daten des Zellbereichs mit den Umsatzdaten (hier A4:E8).

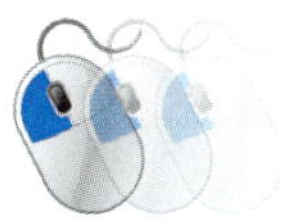

Tipp

Der Umfang der Markierung beeinflusst auch die Darstellung des Diagramms. An dieser Stelle habe ich darauf verzichtet, die Summen mit in die Auswertung aufzunehmen. Dies verhindert, dass Excel die y-Achse des Balkendiagramms an den Umsatzsummen ausrichtet. Vielmehr bleibt der gesamte Darstellungsbereich den Umsätzen der Filialen vorbehalten.

3 Wechseln Sie zur Registerkarte *Einfügen* des Menübands und klicken Sie in der Gruppe *Diagramme* auf die Schaltfläche *Säule*.

4 Sobald die Palette mit den Säulendiagrammvarianten angezeigt wird, klicken Sie auf eines der angezeigten Symbole (hier *Gruppierte Säulen* in der Rubrik *2D-Säule*).

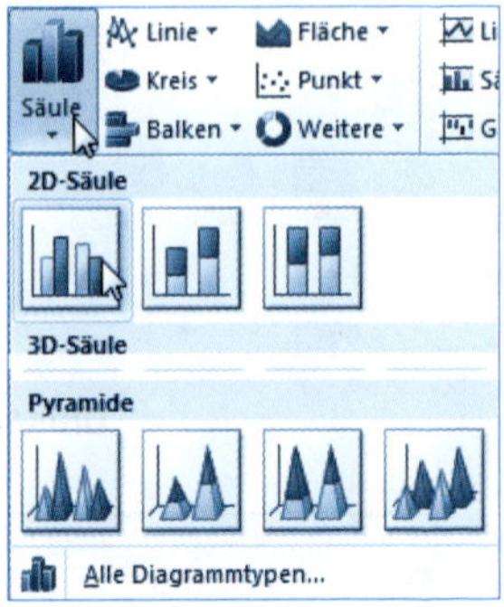

Excel besitzt nun alle notwendigen Informationen, um aus den markierten Daten ein Säulendiagramm zu erstellen.

Das Diagramm wird daher aus der Menge der markierten Daten und der Benutzerauswahl erstellt und automatisch formatiert (z. B. Achsenbeschriftung und -skalierung). Excel zeigt das Diagramm als Diagrammelement direkt im Vordergrund des Arbeitsblatts, wobei aber meist ein Teil der Tabelle mit den Daten verdeckt wird.

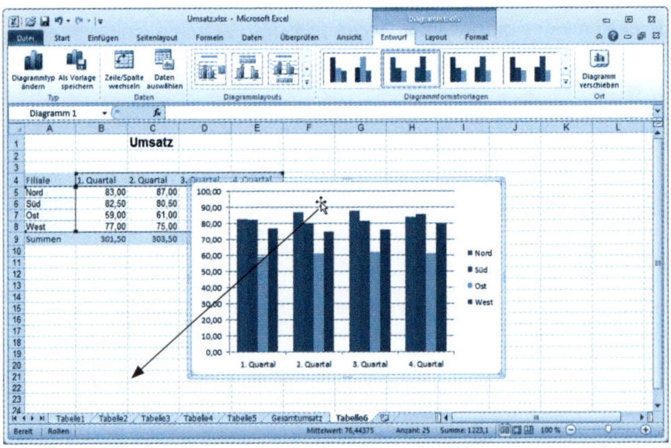

5 Markieren Sie die Diagrammfläche mit einem Mausklick und verschieben Sie diese dann bei gedrückter linker Maustaste im Arbeitsblatt zur gewünschten Position.

Bei Bedarf besteht zudem die Möglichkeit, die Diagrammgröße über die Ziehmarken an den Rändern der Diagrammflächen anzupassen. Ein nicht mehr benötigtes Diagramm können Sie mit der Maus anklicken und dann durch Drücken der Entf-Schaltfläche löschen.

Hinweis

Um im markierten Diagramm die Legende mit der X-Achse zu tauschen, wählen Sie auf der Registerkarte *Entwurf* der Diagrammtools die Schaltfläche *Zeile/ Spalte wechseln* der Gruppe *Daten*.

Diagrammtyp und -optionen ändern

Möchten Sie später das Diagramm bearbeiten (z. B. den Diagrammtyp verändern oder einzelne Elemente des Diagramms anpassen)?

1 Markieren Sie das Diagramm oder einen Titel der Diagrammfläche per Mausklick.

Hinweis

Um das komplette Diagramm zu bearbeiten, müssen Sie darauf achten, dass die gesamte Diagrammfläche und nicht nur ein einzelnes Element markiert ist. Soll dagegen ein einzelnes Element angepasst werden, können Sie dieses ggf. durch Anklicken innerhalb der Diagrammfläche markieren. Sie erkennen am Markierungsrahmen, ob die Diagrammfläche oder nur einzelne Diagrammelemente markiert sind. Zudem gibt der markierte Bereich innerhalb der zum Diagrammaufbau benutzten Tabelle einen Hinweis darauf, ob Sie das Diagramm oder nur eine Datenreihe des Diagramms markiert haben.

Sobald die Diagrammfläche markiert wurde, schaltet das Menüband zur Registerkarte *Entwurf* der *Diagrammtools* um. Falls dies nicht der Fall ist, müssen Sie die betreffende Registerkarte in den Vordergrund holen.

2 Um den Diagrammtyp zu ändern, klicken Sie auf der Registerkarte *Entwurf* des Menübands auf die Schaltfläche *Diagrammtyp ändern*.

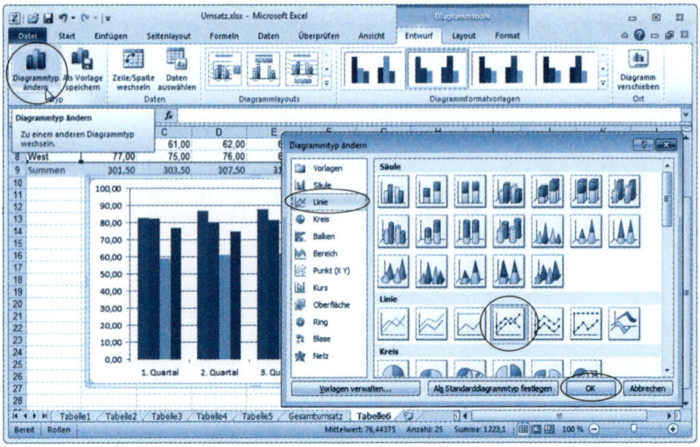

3 Anschließend wählen Sie im Dialogfeld *Diagrammtyp ändern* in der linken Spalte die gewünschte Diagrammtyp-Kategorie.

4 Danach klicken Sie im rechten Teil des Dialogfelds auf den Diagrammtyp der Kategorie und bestätigen die Auswahl über die *OK*-Schaltfläche.

Excel passt dann das Diagramm entsprechend dem neu gewählten Typ an und zeigt das Ergebnis innerhalb der Diagrammfläche.

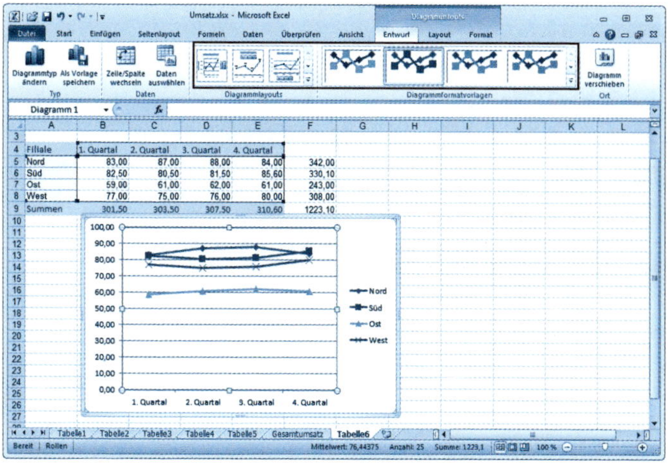

5 Möchten Sie die Farben oder das Aussehen des Diagramms anpassen, wählen Sie die betreffenden Kataloge auf der Registerkarte *Entwurf* des Menübands.

Sie können dabei über die betreffenden Gruppen sowohl Diagrammlayouts als auch Diagrammformatvorlagen zuweisen.

- Über die Gruppe *Diagrammformatvorlagen* können Sie diverse Vorlagen zur farblichen Gestaltung des Diagramms abrufen. Klicken Sie auf eine der sichtbaren Vorlagen, färbt Excel das Diagramm entsprechend den Vorgaben ein. Über die Schaltfläche unterhalb der Bildlaufleiste der Gruppe können Sie eine Palette öffnen, die Ihnen übersichtlich alle Diagrammformatvorlagen auflistet.

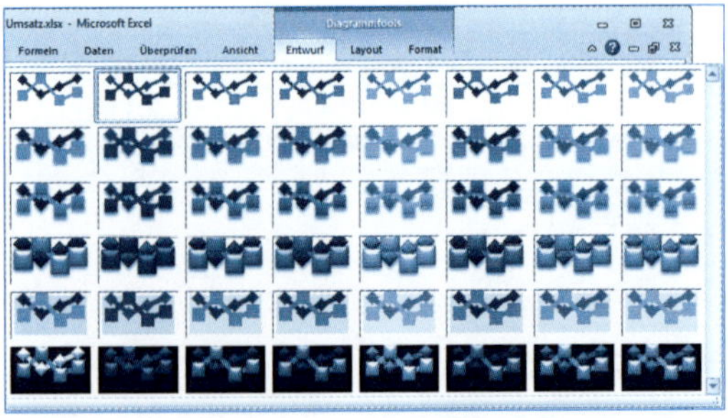

- Klicken Sie dagegen auf der Registerkarte *Entwurf* in der rechten unteren Ecke der Gruppe *Diagrammlayouts* (bzw. auf die Gruppenschaltfläche *Schnelllayouts*), blendet Excel ein Menü mit verschiedenen Darstellungslayouts für den gewählten Diagrammtyp ein. Durch Auswahl eines dieser Layouts lässt sich die Diagrammdarstellung (z B. die Lage der Legende) anpassen.

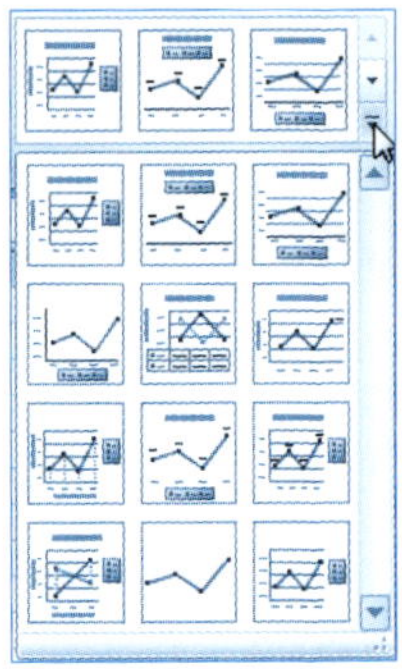

Möchten Sie einzelne **Diagrammelemente** (z. B. Skalierung der Achsen, Legende, Überschrift etc.) **anpassen**?

1 Markieren Sie das gewünschte Diagrammelement mit einem Mausklick.

2 Klicken Sie das markierte Element mit der rechten Maustaste an und wählen Sie den Kontextmenübefehl *xxx formatieren*.

Die Buchstabenfolge *xxx* steht hier für den Namen des Diagrammelements (z. B. *Achse formatieren*, *Legende formatieren*, *Diagrammtitel formatieren* etc.).

> **Tipp**
>
> Falls Sie Schwierigkeiten haben, in einem Diagramm das gewählte Element zu markieren, gehen Sie im Menüband zur Registerkarte *Layout* der Diagrammtools. In der Gruppe *Aktuelle Auswahl* finden Sie das Listenfeld *Diagrammelemente*, über dessen Einträge Sie sehr elegant die einzelnen Diagrammbestandteile auswählen können.

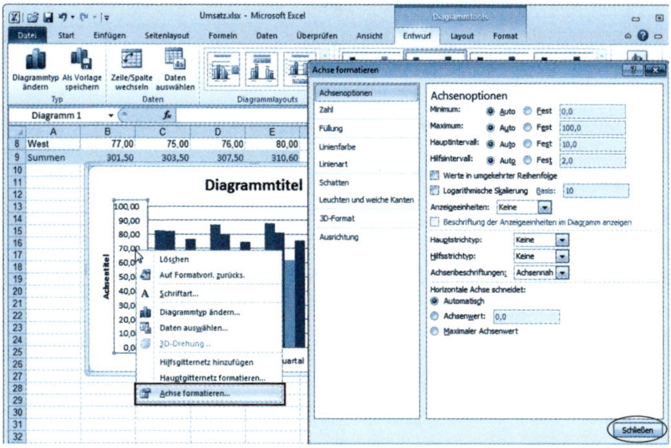

3 Wählen Sie danach im Dialogfeld *xxx formatieren* die gewünschte Kategorie in der linken Spalte an. Passen Sie dann im rechten Teil die Formateigenschaften an und klicken Sie auf die *Schließen*-Schaltfläche.

4 Den Diagrammtitel ändern Sie, indem Sie das Element per Mausklick markieren und dann erneut auf das markierte Element klicken. Sobald das Element mit einem gestrichelten Markierungsrahmen versehen ist, können Sie den Text überschreiben oder ändern.

Zum Aufheben einer Markierung genügt es, einen Tabellenbereich außerhalb der Markierung anzuklicken. Möchten Sie eine Änderung an der Tabelle wieder zurücknehmen, können Sie die Schaltfläche *Rückgängig* in der Symbolleiste für den Schnellzugriff anklicken oder die Tastenkombination Strg+Z drücken.

Ein Kreisdiagramm anfertigen

In vielen Auswertungen sieht man Kreisdiagramme zur Darstellung verschiedener Daten. In einem sehr einfachen Beispiel sollen die Gesamtsummen der Filialen am Jahresumsatz in Form eines Kreisdiagramms dargestellt werden.

Im Grunde ist diese Aufgabe recht einfach: Sie brauchen nur die Daten zu markieren und den Diagrammtyp *Kreisdiagramm* auf der Registerkarte *Einfügen* zu wählen. Allerdings sind einige Details zu beachten:

- Als Legende für das Diagramm sollen die Filialnamen dienen. Sie müssen daher die erste Spalte der Datentabelle einbeziehen.
- Die Ergebnisse stehen dagegen in der letzten Tabellenspalte und sind die Basis für das Diagramm.

Auch diese Aufgabe lässt sich in Excel mit wenigen Mausklicks lösen.

1 Markieren Sie die beiden Zellbereiche A5:A8 und F5:F8.

	A	B	C	D	E	F
3						
4	Filiale	1. Quartal	2. Quartal	3. Quartal	4. Quartal	
5	Nord	83,00	87,00	88,00	84,00	342,00
6	Süd	82,50	80,50	81,50	85,60	330,10
7	Ost	59,00	61,00	62,00	61,00	243,00
8	West	77,00	75,00	76,00	80,00	308,00
9	Summen	301,50	303,50	307,50	310,60	1223,10

Hinweis

Vermutlich haben Sie Probleme, diese beiden Bereiche zu markieren, da ja die dazwischen liegenden Zellen nicht interessieren? Markieren Sie zuerst den Zellbereich A5:A8. Dann halten Sie die Strg-Taste gedrückt und markieren anschließend den Zellbereich F5:F8. Dies sollten Sie sich übrigens merken. Bei gedrückter Strg-Taste lassen sich **unabhängige Zellbereiche markieren.**

2 Wechseln Sie im Menüband zur Registerkarte *Einfügen* und klicken Sie in der Gruppe *Diagramme* auf die Menüschaltfläche *Kreis*.

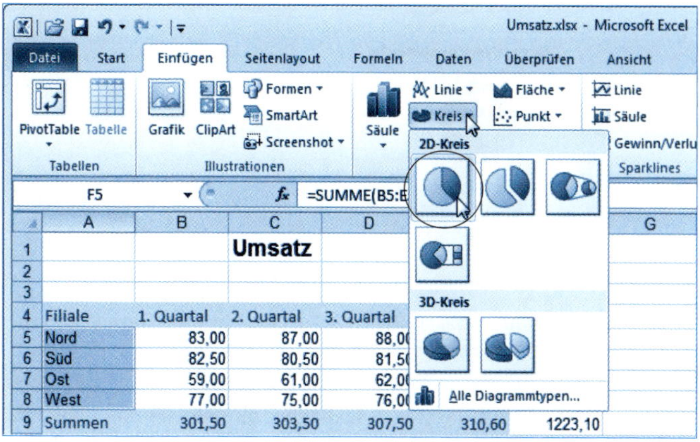

3 Wählen Sie in der eingeblendeten Palette den Diagrammtyp *Kreis* in der Rubrik *2D-Kreis* aus.

Excel fügt nun das Kreisdiagramm als Diagrammelement im Vordergrund des Arbeitsblatts ein. Sie können bei Bedarf die Größe und Position der Diagrammfläche durch Ziehen per Maus korrigieren (siehe vorherige Abschnitte).

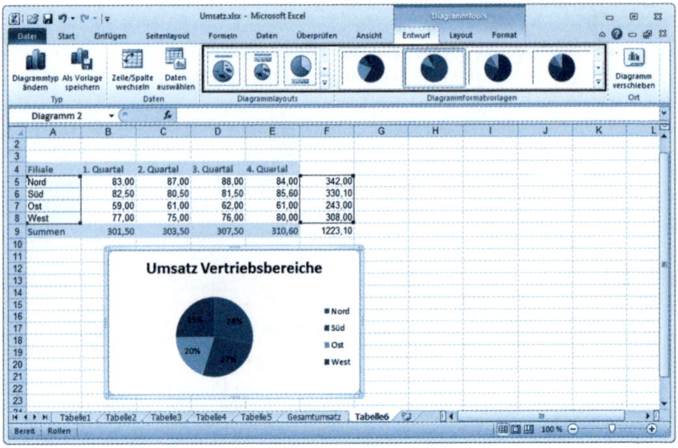

4 Wählen Sie bei Bedarf auf der Registerkarte *Entwurf* noch ein Diagrammlayout oder eine Diagrammformatvorlage.

Mit dem letzten Schritt lässt sich festlegen, ob und wie das Diagramm einen Titel sowie Legenden der verwendeten Daten enthält. Bei Bedarf können Sie die Eigenschaften des Kreisdiagramms, dessen Typ oder die Titelbeschriftung ändern (siehe vorheriger Abschnitt). Excel bietet viele zusätzliche Optionen zur Gestaltung der Diagramme, die in diesem Buch nicht besprochen werden können. Konsultieren Sie notfalls die Programmhilfe oder Zusatzliteratur.

Weitere Excel-Arbeitstechniken

Auf den vorhergehenden Seiten haben Sie bereits viel über Excel gelernt. Wegen der Ähnlichkeiten zu anderen Office- und Windows-Programmen wird Ihnen so manches bekannt vorkommen. Dieser Abschnitt stellt Ihnen noch einige spezielle Arbeitstechniken vor, die Sie vermutlich häufiger benötigen.

Zellbereiche markieren ...

Das Markieren von Zellbereichen in einem Excel-Kalkulationsblatt haben Sie bereits mehrfach auf den vorhergehenden Seiten benutzt. Jetzt sollen die betreffenden Techniken zur Vertiefung wiederholt und einige Tricks gezeigt werden. Legen Sie sich bei Bedarf eine Testtabelle mit einigen Zelleinträgen an und führen Sie dann die folgenden Schritte aus.

1 Zum Markieren klicken Sie auf eine Zelle und ziehen die Maus bei gedrückter linker Maustaste über den gewünschten Zellbereich.

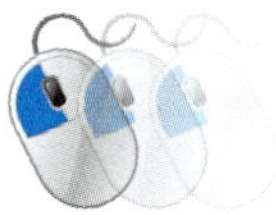

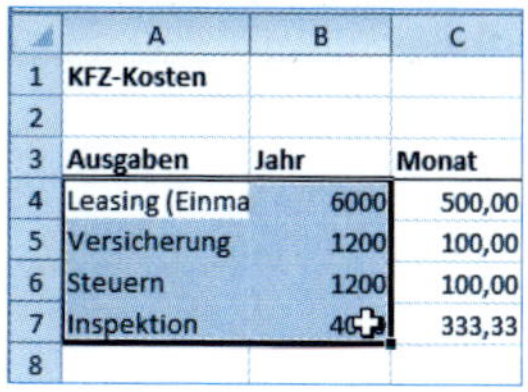

	A	B	C
1	KFZ-Kosten		
2			
3	Ausgaben	Jahr	Monat
4	Leasing (Einma	6000	500,00
5	Versicherung	1200	100,00
6	Steuern	1200	100,00
7	Inspektion	40[illegible]	333,33
8			

Excel hebt die betreffenden Zellen eines rechteckigen Bereichs farblich hervor. Der Bereich ist markiert.

Möchten Sie anschließend einen zweiten, nicht benachbarten Bereich markieren? Auch diese Technik haben Sie schon benutzt.

2 Halten Sie während der folgenden Schritte die [Strg]-Taste gedrückt und markieren Sie den zweiten Zellbereich erneut durch Ziehen per Maus.

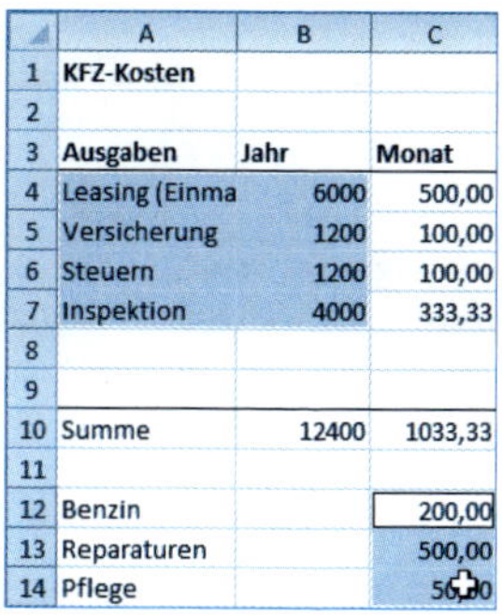

	A	B	C
1	KFZ-Kosten		
2			
3	Ausgaben	Jahr	Monat
4	Leasing (Einma	6000	500,00
5	Versicherung	1200	100,00
6	Steuern	1200	100,00
7	Inspektion	4000	333,33
8			
9			
10	Summe	12400	1033,33
11			
12	Benzin		200,00
13	Reparaturen		500,00
14	Pflege		5[illegible]0

Das Ergebnis sieht jetzt so aus. Excel markiert mehrere nicht benachbarte Bereiche.

> **Tipp**
>
> Zum Aufheben einer Markierung genügt es, auf eine nicht markierte Zelle zu klicken.

3 Klicken Sie auf den Spaltenkopf eines Arbeitsblatts, um die gesamte Spalte zu markieren.

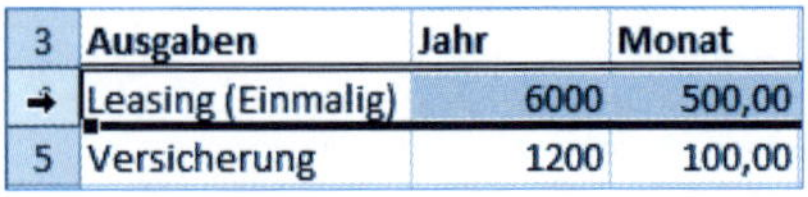

4 Klicken Sie auf den Zeilenkopf des Arbeitsblatts, um die Zeile zu markieren.

> **Tipp**
>
> Ziehen Sie bei gedrückter linker Maustaste den Mauszeiger über einige Zeilen- oder Spaltenköpfe, werden die Zellen dieser Zeilen bzw. Spalten markiert.

5 Klicken Sie auf das Feld in der linken oberen Ecke des Dokumentfensters.

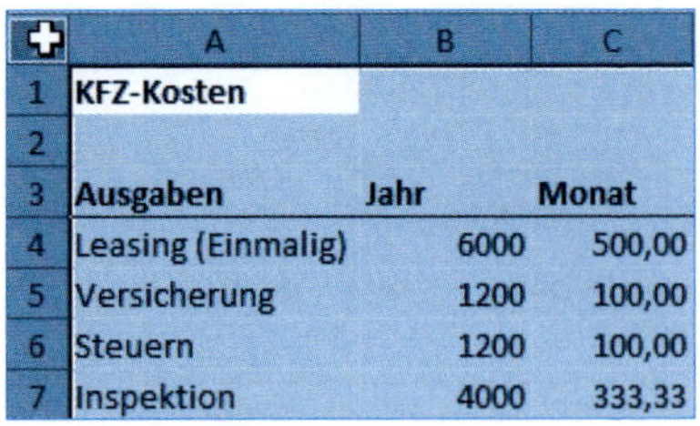

Excel markiert dann das gesamte Arbeitsblatt. Und hier noch einige Tastenkombinationen zum Markieren per Tastatur.

Tasten	Bemerkung
Strg + A	Markiert das gesamte Arbeitsblatt.
Strg + Umschalt + →	Markiert alle rechts neben der aktuellen Zelle liegenden Zellen mit.

Tasten	Bemerkung
Strg + Umschalt + ←	Markiert alle links neben der aktuellen Zelle liegenden Zellen mit.
Strg + Umschalt + ↑	Markiert alle oberhalb der aktuellen Zelle liegenden Zellen mit.
Strg + Umschalt + ↓	Markiert alle unterhalb der aktuellen Zelle liegenden Zellen mit.

Hinweis

Es gibt eine Reihe zusätzlicher Tastenkombinationen zum Markieren in der Tabelle. Persönlich bevorzuge ich aber die Maus, um mir die obigen Tastenkombinationen zum Markieren nicht merken zu müssen.

Verschieben und kopieren

Ähnlich wie bei Word oder anderen Windows-Programmen können Sie unter Excel auch Zellbereiche ausschneiden und an eine andere Stelle wieder einfügen.

1 Markieren Sie den zu verschiebenden Zellbereich.

2 Klicken Sie auf der Registerkarte *Start* des Menübands auf die Schaltfläche *Ausschneiden* der Gruppe *Zwischenablage* oder drücken Sie die Tastenkombination Strg + X.

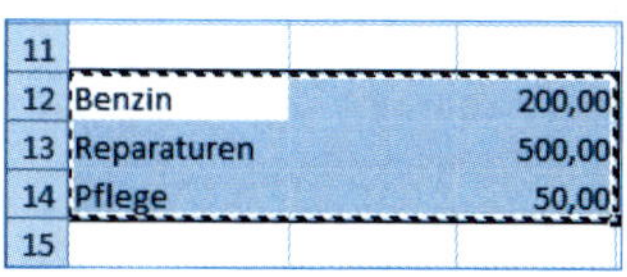

Im Gegensatz zu Word verschwindet der ausgeschnittene Bereich nicht sofort! Excel markiert lediglich zunächst den betreffenden Zellbereich mit einer gestrichelten umlaufenden Linie.

Hinweis

Drücken Sie die [Esc]-Taste, hebt Excel die Funktion *Ausschneiden* wieder auf.

3 Klicken Sie auf die Zelle, an deren Position der markierte Tabellenausschnitt einzufügen ist.

Die Zelle bestimmt die linke obere Ecke des einzufügenden Zellbereichs.

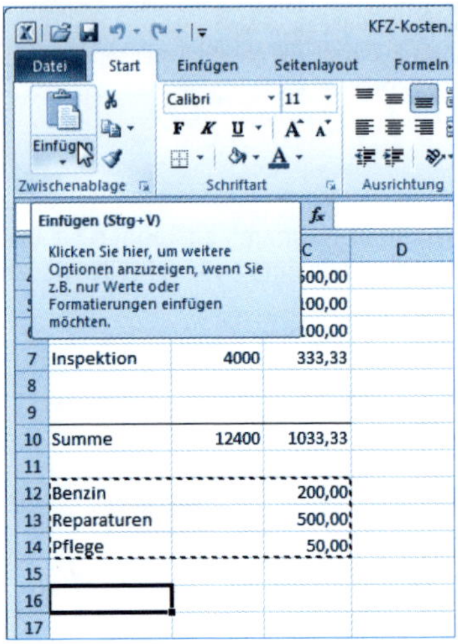

4 Drücken Sie die [Eingabe]-Taste oder klicken Sie auf der Registerkarte *Start* des Menübands auf die Schaltfläche *Einfügen*.

Excel verschiebt den markierten und ausgeschnittenen Bereich zur neuen Position. Möchten Sie den **Zellbereich kopieren** statt zu verschieben?

Führen Sie die obigen Schritte zum Verschieben aus, wählen aber auf der Registerkarte *Start* statt der Schaltfläche *Ausschneiden* die Schaltfläche *Kopieren*. Alternativ können Sie die Tastenkombination [Strg]+[C] drücken, um den markierten Zellbereich in die Zwischenablage zu kopieren. Beim Einfügen wird dann eine Kopie im Arbeitsblatt abgelegt.

Die obigen Techniken zum Kopieren bzw. Verschieben funktionieren sowohl innerhalb eines Arbeitsblatts als auch zwischen Arbeitsblättern und Arbeitsmappen.

Hinweis

Bei Excel gibt es noch eine Besonderheit bei der Schaltfläche *Kopieren*. Klicken Sie auf das kleine Dreieck am rechten Rand der Schaltfläche, lässt sich in einem Menü wählen, ob der markierte Zellbereich direkt kopiert oder erst in ein Bild (Screenshot) umgewandelt und dann in die Zwischenablage übertragen werden soll.

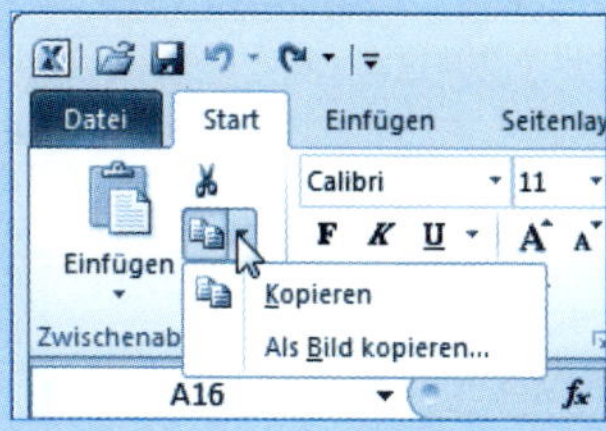

Innerhalb eines Arbeitsblatts lassen sich Zellbereiche auch per Drag&Drop mit der Maus verschieben. Markieren Sie den Zellbereich durch Ziehen mit der Maus. Anschließend zeigen Sie auf den Rand des markierten Zellbereichs und ziehen diesen bei gedrückter linker Maustaste zur gewünschten Stelle innerhalb des Arbeitsblatts.

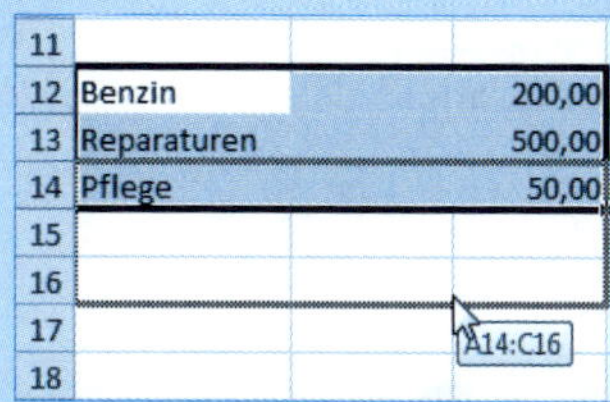

Beim Loslassen der linken Maustaste wird der markierte Bereich verschoben.

Durch Drücken der Tastenkombination Strg+Z können Sie das Verschieben oder Kopieren wieder rückgängig machen.

Möchten Sie komplette Zeilen oder Spalten aus dem Arbeitsblatt entfernen bzw. neu hinzufügen? Dann markieren Sie die Spalte/Zeile, öffnen das Kontextmenü und rufen den betreffenden Befehl (z. B. *Zellen einfügen*, *Zellen löschen*) auf. Auf ähnliche Weise lassen sich auch Zellen manipulieren.

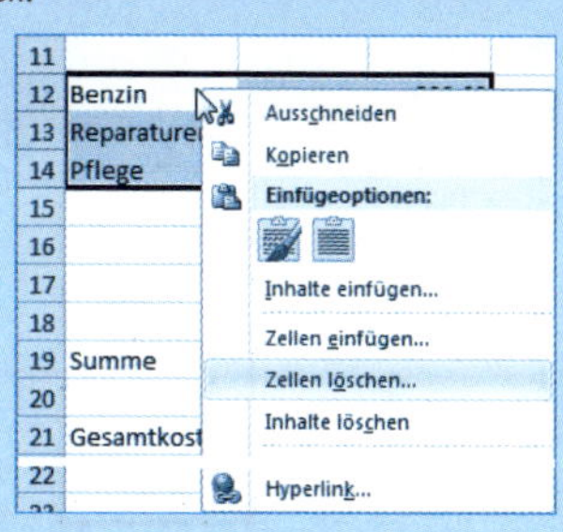

Tausendertrennzeichen verwenden

Zur Darstellung großer Zahlen werden die Tausenderstellen häufig durch einen Punkt abgetrennt. Dies können Sie in Excel mit einem einfachen Mausklick realisieren.

Hier sehen Sie ein Arbeitsblatt zur Ermittlung der KFZ-Kosten.

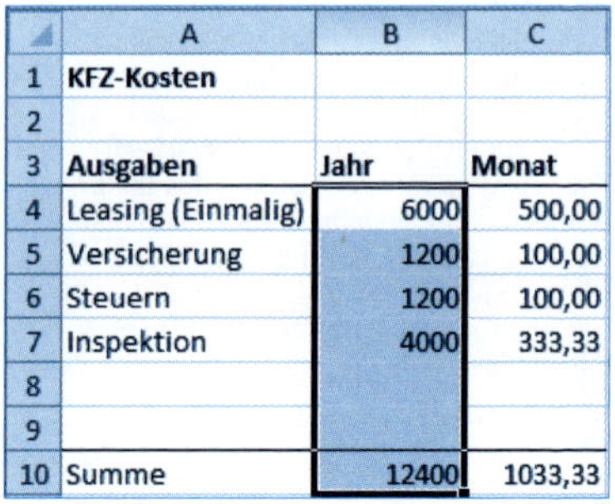

	A	B	C
1	**KFZ-Kosten**		
2			
3	**Ausgaben**	**Jahr**	**Monat**
4	Leasing (Einmalig)	6000	500,00
5	Versicherung	1200	100,00
6	Steuern	1200	100,00
7	Inspektion	4000	333,33
8			
9			
10	Summe	12400	1033,33

1 Markieren Sie die Zellen B4:B10.

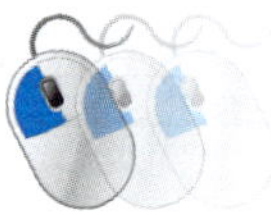

2 Klicken Sie auf der Registerkarte *Start* des Menübands auf die Schaltfläche *1.000er-Trennzeichen* der Gruppe *Zahl*.

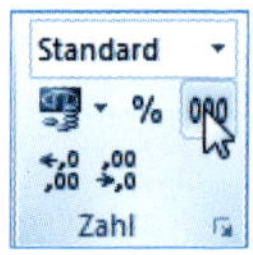

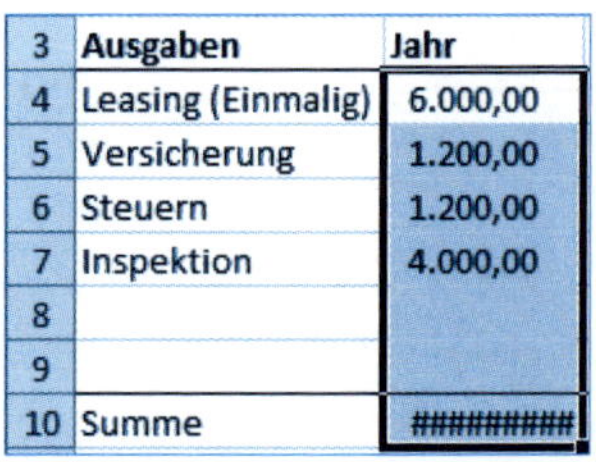

3	**Ausgaben**	**Jahr**
4	Leasing (Einmalig)	6.000,00
5	Versicherung	1.200,00
6	Steuern	1.200,00
7	Inspektion	4.000,00
8		
9		
10	Summe	##########

Excel zeigt jetzt die Zahlen mit einem Punkt hinter den Tausenderzahlen an.

Hinweis

Beachten Sie, dass die Schaltfläche zur Anzeige von Tausendertrennzeichen die Zahlen etwas in die Zellmitte verschiebt. Dies sieht in einer Tabellenspalte mit unterschiedlichen Zahlenformaten nicht immer gut aus. Zudem kann der hier gezeigte Effekt auftreten, dass der Platz zur Anzeige der Zahlen in einer Zelle nicht mehr ausreicht. Dann signalisiert Excel Ihnen mit den eingeblendeten Zeichen #####, dass in der betreffenden Zelle kein Platz zur Darstellung der gesamten Zahl vorhanden ist. Sie müssen die Spaltenbreite etwas vergrößern (siehe Abschnitt »Die Spaltenbreite korrigieren« in Kapitel 5). Sobald genügend Platz vorhanden ist, erscheinen die Zahlen wieder.

Neben dem Platzhalterzeichen # gibt es noch weitere Zeichen, mit denen Excel Ihnen Fehler in Zellen des Arbeitsblatts anzeigt. Nachfolgend finden Sie eine Übersicht über diese Fehlerwerte.

Anzeige	Bedeutung
#DIV/0!	Division durch 0 in einer Formel
#N/V	Benötigter Wert nicht verfügbar
#NAME?	Ein angegebener Name eines Excel-Bereichs ist nicht verfügbar
#NULL!	Angegebene Schnittmenge unzulässig
#ZAHL!	Die Zahl wurde falsch verwendet
#BEZUG!	Bezug auf die Zelle unzulässig
#WERT!	Falsche Zahl oder falscher Operator verwendet

Details zu diesen Fehlern finden Sie in der Excel-Hilfe, wenn Sie nach dem betreffenden Fehlerwert suchen lassen.

Währungsbeträge anzeigen

Excel unterscheidet Währungsbeträge und Dezimalzahlen. Bei Währungsbeträgen wird auch die Währungseinheit ($, €) mit in der Zelle angegeben. Zum Zuweisen eines Währungsformats gehen Sie folgendermaßen vor.

1 Markieren Sie einen Zellbereich mit Zahlen.

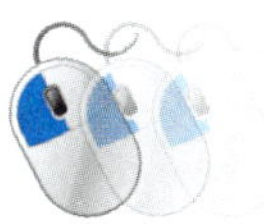

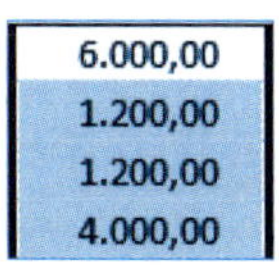

2 Klicken Sie auf der Registerkarte *Start* des Menübands in der Gruppe *Zahl* auf die Schaltfläche *Buchhaltungszahlenformat*.

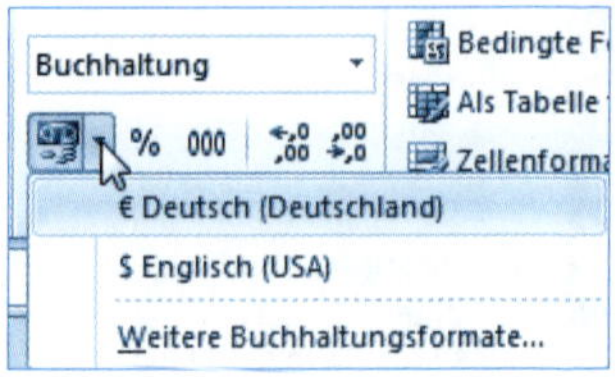

Um das Währungszeichen zu ändern, können Sie auf das Dreieck am rechten Rand der Schaltfläche *Buchhaltungszahlenformat* klicken und im eingeblendeten Menü einen der Befehle *€ Deutsch (Deutschland)* oder *$ Englisch (USA)* wählen.

Nach Anwahl der Schaltfläche *Buchhaltungszahlenformat* werden die Zellwerte mit einem angehängten Währungszeichen versehen.

Hinweis

Auf der Registerkarte *Start* des Menübands finden Sie in der Gruppe *Zahl* noch das Kombinationsfeld *Zahlenformat*. Klicken Sie auf dessen Schaltfläche, lassen sich weitere Formate im geöffneten Menü auswählen. Über den Eintrag *Standard* können Sie markierte Zellbereiche auf das Standardzellformat zurücksetzen. Sie können die Zellen zudem markieren und über den Kontextmenübefehl *Zellen formatieren* das gleichnamige Dialogfeld aufrufen (siehe den folgenden Abschnitt). Auf der Registerkarte *Zahlen* lässt sich das Währungsformat auf »Standard« oder auf »Zahlenformat« zurücksetzen.

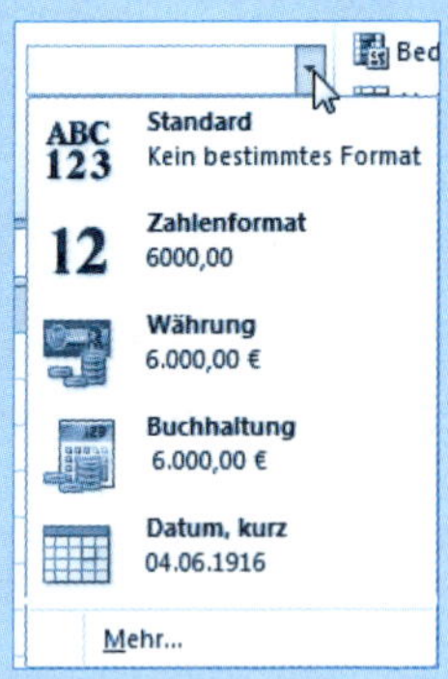

Zellformate gezielt anwenden

Sie haben jetzt schon einige Informationen bezüglich der Zellformatierung in Excel erhalten. Die Zellformatierung beeinflusst die Anzeige der Zellinhalte durch Excel erheblich. Auf die betreffenden Probleme hatte ich an anderer Stelle bereits kurz hingewiesen. Zur Verdeutlichung möchte ich an dieser Stelle wieder ein kleines Experiment starten.

1 Geben Sie in eine leere Zelle den Wert 12:00 ein, damit Excel den Wert als Uhrzeit in der Zelle anzeigt.

2 Löschen Sie den Zellinhalt und geben Sie den Wert 13,5 in die Zelle ein.

Sobald Sie die Eingabe-Taste drücken, zeigt Excel erneut den Wert 12:00 in der Zelle an.

Die Erklärung für das Verhalten von Excel ist recht einfach: Die betreffende Zelle wird bei der ersten Eingabe mit dem Format *Uhrzeit* versehen, und Excel wandelt die Eingabe vor der Anzeige automatisch in die betreffende Darstellung um. Beim Löschen eines Zellinhalts bleibt jedoch das Format erhalten. Tippen Sie erneut eine Zahl ein, übernimmt Excel diese in die Zelle, zeigt aber den Zellinhalt nach wie vor mit dem alten Format an. Dies führt mitunter zu verblüffenden Ergebnissen. Um den eingegebenen Wert in der Anzeige zu erhalten, müssen Sie das Zellformat gezielt setzen.

1 Klicken Sie mit der rechten Maustaste auf die betreffende Zelle und wählen Sie im Kontextmenü den Befehl *Zellen formatieren* aus.

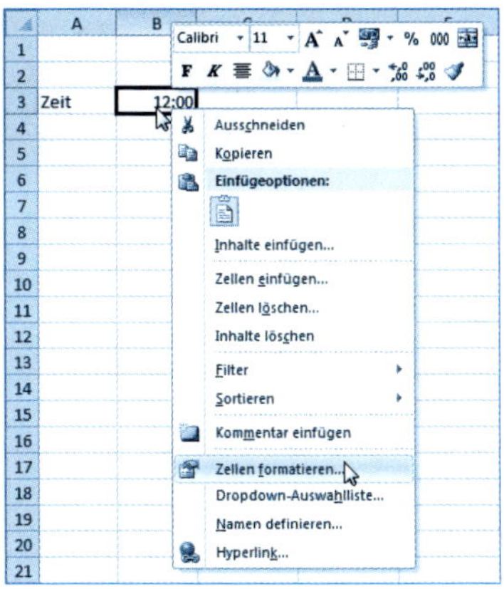

Excel öffnet jetzt das Dialogfeld *Zellen formatieren*, welches verschiedene Registerkarten zum Festlegen des Zellformats aufweist. Auf der Registerkarte *Zahlen* finden Sie die Definition für die betreffenden Zellformate.

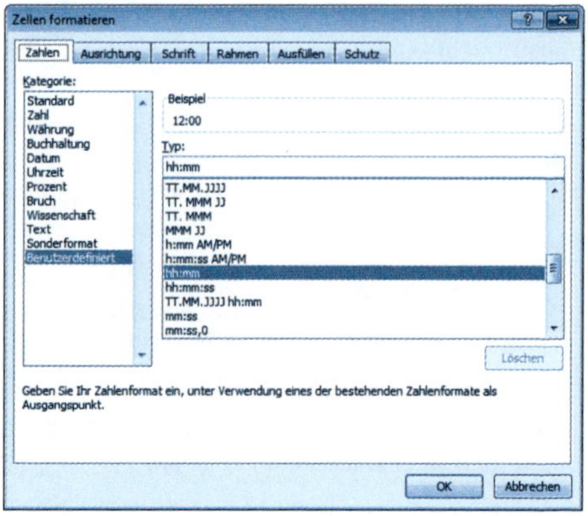

Die Liste *Kategorie* zeigt die für Zellen verfügbaren Zellformate an. Hier wurde ein Format für die Uhrzeit benutzt.

2 Um die Zelle auf das Standardformat zurückzusetzen, klicken Sie in der Liste *Kategorie* auf den Eintrag *Standard*.

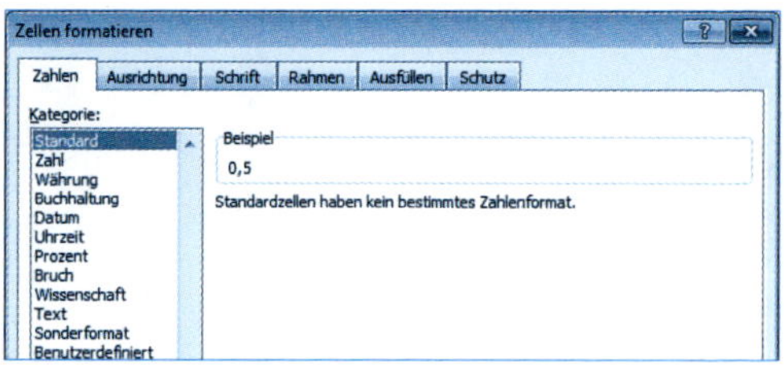

Excel zeigt bereits bei der Auswahl der Kategorie die Wirkung des Zellformats im Feld *Beispiel* der Registerkarte als Vorschau.

3 Schließen Sie das Dialogfeld über die *OK*-Schaltfläche.

Nach dem Schließen der Registerkarte erscheint die Eingabe 13,5 auch in der Zellanzeige.

Hinweis

Bei einem neuen Arbeitsblatt benutzt Excel das Format *Standard* für die Zellen, welches zur Anzeige unterschiedlicher Werte geeignet ist. Sobald Sie aber ein Datum, eine Zahl in wissenschaftlicher Schreibweise wie 10,3e3 etc. eingeben, ändert Excel selbstständig das Zellformat. Verwenden Sie die obigen Schritte, um das Standardformat zurückzusetzen. Sie haben über das Dialogfeld *Zellen formatieren* aber auch die Möglichkeit, die Anzeige der Zellinhalte gezielt zu beeinflussen. In der Kategorie *Benutzerdefiniert* lassen sich sogar eigene Formate festlegen (deren Erläuterung aber leider über den Umfang dieses Buches hinausgeht). Auf den anderen Registerkarten können Sie das Aussehen der Zellen sowie die Ausrichtung des Zellinhalts beeinflussen. Auch dies soll an dieser Stelle nicht weiter erläutert werden. Vielleicht experimentieren Sie selbst etwas mit den betreffenden Optionen.

Funktionen verwenden

Bisher haben Sie in Excel nur einfache Berechnungen sowie die Funktion *Summe* kennengelernt. Das Programm kann aber noch viel mehr, wenn es um Berechnungen geht.

Nehmen wir einmal eine Reihe von Temperaturmesswerten, aus denen, wie hier gezeigt, die jeweiligen Mittelwerte zu berechnen sind.

	A	B	C	D
1				
2	**Zeit**	**Temperatur**	**Temperatur**	**Temperatur**
3	08:00	15,00	11,00	10,00
4	09:00	16,00	13,00	11,50
5	10:00	18,00	15,00	13,00
6	11:00	20,00	19,00	16,00
7	12:00	22,00	20,00	17,00
8	**Mittelwert**	**18,20**	**15,60**	**13,50**

1 Klicken Sie auf die Zelle B8, in der der erste Mittelwert der Spalte angezeigt werden soll.

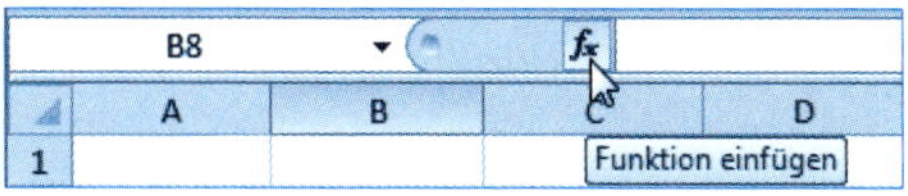

2 Wählen Sie die Schaltfläche *Funktion einfügen* der Bearbeitungsleiste oder den Befehl *Weitere Funktionen* im Menü der Schaltfläche *Summe* in der Gruppe *Bearbeiten* auf der Registerkarte *Start* des Menübands.

Fachwort

Funktionen sind Rechenvorschriften, die in Excel abgelegt sind. Eine Funktion besitzt einen Namen und wird mit Parametern aufgerufen. Die Werte dieser Parameter werden ausgewertet. Anschließend gibt die Funktion das Ergebnis in der aktiven Zelle zurück. Die Summenfunktion wird dann beispielsweise mit *=SUMME(A1:A3)* angegeben. Der Zellbereich A1:A3 ist hier der Parameter. Die Rechenvorschrift besagt nun, dass die Zellinhalte addiert werden sollen.

3 Wählen Sie im Dialogfeld *Funktion einfügen* ggf. eine Kategorie über das Listenfeld *Kategorie auswählen* und klicken Sie in der Liste *Funktion auswählen* auf den Funktionsnamen (hier *MITTELWERT*).

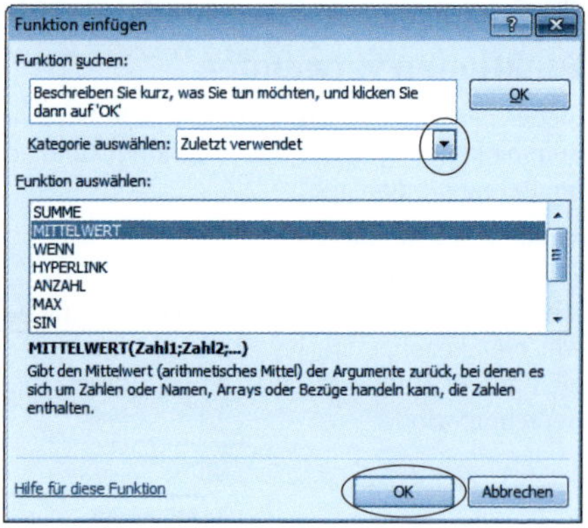

In das Feld *Funktion suchen* können Sie ggf. einen Suchbegriff zur gewünschten Funktion eingeben und die Suche über die obere *OK*-Schaltfläche initiieren. Über *Kategorie auswählen* lassen sich die Funktionen einer Kategorie auswählen. Markieren Sie eine Funktion, blendet der Assistent die Funktionsdefinition im Dialogfeld ein.

4 Schließen Sie das Dialogfeld über die untere *OK*-Schaltfläche.

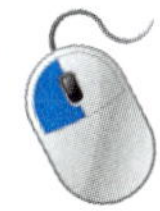

Excel öffnet das Dialogfeld *Funktionsargumente*, in das Sie die Parameter für die Funktion eintragen müssen.

5 Geben Sie jetzt die Parameter für die gewählte Funktion ein.

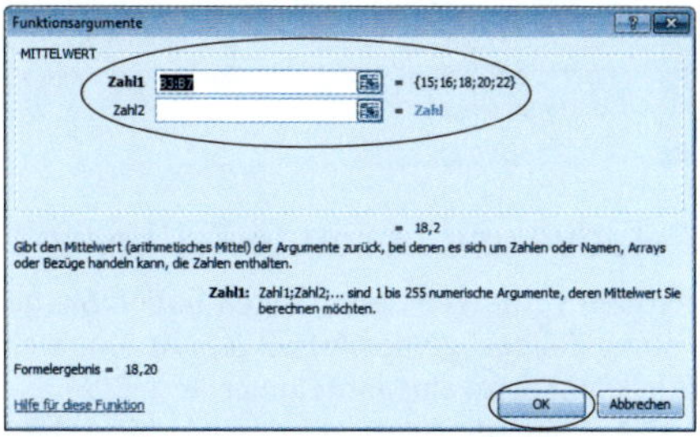

Hinweis

Um eine Zellreferenz in die Tabelle einzufügen, klicken Sie im betreffenden Feld auf die Schaltfläche . Das Dialogfeld verschwindet, und Sie können Zellen im Arbeitsblatt markieren. Sobald Sie die Eingabe-Taste drücken, wird das Dialogfeld wieder angezeigt. Der Formelausdruck ist in der Bearbeitungsleiste zu sehen.

6 Nach Eingabe der benötigten Parameter schließen Sie das Dialogfeld über die untere *OK*-Schaltfläche.

Excel trägt die Formel in die aktive Zelle ein, berechnet anschließend automatisch das Ergebnis und zeigt dieses in der Zielzelle an.

Hinweis

Wählen Sie eine Zelle mit einer Formel per Doppelklick an, zeigt Excel den Ausdruck direkt in der Zelle. Die Zellen, auf die sich im Ausdruck bezogen wird, werden dabei mit blauen Rahmen markiert.

Möchten Sie eine Formel nach der Eingabe erneut korrigieren, klicken Sie auf die Zelle bzw. markieren die Formel in der Bearbeitungsleiste. Dann genügt es, die Schaltfläche *Funktion einfügen* in der Bearbeitungsleiste aufzurufen. Das Dialogfeld *Funktionsargumente* wird eingeblendet, und Sie können die Parameter ändern. Um die Formel in benachbarte Zellen zu übernehmen, brauchen Sie nur die Ergebniszelle zu markieren und dann das Ausfüllkästchen der Zelle per Maus über die Nachbarzellen zu ziehen. Excel passt sogar die Zellbezüge der Formeln automatisch an.

Relative und absolute Zellbezüge

Auf den vorhergehenden Seiten haben Sie gelernt, dass innerhalb einer Formel Zellbezüge der Art »B4«, »A1:A5« etc. auftreten dürfen. Der Ausdruck gibt dann eine einzelne Zelle (z. B. »B4«) oder einen Zellbereich (bei »A1:A5« sind dies die Zellen von A1 bis A5) an. Wenn Sie einen Zellinhalt mit solchen Angaben über die Zwischenablage oder durch Ziehen mit der Maus in andere Zellen der Tabelle kopieren bzw. verschieben, passt Excel Zellbezüge in Formeln automatisch an.

Hier sehen Sie die Summenformel für den Bereich B3:B7. Um den Mittelwert der Spalte C zu berechnen, können Sie den Inhalt der Zelle B8 (mit der Formel) anklicken und über das Ausfüllkästchen der Markierung zur Zelle C8 ziehen.

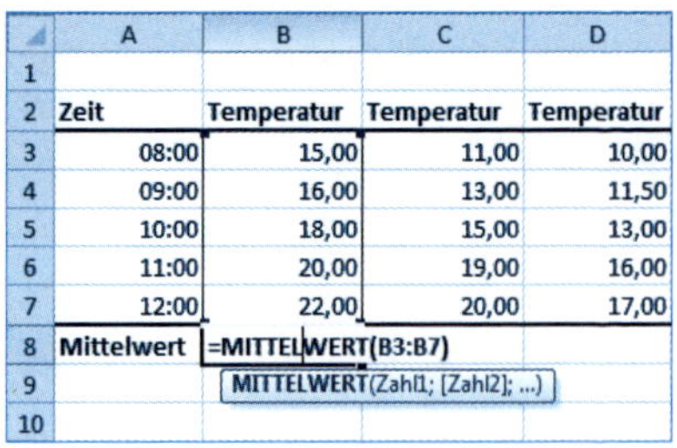

	A	B	C	D
1				
2	Zeit	Temperatur	Temperatur	Temperatur
3	08:00	15,00	11,00	10,00
4	09:00	16,00	13,00	11,50
5	10:00	18,00	15,00	13,00
6	11:00	20,00	19,00	16,00
7	12:00	22,00	20,00	17,00
8	Mittelwert	=MITTELWERT(B3:B7)		
9		MITTELWERT(Zahl1; [Zahl2]; ...)		
10				

	A	B	C	D	E
1					
2	Zeit	Temperatur	Temperatur	Temperatur	
3	08:00	15,00	11,00	10,00	
4	09:00	16,00	13,00	11,50	
5	10:00	18,00	15,00	13,00	
6	11:00	20,00	19,00	16,00	
7	12:00	22,00	20,00	17,00	
8	Mittelwert	18,20	=MITTELWERT(C3:C7)		
9			MITTELWERT(Zahl1; [Zahl2]; ...)		
10					

Excel ändert den Zellbezug beim Kopieren der Formel in Zelle C8 von B3:B7 in C3:C7.

In vielen Fällen ist diese automatische Anpassung der Zellbezüge erwünscht, da dies den manuellen Korrekturaufwand reduziert. Aber es gibt Fälle, wo dies zu fehlerhaften Formeln führt.

In der unteren Liste der hier gezeigten Darstellung werden Bruttoumsätze berechnet. In alle Formeln geht ein Bezug auf die Zelle B8 mit dem Mehrwertsteuersatz ein.

Kopieren Sie die Formel aus Zelle B12 nach B13, ändert Excel automatisch den Zellbezug B8 in B9 – was hier aber definitiv falsch ist.

	A	B	C
1			
2	Umsatz Netto	Jan	Feb
3		100,00	110,00
4		200,00	210,00
5		300,00	285,00
6	Summe	600,00	605,00
7			
8	MwSt	0,19	
9			
10			
11	Umsatz Brutto	Jan	Feb
12		=B3*(1+$B$8)	
13		238,00	249,90
14		357,00	339,15
15	Summe	714,00	719,95

Sollen die Zellbezüge bei Formeln beim Kopieren/Verschieben erhalten bleiben, dürfen Sie relative Zellbezüge der Art B8 nicht verwenden. Stattdessen sind absolute Zellbezüge in die Formel einzutragen. Absolute Bezüge werden in Excel durch ein $-Zeichen vor dem jeweiligen Zellbezug markiert. $A1 bedeutet einen festen Zellbezug auf die Spalte A, mit A$1 wird eine absolute Referenz auf die Zeile 1 erzeugt. Die Angabe $B$8 definiert folglich eine absolute Referenz auf die Zelle B8.

Hier sehen Sie die Tabelle, in der die Formeln in den Zellen der Spalte C entsprechend korrigiert wurden. Der absolute Verweis $B$8 bleibt beim Kopieren in andere Zellen erhalten.

	A	B	C
1			
2	**Umsatz Netto**	**Jan**	**Feb**
3		100	110
4		200	210
5		300	285
6	Summe	=SUMME(B3:B5)	=SUMME(C3:C5)
7			
8	MwSt	0,19	
9			
10			
11	**Umsatz Brutto**	**Jan**	**Feb**
12		=B3*(1+B8)	=C3*(1+$B$8)
13		=B4*(1+B9)	=C4*(1+$B$8)
14		=B5*(1+B10)	=C5*(1+$B$8)
15	Summe	=SUMME(B12:B14)	=SUMME(C12:C14)

Die relativen Zellbezüge in den Zellen der Spalte B wurden dagegen beim Kopieren (fehlerhaft) angepasst.

Hinweis

In obiger **Darstellung** wurden die **Formeln in** allen **Zellen** eingeblendet. Sie können die Schaltfläche *Formeln anzeigen* in der Gruppe *Formelüberwachung* auf der Registerkarte *Formeln* des Menübands zum Umschalten zwischen Werte- und Formelanzeige verwenden.

Arbeiten mit Namen

Standardmäßig benutzt Excel absolute oder relative Zellbezüge der Art *=B3*(1+$B$8)* in Formeln. Die Formel weist Excel an, den Wert 1 zum Inhalt von Zelle B8 zu addieren und das Ganze mit der Zelle B3 zu multiplizieren. Konkret wird der Bruttobetrag aus dem Nettobetrag und der Mehrwertsteuer ermittelt. Bei umfangreichen Rechenmodellen geht wegen der kryptischen Zellreferenz aber schnell der Überblick verloren. Excel ermöglicht andererseits aber, Zellen oder Zellbereiche mit Namen zu versehen und diese in Berechnungen zu verwenden. Dies soll am Beispiel der Mehrwertsteuerberechnung verwendet werden. Die Zelle mit dem Mehrwertsteuersatz soll mit einem Namen versehen werden.

1 Klicken Sie auf die Zelle B8, in der der Mehrwertsteuersatz hinterlegt ist.

2 Klicken Sie auf das Namenfeld in der Bearbeitungsleiste und tippen Sie den Begriff »MwSt« ein. Bestätigen Sie dies durch Drücken der [Eingabe]-Taste.

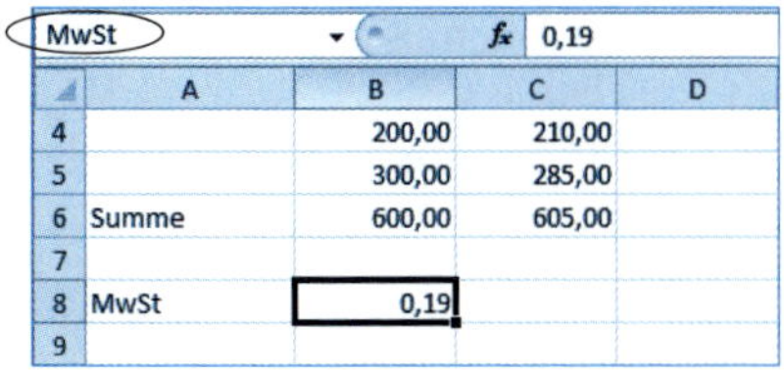

	A	B	C	D
4		200,00	210,00	
5		300,00	285,00	
6	Summe	600,00	605,00	
7				
8	MwSt	0,19		
9				

Damit haben Sie der Zelle B8 einen Namen zugewiesen. Immer wenn diese Zelle markiert wird, erscheint der zugehörige Name im Namenfeld der Bearbeitungsleiste.

3 Klicken Sie jetzt auf die Zelle B12, geben Sie die Formel »= B3*(1+MwSt)« ein und drücken Sie die [Eingabe]-Taste.

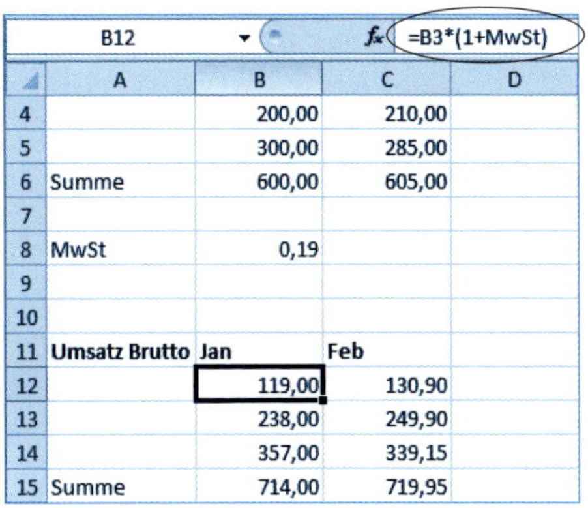

	A	B	C	D
4		200,00	210,00	
5		300,00	285,00	
6	Summe	600,00	605,00	
7				
8	MwSt	0,19		
9				
10				
11	**Umsatz Brutto**	**Jan**	**Feb**	
12		119,00	130,90	
13		238,00	249,90	
14		357,00	339,15	
15	Summe	714,00	719,95	

Excel benutzt dann den Namen, um auf die zugehörige Zelle zuzugreifen.

Statt kryptischer Zellreferenzen werden also die Namen der Zellen zur Berechnung des Mehrwertsteueranteils herangezogen. Auf diese Weise können Sie Zellen oder ganzen Bereichen Namen zuweisen und später in Zellreferenzen verwenden. Ein weiterer Vorteil dieser Namen besteht darin, dass diese (wie absolute Referenzen) beim Kopieren oder Verschieben von Zellbereichen in Formeln erhalten bleiben.

Listen in Excel sortieren

In Kapitel 3 zu Word haben Sie bereits gelernt, dass sich Tabellen prima zur Pflege von Listen eignen. Excel ist mit seinen Arbeitsblättern besonders gut zum Aufbau von Listen (Namenslisten, Bestandslisten etc.) geeignet. Sie legen einfach die Liste in den Zellen eines Arbeitsblatts ab. Möchten Sie später eine Liste nach bestimmten Kriterien sortieren, geht dies genauso einfach wie in Word.

Anrede	Name	Vorname	Straße	Hausnr	PLZ	Ort
Frau	Meier	Ilse	Hauptallee	4	30000	Berlin
Herr	Bach	Andreas	Gartenstraße	13	60130	Frankfurt
Herr	Fliege	Richard	Adelonalle	19	50000	Köln
Frau	Berger	Marion	Am See	3	80333	München

1 Markieren Sie den zu sortierenden Tabellenbereich (mit oder ohne Überschriftenzeile).

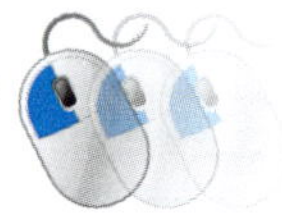

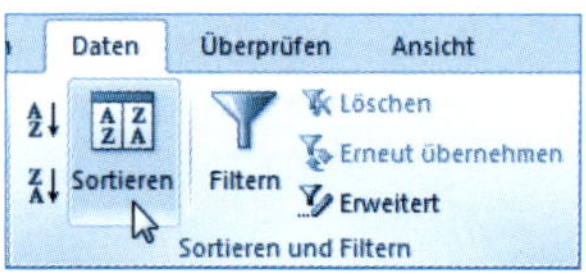

2 Wählen Sie auf der Registerkarte *Daten* des Menübands die in der Gruppe *Sortieren und Filtern* enthaltene Schaltfläche *Sortieren*.

3 Wählen Sie im Dialogfeld *Sortieren* über die Listenfelder der Zeile *Sortieren nach* die Spalte und die Kriterien aus, nach denen zu sortieren ist.

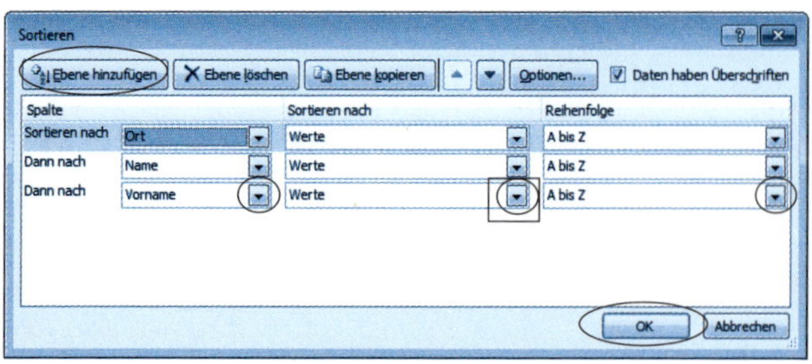

4 Klicken Sie ggf. auf die Schaltfläche *Ebene hinzufügen* und passen Sie die Sortierkriterien der eingefügten Ebene ebenfalls an.

Auf diese Weise können Sie eine Sortierung über mehrere Tabellenspalten und nach verschiedenen Kriterien in aufsteigender oder absteigender Reihenfolge festlegen. Über das Kontrollkästchen *Daten haben Überschriften* legen Sie fest, ob der Datenbereich eine Überschrift enthält. Über die Schaltfläche *Optionen* können Sie weitere Sortierkriterien wählen.

5 Schließen Sie das Dialogfeld über die *OK*-Schaltfläche.

Excel wird nun den markierten Tabellenbereich nach den gewünschten Kriterien sortieren. Mittels der Tastenkombination [Strg]+[Z] lässt sich der Sortiervorgang anschließend aber wieder rückgängig machen.

Hinweis

Die Gruppe *Sortieren und Filtern* der Registerkarte *Daten* des Menübands enthält am linken Rand noch zwei Schaltflächen, die den markierten Zellbereich automatisch in auf- oder absteigender Folge sortieren.

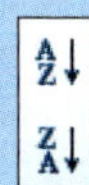

Tabellenfenster fixieren

Bei umfangreichen Tabellen oder Listen mit Überschriften muss zum Ansehen der Tabelleneinträge häufiger nach unten geblättert werden. Besitzt die Liste eine Überschrift über verschiedene Spalten, wandert diese Überschriftenzeile beim Blättern nach unten aus dem sichtbaren Bereich heraus. Sie können Excel aber anweisen, ein Tabellenfenster an einer bestimmten Zeilenposition zu fixieren. Dies soll an der nachfolgenden Tabelle mit einer Adressliste demonstriert werden.

1 Klicken Sie auf die Zelle A2, um den Tabellenbereich ab dieser Zeile zu fixieren.

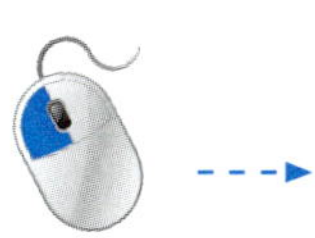

2 Wechseln Sie im Menüband zur Registerkarte *Ansicht* und öffnen Sie in der Gruppe *Fenster* die Menüschaltfläche *Fenster einfrieren*.

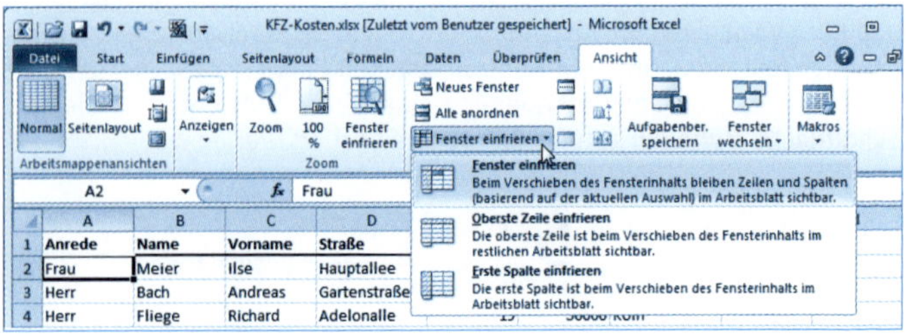

3 Anschließend wählen Sie im geöffneten Menü einen der Befehle wie *Oberste Zeile einfrieren* (oder *Fenster einfrieren*).

Wenn Sie jetzt in der Tabelle mittels der Bildlaufleiste nach unten blättern, bleibt die oberste Zeile mit der Überschrift stehen. Die Fixierung lässt sich aufheben, indem Sie die obigen Schritte wiederholen und im Menü der Schaltfläche *Fenster einfrieren* den Befehl *Fixierung aufheben* wählen.

AutoKorrektur und Rechtschreibprüfung

Auch bei der Eingabe von Texten in Arbeitsblätter können Ihnen Tipp- und Rechtschreibfehler unterlaufen. In Kapitel 2 zu Word wurde schon erwähnt, dass einige Wörter wie »dei« bei der Eingabe bereits automatisch als fehlerhaft erkannt und durch die AutoKorrektur automatisch in »die« umgesetzt werden. Diese *AutoKorrektur*-Funktion ist auch in Excel vorhanden und funktioniert hier genauso wie unter Word.

> **Hinweis**
>
> Wird ein Ausdruck bei der Eingabe fehlerhaft korrigiert, drücken Sie sofort nach der Korrektur die Tastenkombination Strg+Z. Dann kehrt Excel zur vorherigen Eingabe zurück.

Ähnliches gilt auch für die Rechtschreibkorrektur. Möchten Sie umfangreichere Texte im Arbeitsblatt durch Excel überprüfen lassen?

1 Wechseln Sie im Menüband zur Registerkarte *Überprüfen* und klicken Sie in der Gruppe *Dokumentprüfung* auf die Schaltfläche *Rechtschreibung*.

2 Excel öffnet das Dialogfeld *Rechtschreibung*. Nehmen Sie in diesem Dialogfeld die erforderlichen Korrekturen vor.

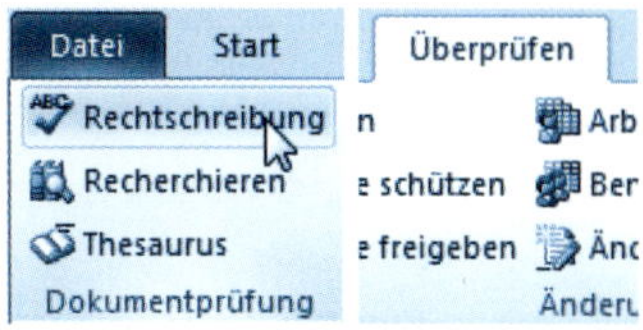

Die Schaltflächen haben die gleiche Funktion wie unter Word. Lesen Sie ggf. am Ende von Kapitel 2 nach, was es hier zu beachten gilt.

Ein neues Tabellenblatt öffnen

Standardmäßig legt Excel eine neue Arbeitsmappe mit drei Arbeitsblättern (Tabellenblättern) an. Dieser Wert lässt sich zwar über die Excel-Optionen anpassen, was aber nicht immer ausreicht. Benötigen Sie ein neues leeres Tabellenblatt? Sie können die Tastenkombination `Umschalt`+`F11` drücken. Dann wird sofort ein neues leeres Tabellenblatt eingefügt.

Um gezielt Arbeitsblätter beim Einfügen von bestehenden Vorlagen abzuleiten, verwenden Sie die folgenden Schritte.

1 Klicken Sie mit der rechten Maustaste auf ein Blattregister.

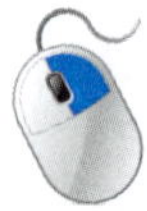

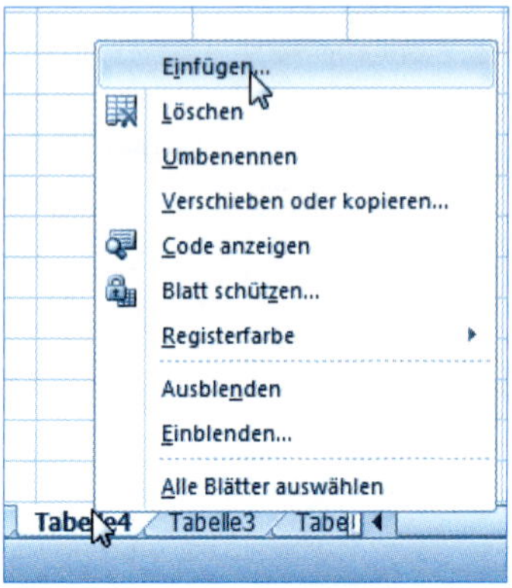

2 Wählen Sie im Kontextmenü den Befehl *Einfügen*.

3 Markieren Sie auf der Registerkarte *Allgemein* des Dialogfelds *Einfügen* den Eintrag *Tabellenblatt* und schließen Sie das Dialogfeld über die *OK*-Schaltfläche.

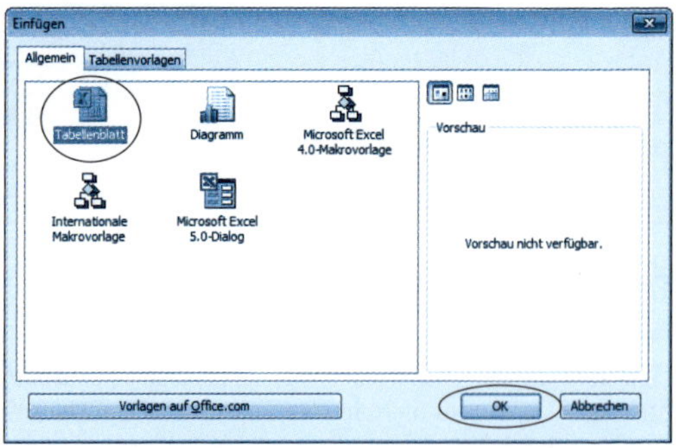

Excel legt nun eine neue leere Tabelle als Arbeitsblatt in der Mappe an.

Hinweis

Über die Symbole der Registerkarten des Dialogfelds *Einfügen* können Sie nicht nur leere Arbeitsmappen in Form von Tabellen anlegen. Die Symbole auf der Registerkarte *Allgemein* stellen Ihnen Arbeitsblätter für Diagramme, für Dialogfelder etc. zur Verfügung. Auf der Registerkarte *Tabellenvorlagen* finden Sie weitere Vorlagen für einzelne Arbeitsblätter (Tabellen).

Arbeitsblatt auswählen, löschen und verschieben

Enthält die Arbeitsmappe mehrere Arbeitsblätter? Möchten Sie zu einem anderen Arbeitsblatt wechseln und dieses bearbeiten?

1 Zum Wechseln des Arbeitsblatts klicken Sie auf das gewünschte Blattregister.

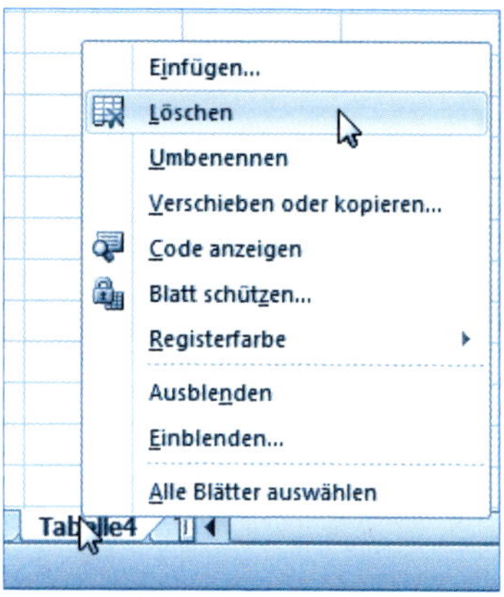

2 Möchten Sie ein Arbeitsblatt löschen, klicken Sie mit der rechten Maustaste auf das zugehörige Blattregister und wählen im Kontextmenü den Befehl *Löschen*.

3 Zum Verschieben eines Arbeitsblatts ziehen Sie das Blattregister an die gewünschte Position.

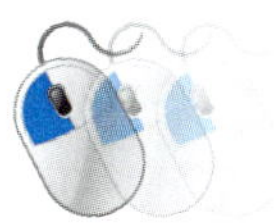

Hinweis

Über die Schaltflächen am linken unteren Rand des Dokumentfensters lässt sich im sichtbaren Bereich der Blattregister blättern.

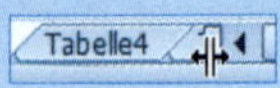

Den Bereich der Blattregister vergrößern Sie, indem Sie das Teilungsfeld zwischen Blattregister und horizontaler Bildlaufleiste nach rechts ziehen.

1 Um ein **Arbeitsblatt** zu **kopieren** bzw. zu **verschieben**, können Sie das Blattregister auch mit der rechten Maustaste anklicken und im Kontextmenü den Befehl *Verschieben oder kopieren* wählen.

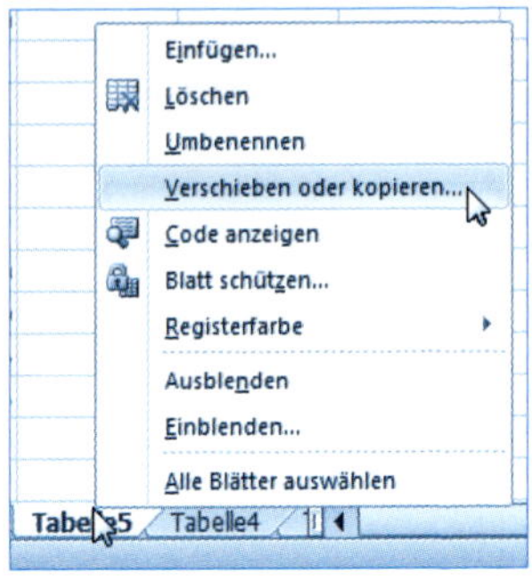

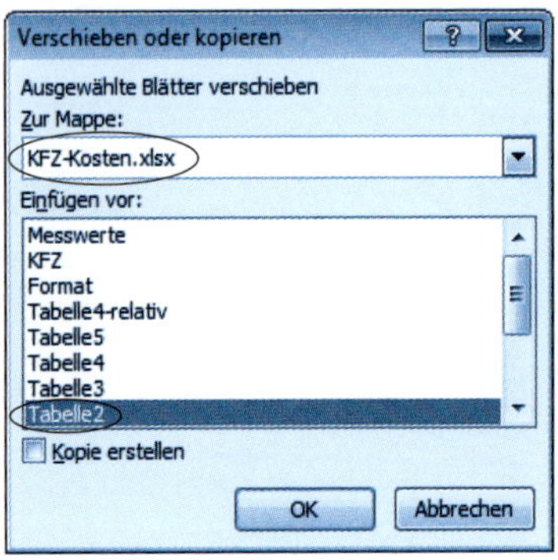

2 Im Dialogfeld *Verschieben oder kopieren* wählen Sie die Zielarbeitsmappe im Listenfeld *Zur Mappe* aus.

3 Wählen Sie das Arbeitsblatt, vor das das markierte Arbeitsblatt einzuordnen ist, im Feld *Einfügen vor.*

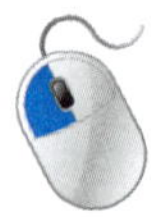

4 Zum Kopieren ist das Kontrollkästchen *Kopie erstellen* zu markieren.

5 Schließen Sie das Dialogfeld über die *OK*-Schaltfläche.

Mit dieser Technik können Sie Arbeitsblätter auch zwischen geöffneten Arbeitsmappen verschieben oder kopieren.

Excel-Vorlagen nutzen

Excel wird mit Tabellenblättern für verschiedene Aufgaben (z. B. Rechnung) installiert. Zum Abrufen solcher Vorlagen gehen Sie folgendermaßen vor.

1 Klicken Sie in der Backstage-Ansicht der Registerkarte *Datei* auf den Befehl *Neu*.

2 Wählen Sie in der Spalte *Verfügbare Vorlagen* den Eintrag *Leere Arbeitsmappe* oder klicken Sie auf einen der Kategorieeinträge.

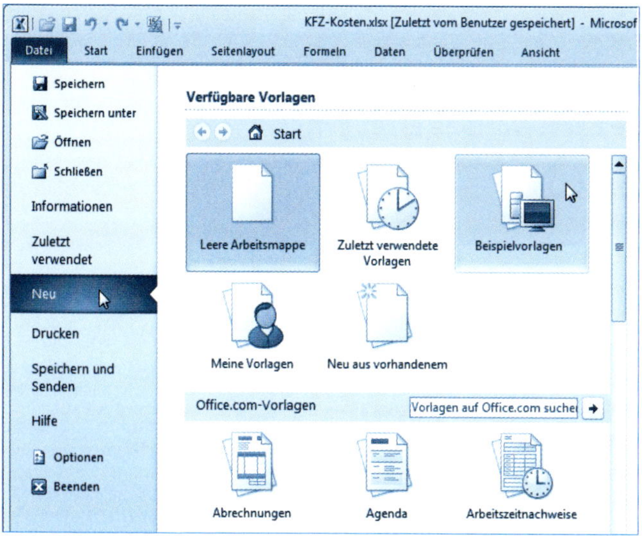

3 Wählen Sie in der Backstage-Ansicht die gewünschte Vorlage aus und klicken Sie auf die Schaltfläche *Erstellen*.

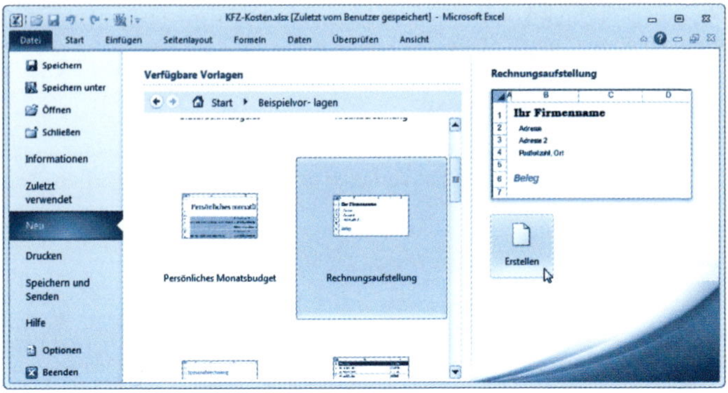

Excel legt jetzt eine neue Arbeitsmappe an, welche bereits ein von der gewählten Vorlage abgeleitetes Tabellenblatt (Rechnung, Reisekostenabrechnung etc.) enthält. Sie brauchen dann nur noch die fehlenden Angaben zu ergänzen.

Eine Excel-Vorlage erzeugen

Haben Sie ein Tabellenblatt (z. B. ein Rechnungsformular) in Excel erstellt, welches Sie häufiger wiederverwenden möchten? Sie können das Blatt als Vorlage für Arbeitsmappen oder Arbeitsblätter verwenden.

1 Erstellen Sie zuerst die gewünschte Vorlage in einer Excel-Arbeitsmappe.

2 Öffnen Sie die Backstage-Ansicht über den Registerreiter *Datei* und wählen Sie den Befehl *Speichern unter*.

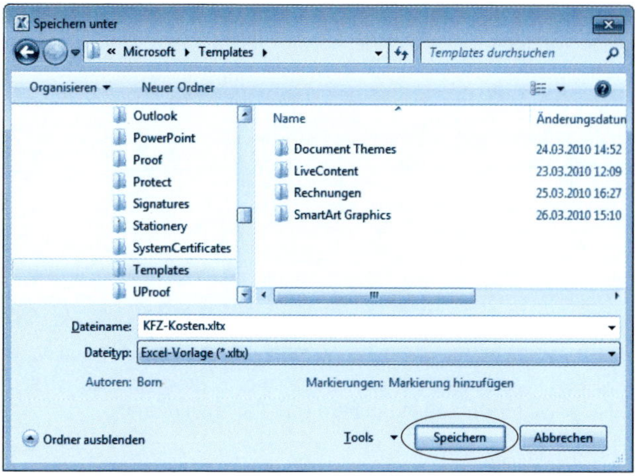

3 Im Dialogfeld *Speichern unter* wählen Sie als Dateityp »Excel-Vorlage (*.xltx)« (oder »Excel-97-2003-Vorlage (*.xlt)«, falls die Vorlage mit älteren Excel-Versionen gelesen werden soll), tippen einen Dateinamen ein und legen das Dokument über die Schaltfläche *Speichern* im Vorlagenordner ab.

In Windows Vista/Windows 7 befinden sich die Vorlagedateien im Ordner *C:\Users\<Konto> \AppData\Roaming\Microsoft\Templates*.

Sie können anschließend den Befehl *Neu* in der Backstage-Ansicht wählen und dann die Kategorie *Meine Vorlagen* anklicken.

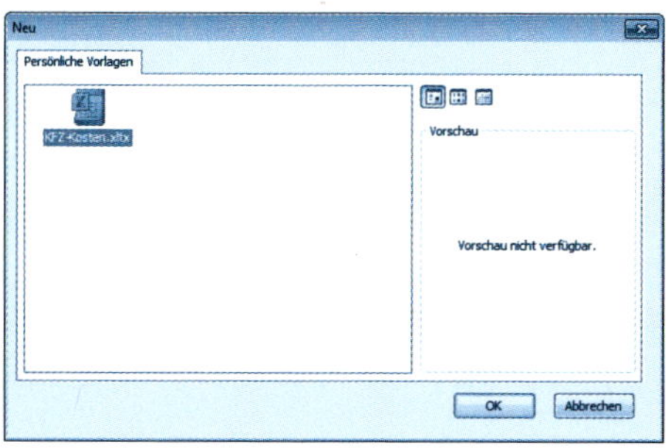

Dann erscheint die neue Vorlage im Dialogfeld *Neu* auf der Registerkarte *Persönliche Vorlagen*.

> **Hinweis**
>
> Um die Mustervorlage in einer eigenen Registerkarte im Dialogfeld *Neu* einzuordnen, legen Sie im Dialogfeld *Speichern unter* im Vorlagenordner einen Unterordner an. Der Name dieses Unterordners wird später als Titel (z. B. *Arbeitsblattlösung*) des Registerreiters im Dialogfeld *Neu* angezeigt. Der Inhalt des Unterordners erscheint, sobald die Registerkarte über den Registerreiter angewählt wird. Vorlagen entfernen Sie, indem Sie die betreffenden Einträge auf der jeweiligen Registerkarte mit der rechten Maustaste anklicken und im Kontextmenü *Löschen* wählen.

Sie kennen jetzt die wichtigsten bzw. am häufigsten benützten Excel-Funktionen. Sicherlich gibt es noch vieles über dieses Programm zu wissen. Dies soll aber weiterführenden Büchern vorbehalten bleiben.

Testen Sie Ihr Wissen

Zur Überprüfung Ihres Wissens sollten Sie die folgenden Aufgaben lösen. Die Antworten finden Sie in Klammern angegeben.

- **Legen Sie ein Arbeitsblatt an, bei dem die Zellwerte aus einem anderen Arbeitsblatt übernommen werden.**

  (Markieren Sie die Zelle des Zielarbeitsblatts und tippen Sie ein Gleichheitszeichen ein. Excel startet den Modus zur Eingabe einer Formel. Wechseln Sie jetzt über die Blattregister zum Quellarbeitsblatt und klicken Sie auf die Zelle, deren Wert übernommen werden soll. Drücken Sie zur Bestätigung die [Eingabe]-Taste. Excel wechselt automatisch zum Zielarbeitsblatt und zeigt in der Zelle den übernommenen Wert an. Die Formel zur Zellübernahme wird bei Anwahl der Zielzelle in der Bearbeitungsleiste z. B. zu »Tabelle1!A2« angezeigt.)

- **Erstellen Sie eine Tabelle mit einigen Werten in einer Spalte. In zwei weiteren Zellen sollen der minimale und der maximale Wert der Spalte ausgegeben werden.**

  (Geben Sie einige Werte in eine Spalte ein. Klicken Sie auf die erste Zielzelle und wählen Sie in der Bearbeitungsleiste die Schaltfläche *Funktion einfügen*. Wählen Sie im Dialogfeld *Funktion einfügen* die Funktionskategorie »Alle« und den Funktionsnamen »MIN«. Klicken Sie auf die *OK*-Schaltfläche. Tragen Sie den Zellbereich der auszuwertenden Zellen in das Dialogfeld *Funktionsargumente* ein – oder markieren Sie den Bereich im Arbeitsblatt per Maus – und schließen Sie das Dialogfeld. Wiederholen Sie die Schritte für den Maximumwert, indem Sie als Funktionsnamen »MAX« verwenden.)

- **Erstellen Sie eine Tabelle mit den Marktanteilen dreier Produkte. Stellen Sie diese Marktanteile in einem Kreisdiagramm dar.**

  (Tragen Sie in eine Spalte der Tabelle die Marktanteile als Prozentwerte und in eine andere Spalte die Produktnamen ein. Wechseln Sie im Menüband zur Registerkarte *Einfügen*, klicken Sie in der Gruppe *Diagramme* auf die Schaltfläche *Kreis* und wählen Sie im Menü einen der Kreisdiagrammtypen aus. Bei Bedarf können Sie noch das eingefügte Diagramm verschieben, in der Größe anpassen oder formatieren. Die Details sind in diesem Kapitel im Lernschritt »Daten als Diagramm aufbereiten« beschrieben.)

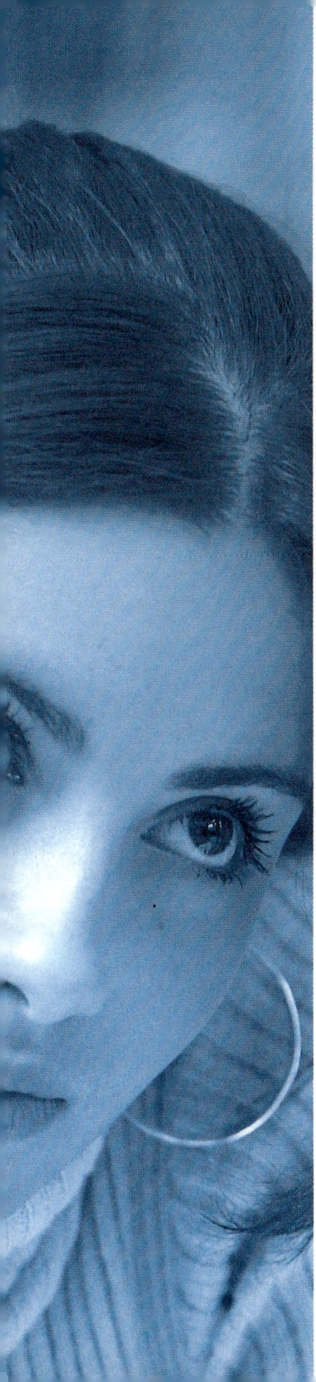

Kapitel 7

Präsentieren mit PowerPoint

Was bringt Ihnen dieses Kapitel?

Microsoft PowerPoint ermöglicht Ihnen, Präsentationen zu erstellen und direkt am Computer wiederzugeben. In diesem Kapitel erhalten Sie eine Kurzeinführung in die Programmfunktionen. Sie erfahren, wie Sie eine Präsentation erstellen, und lernen die wichtigsten Funktionen kennen. Sie können anschließend das Programm starten, eine Präsentation erstellen und am Computer wiedergeben. Weiterhin können Sie Präsentationen drucken und speichern.

PowerPoint, das erste Mal

PowerPoint ist das Präsentationsprogramm in Microsoft Office. Mit wenigen Mausklicks können Sie eine neue Präsentation aus Präsentationsseiten (Folien) erstellen. Die Wiedergabe ist direkt am Computer möglich. Mit etwas Grundwissen können Sie professionelles Vortragsmaterial erstellen. Selbst die Anfertigung von Handzetteln und Werbebroschüren ist mit dem entsprechenden Basiswissen in PowerPoint kein Problem.

PowerPoint im Überblick

Microsoft PowerPoint lässt sich ähnlich wie Word oder Excel über den zugehörigen Eintrag im Startmenü aufrufen. Oder Sie doppelklicken auf eine bestehende PowerPoint-Dokumentdatei, um das Anwendungsfenster von Microsoft PowerPoint zu öffnen.

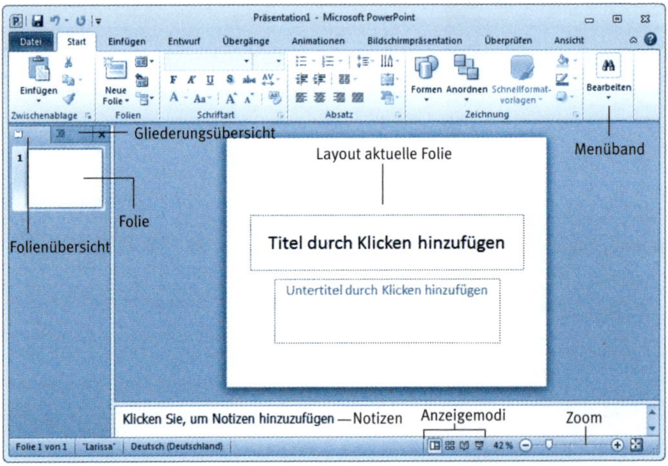

Ähnlich wie bei Word oder Excel enthält das Anwendungsfenster oben ein Menüband mit diversen Registerkarten und unten eine Statusleiste.

- Das Menüband weist die Registerkarten mit den Optionen zur Gestaltung der Präsentation sowie zu deren Wiedergabe auf.
- In der Statusleiste finden Sie z. B. auch die Schaltflächen zum Umschalten der Darstellungsmodi oder den Schieberegler zur Anpassung des Zoomfaktors.

Diese Elemente kennen Sie bereits, daher möchte ich nicht mehr allzu detailliert darauf eingehen. Allerdings gibt es bei PowerPoint auch einige Abweichungen zu den bisher benutzten Programmen. Üblicherweise zeigt PowerPoint das **Anwendungsfenster** in der **Normalansicht**, in der die aktuelle Seite der Präsentation sowie einige Zusatzfenster sichtbar sind.

- Eine **Präsentation besteht aus** einer oder mehreren als **Folien** bezeichneten **Seiten**. Die Layoutansicht der aktuell gewählten Folie erscheint im rechten Teil des Dokumentbereichs.
- In der linken Spalte zeigt PowerPoint die stilisierten Seiten aller Folien einer Präsentation als Miniaturen (**Folienübersicht**) an. Zudem lässt sich dieses Teilfenster mit der Folienübersicht zur **Gliederungsansicht** umschalten, in der die Folientitel und Überschriften gezeigt werden.
- Zu jeder Folie lassen sich **Notizen** (z. B. bezüglich des Inhalts oder Hinweise zur Präsentation) ablegen. Diese Notizen geben Sie in das Fenster unterhalb des Dokumentfensters mit der angezeigten Folie ein.

In der Statusleiste informiert Sie PowerPoint über die Foliennummer sowie den Namen der benutzten **Entwurfsvorlage**.

Zum Beenden von PowerPoint wählen Sie wie bei anderen Programmen entweder die Schaltfläche *Schließen* in der rechten oberen Ecke des Anwendungsfensters oder rufen auf der Registerkarte *Datei* den Befehl *Beenden* auf. Falls das Programm noch ungespeicherte Änderungen aufweist, werden Sie durch ein Dialogfeld darauf hingewiesen. Sie können dann die Änderungen in Dateien speichern oder verwerfen. Wie Sie eine Präsentation speichern, wird später noch gezeigt.

Eine Präsentation erstellen

Eine PowerPoint-Präsentation besteht aus mehreren Folien, die Sie mit dem Programm erzeugen bzw. gestalten. Neue Folien können dabei leer oder bereits mit einem bestimmten Design versehen sein. PowerPoint 2010 ermöglicht Ihnen, Präsentationen direkt aus verschiedenen Vorlagen abzuleiten. Dann reduziert sich das Erstellen auf die Auswahl der Vorlage und das anschließende Ausfüllen der aus der Vorlage erzeugten Folien. Zudem können Sie der Präsentation Layouts und Designs zuweisen. Diese Ansätze werden nachfolgend kurz vorgestellt.

Das Erstellen der Präsentation vorbereiten

Bevor Sie mit dem Erstellen einer Präsentation beginnen, sollten Sie deren Inhalte (am besten mit groben Handskizzen) planen. Beantworten Sie für sich selbst vorher folgende Fragen:

- **Wer ist die Zielgruppe?**
- **Was möchte ich sagen?**
- **Wie möchte ich visualisieren?**

Die Präsentation muss in Inhalt und Botschaft auf die Zielgruppe abgestimmt sein. Eine Präsentation vor einem Auditorium mit gemischtem Publikum wird sicherlich anders aussehen als ein Vortrag in einer Spezialistenrunde.

Machen Sie sich Gedanken, welche Kernaussagen Sie den Zuhörern auf den Folien vermitteln wollen. Planen Sie Highlights ein, damit etwas beim Zuhörer hängen bleibt.

Gestalten Sie Ihre Folien so, dass diese für den Zuhörer lesbar und verständlich sind – nichts ist schlimmer als überladene Folien mit zu kleiner Schrift. Pro Folie sollten nicht mehr als drei bis vier Punkte aufgeführt sein (sonst wird die Schrift zu klein, die Folien werden unleserlich).

Auch wenn sich in Microsoft PowerPoint allerlei Effekte in Folien einbauen lassen, verzichten Sie nach Möglichkeit auf den Einsatz von Animationen, Filmen und Sound. So etwas lenkt die Zuhörer oft von der eigentlichen Präsentation ab. Falls Sie doch auf optische und akustische Effekte zurückgreifen möchten, sollten Sie diese sparsam und zur Unterstützung der Präsentation einsetzen.

Nachdem Sie eine Gliederung des Vortrags bzw. der Präsentation besitzen und die obigen Fragen beantwortet sind, können Sie mit der Umsetzung der Präsentation beginnen.

Eine neue Präsentation anlegen

Eine neue Präsentation wird als leeres Dokument oder aus einer bereits bestehenden Präsentationsvorlage abgeleitet. PowerPoint 2010 stellt einige solcher Vorlagen bereit, und über einen Onlinezugang lassen sich weitere Präsentationsvorlagen heranziehen. Um eine Präsentation auf Basis einer solchen Vorlage zu erstellen, gehen Sie in folgenden Schritten vor.

1 Starten Sie PowerPoint, klicken Sie auf den Registerreiter *Datei* und wählen Sie in der Backstage-Ansicht den Befehl *Neu*.

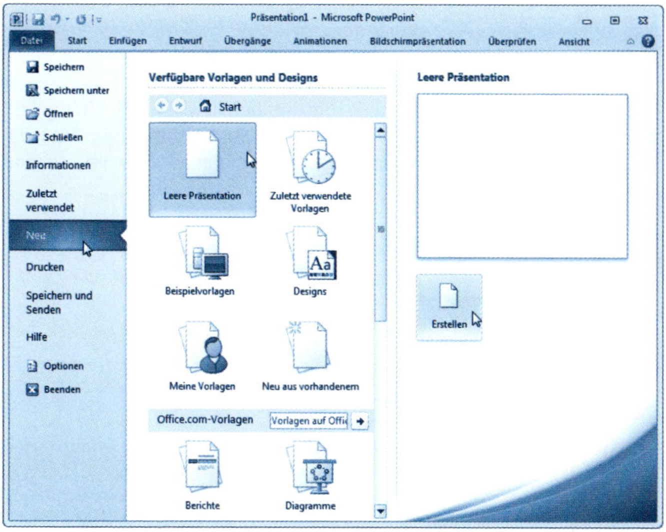

2 Wählen Sie in der Spalte *Verfügbare Vorlagen und Designs* der Backstage-Ansicht eine Vorlagenkategorie und dann eine der in der Kategorie angezeigten Vorlagen.

In der Kategorie *Beispielvorlagen* finden Sie einige Präsentationsvorlagen für Projekte, Berichte etc. Diese Vorlagen sind mit einem Folienhintergrund und einem Foliendesign versehen und brauchen nur noch durch Inhalte ergänzt zu werden. Über die Rubrik »Office.com-Vorlagen« können Sie auf online bereitgestellte Präsentationsvorlagen zugreifen. Wählen Sie den Eintrag *Leere Präsentation*, um mit einer leeren (weißen) Folie zu beginnen.

Die rechte Spalte der Backstage-Ansicht liefert Ihnen eine Miniaturvorschau auf die Folie der jeweils gewählten Vorlage.

3 Sobald die gewünschte Vorlage ausgewählt wurde, klicken Sie in der rechten Spalte auf die Schaltfläche *Erstellen* (bzw. *Download* bei Onlinevorlagen).

PowerPoint 2010 legt dann die neue Präsentation bzw. das neue Dokument auf Basis dieser Vorlage im Dokumentbereich ab. Das Dokument kann dabei, je nach gewählter Vorlage, aus einer oder mehreren Folien bestehen.

Hinweis

In der Kategorie *Designs* finden Sie Vorlagen, die nur eine Folienseite beinhalten, die aber besonders gestaltet ist. Ein solches Design eignet sich z. B., um eine aus mehreren Folien bestehende Präsentation auf Basis dieses Designs zu erstellen. Die andere Möglichkeit besteht darin, die Vorlagenkategorie *Zuletzt verwendet* zu wählen, um auf häufig benutzte Vorlagen zurückzugreifen. Wie Sie solche Folien mit Inhalten oder Designs versehen, wird weiter hinten in diesem Kapitel erläutert.

Haben Sie selbst Vorlagen in PowerPoint erstellt, lässt sich über die Kategorie *Meine Vorlagen* der Backstage-Ansicht das Dialogfeld *Neue Präsentationen* abrufen. Wurden Vorlagen in Unterordner gesichert, erscheinen entsprechend benannte Registerreiter, über die Sie auf die Vorlagen zugreifen können. Wählen Sie eine Vorlage und klicken Sie auf die *OK*-Schaltfläche, um das neue Dokument zu erstellen.

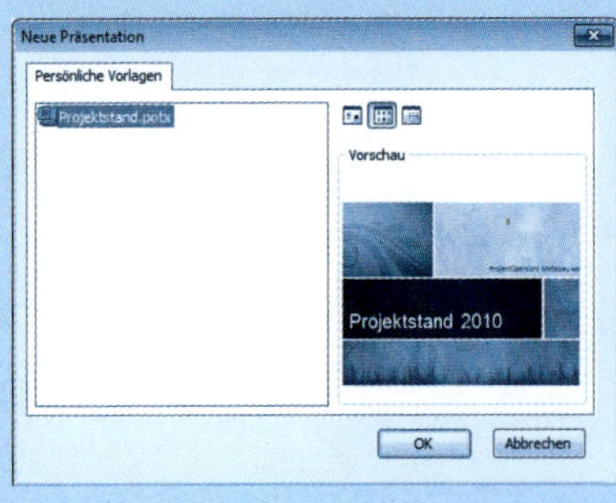

Folienlayouts und Designs zuweisen

In PowerPoint werden Folieninhalte über ein Layout (zur Anordnung von Text und Bildern) gestaltet. Wenn Sie eine Präsentation gemäß den obigen Schritten anlegen, weist PowerPoint der ersten Folie das Layout für Überschriften zu. Es gibt aber weitere Layouts mit unterschiedlichen Platzhaltern, in die sich Text und/oder Grafiken einfügen lassen. **Um** das **Layout** einzelner Folien nachträglich **anzupassen**, gehen Sie folgendermaßen vor.

1 Klicken Sie in der linken Spalte mit der Folienübersicht die gewünschte Folie mit der rechten Maustaste an.

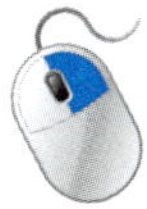

2 Anschließend wählen Sie im Kontextmenü den Befehl *Layout* und klicken in der als Untermenü eingeblendeten Palette auf das gewünschte Layout.

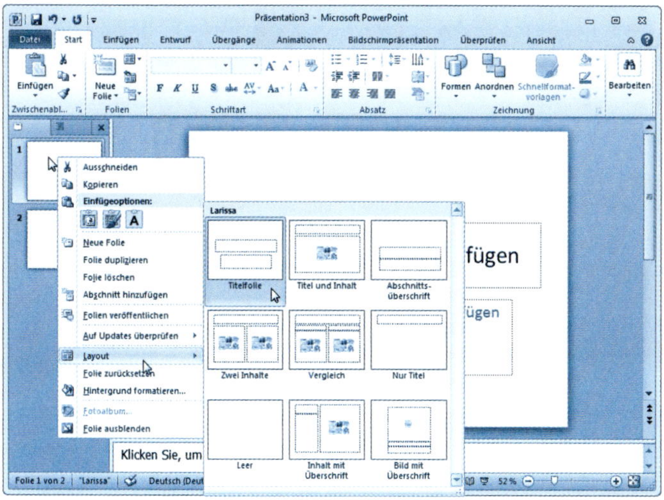

Sie können dabei zwischen Folienlayouts mit Überschriften, mit Inhalten etc. wählen – wobei die angebotenen Layouts von der gewählten Dokumentvorlage abhängen. Sobald Sie das Folienlayout gewählt haben, fügt PowerPoint die betreffenden Platzhalter in das Layout ein.

Neben dem Layout lässt sich den Folien auch ein **Design zuweisen**. Dieses Design wirkt sich auf alle Folien aus und legt neben dem Folienhintergrund auch die Schriftarten für Textinhalte etc. fest.

1 Um ein neues Design zuzuweisen, wechseln Sie im Menüband zur Registerkarte *Entwurf*.

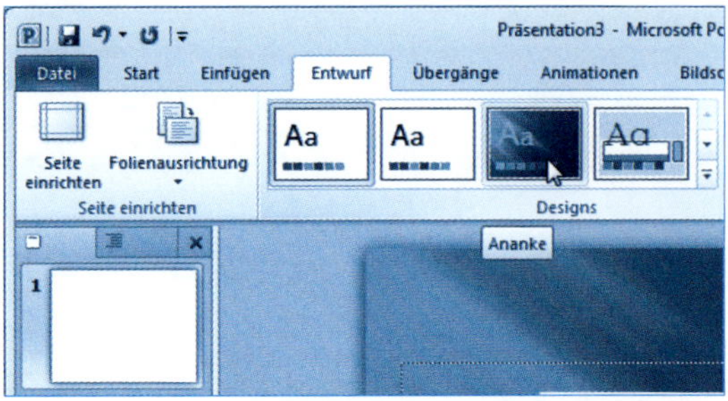

Bereits beim Zeigen auf die Symbole der Gruppe *Designs* wird dessen Wirkung in der aktuellen Folie sichtbar.

2 Klicken Sie auf das gewünschte Design, um es den Folien der Präsentation zuzuweisen.

Dann sollten alle Folien der Präsentation die gleiche Hintergrundfarbe und andere im Design enthaltene Stilelemente aufweisen.

Hinweis

Bei Bedarf können Sie auf die unterste Schaltfläche der am rechten Rand der Gruppe *Designs* eingeblendeten Bildlaufleiste klicken. Dann öffnet PowerPoint einen Katalog zur Auswahl des neuen Designs. Über die Menüschaltfläche in der Titelleiste des Katalogs lässt sich wählen, welche Designs anzuzeigen sind. Anschließend können Sie das Design durch Anklicken eines Katalogeintrags zuweisen.

Folien erstellen und bearbeiten

Im vorhergehenden Abschnitt haben Sie erfahren, wie Sie eine neue Präsentation in PowerPoint anlegen und das Foliendesign sowie das Folienlayout festlegen. Sobald das Programm die Folie(n) in der Folienübersicht anzeigt, können Sie diese mit Inhalten füllen. Nachfolgend erfahren Sie, wie sich die einzelnen Folien mit Inhalten versehen sowie Folien hinzufügen, umgruppieren oder löschen lassen.

Folieninhalte anpassen

Das Ergänzen der Folieninhalte ist recht einfach. Sobald Sie das Foliendesign (falls gewünscht) zugewiesen und das Layout der Folie gewählt haben, lassen sich in die einzelnen Folien Inhalte eingeben. Dies reduziert sich in vielen Fällen auf das Ausfüllen der betreffenden Platzhalter, die vom Folienlayout bereitgestellt werden.

1 Klicken Sie in der Folienübersicht auf die gewünschte Folie, um deren Inhalt im Dokumentfenster einzublenden.

2 Klicken Sie auf den betreffenden Platzhalter des Folienlayouts.

3 Ersetzen Sie anschließend den Inhalt des Platzhalters durch den gewünschten Folieninhalt.

Bei Texten reicht es, den Platzhalter anzuklicken und den Text einzutippen. Sobald Sie auf einen anderen Folienbereich klicken, wird der Eingabemodus beendet. Zum Ändern eines Textelements müssen Sie dieses lediglich erneut anklicken.

Bei Texten stehen Ihnen die gleichen Funktionen zum Markieren, Löschen oder Überschreiben wie in Word oder Excel zur Verfügung.

- Bei Inhalten wie Tabellen, Grafiken, Diagrammen etc. wählen Sie den Platzhalter ebenfalls per Mausklick an. Anschließend erscheint ein Dialogfeld (z. B. *Grafik einfügen*), in dem Sie z. B. die einzufügende Grafikdatei, den einzufügenden Diagrammtyp etc. wählen.
- Beim Einfügen von Diagrammen öffnet PowerPoint anschließend ein Excel-Dokument, in dessen Tabellenbereich Sie die Daten für das Diagramm eintippen müssen. Sobald Sie das Excel-Fenster schließen, fügt PowerPoint die Grafik in den Platzhalter auf der Seite ein.
- Wählen Sie einen Platzhalter für eine Tabelle an, erscheint ein Dialogfeld, in dem Sie die Tabellengröße in Zeilen und Spalten vorgeben. Sobald Sie diesen Dialog über die *OK*-Schaltfläche schließen, wird die Tabelle in die Folie eingefügt. Sie können dann auf die Zellen der Tabelle klicken und Werte eintippen.

Die Schritte haben Sie z. B. in Word beim Einfügen von Grafiken oder SmartArt-Grafiken oder in Excel beim Einfügen von Diagrammen kennengelernt.

Hinweis

Texte lassen sich wie in Word oder Excel mittels der Rechtschreibprüfung auf Schreibfehler überprüfen. Sie finden die Schaltfläche *Rechtschreibprüfung* auf der Registerkarte *Überprüfen*. Bemerken Sie den Fehler direkt bei der Eingabe, drücken Sie die Tastenkombination Strg+Z, um die Eingabe wieder rückgängig zu machen.

Möchten Sie die **Größe** oder die **Position von Folienelementen** (Text, Grafik, Tabellen etc.) **anpassen**?

1 Zuerst müssen Sie den betreffenden Platzhalter des Folienlayouts durch Anklicken markieren.

2 Anschließend können Sie das markierte Element durch Ziehen mit der Maus verschieben oder in der Größe anpassen.

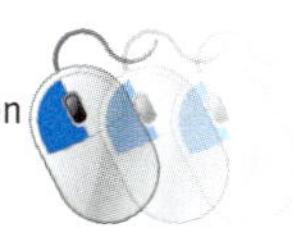

Bei einem Text klicken Sie auf den Platzhalter, und sobald der gestrichelte Markierungsrahmen erscheint, klicken Sie auf diesen Rahmen. Sobald der hier gezeigte Rahmen mit den Ziehmarken erscheint, ist das Textelement markiert.

Zum **Verschieben** müssen Sie den Markierungsrahmen mit der Maus ziehen. Die **Größe des Textfelds** lässt sich über die in den Ecken und Seitenmitten des Markierungsrahmens eingeblendeten Ziehmarken anpassen. Der grün gefüllte Punkt ermöglicht Ihnen, das **Textelement** zu **drehen.** Sie müssen einfach den Punkt per Maus anklicken. Dann lässt sich das Element durch Ziehen des Punkts um eine Rotationsachse drehen.

Bei anderen Folienelementen wie Grafiken, Tabellen, Diagrammen etc. reicht zum Markieren ein Mausklick auf den Platzhalter. Das Element wird durch einen aus einer doppelten Linie gebildeten Rahmen markiert. Sie können dann das markierte Element per Maus an jede beliebige Position in der Folie ziehen.

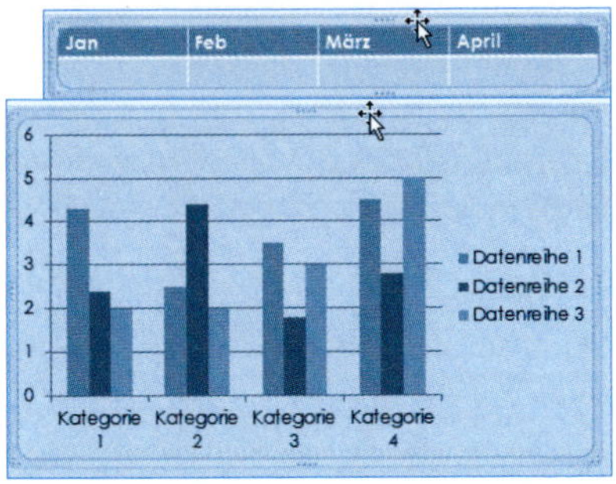

Die Größe passen Sie an, indem Sie die an den Ecken und Seitenmitten des Markierungsrahmens sichtbaren Ziehmarken per Maus verschieben.

> **Hinweis**
>
> Um ein komplettes **Folienelement** mit Text, Grafik, Tabellen etc. zu **löschen,** müssen Sie dessen Platzhalter (z. B. Text samt Rahmen) markieren. Dann lässt sich das Textfeld samt Inhalt oder das Folienelement durch Drücken der [Entf]-Taste löschen.

Textteile formatieren

Um einen Text in einer Folie zu formatieren, gehen Sie folgendermaßen vor:

1 Klicken Sie auf den Platzhalter des zu formatierenden Textes, um in den Bearbeitungsmodus zu gelangen.

2 Markieren Sie den zu formatierenden Text, indem Sie auf den Anfang des zu markierenden Bereichs klicken und dann die Maus bis zum Ende der Markierung ziehen.

3 Wechseln Sie im Menüband zur Registerkarte *Start* und weisen Sie die gewünschten Zeichen- und Absatzformate über die Formatschaltflächen der Gruppen *Absatz* und *Schriftart* zu.

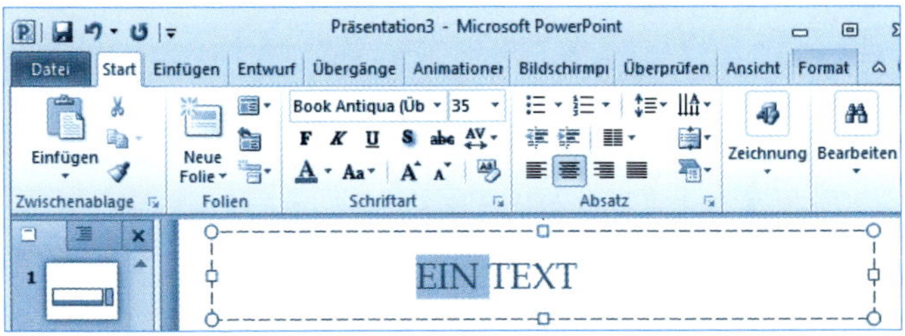

PowerPoint benutzt dabei weitgehend die gleichen Schaltflächen wie Word oder Excel zur Auszeichnung der Texte. Lesen Sie ggf. in den betreffenden Kapiteln nach, was es dabei zu beachten gibt.

Hinweis

Verwenden Sie einen minimalen Schriftgrad von 36 Punkt bei der Formatierung von Texten, damit Folien auch in den letzten Reihen des Auditoriums lesbar bleiben. Bei Präsentationen ist eine zurückhaltende Formatierung der Textinhalte angebracht. Eine unglückliche Farbgestaltung zwischen Textfarbe und Hintergrund reduziert u. U. den Kontrast der Anzeige. Oder zu viele unterschiedliche Schriftarten und -größen sowie kursive Auszeichnungen verringern die Lesbarkeit erheblich. Ähnliches gilt für Fettschrift oder Unterstreichungen.

Folienelemente hinzufügen

Haben Sie ein Folienlayout gewählt, die darin enthaltenen Folienelemente reichen Ihnen aber nicht? Um **Texte** in die Folie **einzufügen**, müssen Sie ein Textfeld als Platzhalter in die Folie einfügen.

1 Wechseln Sie im Menüband zur Registerkarte *Start* und klicken Sie in der Gruppe *Zeichnung* auf die Schaltfläche *Formen*.

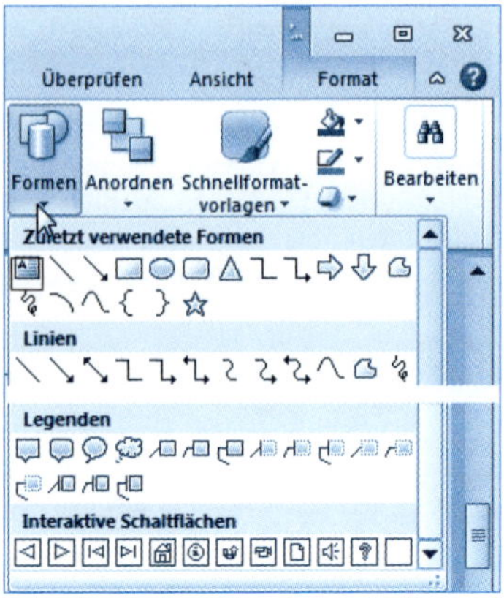

2 Wählen Sie in der eingeblendeten Palette die Schaltfläche *Textfeld* (findet sich in der Rubrik *Standardformen* bzw. nach der ersten Verwendung in der hier gezeigten Rubrik *Zuletzt verwendete Formen*).

3 Markieren Sie in der Folie die linke obere Ecke des einzufügenden Textelements und ziehen Sie den Markierungsrahmen per Maus auf die gewünschte Größe auf.

Sobald Sie die Maustaste loslassen, wird das Textfeld in die Folie eingefügt, und Sie können den Text eingeben sowie mit den gewünschten Formaten versehen.

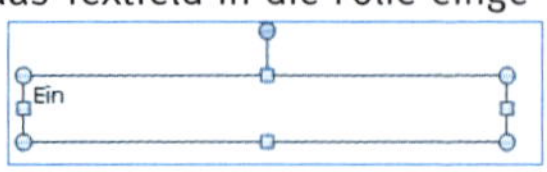

Auf diese Weise lassen sich auch Texte mit Aufzählungen anfertigen. Sie müssen das Textfeld lediglich genügend groß aufziehen oder später bei Bedarf vergrößern (siehe vorherige Abschnitte).

Um **Grafiken, ClipArts** oder **SmartArt**-Elemente **einzufügen**, führen Sie dagegen folgende Schritte aus.

1 Wechseln Sie im Menüband zur Registerkarte *Einfügen* und wählen Sie in den Gruppen *Bilder* und *Illustrationen* die gewünschte Schaltfläche aus.

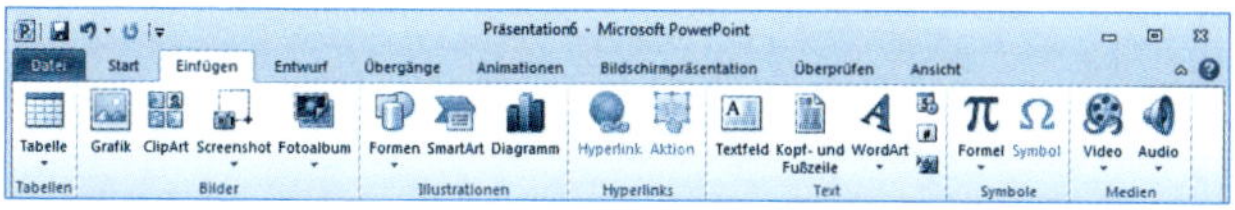

2 Anschließend wählen Sie die Grafikdatei, das ClipArt-Motiv oder das SmartArt-Element im angezeigten Dialogfeld aus und legen ggf. dessen Optionen fest.

3 Sobald das Element in die Folie eingefügt wurde, können Sie es mit der Maus über dessen Platzhalter verschieben oder in der Größe anpassen.

Diese Schritte haben Sie bereits bei Word, Excel oder auf den vorhergehenden Seiten kennengelernt. In der Gruppe *Illustrationen* der Registerkarte *Einfügen* finden Sie auch die Schaltfläche *Formen*, um Zeichenelemente wie Linien oder Textfelder einzufügen.

Hinweis

Um ein Grafikelement oder ein eingefügtes Bild in der Folie zu ändern, klicken Sie es mit der rechten Maustaste an. Im Kontextmenü finden Sie dann Befehle wie *Bild ändern*, *Diagrammtyp ändern* etc.

Neu ist in Office 2010 die Schaltfläche *Screenshot* in der Gruppe *Bilder* der Registerkarte *Einfügen*. Klicken Sie auf diese Schaltfläche, erscheint ein Menü mit den Abbildungen der aktuell auf dem Desktop geöffneten Fenster. Durch Anklicken eines Minibilds kann ein Screenshot des Fensters in die Folie eingefügt werden. Über den Befehl *Bildschirmausschnitt* verschwindet das Programmfenster, der Desktop wird abgeblendet, und Sie können durch Ziehen per Maus einen Desktopausschnitt für den Screenshot markieren.

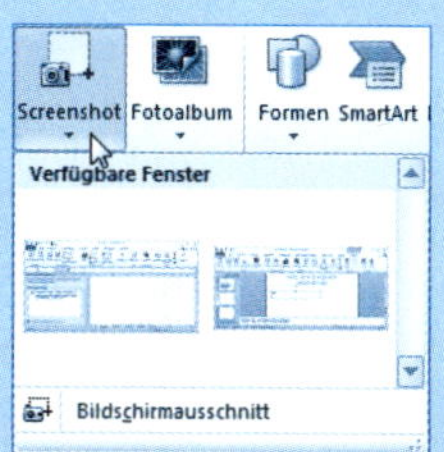

Klicken Sie ein im Dokument eingefügtes Grafikelement an, lässt sich dieses über die Elemente der Registerkarte *Format* der Bildtools korrigieren. Sie können z. B. die Schaltfläche *Zuschneiden* anwählen und dann die eingeblendeten Zuschnittmarkierungen im Dokumentbereich mit der Maus verschieben. Auf diese Weise kann der Bildausschnitt angepasst werden.

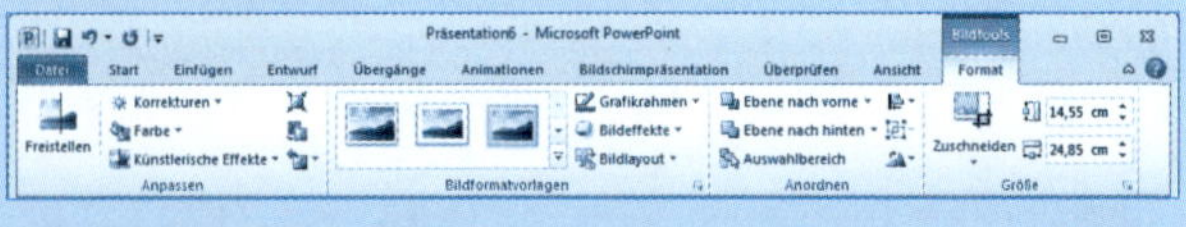

Über weitere Schaltflächen lassen sich Korrekturen wie Bildschärfe, Helligkeit, Kontrast oder die Farbe anpassen. Klicken Sie auf die Menüschaltfläche, können Sie die Korrekturoption in einem Katalog auswählen. Zudem finden Sie Schaltflächen, um Grafikrahmen oder Bildeffekte zuzuweisen. Die Schaltfläche *Drehen* in der Gruppe *Anordnen* ermöglicht es, Fotos z. B. um 90 Grad zu drehen. Mittels der Schaltfläche *Bild zurücksetzen* in der Gruppe *Anpassen* können Sie Bild- und Größenanpassungen zurücknehmen. Klicken Sie ein bearbeitetes Foto mit der rechten Maustaste an, lässt sich der Kontextmenübefehl *Als Grafik speichern* wählen. Sie können dann das bearbeitete Bild direkt als Grafikdatei in verschiedenen Formaten (JPEG, PNG, TIFF, GIF, BMP, WMF, EMF) speichern.

Ein Fotoalbum in PowerPoint gestalten

Die Schaltfläche *Fotoalbum* der Gruppe *Bilder* auf der Registerkarte *Einfügen* des Menübands ermöglicht Ihnen, ein Fotoalbum interaktiv aus Fotos zu erstellen.

1 Legen Sie ggf. eine neue leere Präsentation über die betreffende Vorlage an (siehe die vorhergehenden Seiten).

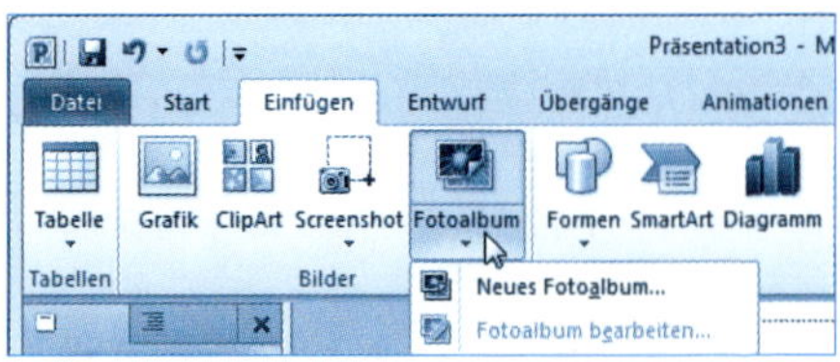

2 Wechseln Sie im Menüband zur Registerkarte *Einfügen*, klicken Sie auf den unteren Bereich der Schaltfläche *Fotoalbum* und anschließend auf den Menübefehl *Neues Fotoalbum*.

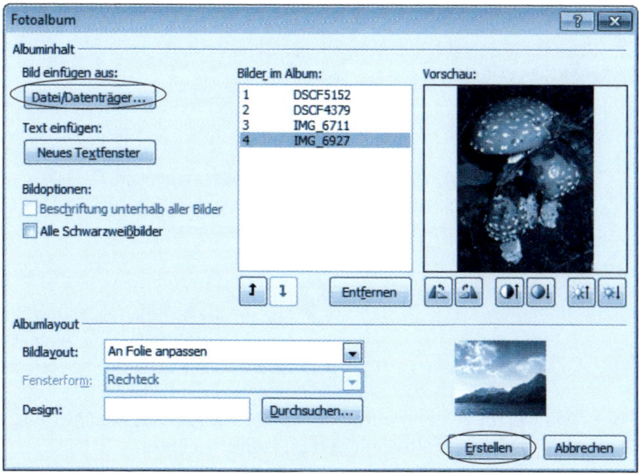

3 Im Dialogfeld *Fotoalbum* klicken Sie auf die Schaltfläche *Datei/Datenträger*.

4 Dann wählen Sie im eingeblendeten Dialogfeld *Neue Bilder einfügen* die einzufügenden Grafikdateien (z. B. durch Anklicken bei gedrückter [Strg]-Taste) aus und klicken auf die Schaltfläche *Einfügen*.

5 Markieren Sie ein Foto in der Liste *Bilder in Album*, lässt sich dieses über die Schaltflächen unterhalb der Liste nach oben oder unten verschieben bzw. über die *Entfernen*-Schaltfläche löschen.

6 Passen Sie bei Bedarf die Bildparameter über die im Dialogfeld *Fotoalbum* unterhalb des Vorschaufelds gezeigten Schaltflächen an (z. B. Drehen, Helligkeit etc.).

7 Über das Listenfeld *Bildlayout* können Sie festlegen, wie viele Bilder pro Folie bzw. Albumseite anzuzeigen sind.

8 Möchten Sie Textfolien zwischen den Fotoseiten haben, klicken Sie im Dialogfeld *Fotoalbum* auf die Schaltfläche *Neues Textfenster*.

9 Sobald alle Fotos in das Album einsortiert sind, klicken Sie im Dialogfeld *Fotoalbum* auf die Schaltfläche *Erstellen*.

PowerPoint erzeugt dann automatisch ein Fotoalbum, welches aus einer Startseite sowie den Folien mit den Bildseiten besteht.

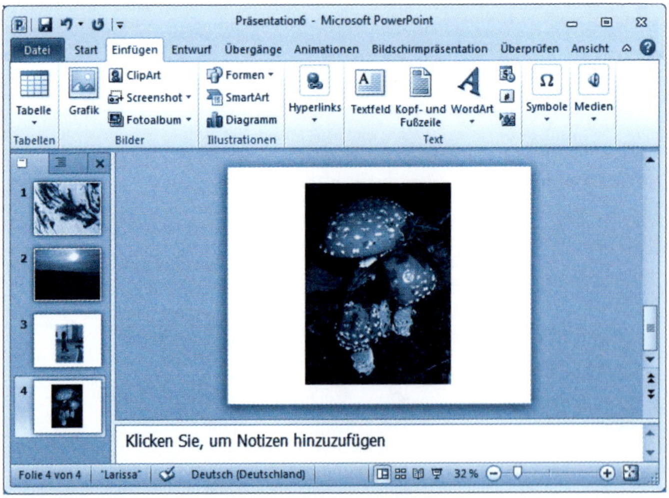

Haben Sie Textseiten eingefügt, werden diese ebenfalls angelegt. Sie können das Fotoalbum als Präsentation wiedergeben (siehe unten) und als PowerPoint-Datei speichern.

Folien hinzufügen oder entfernen

Um einer Präsentation neue Folien hinzuzufügen oder nicht mehr benutzte Folien zu entfernen, sind nur wenige Schritte erforderlich.

1 Klicken Sie in der linken Spalte der Folienübersicht auf die Folie, hinter die die neue Folie einzufügen ist.

2 Wählen Sie auf der Registerkarte *Start* des Menübands die Schaltfläche *Neue Folie*.

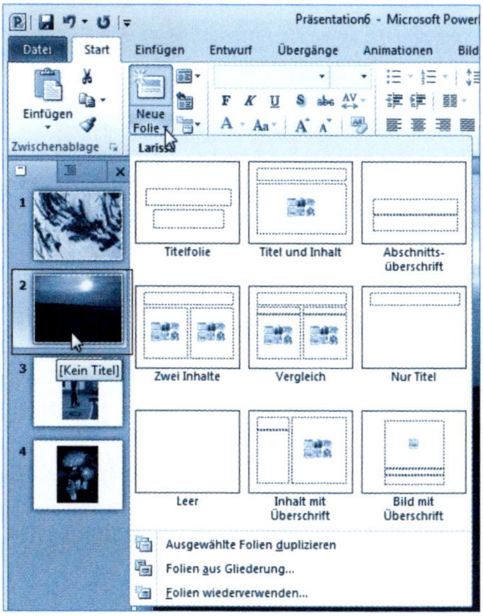

3 Klicken Sie in der eingeblendeten Palette auf das gewünschte Folienlayout.

Die neu eingeführte Folie enthält die Platzhalter gemäß dem ausgewählten Folienlayout. Sie müssen diese dann nur noch um die gewünschten Inhalte ergänzen. Möchten Sie eine **Folie** aus der Präsentation **entfernen**?

1 Klicken Sie in der Folienübersicht die zu löschende Folie mit der rechten Maustaste an.

2 Wählen Sie im Kontextmenü den Befehl *Folie löschen* (oder drücken Sie die [Entf]-Taste).

Die Folie wird dann ohne weitere Nachfragen aus der Präsentation entfernt.

> **Tipp**
>
> Haben Sie irrtümlich eine Folie gelöscht, drücken Sie sofort die Tastenkombination [Strg]+[Z]. Dann hebt PowerPoint den letzten Befehl auf und stellt die gelöschte Folie wieder her.

> **Hinweis**
>
> Klicken Sie Folien der Folienvorschau (Rubrik *Folien*) mit der rechten Maustaste an, finden Sie im Kontextmenü weitere Befehle, um neue Folien einzufügen oder bestehende Folien zu löschen. Der Kontextmenübefehl *Folie ausblenden* ermöglicht Ihnen, eine Folie von der Wiedergabe in der Präsentation auszunehmen und später wieder in den Vortrag einzufügen.

Folien umgruppieren

Soll die Reihenfolge der Folien geändert werden? Dies lässt sich direkt mit der Maus erledigen.

1 Markieren Sie das Symbol der gewünschten Folie in der Folienübersicht.

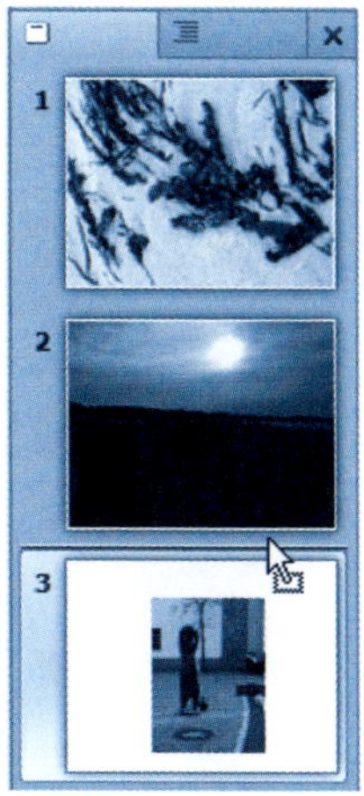

2 Ziehen Sie das Symbol der Folie in der Folienübersicht oder in der Gliederung nach oben bzw. unten zur neuen Position.

Sobald Sie die linke Maustaste loslassen, ordnet PowerPoint die Folie entsprechend ein. Es ist dabei gleichgültig, ob die Folienübersicht im Modus *Folien* oder *Gliederung* eingestellt ist. Wie Sie die Darstellung der Folienübersicht umschalten, wird weiter hinten in diesem Kapitel im Abschnitt »Wechseln der Anzeigemodi« gezeigt.

Die Präsentation speichern

Nach dem Anlegen der Präsentation können Sie diese speichern. Dies ermöglicht Ihnen, die Präsentation später erneut zu laden.

1 Wechseln Sie über den Registerreiter *Datei* zur Backstage-Ansicht und wählen Sie den Befehl *Speichern unter*.

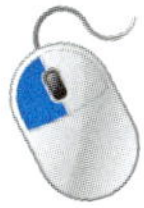

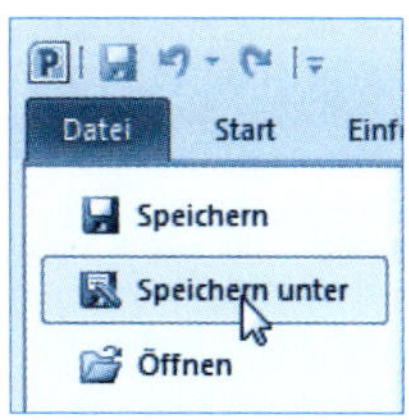

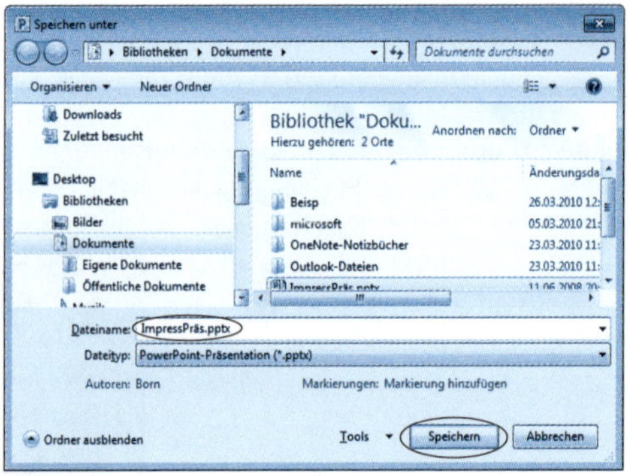

2 Wählen Sie im Dialogfeld *Speichern unter* den Zielordner aus.

3 Geben Sie den Dateinamen in das Feld *Dateiname* ein und passen Sie ggf. das Dateiformat an.

4 Klicken Sie auf die *Speichern*-Schaltfläche.

Standardmäßig speichert PowerPoint 2010 die Präsentation in einer *.pptx*-Datei. Soll die Präsentation noch mit früheren PowerPoint-Versionen (97 bis 2003) gelesen werden können, müssen Sie das Dateiformat auf *.ppt* umstellen.

Hinweis

Möchten Sie das Dokument als Vorlage für weitere Präsentationen nutzen? Dann stellen Sie das Dateiformat auf »PowerPoint-Vorlage (.potx)« um und speichern das Dokument im Vorlagenordner – der übrigens beim Wechsel zu diesem Dateiformat automatisch im Dialogfeld *Speichern unter* eingestellt wird. Haben Sie ein Dokument bereits gespeichert und möchten vorgenommene Änderungen sichern? Dann genügt es, den Registerreiter *Datei* anzuklicken und in der Backstage-Ansicht den Menübefehl *Speichern* zu wählen. Soll eine bestehende Präsentation unter einem neuen Namen gespeichert werden, wählen Sie dagegen den Befehl *Speichern unter* in der Backstage-Ansicht.

Präsentation laden, wiedergeben, drucken

Sobald Sie eine Präsentation erstellt und in einer Datei gesichert haben, lässt sich diese laden und am Bildschirm wiedergeben. Zudem können Sie die Folien auf dem Drucker oder einem anderen Ausgabegerät ausgeben. Die entsprechenden Schritte werden hier kurz dargestellt. Zudem erfahren Sie, wie sich Animationen in die Folienwiedergabe einbauen lassen.

Eine Präsentation erneut laden

Haben Sie die Präsentation gespeichert und PowerPoint beendet? Dann müssen Sie das Programm starten und die Präsentation erneut laden.

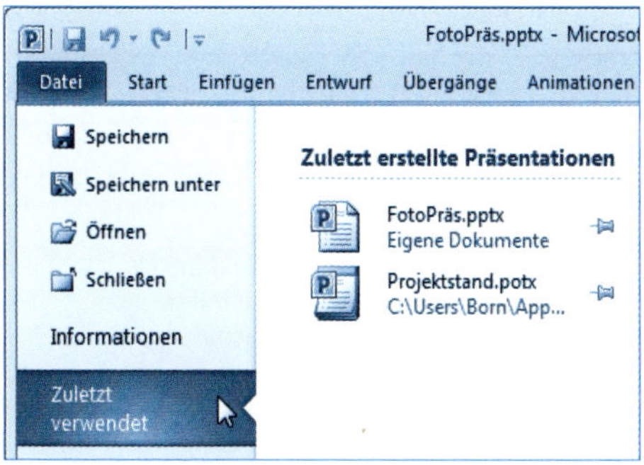

1 Wechseln Sie über den Registerreiter *Datei* zur Backstage-Ansicht und klicken Sie auf den Befehl *Zuletzt verwendet*.

2 Wird die Präsentation in der rechten Spalte *Zuletzt erstellte Präsentationen* aufgeführt, klicken Sie den Eintrag an, um die Präsentation direkt zu laden.

3 Muss die Präsentation aus einem Ordner geladen werden, klicken Sie im Menü der Backstage-Ansicht auf den Befehl *Öffnen*.

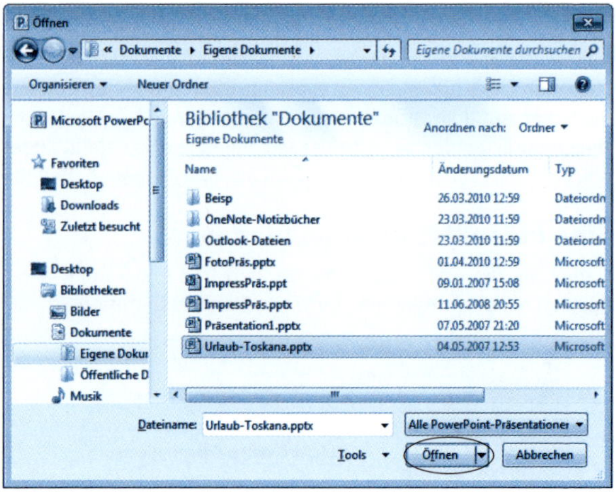

4 Wählen Sie im Dialogfeld *Öffnen* den Ordner mit den PowerPoint-Dateien, klicken Sie auf die gewünschte Datei und bestätigen Sie mit einem Klick auf die Schaltfläche *Öffnen*.

PowerPoint lädt die Präsentation und zeigt diese im Anwendungsfenster an.

> **Hinweis**
>
> Über den Pfeil am rechten Rand der Schaltfläche *Öffnen* lässt sich ein Menü anzeigen, welches zusätzliche Optionen zum Öffnen der PowerPoint-Datei enthält. Sie können beispielsweise die Präsentation schreibgeschützt öffnen. Dies verhindert das ungewollte Speichern von Änderungen in der Präsentation. Gibt es Probleme beim Öffnen der Datei, können Sie den Befehl *Öffnen und reparieren* wählen. Sie sehen, auch bei PowerPoint verhält sich vieles wie in den anderen Office-Anwendungen. Auch der Befehl *Öffnen und reparieren* steht z. B. in Word oder Excel über das Menü der Schaltfläche *Öffnen* zur Verfügung.

Wechseln der Anzeigemodi

Zum Erstellen der Folien werden Sie vermutlich den auf den vorhergehenden Seiten gezeigten *Normal*-Modus verwenden. Dann werden das Folienlayout im rechten Teil des Dokumentfensters und die Übersicht über die Folien in der linken Spalte des Dokumentfensters eingeblendet.

Die Darstellung der **Folienübersicht** in der linken Spalte im Dokumentfenster lässt sich über die am oberen Rand der Spalte sichtbaren Registerreiter zwischen einer Folienvorschau (Rubrik *Folien*) und der hier gezeigten Gliederungsansicht **umschalten**. In der Gliederungsansicht werden die Texte aller in den Folien enthaltenen Textblöcke aufgelistet und lassen sich direkt korrigieren.

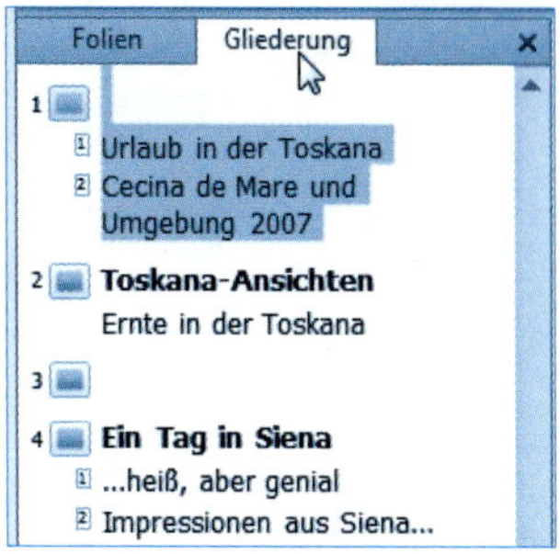

Die in der rechten oberen Ecke der Spalte sichtbare Schaltfläche dient zum Schließen des Teilfensters. Um zur Normalansicht zurückzukehren, können Sie die nachfolgend beschriebenen Methoden nutzen.

Im rechten Titel der Statusleiste sehen Sie mehrere Schaltflächen, über die sich die **Anzeigemodi beeinflussen** lassen.

- Standardmäßig ist die linke Schaltfläche *Normal* aktiviert, d. h., PowerPoint verwendet den Darstellungsmodus *Normal* mit geteiltem Dokumentfenster (links die Folienübersicht oder die Gliederungsansicht, rechts das Folienlayout der aktuellen Folie und unten ggf. die Notizenansicht).
- Über die rechte Schaltfläche *Bildschirmpräsentation* rufen Sie die Wiedergabe der Präsentation am Bildschirm ab (siehe die folgenden Seiten).
- Die Schaltfläche *Leseansicht* zeigt die Folie so, wie sie in einer Präsentation erscheint, schaltet aber nicht zur Vollbildansicht um. Über die Leseansicht lässt sich die Wirkung der Präsentation beurteilen.
- Wählen Sie die Schaltfläche *Foliensortierung*, zeigt PowerPoint die Folien in einer Miniaturansicht in einem Fenster. Hierdurch erhalten Sie einen schnellen Überblick über die Präsentation. Zudem können Sie eine Folie per Mausklick markieren und dann durch Ziehen mit der Maus an die gewünschte Position in der Präsentation verschieben.

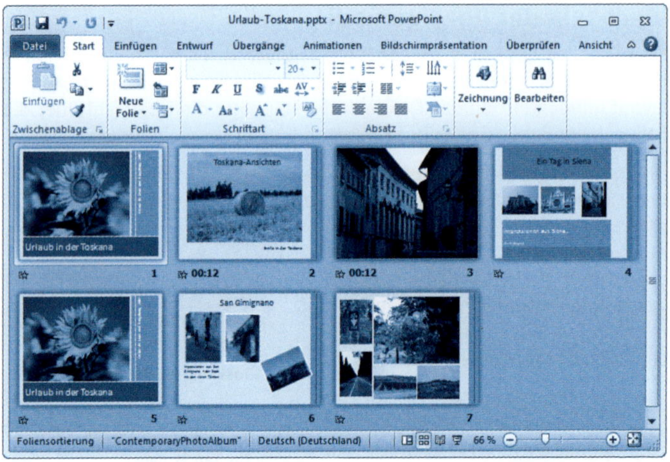

Im Modus *Foliensortierung* stehen Ihnen natürlich auch die Kontextmenübefehle zum Löschen einer markierten Folie, zum Einfügen neuer Folien sowie zum Kopieren zur Verfügung.

> **Hinweis**
>
> Die Sortierung der Folien lässt sich auch in der linken Spalte der Folienübersicht in den Darstellungsmodi *Folien* und *Gliederung* vornehmen.

Um eine **Folie** zu **duplizieren**, klicken Sie diese z. B. mit der rechten Maustaste in der Ansicht *Foliensortierung* an, wählen den Kontextmenübefehl *Kopieren*, klicken mit der rechten Maustaste auf eine neue Stelle im Dokumentfenster und wählen den Kontextmenübefehl *Einfügen*. Diese Technik kennen Sie bereits vom Kopieren in Word oder Excel.

1 Um mehr Kontrolle über die einzelnen Darstellungsmodi von PowerPoint zu erhalten und einzelne Ansichten abzurufen, wechseln Sie im Menüband zur Registerkarte *Ansicht*.

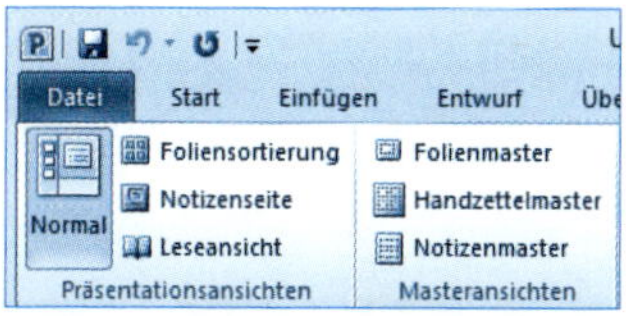

2 Klicken Sie in der Gruppe *Präsentationsansichten* auf eine der vier Schaltflächen, um zwischen den Modi *Normal*, *Foliensortierung*, *Notizenseite* und *Leseansicht* umzuschalten.

Vielleicht versuchen Sie einmal, die unterschiedlichen Anzeigemodi anzuwählen. Sie erhalten dann sofort eine Übersicht über deren Wirkungsweise.

> **Hinweis**
>
> Über die Schaltflächen der Gruppe *Masteransichten* lassen sich zudem die Masterseiten für Folien, Handzettel oder Notizen im Dokumentfenster abrufen. Diese Masterseiten bestimmen das Format der jeweiligen Dokumente. Bei Anwahl einer Masteransicht lässt sich über die eingeblendete Registerkarte die Seite einrichten, das Design bearbeiten etc. Die Schaltfläche *Masteransicht schließen* beendet die Anzeige und PowerPoint kehrt zur vorherigen Dokumentansicht zurück.

Arbeiten mit Folienübergängen

In PowerPoint können Sie festlegen, wie die unterschiedlichen Folien während der Präsentation eingeblendet werden. Diese Funktion bezeichnet man als Folienübergang.

1 Markieren Sie die Folien, für die der Übergang festgelegt wird (die Strg-Taste gedrückt halten und die Folien in der Folienübersicht oder in der Darstellung *Foliensortierung* anklicken).

2 Wechseln Sie im Menüband zur Registerkarte *Übergänge* und klicken Sie in der Gruppe *Übergang zu dieser Folie* auf eines der angezeigten Übergangsschemen.

PowerPoint weist dann den markierten Folien die betreffende Animation beim Folienübergang zu.

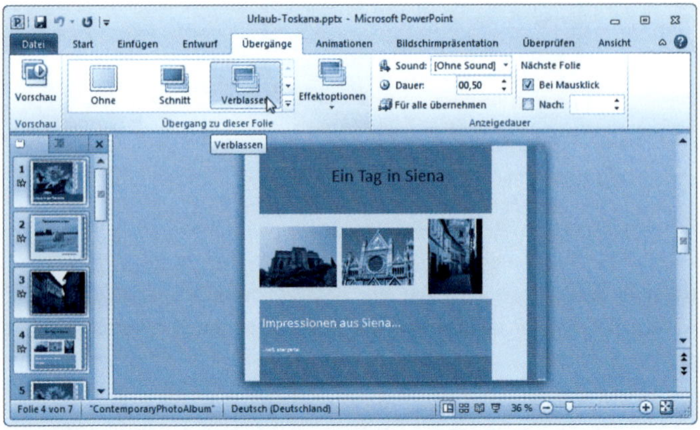

Hinweis

Um die Wirkung eines Übergangsschemas zu sehen, reicht es bereits, per Maus auf dessen Symbol auf der Registerkarte *Übergänge* zu zeigen. Klicken Sie auf die unterhalb der Bildlaufleiste zur Auswahl der Übergangsschemen sichtbare Schaltfläche, öffnet PowerPoint einen Katalog mit allen Übergängen. Dort finden Sie weitere Folienübergänge wie Wischen, Schieben und Aufdecken etc.

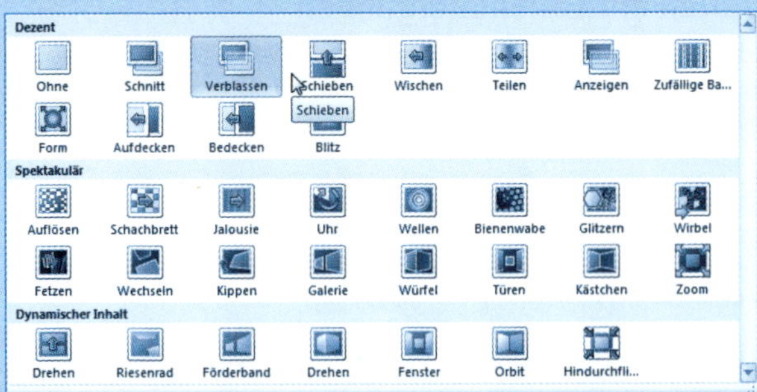

Über die Schaltfläche *Effektoptionen* können Sie zudem vorgeben, ob der Übergang gleitend zwischen den Folien oder über einen schwarzen Bildschirm erfolgen soll.

Folien lassen sich bei der Präsentation auf dem Bildschirm per Mausklick einzeln abrufen oder in einer automatischen Folge wiedergeben. Entscheiden Sie sich für die automatische Wiedergabe, können Sie neben der Art des

Folienübergangs noch vorgeben, wie lange einzelne Folien anzuzeigen sind und wie schnell der Übergang erfolgen soll. Zudem lässt sich ein Sound beim Folienübergang abspielen. Hierzu verwenden Sie folgende Schritte.

1 Möchten Sie beim Folienübergang Sound abspielen, öffnen Sie das Listenfeld *Sound* in der Gruppe *Anzeigedauer* und wählen einen der angebotenen Sounds aus.

Öffnen Sie das Listenfeld *Übergangsgeschwindigkeit* in der Gruppe *Übergang zu dieser Folie* auf der Registerkarte *Übergänge* und wählen Sie einen der Werte (Langsam, Mittel, Schnell).

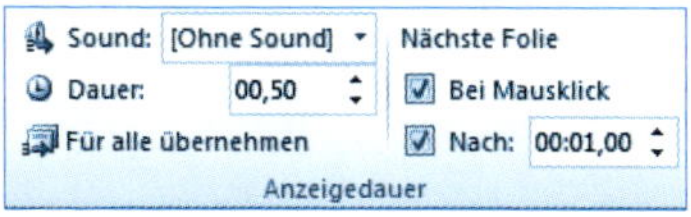

2 Die Übergangsdauer stellen Sie über das Drehfeld *Dauer* ein.

3 Wählen Sie abschließend in der Kategorie *Nächste Folie* der Registerkarte *Übergänge* über die Kontrollkästchen, ob die Folienwechsel per Mausklick oder automatisch nach Ablauf einer einstellbaren Zeit von m Minuten und n Sekunden erfolgen sollen.

4 Möchten Sie diese Einstellungen für alle Folien übernehmen, klicken Sie auf die Schaltfläche *Für alle übernehmen* der Gruppe *Anzeigedauer*.

Anschließend können Sie die Bildschirmpräsentation starten und die Übergänge testen (siehe unten).

Animationen verwenden

In PowerPoint lässt sich die Anzeige der einzelnen Folieninhalte animieren, d. h., Texte oder Bilder werden beim Aufruf der Folie auf Mausklick oder zeitgesteuert, ggf. mit Effekten, sichtbar. Wie bereits am Kapitelanfang erwähnt, sollten Sie mit Animationen zurückhaltend sein. Möchten Sie trotzdem, dass die PowerPoint-Präsentation animiert wird?

1 Markieren Sie die Folie, für die eine Animation erwünscht ist (Folie in der linken Spalte *Folien* oder *Gliederung* anklicken).

2 Markieren Sie in der Folienansicht das zu animierende Element (z. B. Textbox, Bild etc.) durch Anklicken mit der Maus.

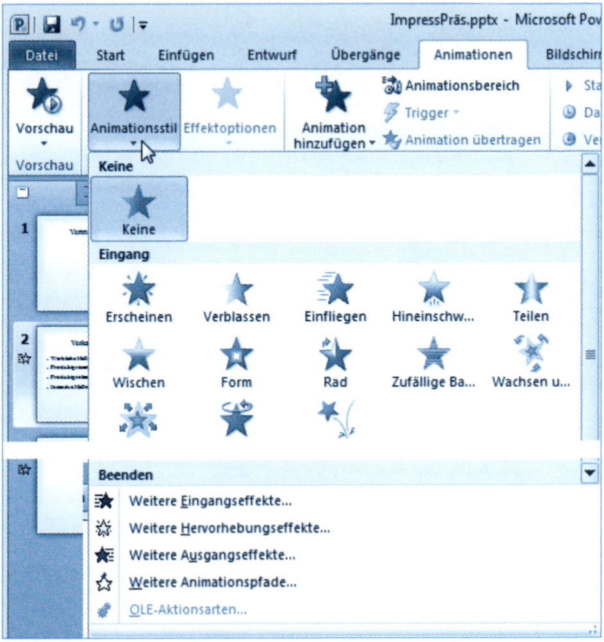

3 Wechseln Sie im Menüband zur Registerkarte *Animationen* und öffnen Sie in der Gruppe *Animationen* den Katalog der Schaltfläche *Animationsstil*. Wählen Sie einen der angebotenen Effekte aus.

PowerPoint startet dann die Animation, d. h., Sie sehen, wie das markierte Element im Folienlayout im rechten Teil des Fensters animiert eingeblendet wird.

Hinweis

Möchten Sie eine weitere Animation auf das gleiche Element anwenden? Dann müssen Sie auf der Registerkarte *Animationen* die Schaltfläche *Animation hinzufügen* anklicken. Anschließend lässt sich im Katalog ein weiterer Effekt auswählen und dem aktuellen Element zuweisen.

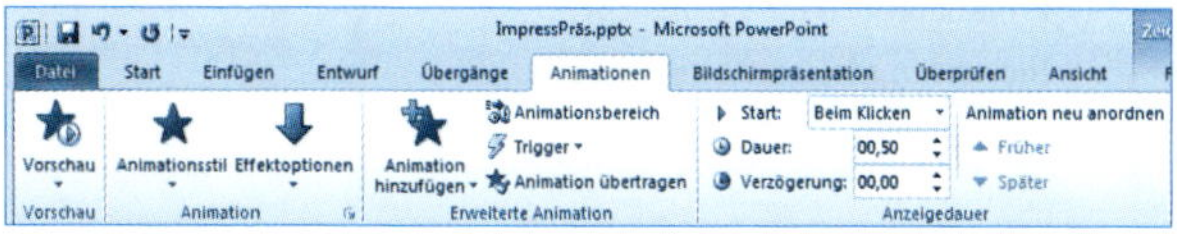

4 Anschließend legen Sie auf der Registerkarte *Animationen* die optionalen Animationseigenschaften über die Elemente *Trigger*, *Start*, *Dauer* und *Verzögerung* fest.

Die Menüschaltfläche *Trigger* ermöglicht Ihnen, optional eine besondere Startbedingung zum Abrufen der Animation festzulegen. Sie können über ein Menü vorgeben, dass die Animation beim Anklicken auf ein in der Folie vorgegebenes Rechteck starten soll. Das Listenfeld *Start* legt fest, ob die Animation beim Klicken auf die Folie, zum gleichen Zeitpunkt wie die vorherige Animation oder erst nach Abschluss der vorhergehenden Animation erfolgen darf. Im Drehfeld *Dauer* stellen Sie die Animationsdauer ein, während das Feld *Verzögerung* festlegt, dass die Animation erst nach einer bestimmten Wartezeit in Sekunden wiederzugeben ist.

5 Klicken Sie auf der Registerkarte *Animationen* auf die Schaltfläche *Animationsbereich*, wird dieser am rechten Seitenrand eingeblendet.

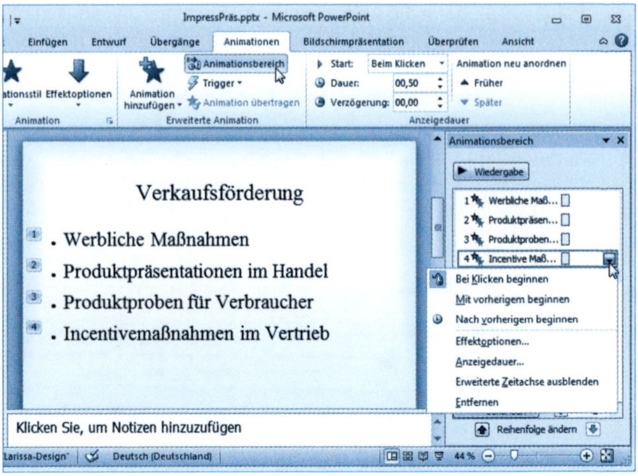

6 Sie können dann einen der Einträge anklicken und mittels der Schaltflächen *Früher* bzw. *Später* der Gruppe *Anzeigedauer* auf der Registerkarte *Animationen* in der Animationsliste nach oben oder unten verschieben. Damit wird festgelegt, welche Elemente zuerst animiert einzublenden sind.

7 Klicken Sie auf den rechten Rand eines Animationseintrags, öffnet sich ein Menü, über dessen Befehle Sie die bereits zugewiesenen Animationseigenschaften nachträglich ändern können.

Anschließend lässt sich eine Vorschau durch Anklicken der Schaltfläche *Wiedergabe* starten. Dann wird die Animation im Folienlayout angezeigt.

Die Bildschirmpräsentation aufrufen

Eine der Stärken von PowerPoint besteht in der Möglichkeit, Ihre Präsentation direkt am Bildschirm ablaufen und ggf. über einen angeschlossenen Projektor (»Videobeamer«) auf eine Leinwand übertragen zu können. Zum Aufrufen der Präsentation gehen Sie folgendermaßen vor.

1 Wechseln Sie im Menüband zur Registerkarte *Bildschirmpräsentation*.

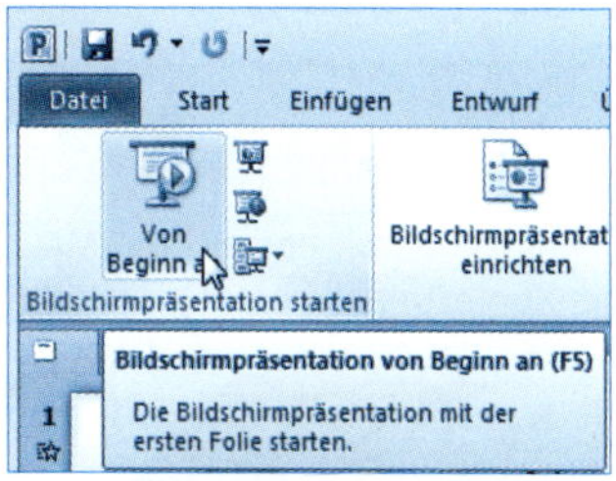

2 Klicken Sie in der Gruppe *Bildschirmpräsentation starten* auf die Schaltfläche *Von Beginn an*.

Hinweis

Alternativ können Sie die Funktionstaste F5 drücken. Haben Sie eine Folie in der Folienübersicht markiert und möchten die Wiedergabe ab dieser Folie beginnen, wählen Sie in der Gruppe *Bildschirmpräsentation starten* der Registerkarte *Bildschirmpräsentation* die rechts oben eingeblendete Schaltfläche *Aus aktueller Folie*. Oder drücken Sie die Tastenkombination Umschalt+F5. Die Schaltfläche *Bildschirmpräsentation* in der Statusleiste besitzt die gleiche Wirkung.

PowerPoint schaltet dann zur Vollbilddarstellung um und zeigt die aktuell angewählte Folie an.

Wurde eine automatische Wiedergabe der Folien eingerichtet, brauchen Sie nichts mehr zu tun.

Alternativ bietet PowerPoint Ihnen die Möglichkeit, manuell zwischen den Folien zu blättern. Während der Präsentation können Sie folgende Techniken nutzen, um zwischen den einzelnen Folien zu blättern.

- Zum **Weiterblättern zur nächsten Folie** genügt ein Mausklick auf die Vollbildansicht oder das Drücken der `Eingabe`-Taste. Enthält die Folie allerdings animierte Elemente, werden diese ggf. durch Klicken oder Drücken der `Eingabe`-Taste eingeblendet.
- Die Taste `Rück` geht zur vorhergehenden Folie der Präsentation zurück.
- Drücken Sie die `Esc`-Taste, wird die Präsentation beendet und Sie gelangen zum PowerPoint-Fenster zurück.

Zusätzlich können Sie mit der rechten Maustaste in die Präsentation klicken und per Kontextmenü verschiedene Befehle abrufen.

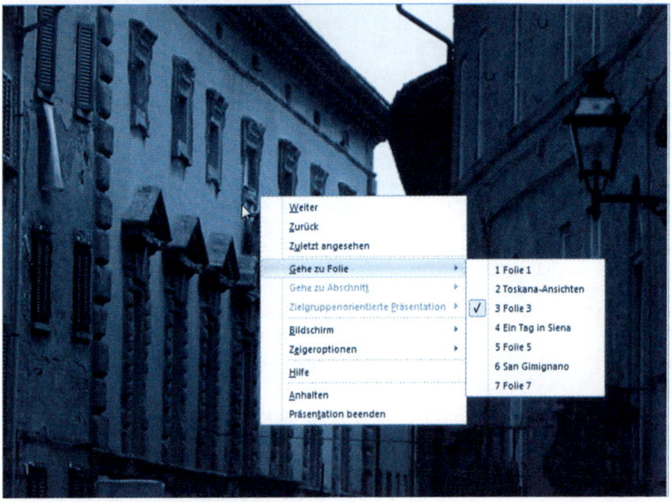

- Der Befehl *Gehe zu Folie* ermöglicht Ihnen, über Untermenüs Folien gezielt über deren Titel abzurufen.
- Über den Befehl *Weißer Bildschirm* des Menüs *Bildschirm* lässt sich die Präsentation unterbrechen und eine weiße Fläche anzeigen. Der Befehl *Präsentation ausblenden* des Menüs *Bildschirm* zeigt einen schwarzen Bildschirm. Ein Mausklick schaltet in beiden Fällen zur Präsentation der zuletzt angezeigten Folie zurück.

- Möchten Sie während der Präsentation etwas auf der Folie markieren? Dann wählen Sie den Befehl *Zeigeroptionen/Stift*. PowerPoint benutzt jetzt als Mauszeiger einen stilisierten Stift. Über den Menübefehl *Freihandfarbe* lässt sich die Zeichenfarbe wählen. Anschließend können Sie bei gedrückter linker Maustaste mit dem Stift auf die Folie zeichnen. Der Befehl *Textmarker* funktioniert genau so, verwendet aber eine breitere Spitze zum Markieren.

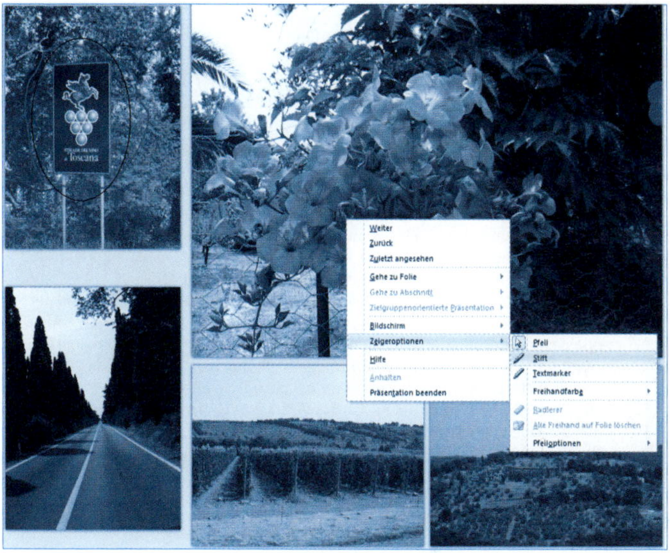

Um von der Anzeige des Stifts wieder zum Mauszeiger zurückzuschalten, klicken Sie mit der rechten Maustaste auf die Folie. Anschließend setzen Sie die Zeigeroption per Menü *Zeigeroptionen/Pfeil* wieder auf den Mauszeiger zurück. Wählen Sie im Kontextmenü *Zeigeroptionen* den Befehl *Radierer*, können Sie anschließend Stift- oder Textmarkermarkierungen durch Anklicken löschen. Über den Befehl *Zeigeroptionen/Alle Freihand auf Folie löschen* lassen sich die Markierungen in der aktuellen Folie löschen.

Hinweis

Beenden Sie eine Präsentation, die Markierungen enthält, erscheint ein Dialogfeld mit Schaltflächen zur Auswahl, ob diese Markierungen erhalten bleiben oder entfernt werden sollen.

Tipp

Halten Sie selten Präsentationen und verfügen Sie nur über wenig Vortragserfahrung? Mit ein paar Tipps meistern Sie die wichtigsten Hürden und verbessern den Vortragsstil. Persönlich plane ich pro Folie zwischen einer und zwei Minuten Zeit ein. Die Ihnen zugestandene Vortragszeit bestimmt dann die Folienzahl – wobei Sie sich zum Ende des Vortrags ggf. etwas Luft lassen sollten. Proben Sie den Vortrag oder die Präsentation vorab. Dies ermöglicht Ihnen, sowohl den zeitlichen Ablauf als auch den inhaltlichen Stil zu überprüfen. Stellt sich bei Ihnen vor Vorträgen Lampenfieber ein und stehen Sie manchmal »sprachlos« Auge in Auge vor dem Auditorium? Überlegen Sie sich ein paar einleitende Worte und schreiben Sie diese ggf. stichpunktartig auf kleine Kärtchen. Diese können Sie notfalls ablesen – ist diese Hürde geschafft, läuft es mit dem Vortrag meist automatisch. Oft ist es auch hilfreich, am Ende des Vortrags noch ein Kärtchen zu haben, auf dem einige Stichworte zum Abschluss notiert wurden. Behalten Sie während der Präsentation die Zeit im Auge – wird es zeitlich knapp, können Sie ggf. Folien weglassen oder überspringen. Niemand außer Ihnen weiß, was Sie eigentlich geplant hatten. Eine gute Präsentation wird nicht durch eine übersprungene Folie beeinträchtigt – endlos überzogene Vorträge führen aber häufig zu Unmut im Auditorium. Hilfreich ist es auch, sich vor Vortragsbeginn mit der für die Präsentation vorgesehenen Technik vertraut zu machen. Mit einer solchen Vorbereitung sollte Ihrem Vortrag oder Ihrer Präsentation nur noch wenig im Wege stehen.

Präsentationsdokumente drucken

Zum Drucken einer Präsentation (als Handnotiz etc.) verwenden Sie, wie bei anderen Office-Programmen, die Backstage-Ansicht.

1 Wählen Sie den Registerreiter *Datei* und klicken Sie in der Backstage-Ansicht auf den Befehl *Drucken*.

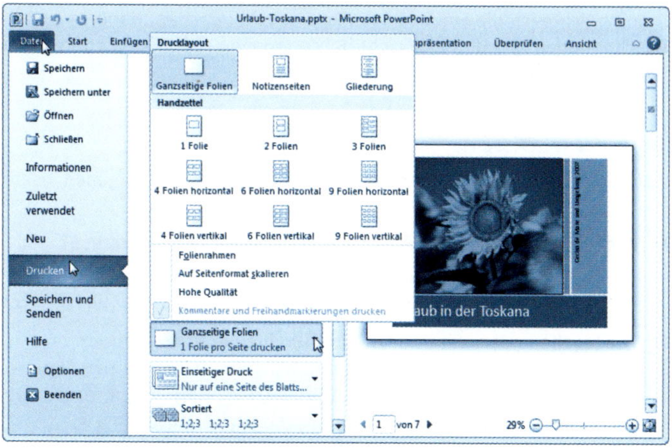

2 Legen Sie anschließend die Druckoptionen im rechten Teil der Backstage-Ansicht fest.

In der Rubrik »Einstellungen« finden Sie ein Listenfeld »Ganzseitige Folien« vor, in dem Sie neben Folien auch weitere zu druckende Elemente (z. B. Handzettel, Notizen etc.) auswählen können.

3 Zum Starten des Ausdrucks klicken Sie auf die in der Backstage-Ansicht gezeigte Schaltfläche *Drucken*.

Jetzt beginnt die Ausgabe der betreffenden PowerPoint-Dokumente auf dem Drucker.

Damit möchte ich die Einführung in PowerPoint beenden. Näheres zu den Druckoptionen und den hier nicht beschriebenen Funktionen entnehmen Sie bitte der Programmhilfe.

Testen Sie Ihr Wissen

Zur Überprüfung Ihres Wissens sollten Sie die folgenden Aufgaben lösen. Die Antworten finden Sie in Klammern angegeben.

- **Wie lässt sich eine neue Folie in eine Präsentation aufnehmen?**

  (Zum Beispiel die Folie in der Folienübersicht mit der rechten Maustaste anklicken und den Kontextmenübefehl *Neue Folie* wählen.)

- **Wie löschen oder verschieben Sie Folien in der Präsentation?**

  (Klicken Sie die Folie in der linken Spalte mit der Folienübersicht an. Zum Verschieben ziehen Sie die Folie einfach mit der Maus nach oben oder nach unten. Zum Löschen öffnen Sie das Kontextmenü mit der rechten Maustaste und wählen den Befehl *Folie löschen*.)

- **Wie kann eine Bildschirmpräsentation abgerufen werden und wie lässt sich zwischen den Folien blättern**

(Starten lässt sich die Bildschirmpräsentation über die Schaltfläche *Von Beginn an* der Registerkarte *Bildschirmpräsentation* oder durch Drücken der Funktionstaste F5. Blättern lässt sich zwischen den Folien, indem Sie die Eingabe-Taste und die Rück-Taste nutzen. Oder Sie klicken mit der rechten Maustaste auf die Präsentation und wählen die entsprechenden Kontextmenübefehle.)

- **Wie ändern Sie das Layout einer Folie?**

(Klicken Sie die Folie in der linken Spalte mit der Folienübersicht mit der rechten Maustaste an. Anschließend wählen Sie im Kontextmenü den Befehl *Layout* und klicken in der eingeblendeten Palette auf das gewünschte Layout.)

Kapitel 8

Office-Programme im Verbund einsetzen

Was bringt Ihnen dieses Kapitel?

Mit den in den vorangehenden Kapiteln vorgestellten Office-Programmen wie Word, Excel oder PowerPoint können Sie viele Aufgaben lösen. Die Stärke von Microsoft Office kommt aber erst dann so richtig zum Tragen, wenn Sie die Funktionen der Einzelprogramme kombinieren. Sie können beispielsweise Serienbriefe in Word erstellen und dabei Daten aus Word-Dokumenten oder aus Excel-Arbeitsblättern verwenden. Oder Sie schreiben einen Bericht in Word, in den eine Tabelle aus Excel eingebunden wird. Dieses Kapitel setzt auf das bereits erworbene Wissen auf und zeigt Ihnen, wie Sie aus Office-Programmen auf die Funktionen und Daten von Fremdanwendungen zurückgreifen können.

Serienbriefe erstellen

Müssen Sie einen gleich lautenden Text (z. B. einen Werbebrief, eine Einladung) an verschiedene Adressaten verschicken? Dies bedeutet: den Brief verfassen, die Adresse und die Anrede personalisieren und den Brief ausdrucken. Anschließend muss der nächste Brief auf dieser Basis erstellt werden. Bei zwei, drei Briefen ist dies kein Problem. Bei mehr als fünf Briefen sollten Sie aber darüber nachdenken, ob sich diese Aufgabe mit der Serienbrieffunktion aus Word nicht eleganter erledigen lässt. Was noch fehlt, ist das Wissen, wie die betreffende Funktion eingesetzt werden kann.

Serienbrief-Grundlagen

Um Serienbriefe zu erstellen, benötigen Sie einmals das sogenannte **Hauptdokument**, welches den Text für den Serienbrief enthält. Weiterhin ist eine **Steuerdatei**, auch als **Datenquelle** bezeichnet, erforderlich. Die Steuerdatei enthält die Daten (z. B. Adressenlisten), die in die Serienbriefe einzufügen sind. Die Steuerdatei kann als Word-Dokument, als Excel-Tabelle etc. bereitgestellt werden. Das Hauptdokument lässt sich im ersten Schritt wie ein normaler Brief erstellen. Es bleiben lediglich jene Stellen im Dokument leer, an denen später die zu ersetzenden Informationen auftreten. Die Steuerdatei kann sowohl in Word erstellt als auch über Excel oder Access verwaltet werden.

Erstellen Sie die Vorlage für den Serienbrief

Bevor Sie in die Details der Serienbrieffunktion einsteigen, benötigen Sie ein Textdokument (Hauptdokument), welches als Vorlage für den eigentlichen Brief dienen kann.

1 Öffnen Sie ein neues Word-Dokument (z. B. auf der Basis einer vorhandenen Briefvorlage) über den Befehl *Neu* im Menü der Backstage-Ansicht.

2 Schreiben Sie den Brieftext wie gewohnt, lassen aber die Empfängerangabe sowie den Namen in der Anrede weg.

Ein Brief könnte beispielsweise folgendermaßen aussehen:

Müller Schreibservice
Hugenottenstraße 12
66030 Hassenloch

Müller Schreibservice, Hugenottenstraße 12, 66030 Hassenloch

...
Straße
Plz Ort

66030 Hassenloch, den 1. Juni 2010

Unsere Sommeraktion

Sehr geehrte(r) [Empfänger(in)],

auch in diesem Jahr können wir Ihnen die bekannten günstigen Serviceleistungen während der Urlaubszeit anbieten. Gönnen Sie sich und Ihren Mitarbeitern den verdienten Sommerurlaub. Während Sie sich erholen, halten wir den Service für Ihre Kunden aufrecht:

☑ Büro- und Telefonservice während Ihrer Abwesenheit
☑ Mitarbeiterservice für Ihre Urlaubsvertretung

In dieser Hinsicht wünschen wir Ihnen einen schönen Urlaub!

Mit freundlichen Grüßen

Suse Müller

3 Speichern Sie diesen Briefentwurf in eine *.docx*- oder *.doc*-Datei.

Beachten Sie, dass die Empfängerdaten im Briefkopf leer bleiben (ich habe hier lediglich Platzhalter zur Demonstration eingefügt). Nach dem Speichern der Datei sollte diese geöffnet bleiben.

Sie benötigen eine Steuerdatei

Um die Serienbriefe zu erstellen, benötigen Sie eine **Steuerdatei**, die die variablen Daten (Adresslisten) der Serienbriefe enthält. In der Regel liegt die Adressliste bereits als Steuerdatei im Word-, Excel- oder Access-Format vor. Verfügen Sie noch nicht über eine solche Datei? Für dieses Beispiel wird eine entsprechende Datei direkt in Word erstellt und gespeichert. In Excel gilt eine ähnliche Vorgehensweise.

1 Öffnen Sie ein neues Dokument über den Befehl *Neu* im Menü der Backstage-Ansicht.

Anrede	Name	Vorname	Straße	Nr.	Plz	Ort
Herr	Brenner	Joachim	Gartenstraße	2	60130	Frankfurt
Frau	Meier	Isolde	Hügelweg	19	50234	Köln
Frau	Huber	Ilse	Seedamm	3	30120	Hannover
Herr	Heine	Anton	Burgweg	23	10320	Berlin
Frau	Sauer	Bella	Hauptstraße	3	60150	Frankfurt
Firma	Müller		Dieselstraße	1	60230	Frankfurt

2 Erstellen Sie eine Tabelle mit der hier gezeigten Struktur und tragen Sie einige Adressdaten in die Tabelle ein.

3 Speichern Sie jetzt die Tabelle als Word-Dokument mit der Dateiendung *.docx*- oder *.doc*-Datei in den Zielordner (z. B. als *Steuer.docx*).

Sie können anschließend das Dokumentfenster der Steuerdatei schließen.

Hinweis

Die Steuerdatei lässt sich auch während der Erstellung des Serienbriefs anlegen. Aus didaktischen Gründen habe ich aber auf diese Option verzichtet. Die nachfolgenden Schritte zeigen daher den prinzipiellen Ablauf bei der Serienbrieferstellung, unabhängig davon, ob die Steuerdatei mit Word, Excel, Access oder einem anderen Programm erstellt wurde.

Verwenden Sie Excel (wie im nachfolgenden Beispiel) zur Verwaltung der Adressdaten, erstellen Sie ein Arbeitsblatt mit diesen Daten und speichern Sie das Ganze in eine Arbeitsmappe *Steuer.xlsx*.

	A	B	C	D	E	F	G
1	Anrede	Name	Vorname	Straße	Nr.	Plz	Ort
2	Herr	Brenner	Joachim	Gartenstraß	2	60130	Frankfurt
3	Frau	Meier	Isolde	Hügelweg	19	50234	Köln
4	Frau	Huber	Ilse	Seedamm	3	30120	Hannover
5	Herr	Heine	Anton	Burgweg	23	10320	Berlin
6	Frau	Sauer	Bella	Hauptstraße	3	60150	Frankfurt
7	Firma	Müller		Dieselstraße	1	60230	Frankfurt

So kombinieren Sie Daten und Serienbrief

Haben Sie die Steuerdatei erstellt und gespeichert sowie den Textentwurf für den Serienbrief hergestellt? Dann müssen Sie den Serienbrief in den nächsten Schritten mit den Steuerdaten kombinieren und auch die Seriendruckfelder für den Zugriff auf die Steuerdaten einfügen.

1 Starten Sie Word, laden Sie den Textentwurf für den Serienbrief und wechseln Sie im Menüband zur Registerkarte *Sendungen*.

> **Hinweis**
>
> Sie können im Menü der Schaltfläche *Seriendruck starten* den Befehl *Seriendruck-Assistent mit Schritt-für-Schritt-Anweisungen* wählen. Dann wird eine Aufgabenleiste am rechten Fensterrand eingeblendet. Word führt Sie anschließend durch die Schritte zur Gestaltung des Serienbriefs. Da der Assistent nicht alle benötigten Optionen bietet, zeige ich Ihnen hier die Schritte zur manuellen Erstellung des Serienbriefs.

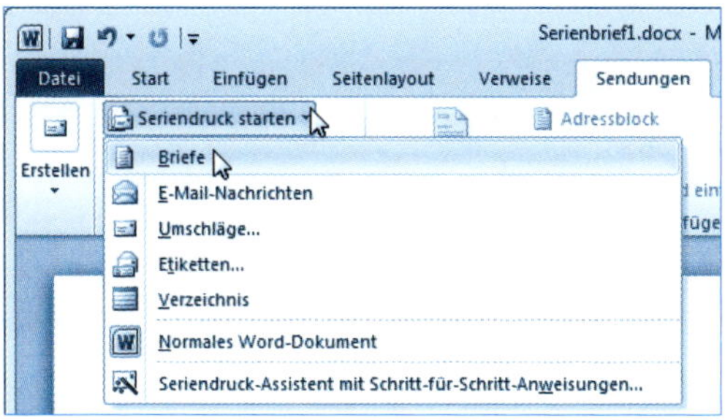

2 Klicken Sie auf der Registerkarte *Sendungen* auf die Menüschaltfläche *Seriendruck starten* und wählen Sie im Menü den Befehl *Briefe*.

Damit ist das Word-Dokument als Briefvorlage für den Seriendruck eingerichtet. Nun gilt es die Steuerdatei mit den Daten für den Seriendruck als Datenquelle anzugeben. Hierfür sind folgende Schritte durchzuführen.

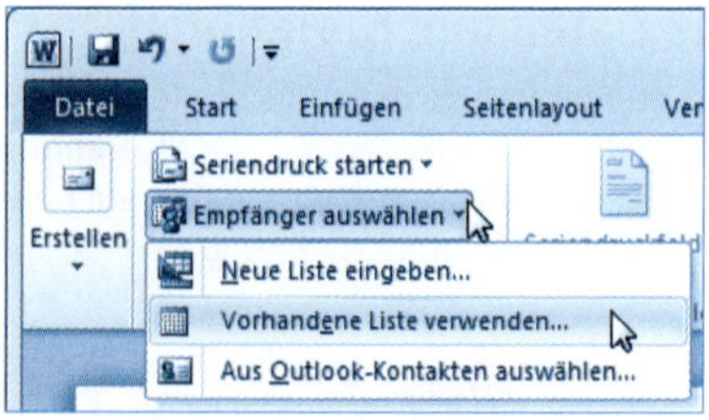

1 Öffnen Sie das Menü der Schaltfläche *Empfänger auswählen* auf der Registerkarte *Sendungen* des Menübands und wählen Sie den gewünschten Befehl.

Möchten Sie in Word eine neue Empfängerliste als Tabelle anlegen, wählen Sie den Befehl *Neue Liste eingeben*, erzeugen die Tabelle mit den Empfängerdaten und speichern das Ganze als Word-Datei. Sind die Empfängerdateien in den Outlook-Kontakten gespeichert, wählen Sie den betreffenden Befehl. Da wir eine entsprechende Steuerdatei bereits vorbereitet haben, wählen Sie den Befehl *Vorhandene Liste verwenden*. Word öffnet das Dialogfeld zur Auswahl der Datenquelle.

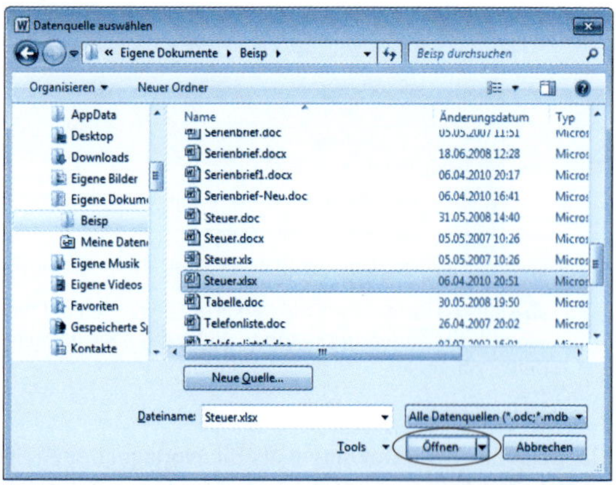

2 Wählen Sie im Dialogfeld *Datenquelle auswählen* den Ordner sowie die gewünschte Steuerdatei (z. B. *Steuer.xls*, *Steuer.xlsx*, *Steuer.docx* oder *Steuer.doc*) aus und klicken Sie auf *Öffnen*.

Das Dialogfeld *Datenquelle auswählen* blendet alle Dateitypen ein, die sich als Datenquelle eignen. Neben Word-Tabellen und Excel-Arbeitsmappen können dies auch Access-Datenbanken oder *.odbc*-Dateien zur Datenbankanbindung sein.

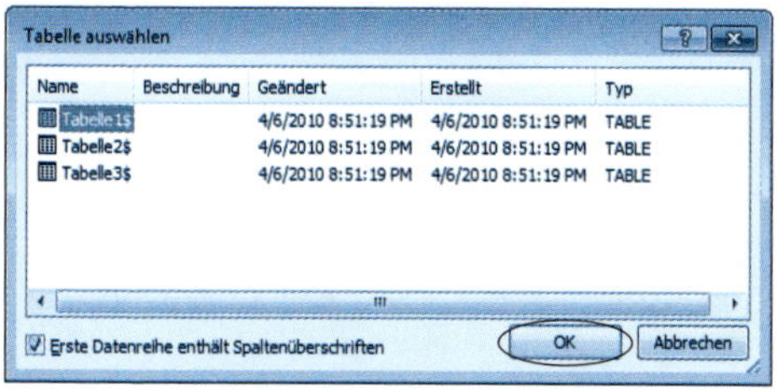

3 Bei einer Excel-Steuerdatei müssen Sie im nebenstehend gezeigten Dialogfeld den Namen des Arbeitsblatts und dann die *OK*-Schaltfläche wählen.

Zudem lässt sich im Dialogfeld angeben, ob die erste Spalte der Tabelle Überschriften enthält, die später als Feldnamen für die Seriendruckfelder benutzt werden. Wählen Sie eine Access-Datenbank oder eine *.odbc*-Datei zur Datenbankanbindung, müssen Sie ggf. in weiteren Dialogschritten die Tabellen mit den Adressdaten aus der Datenbank auswählen.

> **Hinweis**
>
> Um zu demonstrieren, welche Zusatzschritte ggf. erforderlich sind, wird in diesem Beispiel eine Excel-Steuerdatei eingebunden. Sofern Sie auf den vorhergehenden Seiten die Schritte zum Erstellen einer Word-Steuerdatei *Steuer.doc* durchgeführt haben, binden Sie diese ein. Dann entfällt die hier in Schritt 3 gezeigte Auswahl der Excel-Tabelle.

Sobald Sie die Steuerdatei zur Auswahl der Datensätze definiert haben, gilt es die **Informationen für die variablen Bestandteile** des Serienbriefs **einzufügen**. Beispielsweise müssen die Empfängeradresse und die persönliche Anrede im Serienbrief untergebracht werden. Die Information, welche Steuerdaten wohin kommen, wird in sogenannten **Seriendruckfeldern** hinterlegt. Dies sind Platzhalter, die im Hauptdokument an den betreffenden Textstellen eingefügt werden. Beim Druck ersetzt Word dann diese Platzhalter durch die Daten eines Satzes der Steuerdatei.

1 Positionieren Sie die Einfügemarke an der betreffenden Textstelle im Textentwurf des Serienbriefs (auch als Hauptdokument bezeichnet).

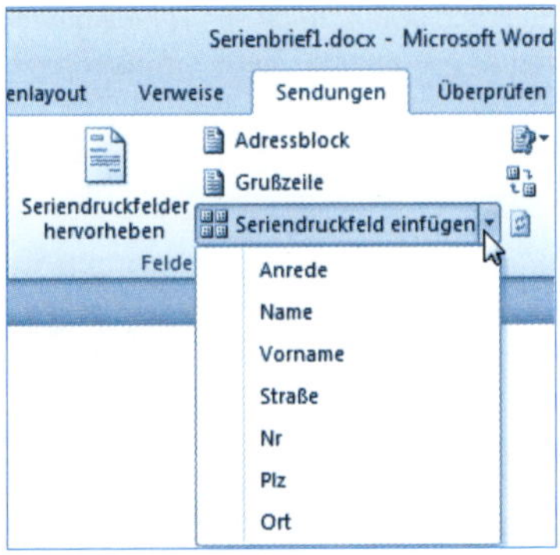

2 Öffnen Sie auf der Registerkarte *Sendungen* des Menübands das Menü der in der Gruppe *Felder schreiben und einfügen* enthaltenen Menüschaltfläche *Seriendruckfeld einfügen* und klicken Sie dann auf einen der angezeigten Feldnamen.

Hinweis

Sie können auch direkt auf die Menüschaltfläche *Seriendruckfeld einfügen* klicken. Dann öffnet sich das hier gezeigte Dialogfeld zur Auswahl der Felder. Übertragen Sie den oder die Feldnamen jeweils mit einem Klick auf die Schaltfläche *Einfügen* oder per Doppelklick in das Dokument und klicken Sie dann auf *Abbrechen*. Über die Schaltfläche *Felder auswählen* des Dialogfelds lässt sich ein zusätzliches Dialogfeld öffnen. Hier können Sie die Felder auswählen, die im Menü der Schaltfläche *Seriendruckfeld einfügen* eingeblendet werden sollen. Setzen Sie den Wert auszublendender Felder auf »(nicht übereinstimmend)«.

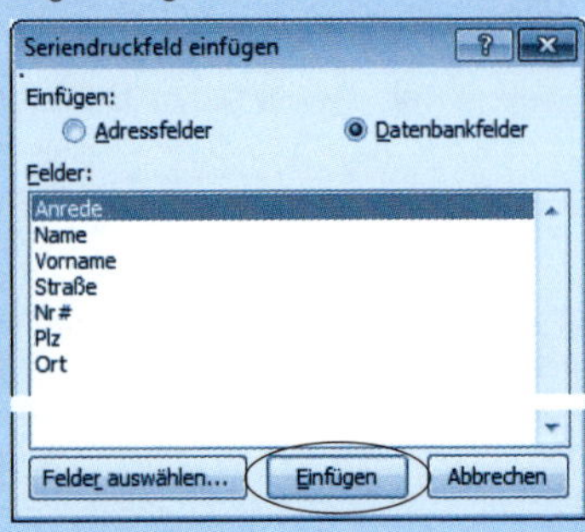

3 Wiederholen Sie ggf. die betreffenden Schritte, um alle Seriendruckfelder in den Brief einzufügen, und ordnen Sie die Felder bei Bedarf in eigenen Zeilen an.

Word fügt bei jedem Schritt das betreffende Seriendruckfeld in den Text ein. Sie erkennen dieses Feld durch die französischen Anführungszeichen «».

Das Ergebnis für den Musterbrief sehen Sie hier. Neben der Anrede werden Vorname, Name, Straße, Postleitzahl und Ort eingefügt. Anrede und Name sind auch in der Begrüßungsformel enthalten.

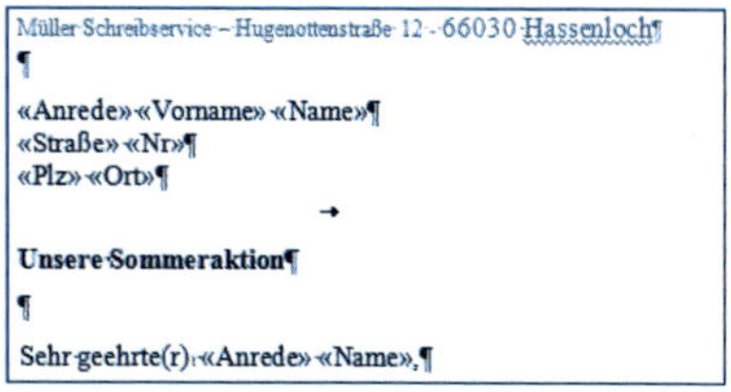
Müller Schreibservice – Hugenottenstraße 12 - 66030 Hassenloch¶
¶
«Anrede» «Vorname» «Name»¶
«Straße» «Nr»¶
«Plz» «Ort»¶

Unsere Sommeraktion¶
¶
Sehr geehrte(r) «Anrede» «Name»,¶

Hinweis

Um die Seriendruckfelder im Text besser erkennen zu können, sollten Sie die Schaltfläche *Seriendruckfelder hervorheben* auf der Registerkarte *Sendungen* anklicken. Die Felder werden dann grau im Text unterlegt.

Die Empfängerliste bearbeiten

Bei umfangreichen Adressbeständen ist es eventuell nicht immer erwünscht, dass das Schreiben an alle Empfänger geht. Oder Sie möchten Porto beim Versand sparen und die Briefe bereits vorsortiert nach Postleitzahl oder Straßen ausdrucken. In diesem Fall müssen Sie ggf. die Empfängerliste bearbeiten und nur die gewünschten Adressaten einschließen bzw. die Liste sortieren lassen. Auch dies lässt sich in Word mit wenigen Mausklicks erledigen.

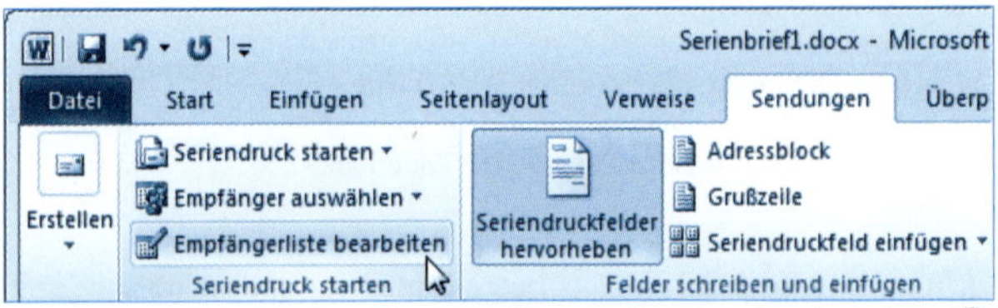

1 Klicken Sie auf der Registerkarte *Sendungen* des Menübands auf die Schaltfläche *Empfängerliste bearbeiten*.

Word öffnet dann ein Dialogfeld *Seriendruckempfänger*, in dem alle Datensätze der Steuerdatei aufgeführt werden.

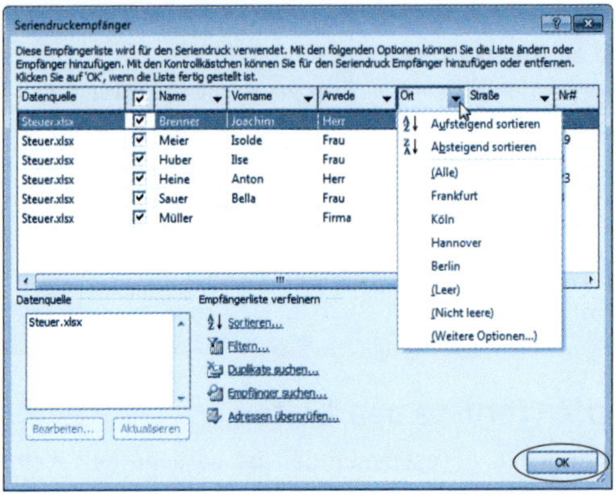

2 Setzen Sie die gewünschten Optionen und schließen Sie das Dialogfeld über die *OK*-Schaltfläche.

Über die Listenfelder der Kopfzeile lässt sich die **Empfängerliste** auf- oder absteigend **sortieren** oder nach verschiedenen Kriterien **filtern**.

- Wählen Sie die ersten beiden Einträge des Listenfelds zum Sortieren der Empfängerliste über das betreffende Feld.
- Der Wert »(Alle)« im Menü des Listenfelds bringt alle Werte zur Anzeige.
- Wählen Sie dagegen in der Spalte *Ort z. B.* einen Wert wie »Frankfurt«, werden alle Datensätze ausgefiltert, bei denen das Feld *Ort* einen abweichenden Wert aufweist.

Alternativ können Sie auch den Hyperlink *Sortieren* im unteren Teil des Dialogfelds *Seriendruckempfänger* anklicken, um das hier gezeigte Dialogfeld *Filtern und sortieren* mit den Sortieroptionen zu öffnen.

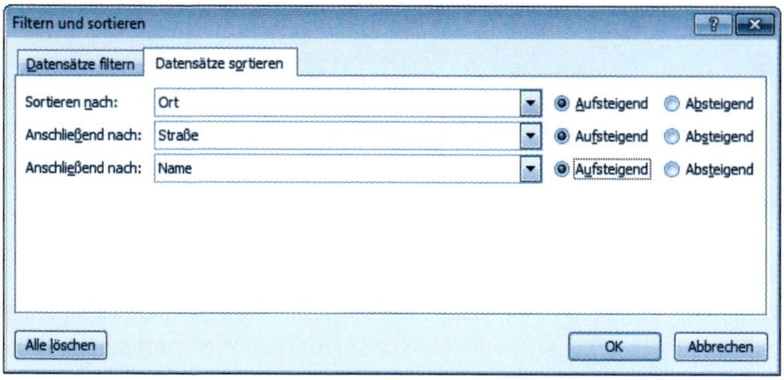

Stellen Sie den Wert der Listenfelder *Sortieren nach* auf die entsprechenden Feldwerte ein, markieren Sie die Optionsfelder für auf- oder absteigende Sortierung und schließen Sie das Dialogfeld über die *OK*-Schaltfläche.

Die zweite nette Sache ist die Möglichkeit zum Filtern der Empfängerliste. Sie können dazu die Listenfelder der Kopfzeile des Dialogfelds *Seriendruckempfänger* verwenden und eines der angebotenen Filterkriterien einstellen. Oder Sie klicken im unteren Teil des Dialogfelds *Seriendruckempfänger* auf den Hyperlink *Filtern*, um das hier gezeigte Dialogfeld *Filtern und sortieren* mit der Registerkarte *Datensätze filtern* zu öffnen.

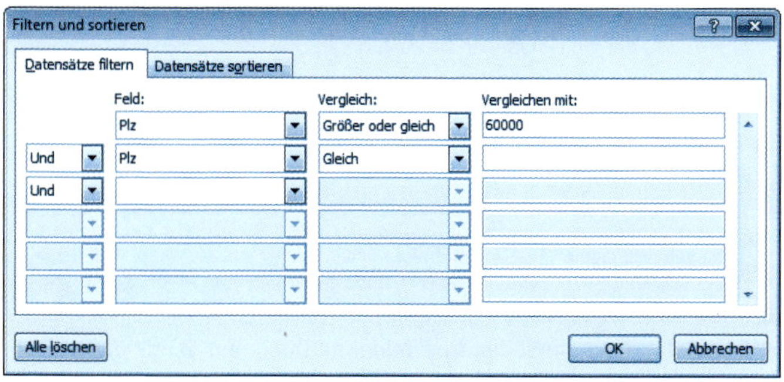

Im Listenfeld *Feld* wählen Sie einen der angebotenen Feldnamen. Über die Listenfelder der Spalte *Vergleich* lassen sich verschiedene Vergleichskriterien wie gleich, größer, kleiner etc. vorgeben, und die dritte Spalte dient zur Aufnahme des Vergleichswerts. In der hier gezeigten Abbildung werden z. B. die Empfänger im Postleitzahlenbereich 6 ausgefiltert.

> **Hinweis**
>
> Alternativ können Sie gezielt Datensätze aus der Empfängerliste ausnehmen, indem Sie die Markierung der betreffenden Kontrollkästchen in der zweiten Spalte des Dialogfelds *Seriendruckempfänger* löschen.

Test des Seriendrucks

Sobald Sie alle benötigten Felder in das Seriendruckdokument eingefügt und ggf. die Empfängerliste bereinigt haben, könnten Sie **mit dem Seriendruck beginnen**. Zur Vermeidung von Fehlversuchen sollten Sie jedoch vor dem eigentlichen Ausdrucken einen kleinen Test durchführen. In einer Vorschau lässt sich erkennen, ob die richtigen Angaben im Serienbrief enthalten sind.

1 Ist das Word-Fenster genügend breit, klicken Sie auf der Registerkarte *Sendungen* des Menübands auf die Schaltfläche *Vorschau Ergebnisse* der gleichnamigen Gruppe.

> **Hinweis**
>
> Ist der Platz begrenzt, reduziert Word die Gruppe *Vorschau Ergebnisse* dagegen zur gleichnamigen Schaltfläche. Wählen Sie diese Schaltfläche per Maus an, blendet Word eine Leiste mit mehreren Schaltflächen ein. Klicken Sie auf die in der Leiste sichtbare Schaltfläche *Vorschau Ergebnisse*.

Word ersetzt dann die Seriendruckfelder im Dokument durch die tatsächlichen Daten aus der Steuerdatei.

2 Verwenden Sie die Navigationsschaltflächen der Gruppe *Vorschau Ergebnisse* auf der Registerkarte *Sendungen* des Menübands.

Dies ermöglicht Ihnen, die Wirkung unterschiedlicher Datensätze mit wechselnden Anreden etc. zu überprüfen.

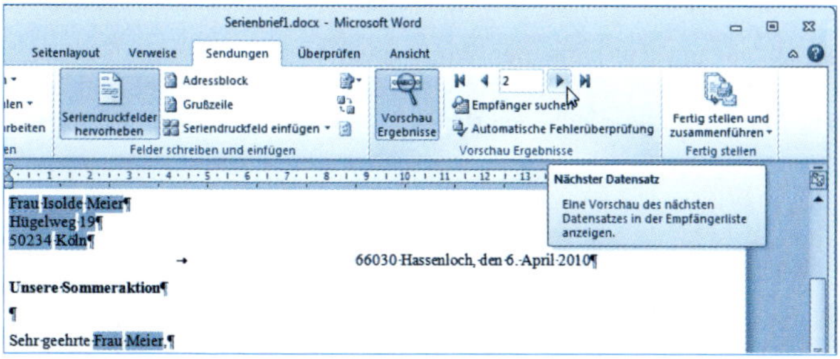

Hinweis

Mit den beiden äußeren Schaltflächen der Navigationsleiste blättern Sie zum ersten bzw. letzten Datensatz der Steuerdatei.

Mit den beiden inneren Schaltflächen blättern Sie einen Datensatz vor oder zurück. Das mittlere Textfeld zeigt den aktuellen Datensatz der Steuerdatei.

Bei Bedarf lässt sich die Formatierung der einzelnen Elemente (fett, unterstrichen etc.) verändern und deren Ausrichtung anpassen. Dies funktioniert genauso wie bei normalem Text. Markieren Sie das betreffende Element und weisen Sie dem Seriendruckfeld das gewünschte Format zu. Wie Sie den Seriendruck ausführen, wird nachfolgend gezeigt.

Eine persönliche Anrede realisieren

Die Gestaltung eines Serienbriefs besitzt noch eine Tücke: Bei weiblichen Adressaten beginnt die Anrede im Brief mit »Sehr geehrte Frau«, während männliche Adressaten mit »Sehr geehrter Herr« anzusprechen sind. Mit der Anrede »Sehr geehrte(r)« werden zwar beide Geschlechter angesprochen, aber dies ist nur eine Notlösung. In der Steuerdatei ist ja bereits ein

Feld für die Anrede vorgesehen. Jetzt müssen Sie Word nur noch mitteilen, dass die **Anrede in Abhängigkeit von** den vorgegebenen **Bedingungen** einzusetzen ist.

1 Klicken Sie im Textdokument auf die Zeile mit der Anrede hinter das Wort »geehrte«.

Anschließend gilt es hinter dem Wort »geehrte« ein Bedingungsfeld einzufügen, welches bei »Sehr geehrter Herr« den Buchstaben »r« einfügt, diese Ergänzung aber bei »Sehr geehrte Frau« weglässt.

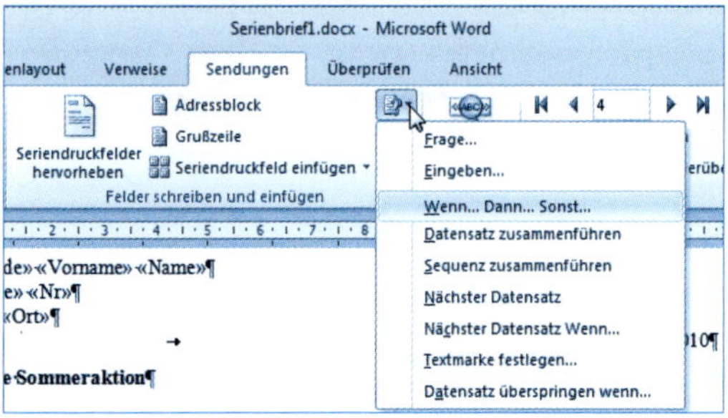

2 Klicken Sie in der Gruppe *Felder schreiben und einfügen* der Registerkarte *Sendungen* des Menübands auf die Schaltfläche *Regeln*.

3 Wählen Sie im Menü der Schaltfläche den Befehl *Wenn... Dann... Sonst...*

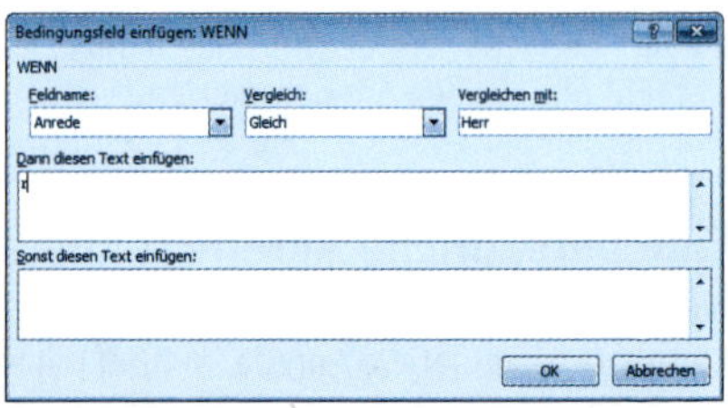

4 Legen Sie im Dialogfeld *Bedingungsfeld einfügen: WENN* die nebenstehenden Bedingungen fest.

Sobald Sie das Dialogfeld über *OK* schließen, wird ein Bedingungsfeld in den Text eingefügt.

Hinweis

In diesem Beispiel wird der Feldname *Anrede* aus den Steuerdaten verglichen. Enthält der aktuelle Datensatz den Text »Herr«, soll Word das Bedingungsfeld durch den Buchstaben »r« ersetzen. In diesem Fall erscheint der Text »Sehr geehrter«.

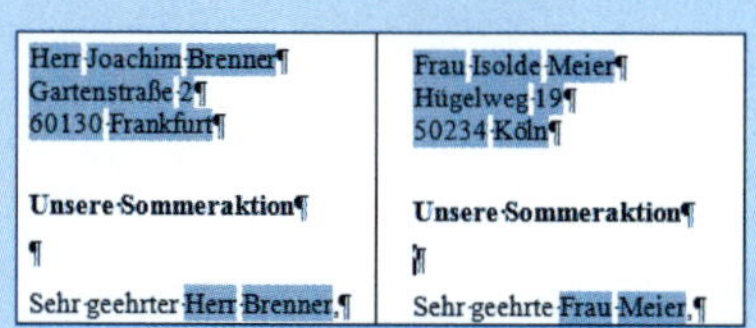

Lautet die Anrede auf »Frau«, wird nichts eingefügt, d. h., im Brief erscheint »Sehr geehrte«. Sie können dies sehr leicht über die Seriendruckvorschau überprüfen. Ein ähnlicher Ansatz ist zu wählen, falls die Anrede im Empfängerfeld auf »Herrn« statt auf »Herr« lauten soll. Fügen Sie einfach ein Bedingungsfeld ein, welches bei der Anrede »Herr« noch den Buchstaben »n« anhängt.

Sofern die Steuerdatei allerdings neben Einträgen der Art »Herr ...« und »Frau ...« noch Firmenangaben der Art »Firma Müller« enthält, passt der obige Ansatz nicht. Eine mögliche Lösung besteht dann darin, zwei Seriendruckdurchläufe vorzunehmen. Vor dem ersten Seriendruckdurchlauf wählen Sie die Schaltfläche *Empfängerliste bearbeiten* auf der Registerkarte *Sendungen* an. Wählen Sie dann in der Empfängerliste alle Adressen mit Firmendaten ab. Sind alle Serienbriefe erstellt, modifizieren Sie die Felder im Serienbrief, indem Sie den Satz »Sehr geehrte <Anrede> <Name>,« in »Sehr geehrte Damen und Herren,« ändern. Anschließend führen Sie einen zweiten Durchlauf für den Seriendruck durch, bei dem Sie vorher über die Schaltfläche *Empfängerliste bearbeiten* nur die Datensätze mit den Firmenadressen zulassen.

Den Seriendruck starten

Nachdem Sie alle Seriendruckfelder und Bedingungen in das Hauptdokument eingefügt haben, können Sie den Seriendruck aktivieren.

1 Wechseln Sie, sofern erforderlich, zur Registerkarte *Sendungen* der Multifunktionsleiste.

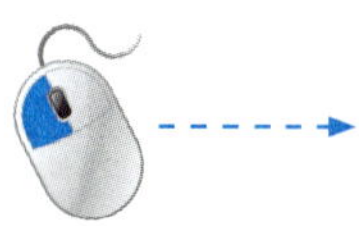

2 Klicken Sie auf die Schaltfläche *Fertig stellen und zusammenführen* und wählen Sie einen der Menübefehle aus.

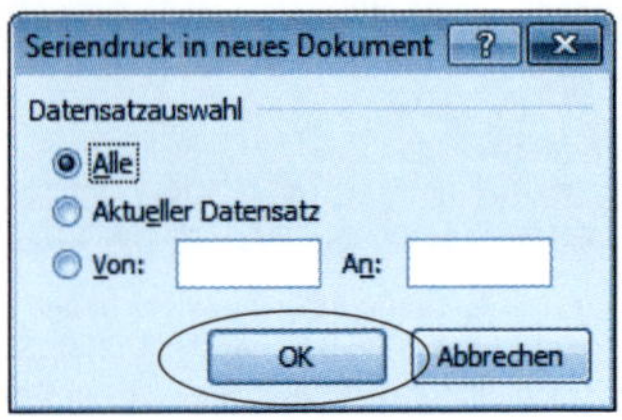

3 Wählen Sie im dann eingeblendeten Dialogfeld *Seriendruck* ... ggf. die gewünschte Option, geben Sie bei Bedarf die Datensätze vor und klicken Sie auf die *OK*-Schaltfläche.

Der Befehl *Einzelne Dokumente bearbeiten* erzeugt aus den Steuerdaten einzelne Word-Dokumente mit dem Serienbriefinhalt. Dies ermöglicht Ihnen die Prüfung des Ergebnisses. Sie können dann diese Dokumente ggf. in Word anpassen, speichern und dann einzeln drucken.

Der Befehl *Dokumente drucken* bewirkt dagegen die Ausgabe aller Serienbriefe an den Drucker. Sie brauchen nur noch im *Drucken*-Dialogfeld die Ausgabeoptionen zu wählen und auf die *OK*-Schaltfläche zu klicken. Die Serienbriefe werden dann gedruckt. Bei Serienbriefen kommt der *Drucken*-Befehl der Backstage-Ansicht übrigens nicht zur Anwendung.

Hinweis

Alternativ lassen sich die Serienbriefe über den dritten Menübefehl als E-Mails über das Programm Outlook verschicken. Dies setzt aber voraus, dass Outlook 2010 installiert ist. Zudem müssen die betreffenden Kontaktdaten bekannt sein, damit aus diesen Daten die E-Mail-Adresse für die Nachricht übernommen werden kann.

Briefumschläge gestalten

Sofern Sie Fensterkuverts verwenden, sind die Absender- und Empfängerdaten des Anschreibens sichtbar. Das separate Bedrucken eines Briefumschlag mit den Adressdaten ist nicht erforderlich. Was passiert aber, wenn kein passendes Fensterkuvert vorliegt? In diesem Fall können Sie den Briefumschlag mit Word bedrucken (das Programm ermöglicht Ihnen, die Umschläge mit dem Dokument gleichzeitig zu drucken). Oder Sie verwenden Etiketten, die Sie mit den Adressdaten bedrucken und dann auf die Umschläge kleben. Nachfolgend wird kurz auf beide Varianten eingegangen.

Einen Briefumschlag bedrucken

Um den Briefumschlag zu bedrucken, gehen Sie in folgenden Schritten vor:

1 Sollen die Daten für den Briefumschlag mit dem Brief gespeichert und gedruckt werden, laden Sie das Dokument in Word und markieren den Bereich mit der Empfängeradresse.

Diesen Schritt können Sie überspringen, falls der Umschlag separat bedruckt wird.

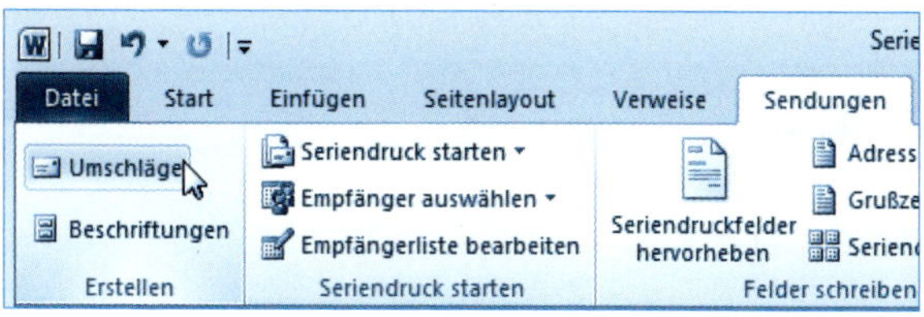

2 Wechseln Sie im Menüband zur Registerkarte *Sendungen* und klicken Sie in der Gruppe *Erstellen* auf die Schaltfläche *Umschläge*.

Ist die Gruppe *Erstellen* minimiert, wählen Sie die Menüschaltfläche *Erstellen* und danach im Menü den Befehl *Umschläge*. Word öffnet das Dialogfeld *Umschläge und Etiketten*.

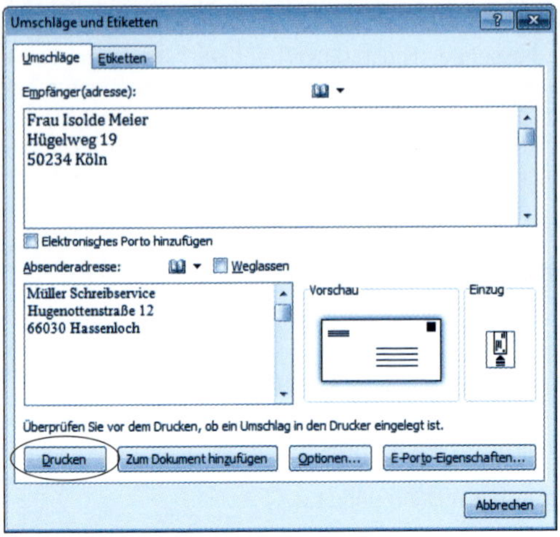

3 Tragen Sie auf der Registerkarte *Umschläge* die Empfänger- und Absenderadressen in die betreffenden Felder ein, setzen Sie die gewünschten Optionen und wählen Sie eine der Schaltflächen *Drucken* oder *Zum Dokument hinzufügen*.

Hinweis

Im Dialogfeld *Umschläge und Etiketten* findet sich das Kontrollkästchen *Elektronisches Porto hinzufügen*. Eigentlich sollte sich mit dieser Option eine elektronische Frankierung vornehmen lassen. Leider wird in Deutschland kein entsprechender Dienst angeboten, sodass die Funktion nicht verwendbar ist.

- Möchten Sie den Briefumschlag direkt bedrucken, klicken Sie im Dialogfeld *Umschläge und Etiketten* auf die Schaltfläche *Drucken*. Word fordert ggf. den Briefumschlag an und bedruckt diesen. Etwas diffizil ist es lediglich, den Briefumschlag so in den Druckerschacht einzulegen, dass die Adressangaben richtig gedruckt werden.
- Soll der Text für den Briefumschlag mit einem neuen Dokument gespeichert und anschließend gedruckt werden? Klicken Sie auf der Re-

gisterkarte *Umschläge* die Schaltfläche *Zum Dokument hinzufügen* an. Word fügt die Umschlagdaten als separate Seite am Dokumentanfang ein. Sie können das Dokument mit den Umschlagdaten anschließend in eine Datei speichern und wie gewohnt drucken. Word berücksichtigt den Umschlag und bedruckt diesen vor der Ausgabe des Dokuments.

Im Prinzip reichen die obigen Schritte, um Briefumschläge per Dialogfeld *Umschläge und Etiketten* zu erstellen. In der täglichen Praxis gibt es aber viele Sonderfälle und Spezialfragen zu berücksichtigen. So ändern sich die Formate der Briefumschläge, oder es ist unklar, wie der Umschlag im Drucker einzulegen ist.

Im Feld *Vorschau* der Registerkarte *Umschläge* zeigt Word Ihnen das Format des Umschlags sowie die Richtung zum Einlegen in den Druckerschacht an.

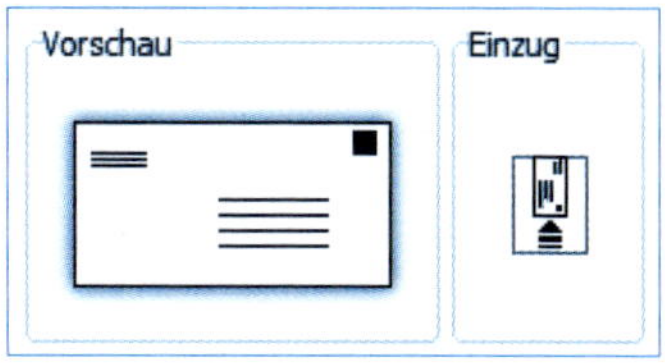

Klicken Sie auf der Registerkarte *Umschläge* auf die Schaltfläche *Optionen* oder wählen in der Gruppe *Vorschau* das Symbol des stilisierten Briefumschlags per Mausklick an, öffnet Word das Dialogfeld *Umschlagoptionen*.

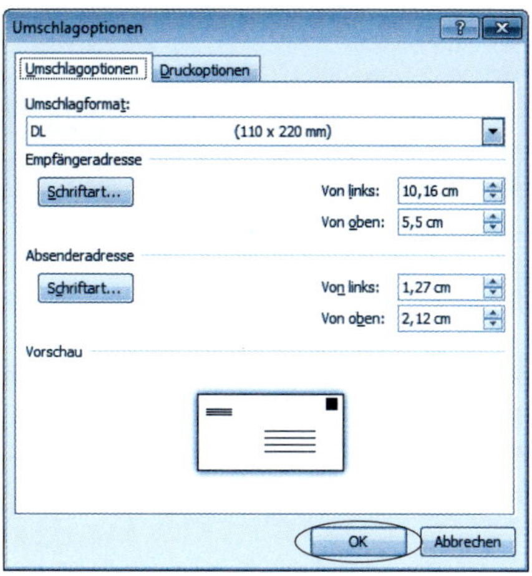

Auf der Registerkarte *Umschlagoptionen* können Sie das **Umschlagformat** über das gleichnamige Listenfeld **wählen**. In den Abschnitten **Empfängeradresse** und **Absenderadresse** finden Sie Optionen, um die Schriftart sowie die Position für die Adressen anzupassen.

Über das Symbol im Abschnitt *Einzug* der Registerkarte *Umschläge* gelangen Sie direkt zur Registerkarte *Druckoptionen* des Dialogfelds *Umschlagoptionen*. Alternativ können Sie das Dialogfeld über die Schaltfläche *Optionen* aufrufen und zur Registerkarte wechseln.

Die Registerkarte *Druckoptionen* zeigt Ihnen die möglichen Optionen zum Einlegen des Umschlags in den Drucker. Durch Anklicken eines der Felder der Gruppe *Zufuhrmethode* legen Sie fest, welche Variante Word verwenden soll.

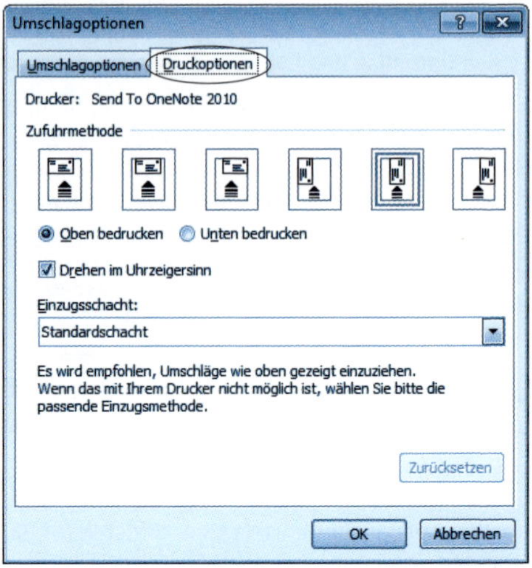

Auf dieser Registerkarte können Sie auch den **Einzugsschacht für** den **Umschlag** angeben.

Hinweis

Beachten Sie aber, dass nicht alle Drucker die angezeigten Optionen auch tatsächlich unterstützen. So lässt sich beispielsweise wählen, dass der Drucker den Umschlag von oben oder unten bedrucken soll. Kann der Drucker das Papier jedoch nur von einer Seite bedrucken, lässt sich nur eine Option nutzen. Je nach Umschlag kann es sein, dass dieser nicht vom Drucker eingezogen werden kann. Hier müssen Sie ggf. etwas experimentieren bzw. die Bedienanleitung des Druckers konsultieren, um die richtige Einstellung herauszufinden – oder Sie verwenden generell Fensterumschläge.

Etiketten für Umschläge gestalten

Bei größeren Umschlägen bietet sich die Verwendung von Etiketten an, die vor dem Versenden auf den Umschlag geklebt werden. Word unterstützt selbstverständlich auch das Bedrucken von Etiketten.

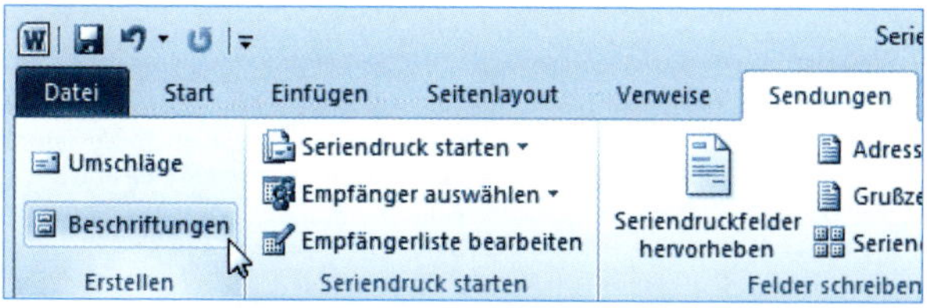

1 Gehen Sie wie beim Bedrucken von Umschlägen vor, klicken aber in der Gruppe *Erstellen* der Registerkarte *Sendungen* des Menübands auf die Schaltfläche *Beschriftungen*.

Word öffnet ebenfalls das Dialogfeld *Umschläge und Etiketten*, zeigt aber die Registerkarte *Etiketten* im Vordergrund an.

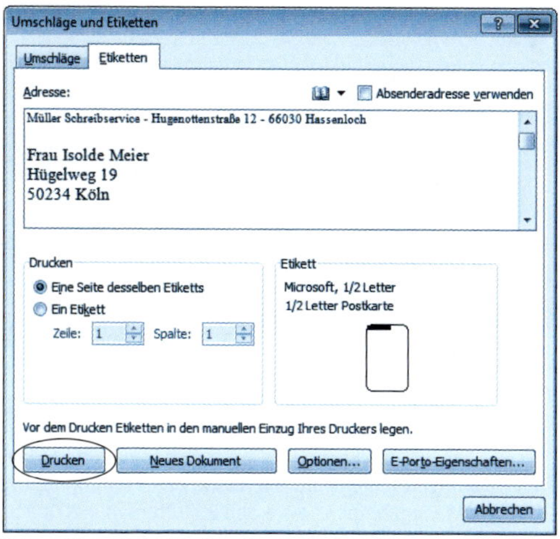

2 Geben Sie auf der Registerkarte die Empfänger- und bei Bedarf auch die Absenderadresse in das Feld *Adresse* ein.

Hinweis

Klicken Sie im Dialogfeld *Umschläge und Etiketten* auf die oberhalb des Felds *Adresse* sichtbare Schaltfläche *Adressbuch*, wird das Dialogfeld *Namen auswählen* geöffnet. Ist Outlook 2010 installiert, können Sie dann eine Adresse aus dem Outlook-Adressbuch übernehmen. Markieren Sie den Text in der Absenderangabe und klicken Sie mit der rechten Maustaste auf den markierten Bereich. Dann lassen sich im Kontextmenü die Befehle *Schriftart* und *Absatz* abrufen. Der Befehl *Schriftart* öffnet ein Dialogfeld, in dem Sie das Zeichenformat für den markierten Bereich anpassen können. Dies ermöglicht Ihnen, ggf. den Schriftgrad der Absenderangabe auf 8 Punkt zu reduzieren und den Text zu unterstreichen.

3 Wählen Sie im Abschnitt *Drucken* die Option für die Zahl der Etiketten und deren Lage.

4 Klicken Sie auf der Registerkarte *Etiketten* auf das Etikettensymbol im Abschnitt *Vorschau*.

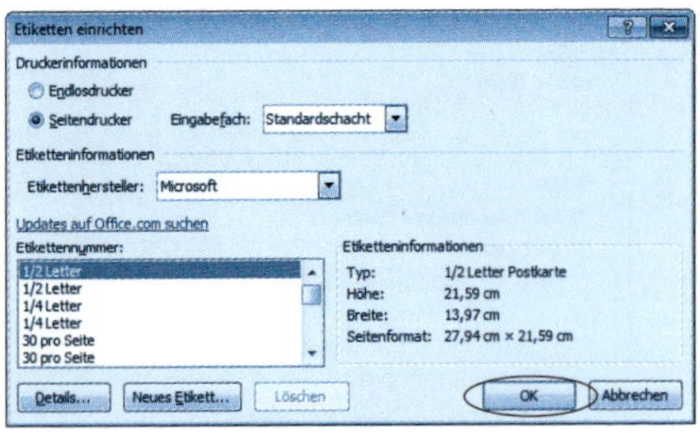

5 Wählen Sie im hier gezeigten Dialogfeld *Etiketten einrichten* die Optionen für die Druckerinformationen, das Eingabefach sowie den Etikettentyp aus und klicken Sie auf die *OK*-Schaltfläche.

Das Etikettenformat wählen Sie in Abhängigkeit vom Hersteller des von Ihnen verwendeten Etikettenbogens.

6 Abschließend klicken Sie auf die Schaltfläche *Drucken*.

Word druckt anschließend die Daten auf den Etikettenbogen. Alternativ können Sie auch die Schaltfläche *Neues Dokument* auf der Registerkarte *Etiketten* wählen. Dann wird ein neues Word-Dokument mit den Etikettendaten angelegt, welches Sie bearbeiten, speichern und separat drucken können.

Hinweis

Etiketten werden in der Regel auf einem Etikettenbogen geliefert. Jeder Bogen enthält mehrere Etiketten. Benötigen Sie nur ein Etikett, aktivieren Sie auf der Registerkarte *Etiketten* in der Gruppe *Drucken* die Option *Ein Etikett*. Sind bereits Etiketten des Bogens bedruckt, müssen Sie ggf. die Einstellungen für *Zeile* und *Spalte* anpassen. Das Etikettenformat lässt sich übrigens, ähnlich wie bei Briefumschlägen, auch über die Schaltfläche *Optionen* einstellen.

Daten zwischen Anwendungen austauschen

Gelegentlich ist es hilfreich, Daten einer Office-Anwendung in einer anderen Anwendung zu verwenden. Denken Sie beispielsweise an eine PowerPoint-Folie, in die eine Excel-Tabelle oder ein Excel-Diagramm eingefügt werden soll. Oder Excel-Tabellen sollen in Word-Textdokumente eingebunden werden. Nachfolgend wird gezeigt, welche Techniken Sie für diesen Zweck nutzen können.

Excel-Diagramme in PowerPoint-Folien

Möchten Sie Diagramme in PowerPoint-Folien präsentieren, die bereits in Excel-Tabellen vorliegen? Solche Diagramme lassen sich mit wenigen Mausklicks in eine Präsentationsseite einfügen.

1 Starten Sie Excel, laden Sie eine Arbeitsmappe, die eine Tabelle samt dem einzufügenden Diagramm enthält (siehe Kapitel 6).

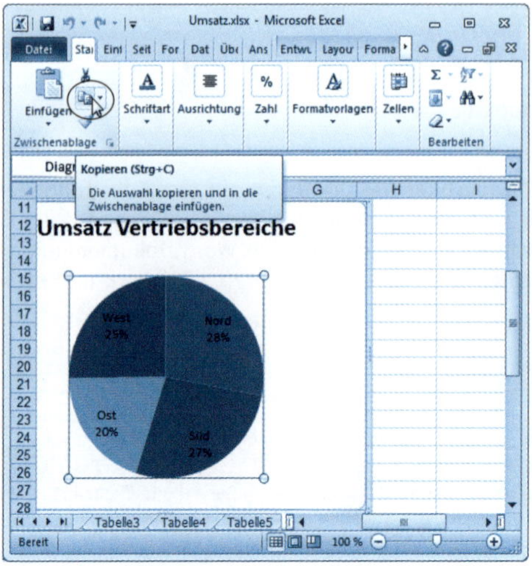

2 Markieren Sie das Diagramm im betreffenden Arbeitsblatt und kopieren Sie es über die Schaltfläche *Kopieren* der Registerkarte *Start* (bzw. über die Tastenkombination [Strg]+[C]) in die Zwischenablage.

3 Wechseln Sie zum PowerPoint-Fenster und klicken Sie in der Folienübersicht auf die gewünschte Folie, in die das Diagramm einzufügen ist.

Sofern Sie eine Folie mit Platzhaltern eingefügt haben, diese Platzhalter aber nicht mehr benötigen, sollten Sie diese in der Layoutansicht markieren und löschen. Das Diagramm wird in den folgenden Schritten als Grafikobjekt eingefügt und benötigt keine Platzhalter.

4 Wählen Sie auf der Registerkarte *Start* des Menübands die Schaltfläche *Einfügen* der Gruppe *Zwischenablage* oder drücken Sie die Tastenkombination [Strg]+[V].

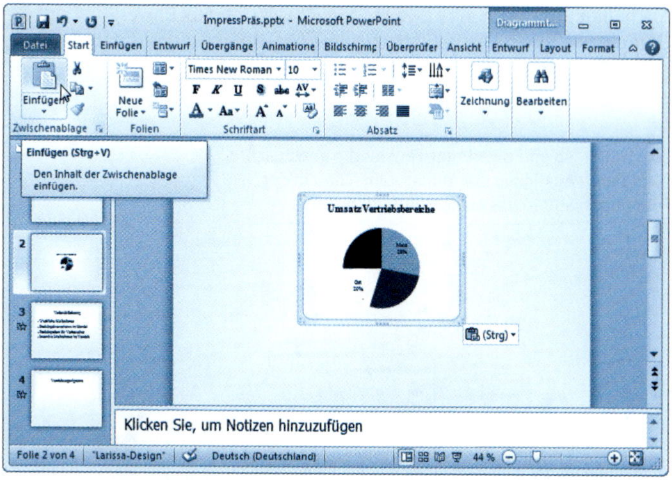

Sobald das Diagramm in die Folie eingefügt wurde, können Sie dessen Position und Größe durch Ziehen mit der Maus anpassen.

So übernehmen Sie die Daten von Excel

Möchten Sie die Daten eines Excel-Arbeitsblatts in PowerPoint-Folien übernehmen? Dies ist eigentlich kein größeres Problem. Sie können wie im vorhergehenden Abschnitt bei der Übernahme eines Diagramms vorgehen.

1 Markieren Sie den Tabellenausschnitt in Excel und kopieren Sie diesen in die Zwischenablage.

2 Wechseln Sie zum PowerPoint-Fenster, holen Sie die gewünschte Folie in die Ansicht des Dokumentfensters und fügen Sie den Inhalt der Zwischenablage ein.

Die Tabelle wird dann als Objekt mit der Ursprungsformatierung in die Folie eingefügt. Den gleichen Ansatz können Sie verwenden, um eine Excel-Tabelle oder ein -Diagramm in ein Word-Textdokument einzufügen.

Sie haben aber noch eine zweite Möglichkeit, um aus PowerPoint auf die Daten eines Excel-Arbeitsblatts zuzugreifen. Um diesen Ansatz zu nutzen, gehen Sie in folgenden Schritten vor.

1 Holen Sie im PowerPoint-Fenster die gewünschte Folie durch Anklicken der Miniaturvorschau in der Folienübersicht in das Dokumentfenster.

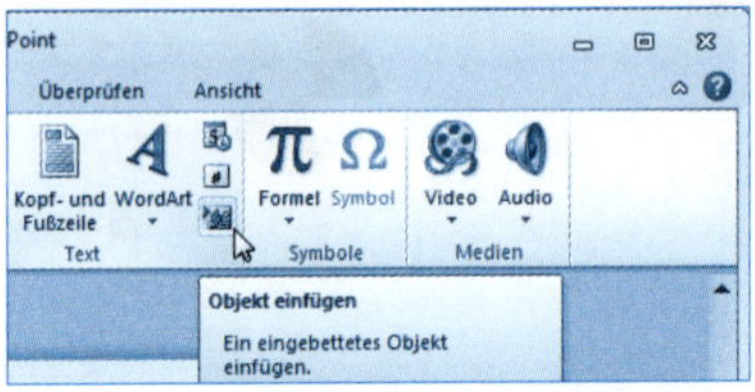

2 Wechseln Sie im Menüband des PowerPoint-Fensters zur Registerkarte *Einfügen* und klicken Sie in der Gruppe *Text* auf die Schaltfläche *Objekt*.

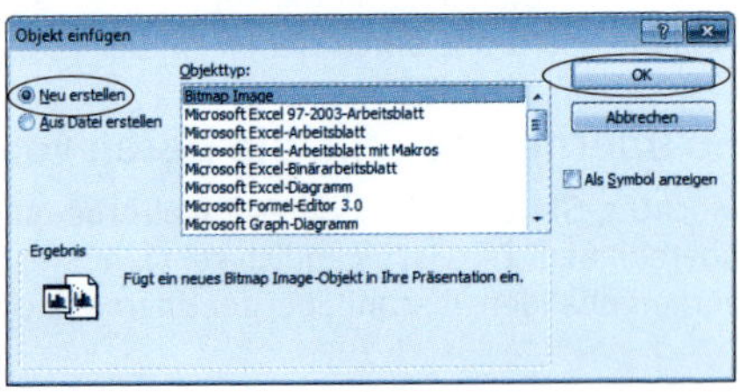

3 Markieren Sie im Dialogfeld *Objekt einfügen* das Optionsfeld *Neu erstellen*, wählen Sie als Objekttyp *Microsoft Excel-Arbeitsblatt* und klicken Sie auf die *OK*-Schaltfläche.

Hinweis

Sie können auch die Schaltfläche *Tabelle* auf der Registerkarte *Einfügen* des Menübands anklicken und dann im eingeblendeten Menü den Befehl *Excel-Tabelle einfügen* wählen. Dies spart Ihnen den »Umweg« über das Dialogfeld *Objekt einfügen*. Ich habe die obigen Schritte aber gewählt, da dies auch das Einfügen anderer Objekte wie von Diagrammen, Word-Dokumenten etc. ermöglicht.

PowerPoint fügt dann ein neues Arbeitsblatt als Excel-Objekt in die Folie ein und wechselt zum Bearbeitungsmodus. Sie finden anschließend eine Tabelle in der Folie vor, in deren Zellen Sie wie in Excel Zahlen, Texte und Formeln eintragen können. Im Menüband finden Sie zudem die aus Excel bekannten Registerkarten und Elemente. Durch das eingefügte Excel-Objekt verhält sich PowerPoint wie Microsoft Excel.

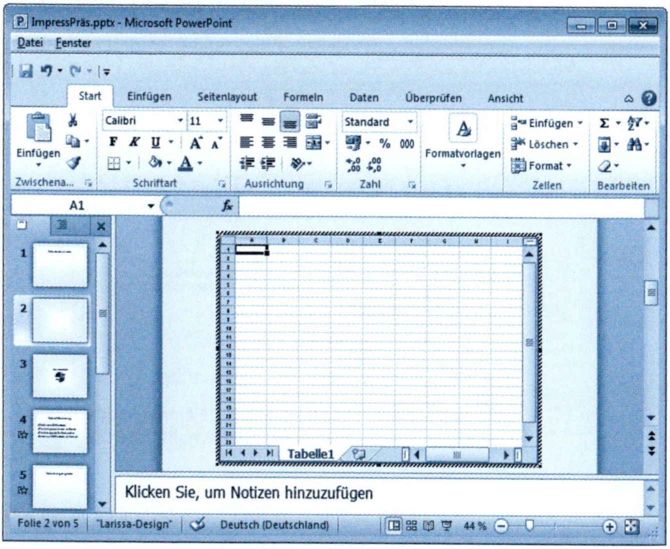

Erst wenn Sie auf einen Folienbereich außerhalb des Objekts klicken, wird der Bearbeitungsmodus für dieses Objekt aufgehoben, und im Menüband erscheinen wieder die PowerPoint-Registerkarten. Um das Excel-Objekt in der Folie erneut zu bearbeiten, brauchen Sie dieses nur noch mal per Doppelklick anzuwählen.

Hinweis

Diese Technik können Sie auch nutzen, um Excel-Tabellen als Objekt in Word-Textdokumente einzubinden. Existieren die betreffenden Excel-Tabellen bereits in einer Arbeitsmappe und sind als *.xlsx*-Datei gespeichert? Dann ist es günstiger, diese Datei als Objekt einzubinden. Wie dies geht, wird nachfolgend am Beispiel von Microsoft Word gezeigt. Die gleichen Schritte können Sie aber auch in PowerPoint nutzen.

Eine Excel-Tabelle in Word übertragen

Word bietet Ihnen eine eigene Tabellenfunktion, und mit einigen Tricks lässt sich in diesen Tabellen sogar rechnen. Für umfangreichere Berechnungen ist dieser Ansatz allerdings nicht unbedingt geeignet. Ähnlich wie in den vorhergehenden Abschnitten beschrieben, können Sie aber Bereiche aus Excel-Arbeitsblättern mit der Maus markieren und per Zwischenablage in Word einfügen. Möchten Sie die Excel-Tabellendaten jedoch dynamisch in Word nutzen, sollten Sie das Arbeitsblatt als Objekt in Word einbinden.

1 Markieren Sie im Textdokument den Absatz, an den das Excel-Arbeitsblatt einzufügen ist.

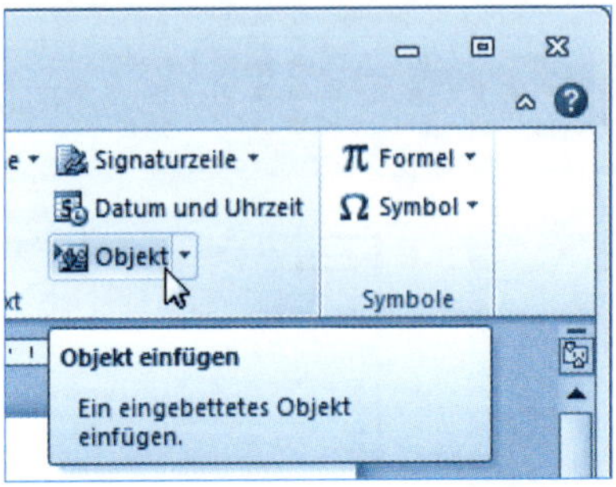

2 Wählen Sie auf der Registerkarte *Einfügen* des Menübands in der Gruppe *Text* die Schaltfläche *Objekt einfügen*.

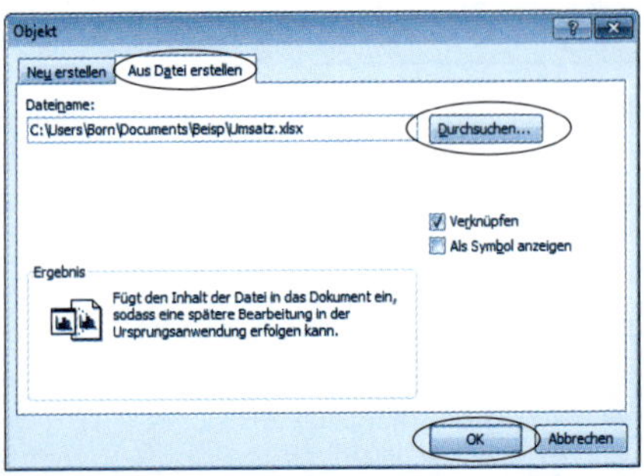

3 Wechseln Sie im Dialogfeld *Objekt* zur Registerkarte *Aus Datei erstellen* und klicken Sie auf die Schaltfläche *Durchsuch*en.

4 Wählen Sie im Dialogfeld *Durchsuchen* den Ordner mit der Excel-Arbeitsmappe, markieren Sie die *.xlsx*-Dokumentdatei und klicken Sie im Dialogfeld auf die *Einfügen*-Schaltfläche.

5 Markieren Sie auf der Registerkarte *Aus Datei erstellen* das Kontrollkästchen *Verknüpfen* und schließen Sie dieses Dialogfeld über die *OK*-Schaltfläche.

Die Markierung des Kontrollkästchens *Verknüpfen* bewirkt, dass Word nicht die komplette Arbeitsmappe im Textdokument ablegt, sondern nur den Verweis auf die Arbeitsmappe speichert. Word kann dann auf die Arbeitsmappe zugreifen und den Inhalt der Tabelle im Dokumentfenster anzeigen.

> **Achtung**
>
> Beachten Sie aber, dass die so verknüpfte Datei nicht gelöscht, umbenannt oder in andere Ordner verschoben werden darf. Denn in diesen Fällen wird die Verknüpfung ungültig, da sie auf eine nicht mehr existierende Datei verweist.

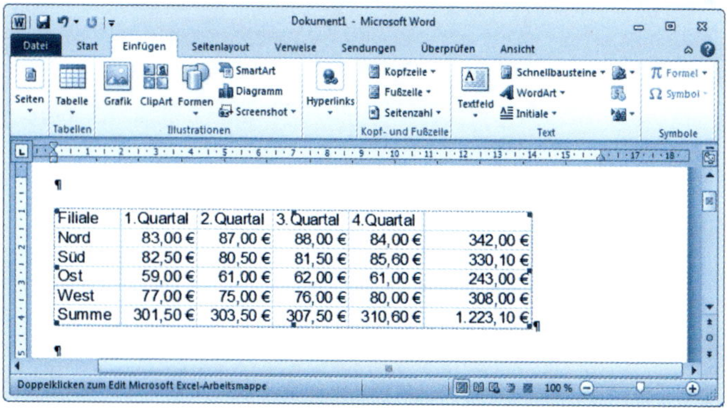

Sie können die Tabelle durch einen Mausklick markieren und dann durch Ziehen per Maus in der Größe anpassen oder durch Drücken der Entf-Taste löschen. Doppelklicken Sie auf die Excel-Tabelle, wechselt Word in den Bearbeitungsmodus des Objekts. Die Multifunktionsleiste zeigt dann die Excel-Registerkarten an. Word bietet Ihnen jetzt die Excel-Funktionalität. Sie können in der Tabelle Werte ändern oder Berechnungsformeln korrigieren. Um die Bearbeitung des Excel-Objekts zu beenden, klicken Sie im Word-Dokument auf eine beliebige andere Stelle.

Hinweis

Auf die gleiche Weise können Sie auch andere Dateien über die Registerkarte *Aus Datei erstellen* in die Office-Anwendungen einfügen. Voraussetzung ist lediglich, dass die Anwendung zur Bearbeitung des Dateityps das Einbinden als Objekt unterstützt (d. h., die Anwendung muss OLE unterstützen).

Fachwort

OLE steht für »Object Linking and Embedding«. Dies ist eine Programmtechnik, bei der ein Programm auf die Funktionen des anderen Programms zugreifen kann. Sobald Sie ein Objekt in ein Dokument einfügen, lässt es sich per Doppelklick bearbeiten. Im Dokumentfenster werden die Menü- und Symbolleisten des Fremdprogramms zur Objektbearbeitung eingeblendet. Sie können dann in einem Excel-Fenster einen Word-Text verfassen oder in Word auf Excel-Tabellen zugreifen.

Testen Sie Ihr Wissen

Zur Überprüfung Ihres Wissens sollten Sie die folgenden Aufgaben lösen. Die Antworten finden Sie in Klammern angegeben.

- **Fügen Sie in PowerPoint ein Excel-Diagramm in eine Folie ein.**

  (Kopieren Sie das markierte Diagramm im Excel-Arbeitsblatt über die Tastenkombination [Strg]+[C] in die Zwischenablage. Fügen Sie im PowerPoint-Fenster den Inhalt der Zwischenablage mit der Tastenkombination [Strg]+[V] in die aktuelle Folie ein.)

- **Wie fügen Sie eine Excel-Tabelle als Objekt in ein Word-Dokument ein?**

  (Klicken Sie in Word an die Stelle, an die die Excel-Tabelle als Objekt einzufügen ist. Wählen Sie auf der Registerkarte *Einfügen* in der Gruppe *Text* die Schaltfläche *Objekt*. Im Dialogfeld *Objekt* können Sie mittels der Registerkarten *Neu erstellen* bzw. *Aus Datei erstellen* ein Excel-Objekt neu anlegen oder aus einer Datei einfügen bzw. verknüpfen.)

- **Wie fügen Sie ein Excel-Diagramm in Word ein?**

  (Kopieren Sie das markierte Diagramm im Excel-Arbeitsblatt über die Tastenkombination [Strg]+[C] in die Zwischenablage. Wechseln Sie zum Word-Dokumentfenster und klicken Sie auf die Einfügestelle für das Diagramm. Drücken Sie die Tastenkombination [Strg]+[V] und passen Sie anschließend die Größe des Diagramms durch Ziehen per Maus an.)

Kapitel 9

OneNote – ein Notizbuch

Was bringt Ihnen dieses Kapitel?

Das in Microsoft Office 2010 enthaltene Programm OneNote dient der Verwaltung Ihrer Notizen. Vorlesungsmitschriften an der Uni, Einkaufslisten, Rezeptsammlungen, Reiseplanungen, Besprechungsnotizen, Zeichnungen und Skizzen, Audio- und Videonotizen, alles, was Sie früher auf Papier notiert haben, lässt sich mit OneNote erfassen und clever verwalten. Dieses Kapitel zeigt Ihnen, wie das funktioniert und wie sich OneNote nutzen lässt.

OneNote-Schnellübersicht

Das Programm Microsoft OneNote stellt Ihnen eine Notizbuchfunktion bereit, mit der Sie Notizen aller Art, beispielsweise kurze Texte, Zeichnungen, handschriftliche Eintragungen, Fotos, Audioaufnahmen, Videos etc., erfassen und verwalten können. Nachfolgend finden Sie eine kurze Einführung in die Grundlagen der Programmbedienung.

OneNote im Überblick

Sie können OneNote über die Programmgruppe *Alle Programme/Microsoft Office* des Startmenüs aufrufen. Bei Bedarf lässt sich auch eine Verknüpfung auf das Programm auf dem Desktop einrichten (siehe Kapitel 1). Dann genügt ein Doppelklick auf das Verknüpfungssymbol zum Programmstart. Nach dem Programmstart öffnet sich das Anwendungsfenster. Hier eine kurze Übersicht über die wichtigsten Bedienelemente im Programmfenster:

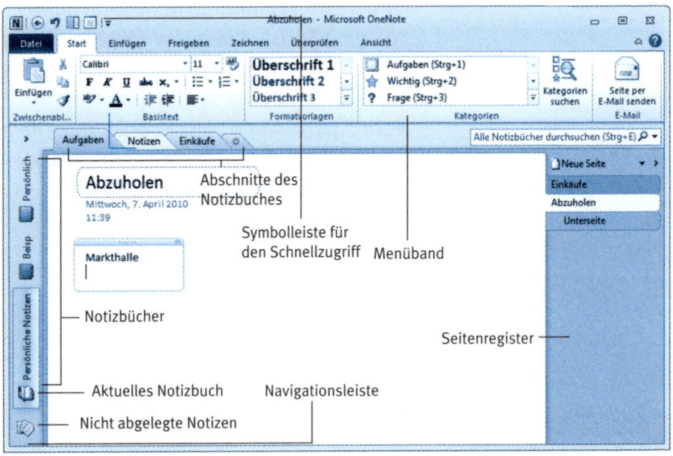

- Am oberen Rand besitzt das Anwendungsfenster die Symbolleiste für den Schnellzugriff sowie das Menüband, über die Sie die OneNote-Funktionen abrufen können. Diese beiden Elemente kennen Sie bereits von den anderen Office-Anwendungen. Bei OneNote besitzt die Symbolleiste für den Schnellzugriff allerdings andere Schaltflächen als bei Word, Excel etc. (z. B. zum Andocken an den rechten Desktoprand oder zum Umschalten in die Ganzseitenansicht).
- Am linken Rand des Dokumentbereichs wird standardmäßig die **Navigationsleiste** eingeblendet. Sie können die Leiste über die Tastenkombination [Alt]+[F1] bzw. über die Schaltfläche am oberen rechten Rand des Bereichs minimieren oder erweitern (siehe folgende Abschnitte). Über die Schaltflächen dieser Leiste erhalten Sie Zugriff auf die verschiedenen OneNote-Notizbücher und den Bereich mit den nicht abgelegten Notizen.
- Am oberen Rand des Fensters direkt unterhalb des Menübands werden die Registerreiter der **Notizbuchabschnitte** für das **aktuelle Notizbuch** eingeblendet. Über diese Registerkarten können Sie auf verschiedene Abschnitte Ihrer Notizen zugreifen.

Im **Dokumentbereich** werden die **Inhalte der** aktuellen **Notizseite** eingeblendet. Enthält ein Abschnitt mehrere Notizseiten, werden deren Seitentitel als Registerreiter am rechten Rand im **Seitenregister** angezeigt.

Verwenden der Navigationsleiste

Microsoft OneNote kann mehrere Notizbücher verwalten, die ihrerseits in Abschnitte (z. B. Shopping, Projekte, Sonstiges, Protokolle, Skizzen etc.) mit thematisch zusammenhängenden Informationen unterteilt sein können. Ist die Navigationsleiste minimiert, sehen Sie nur die Schaltflächen zur Anwahl der Notizbücher. Möchten Sie mehr Details sehen?

1 Klicken Sie in der Navigationsleiste auf das Symbol eines Notizbuches, um dessen Inhalt im Dokumentfenster anzuzeigen.

2 Klicken Sie in der Navigationsleiste auf die Schaltfläche *Navigationsleiste vergrößern* bzw. *Navigationsleiste verkleinern*.

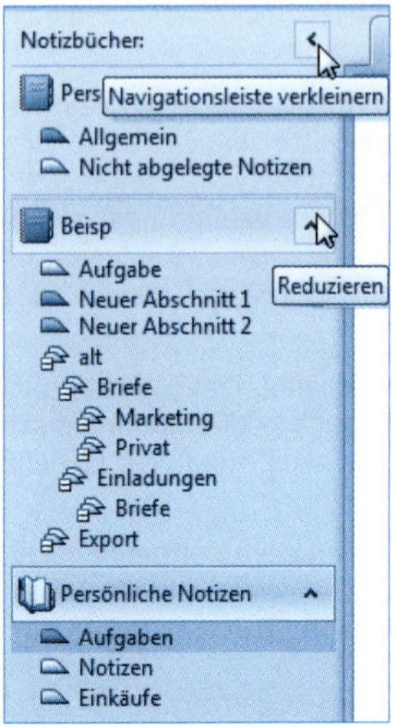

Dann wird die hier gezeigte Darstellung sichtbar bzw. beim zweiten Klick wieder ausgeblendet.

Jedes geladene Notizbuch wird in der vergrößerten Darstellung in einer Rubrik mit Titel und Abschnitten eingeblendet.

3 Klicken Sie auf einen Eintrag in der Navigationsleiste, wird der zugehörige Notizbuchinhalt im Dokumentfenster eingeblendet.

Die Abschnitte eines Notizbuches lassen sich über die am rechten Rand des Notizbuchtitels sichtbare Schaltfläche *Reduzieren/Ausdehnen* ein- oder ausblenden.

> **Hinweis**
>
> Sie können mit der Maus die Breite der Navigationsleiste durch Ziehen des rechten Rands vergrößern oder reduzieren.

Elemente eines Notizbuches

OneNote bildet Notizbücher als Dokument ab. Ähnlich wie ein Notizbuch im realen Leben besteht ein OneNote-Notizbuch aus verschiedenen Seiten, die unterschiedliche Inhalte (Texte, Skizzen, Tabellen, Fotos etc.) enthalten können. Vermutlich kennen Sie auch die Möglichkeit, verschiedene Seiten in einem Notizbuch durch farbige Markierungen am Rand, durch ein Register oder durch Klebezettel in Kategorien (Rubriken) zu unterteilen. Da gibt es die Seiten mit Einkaufsliste, Notizen aus Besprechungsprotokollen, Notizen zu Projekten etc.

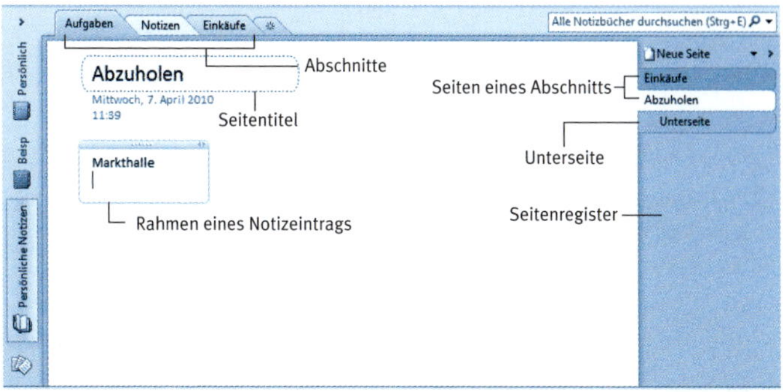

- Die Rubriken in einem Notizbuch werden in OneNote als **Abschnitte** bezeichnet und über farbige Registerreiter am oberen Dokumentrand eingeblendet. Klicken Sie auf einen Registerreiter, wird der Inhalt der ersten Seite im Dokumentfenster eingeblendet.
- Die Notizen werden in Seiten des Notizblocks abgelegt und durch die Abschnitte zusammengefasst. Klicken Sie auf einen Abschnitt, zeigt OneNote alle bereits definierten Seiten in der rechten Spalte (Seitenregister) des Dokumentfensters. Tippen Sie den Seitentitel in den Platzhalter der Seite ein, erscheint dieser auch im Seitenregister im Eintrag der Seite.
- Zusätzlich können Unterseiten zu einer Seite eingefügt werden. Dies ist beispielsweise dann sinnvoll, wenn Sie Inhalte strukturiert ablegen möchten (z. B. ein Protokoll auf einer Seite, nachträgliche Anmerkungen auf Unterseiten, oder eine Vorlesungsmitschrift kommt auf die erste Seite, Aufgaben, Übungen und Fragen werden auf Unterseiten eingetragen). Diese Unterseiten werden mit einem kürzeren Seitentitel im Seitenregister angezeigt.

Sobald Sie etwas auf die Notizseite eintragen, wird dieses durch einen Rahmen eingefasst. Der Rahmen wird ausgeblendet, sobald Sie den Inhalt der Notiz nicht mehr bearbeiten.

Abschnitte verwalten ...

Wenn Sie ein Notizbuch öffnen oder neu anlegen (siehe die folgenden Seiten), wird es aus verschiedenen Seiten, die ggf. in mehrere Abschnitte unterteilt sein können, bestehen. Je nach Anforderung werden Sie Abschnitte hinzufügen, löschen, umsortieren oder umbenennen wollen.

1 Um **Abschnitte** im Notizbuch zu bearbeiten oder zu **verwalten**, holen Sie diese durch einen Mausklick auf den Registerreiter in den Vordergrund.

Auch ein neues Notizbuch wird mindestens eine Registerkarte *Neuer Abschnitt 1* aufweisen.

2 Einen **neuen Abschnitt** erstellen Sie, indem Sie auf den rechten Registerreiter *Neuen Abschnitt erstellen* klicken, dann den Abschnittsnamen in den Registerreiter des neuen Abschnitts eintippen und abschließend die [Enter]-Taste drücken.

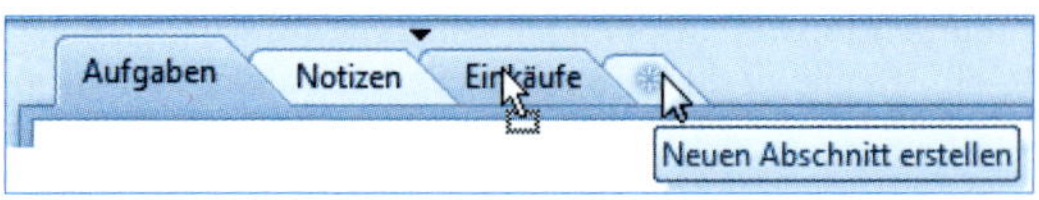

Sind bereits mehrere Abschnitte erstellt und möchten Sie diese anders anordnen?

3 Zum **Sortieren der Abschnitte im Notizbuch** klicken Sie auf einen Registerreiter und ziehen diesen per Maus horizontal nach links oder nach rechts.

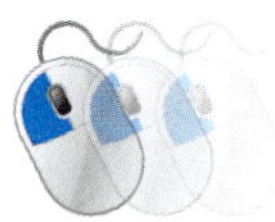

OneNote wird beim Loslassen der Maustaste den betreffenden Abschnitt an der gewünschten Stelle einsortieren.

Hinweis

Reicht der Platz im Dokumentfenster nicht zur Anzeige aller Registerkarten der im Notizbuch enthaltenen Abschnitte?

Klicken Sie auf das kleine Dreieck des zweiten Registerreiters, um das Menü der fehlenden Abschnitte anzuzeigen.

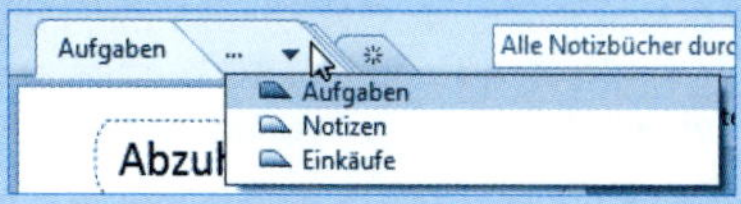

Sollen Abschnitte zu einem Notizbuch hinzugefügt, umbenannt, gelöscht oder sonst irgendwie angepasst werden? Am einfachsten lassen sich diese Aufgaben per Kontextmenü vornehmen.

4 Klicken Sie den Registerreiter mit der rechten Maustaste an und wählen Sie einen der eingeblendeten Kontextmenübefehle aus.

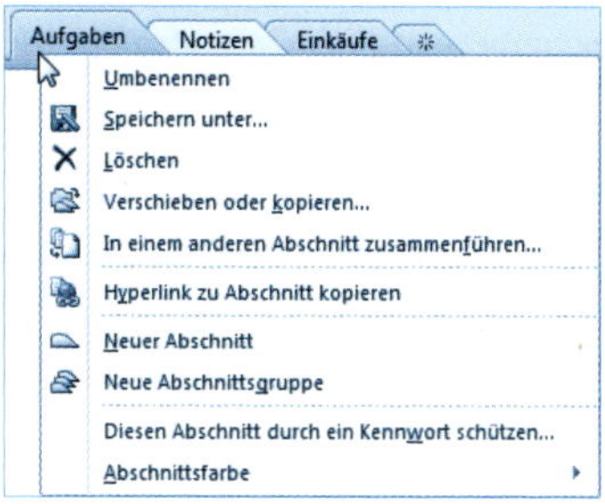

Über das Kontextmenü stehen Ihnen folgende Möglichkeiten offen.

- Einen neuen Abschnitt samt Registerreiter können Sie (statt über den Registerreiter *Neuen Abschnitt erstellen*) auch über den Kontextmenübefehl *Neuer Abschnitt* anlegen. Anschließend müssen Sie den im Registerreiter vorgegebenen Abschnittsnamen per Tastatur korrigieren.
- Gefällt Ihnen der Name des Abschnitts nicht? Der Befehl *Umbenennen* bewirkt eine Markierung des auf der Registerkarte angezeigten Abschnittsnamens. Sie können dann den Text korrigieren oder einen neuen Namen eintippen. Klicken Sie anschließend auf eine Stelle außerhalb des markierten Namens, um den Modus wieder aufzuheben.
- Mit dem Kontextmenübefehl *Löschen* wird der Abschnitt nach einer Sicherheitsabfrage samt den darin enthaltenen Seiten aus dem Notizbuch entfernt.
- Um beispielsweise die **Farbe** des **Registerreiters** eines Abschnitts anzupassen, wählen Sie den Kontextmenübefehl *Abschnittsfarbe* und im Untermenü eine Farbe aus.

Abschnitte werden im Notizbuchordner in eigenen Dateien (*.one*-Dateien) gehalten und automatisch durch OneNote verwaltet. Sie können aber den Kontextmenübefehl *Speichern unter* verwenden, um die Seiten eines Abschnitts unter einem anderen Dateinamen zu speichern. Der Kontextmenübefehl öffnet ein Dialogfeld zur Auswahl des Speicherziels und zum Eingeben des Dateinamens.

Hinweis

Abschnitte, deren Seiten vertrauliche Daten (Kontenangaben, Kennwörter etc.) enthalten, sollten Sie ggf. vor den Blicken neugieriger Dritter **schützen**. Wählen Sie den Kontextmenübefehl *Diesen Abschnitt mit Kennwortschutz versehen*, erscheint die hier gezeigte Aufgabenleiste im Dokumentfenster. Über die Schaltfläche *Kennwort festlegen* öffnet sich ein Dialogfeld, in dem Sie das Kennwort zum Zugriff auf den Abschnitt in zwei Felder eintippen und über die *OK*-Schaltfläche bestätigen müssen. Um geschützte Abschnitte sofort zu verstecken, klicken Sie in der Aufgabenleiste auf die Schaltfläche *Alle sperren*.

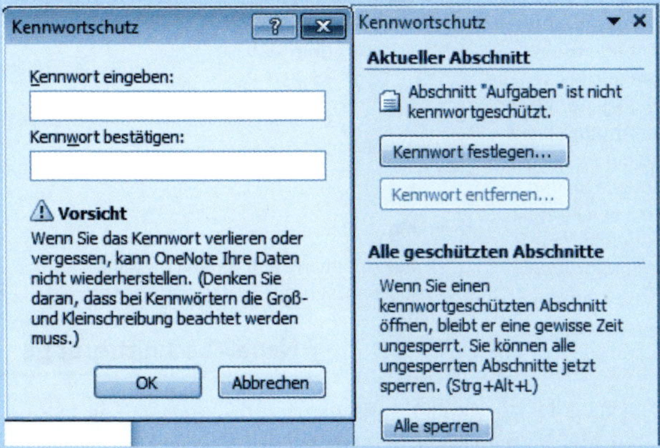

Beim Öffnen des Notizbuches bleibt der Inhalt gesperrter Abschnitte ausgeblendet. Klickt der Benutzer auf einen solchen Abschnitt, erscheint ein Dialogfeld mit einer Kennworteingabe. Erst ein korrekt eingegebenes Kennwort (Groß-/Kleinschreibung wird bei der Kennworteingabe berücksichtigt) veranlasst OneNote, den Abschnittsinhalt zur Anzeige freizugeben. Beachten Sie beim Sperren von Abschnitten, dass Sie ohne korrektes Kennwort nicht mehr an die Inhalte herankommen.

... und gruppieren

OneNote legt die Abschnitte eines Notizbuches in der gewünschten Reihenfolge ab und zeigt die Registerkarten am oberen Dokumentrand. Bei vielen Abschnitten geht dann leicht die Übersicht verloren. Daher wäre es hilfreich, wenn sich verschiedene Abschnitte in Gruppen (z. B. Beruflich, Privat, Schule, Kinder etc.) zusammenfassen ließen. Diese Funktion wird durch OneNote über sogenannte **Abschnittsgruppen** unterstützt.

1 Um eine neue Abschnittsgruppe anzulegen, klicken Sie einen Registerreiter in der Abschnittsleiste mit der rechten Maustaste an und wählen den Kontextmenübefehl *Neue Abschnittsgruppe*.

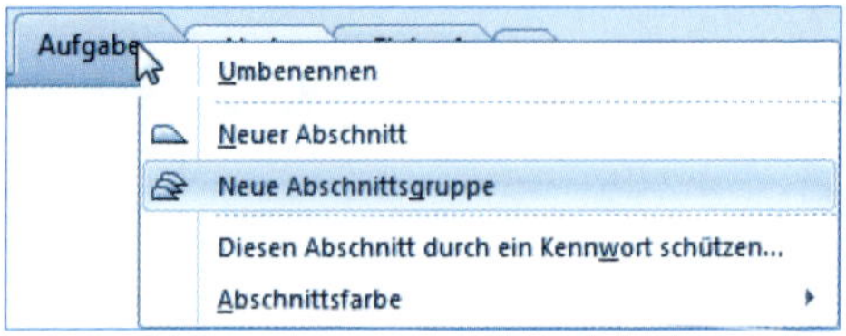

2 Tippen Sie den Namen für die neue Abschnittsgruppe in das betreffende Feld ein.

Sobald Sie auf einen Bereich außerhalb des Gruppensymbols klicken, wird der neue Abschnitt im Bereich oberhalb des Dokumentbereichs neben den Abschnittsregisterkarten angezeigt. Zeigen Sie auf das Abschnittsgruppensymbol, erscheint bereits eine QuickInfo mit der Pfadangabe, wo die Datei gespeichert ist.

3 Klicken Sie auf das Gruppensymbol, um dessen Inhalt abzurufen und die Registerreiter der jeweiligen Abschnitte in der Anzeige einzublenden.

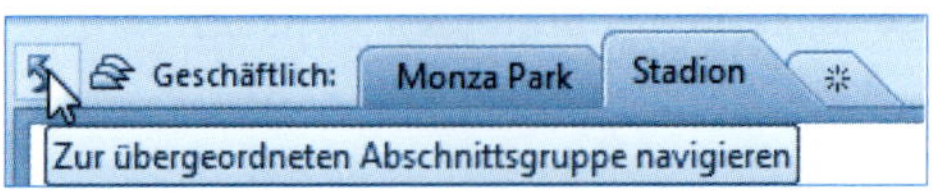

4 Um zur Anzeige des Notizblockinhalts oder der übergeordneten Gruppe zurückzugehen, klicken Sie auf die Schaltfläche *Zur übergeordneten Abschnittsgruppe navigieren*.

Abschnittsgruppen ermöglichen Ihnen, sehr umfangreiche Notizbücher mit vielen Abschnitten mit einer übersichtlichen Navigationsstruktur zu versehen.

Die Seiten eines Abschnitts organisieren

Ein Abschnitt in einem Notizbuch wird in der Regel aus mehr als einer Seite bestehen. Auch dort werden Sie, abhängig von Ihren Anforderungen, Seiten hinzufügen, löschen oder umsortieren müssen. Die Organisation der Seiten lässt sich ähnlich wie die Verwaltung der Notizbuchabschnitte über Kontextmenübefehle erledigen.

Haben Sie einen Abschnitt, der mehrere Seiten enthält, über dessen Registerreiter angewählt und möchten Sie nun die zugehörigen **Seiten sortieren**?

1 Zeigen Sie im Seitenregister auf den Seitentitel und ziehen Sie die Seite bei gedrückter linker Maustaste nach oben oder unten.

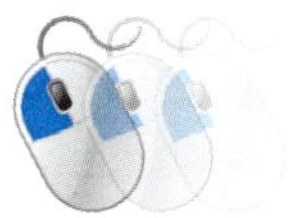

Beim Loslassen der linken Maustaste wird die Seite entsprechend in der Gruppe eingeordnet.

Möchten Sie eine **Seite in** einen **anderen Abschnitt** des Notizbuches **verschieben**?

2 Ziehen Sie den Seitentitel bei gedrückter linker Maustaste aus dem Seitenregister zur gewünschten Registerkarte.

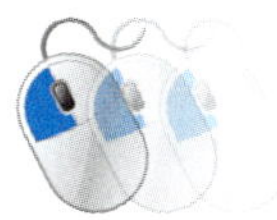

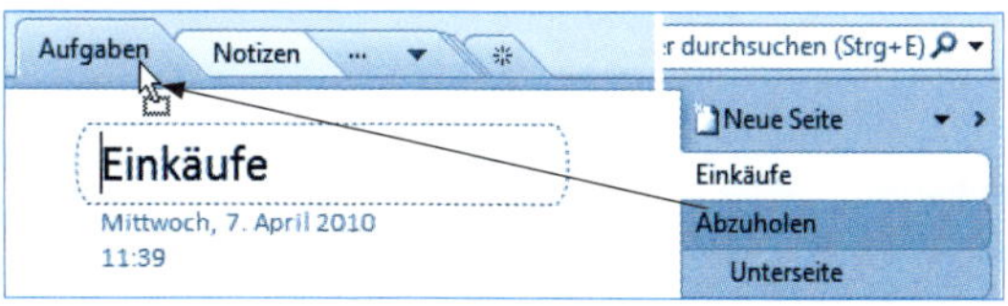

> **Hinweis**
>
> Die Kontextmenübefehle *Ausschneiden*, *Kopieren* und *Einfügen* einer angewählten Seite dürften Ihnen bereits von anderen Office-Anwendungen bekannt sein. Über diese Befehle können Sie die markierte(n) Seite(n) per Windows-Zwischenablage zwischen Abschnitten des Notizbuches kopieren bzw. verschieben.

Sobald Sie die linke Maustaste loslassen, wird die Seite verschoben. Mit den obigen Schritten lassen sich Seiten nur innerhalb des eigenen Notizblocks verschieben. Möchten Sie eine oder mehrere **Seite**(n) **in** ein **anderes Notizbuch übertragen**?

1 Markieren Sie die gewünschte(n) Seite(n) durch Mausklicks. Um mehrere Seiten zu markieren, halten Sie die `Strg`-Taste beim Anklicken der Seitentitel im Seitenregister gedrückt.

2 Klicken Sie den oder die markierten Seitentitel im Seitenregister mit der rechten Maustaste an und wählen Sie im Kontextmenü den Befehl *Verschieben oder kopieren*.

3 Markieren Sie im Dialogfeld *Seiten verschieben oder kopieren* das gewünschte Notizbuch, ggf. die Abschnittsgruppe und dann den Abschnitt.

4 Klicken Sie auf die Schaltfläche *Verschieben* oder *Kopieren*, um den Vorgang auszuführen.

Neben dem Verschieben bzw. Kopieren von Seiten lassen sich Seiten zu Gruppen zusammenfassen, neue Seiten hinzufügen oder löschen:

Um eine **neue Seite** einzufügen, genügt ein Mausklick auf die im Seitenregister sichtbare Schaltfläche *Neue Seite*. Alternativ können Sie das Menü (oder das Kontextmenü) öffnen und den Befehl *Neue Seite* wählen.

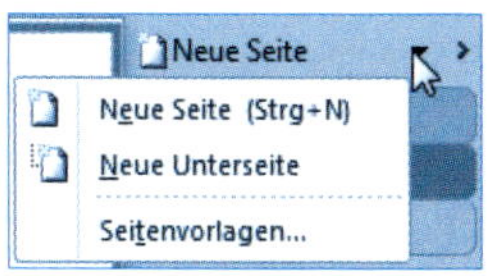

- Der Befehl *Neue Unterseite* legt eine neue Seite unterhalb der aktuellen Seite an. Erkennbar sind Unterseiten am verkürzten Registereintrag.
- Klicken Sie eine Seite mit der rechten Maustaste an, entfernt der Kontextmenübefehl *Löschen* die gewählte Notizblockseite ohne weitere Nachfrage aus dem Abschnitt. Haben Sie die **Seite** unbeabsichtigt **gelöscht**, können Sie diese über die Schaltfläche *Rückgängig* der Symbolleiste für den Schnellzugriff oder über die Tastenkombination [Strg]+[Z] zurückholen.

Statt eine leere Seite gemäß den obigen Erläuterungen in das Notizbuch einzufügen, können Sie (wie hier gezeigt) im Menü *Neue Seite* auch den Befehl *Seitenvorlagen* wählen. Dann blendet OneNote eine Aufgabenleiste am rechten Rand des Dokumentfensters ein. Dort finden Sie, geordnet nach Kategorien, verschiedene **Vorlagen für Notizbuchseiten**. Den Inhalt einer Kategorie können Sie durch Anklicken des Dreiecks vor dem Kategorienamen einblenden.

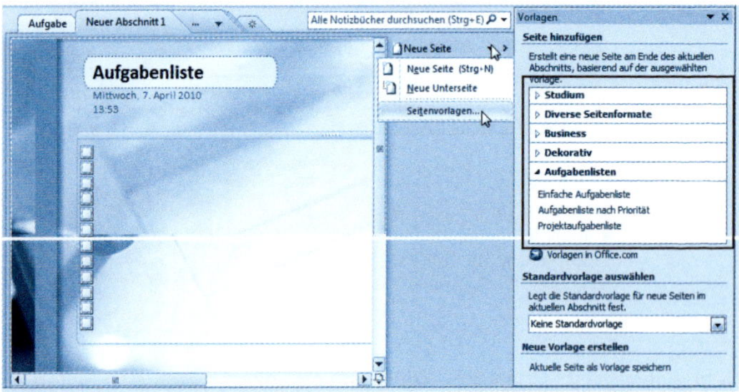

Sobald Sie auf einen der Hyperlinks in der Aufgabenleiste klicken, wird die entsprechende Vorlage zugewiesen. Die neue Seite weist dann ggf. einen speziellen Hintergrund, Überschriften und besondere Gestaltungselemente auf. Vielleicht schauen Sie sich einmal an, welche Vorlagen OneNote bereitstellt.

Hinweis

Weitere Hinweise auf OneNote-Funktionen liefert die Programmhilfe, die Sie über die in der rechten oberen Fensterecke befindliche *Hilfe*-Schaltfläche aufrufen können.

Notizbücher und Notizen erstellen

Nachdem Sie im vorhergehenden Lernschritt die wichtigsten Grundlagen zur Organisation Ihrer OneNote-Dokumente kennengelernt haben, geht es jetzt konkret an das Arbeiten mit Notizbüchern. Möchten Sie beispielsweise eine Rezeptsammlung im Computer führen? Fertigen Sie sich Notizen als Vorbereitung auf die Schule, Referate etc. an? Existieren bei Ihnen ausgiebige Zettelsammlungen, was alles zu organisieren oder zu beachten ist? Das können Sie mit OneNote übersichtlich in einem Notizbuch auf verschiedenen Seiten ablegen und nach inhaltlichen Kategorien in Abschnitte einsortieren. Sie können OneNote aber auch als Werkzeug zum Festhalten kreativer Ideen und Konzeptsammlungen nutzen. Dies soll jetzt anhand eines einfachen Beispiels demonstriert werden. Wir wollen ein Notizbuch für eine Rezeptsammlung anlegen und mit Inhalten füllen.

Ein neues Notizbuch anlegen

Um Ihre Notizen festzuhalten, sollten Sie ein neues Notizbuch in OneNote anlegen und mit einem Namen versehen. Dieses Notizbuch verfügt bereits über verschiedene Abschnitte und Seiten. Um ein neues Notizbuch anzulegen, gehen Sie in folgenden Schritten vor.

1 Wählen Sie im Menüband die Registerkarte *Datei* und klicken Sie in der Backstage-Ansicht auf den Befehl *Neu*.

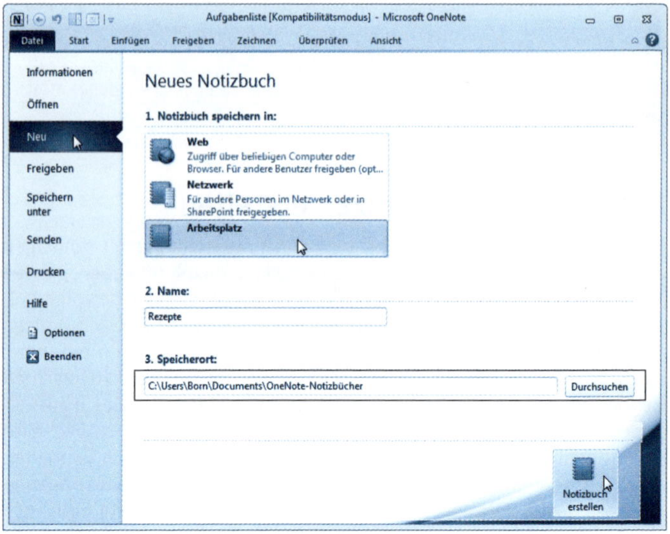

2 Wählen Sie in der Kategorie »Neues Notizbuch« der Backstage-Ansicht den Speicherbereich (hier *Arbeitsplatz*) und ergänzen Sie im Feld *2. Name* den Namen des Notizbuches.

Hinweis

Als Speicherort können Sie den Computer, das Netzwerk oder das Internet in der Backstage-Ansicht wählen.

3 Legen Sie bei Bedarf einen neuen Speicherort für die Notizbuchdatei über das Feld *3. Speicherort* und die zugehörige Schaltfläche *Durchsuchen* fest.

4 Sind die Einstellungen vorgenommen, klicken Sie in der rechten unteren Ecke der Backstage-Ansicht auf die Schaltfläche *Notizbuch erstellen*.

OneNote fügt ein neues Notizbuch mit einem Abschnitt und einer Seite in die Navigationsliste ein.

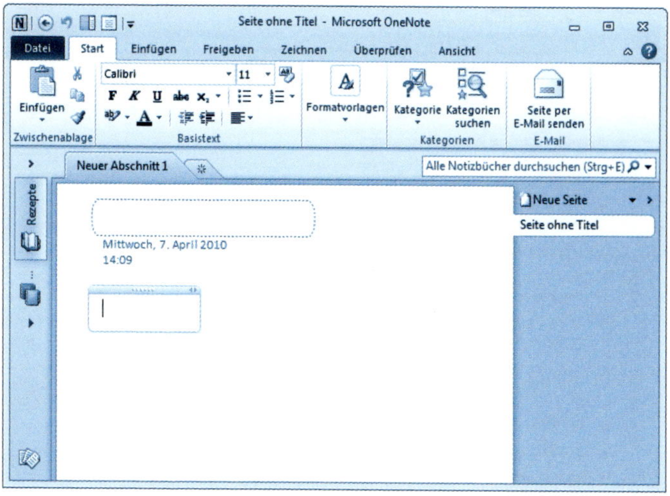

Bei Bedarf können Sie anschließend den Abschnittsnamen ändern sowie neue Abschnitte und Seiten hinzufügen (siehe die vorherigen Seiten).

Notizbuch umbenennen und anpassen

Möchten Sie den **Namen eines Notizbuches** oder dessen Farbe nachträglich **ändern**?

1 Klicken Sie die Schaltfläche des Notizbuches in der Navigationsleiste mit der rechten Maustaste an.

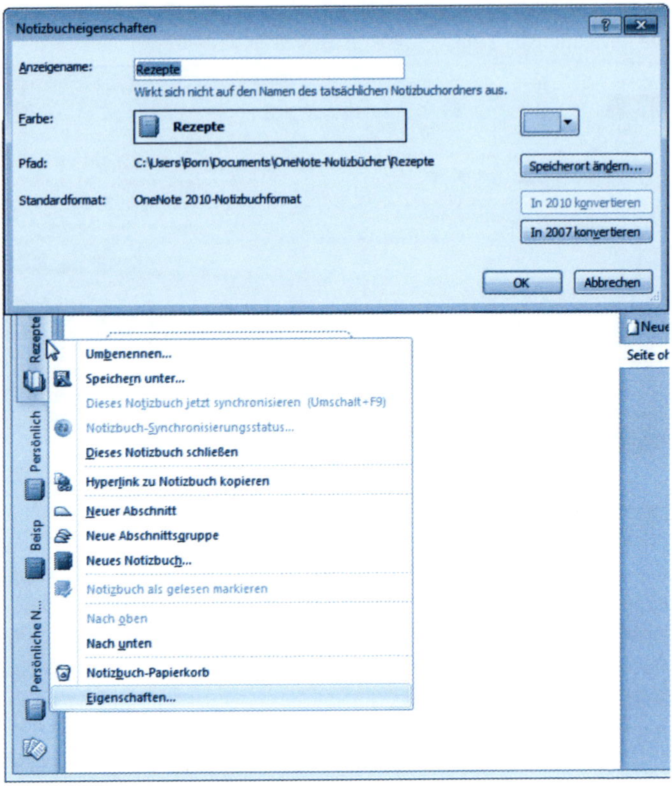

2 Wählen Sie den gewünschten Befehl im angezeigten Kontextmenü.

Über den Kontextmenübefehl *Umbenennen* lässt sich der Name des Notizbuches ändern. Wählen Sie den Kontextmenübefehl *Eigenschaften*, öffnet sich ein Dialogfeld *Notizbucheigenschaften*, in dem Sie nicht nur den Notizbuchnamen, sondern auch den Speicherort sowie die Farbe anpassen können. Sobald Sie das Dialogfeld über die *OK*-Schaltfläche verlassen, werden die Änderungen übernommen.

Notizbuch schließen und laden

Um ein momentan nicht mehr benötigtes **Notizbuch** zu **schließen**, wählen Sie im Kontextmenü des Notizbuchsymbols den Befehl *Dieses Notizbuch schließen*.

1 Ein bestehendes **Notizbuch** lässt sich erneut **öffnen**, indem Sie den Registerreiter *Datei* anklicken und im Menü der Backstage-Ansicht den Befehl *Öffnen* wählen.

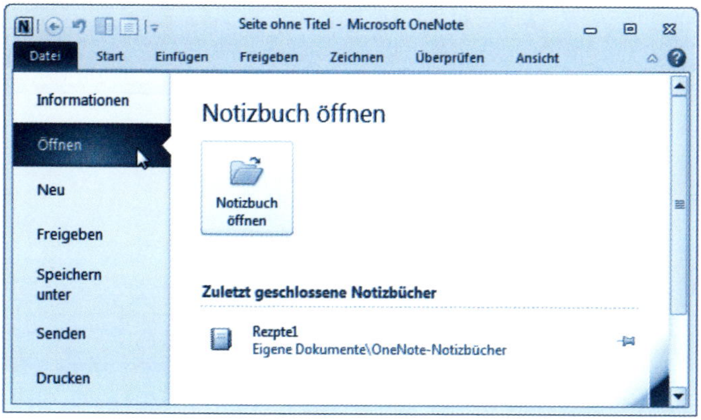

2 Wird das Notizbuch in der Liste *Zuletzt geschlossene Notizbücher* aufgeführt, klicken Sie einfach den betreffenden Eintrag an. Andernfalls klicken Sie auf die Schaltfläche *Notizbuch öffnen*.

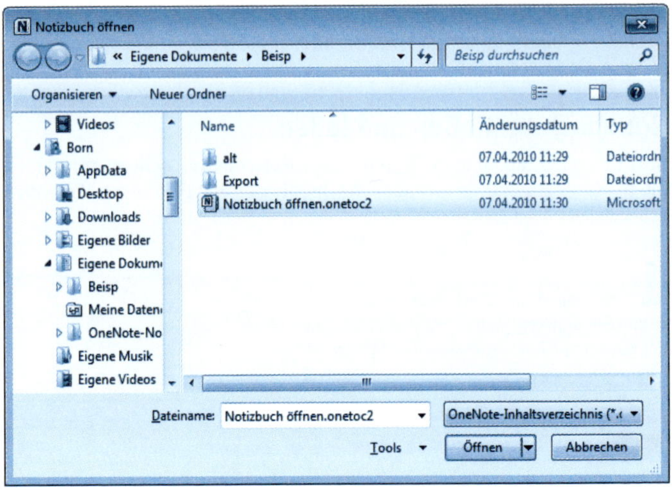

3 Anschließend ermöglicht Ihnen das Dialogfeld *Notizbuch öffnen* die Auswahl des Notizbuchordners und dann der Notizbuchdatei (**.onetoc2*).

4 Klicken Sie nach Auswahl der Notizbuchdatei auf die *Öffnen*-Schaltfläche des Dialogfelds, um das Notizbuch zu öffnen.

Anschließend können Sie mit dem betreffenden Notizbuch arbeiten.

> **Hinweis**
>
> Standardmäßig speichert OneNote die Notizbücher in einem eigenen Ordner, der im Unterordner *OneNote-Notizbücher* des Benutzerverzeichnisses (z. B. *Eigene Dateien* bei Windows XP bzw. *Dokumente* bei Windows Vista und Windows 7) abgelegt wird (im aktuellen Beispiel also im Pfad *Dokumente\OneNote-Notizbücher\Party-Rezepte*). Im Notizbuchordner finden Sie dann für jeden Abschnitt des Notizbuches eine *.one*-Datei.

Notizbuch löschen und speichern

Der Inhalt des Notizbuches oder neu eingefügte Notizen werden automatisch im Notizbuch gespeichert. Sie brauchen sich also nicht, wie bei anderen Office-Anwendungen, um das Speichern zu kümmern. Bei Bedarf lässt sich aber ein Notizbuch oder Teile davon gezielt speichern.

1 Klicken Sie auf den Registerreiter *Datei* und wählen Sie im Menü der Backstage-Ansicht den Befehl *Speichern unter*.

2 Wählen Sie in der Spalte »Aktuelles Element speichern« der Backstage-Ansicht den Eintrag *Notizbuch*.

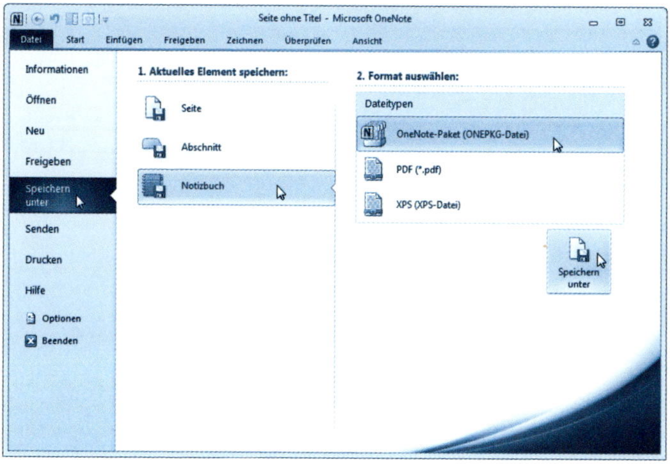

3 Belassen Sie in der Spalte »Format auswählen« den Dateityp auf »OneNote-Paket« und klicken Sie auf die im Dialogfeld angezeigte Schaltfläche *Speichern unter*.

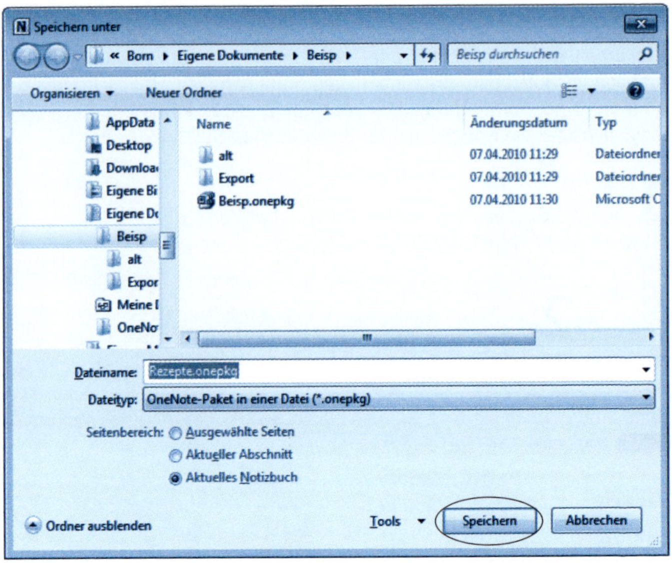

4 Wählen Sie im Dialogfeld *Speichern unter* den Zielordner, passen Sie ggf. den Dateinamen für das Notizbuch an und klicken Sie auf die *Speichern*-Schaltfläche.

Beim Speichern können Sie sowohl in der Backstage-Ansicht als auch im Dialogfeld *Speichern unter* über Optionsfelder oder Befehle wählen, ob das komplette Notizbuch, der aktuelle Abschnitt oder nur ausgewählte Seiten zu speichern sind.

> **Hinweis**
>
> Zum **Löschen eines** nicht mehr benötigten **Notizbuches** öffnen Sie unter Windows ein Ordnerfenster und navigieren zum Speicherort für die Notizbücher. Dieser befindet sich standardmäßig im Benutzerprofil (z. B. unter *C:\Users\Born\Documents\OneNote-Notizbücher*). Für jedes angelegte Notizbuch ist ein eigener Unterordner vorhanden. Sie können dann diesen Unterordner mit den Notizbuchdateien löschen (z. B. zum Papierkorb ziehen). Wenn Sie OneNote anschließend starten, sollte das Notizbuch aus der Navigationsleiste verschwunden sein. Beachten Sie aber, dass Sie den Ordner *OneNote-Notizbücher* nicht löschen dürfen, da dieser als Speicherziel für die Notizbuchunterordner benötigt wird.

Textnotizen in die Notizbuchseiten eintragen

Sobald Sie das Notizbuch angelegt, die Abschnitte ergänzt oder deren Namen angepasst und Seiten eingefügt haben, können Sie damit beginnen, die Notizbuchseiten mit Inhalten zu füllen. Sie können beispielsweise Textnotizen auf einer Seite festhalten.

1 Klicken Sie den Registerreiter des gewünschten Abschnitts an und wählen Sie im Seitenregister die gewünschte Seite.

Sofern erforderlich, fügen Sie dem Abschnitt eine neue Seite hinzu (siehe die vorhergehenden Abschnitte).

2 Klicken Sie auf den Platzhalter für den Seitentitel, tippen Sie den betreffenden Text ein und klicken Sie dann auf eine andere Stelle der Seite.

Der Seitentitel wird bereits während der Eingabe im Seitenregister mit eingeblendet. Möchten Sie den Seitentitel nachträglich ändern, brauchen Sie nur den Titeltext der Seite anzuklicken und dann anzupassen.

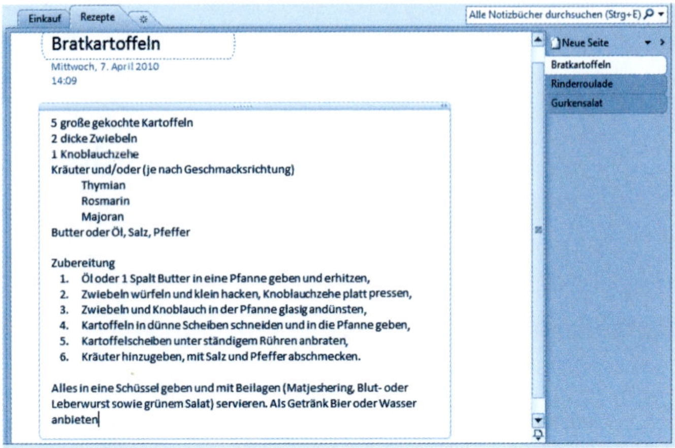

3 Klicken Sie anschließend auf eine Stelle der Notizbuchseite und beginnen Sie mit dem Eintippen der Notiz.

Die Eingaben können dabei wie bei Word, Excel oder PowerPoint gewohnt erfolgen. Tippen Sie einfach den gewünschten Text ein und drücken Sie zum Einleiten einer neuen Zeile die `Eingabe`-Taste.

- Drücken Sie die `Tab`-Taste, um einzelne Zeilen der Notiz nach rechts einzuziehen.
- Um eine **nummerierte Aufzählung** der Art 1., 2., 3. zu erhalten, tippen Sie vor die Zeile die Nummer, einen Punkt und ein Leerzeichen ein. OneNote formatiert den betreffenden Absatz dann mit einem Nummerierungszeichen.
- Möchten Sie eine **Aufzählung mit Schmuckpunkten**? Dann tippen Sie an den Zeilenanfang das Zeichen * gefolgt von einem Leerzeichen ein. OneNote versieht den betreffenden Absatz mit einem Kreis als Schmuckpunkt. Geben Sie ein Minuszeichen und ein Leerzeichen vor den Text ein, wird dieses Zeichen als Schmuckpunkt bei der Aufzählung benutzt.

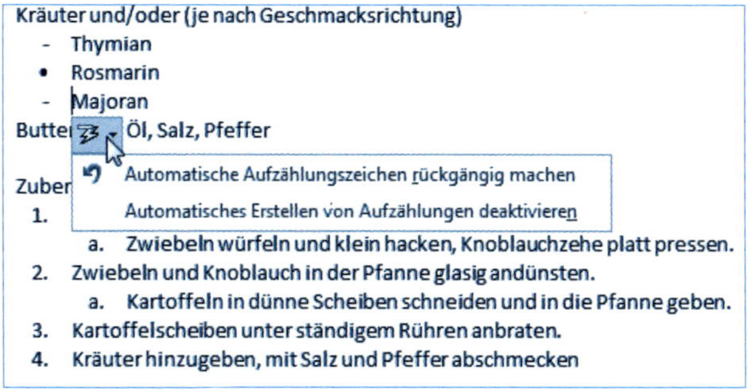

Hinweis

Beim Einfügen einer Aufzählung wird eine Menüschaltfläche eingeblendet. Über deren Befehle können Sie die automatische Aufzählung rückgängig machen oder die Funktion deaktivieren.

- Haben Sie eine Sequenz an Aufzählungszeilen mit Schmuckpunkten oder Nummerierungssymbolen angelegt, können Sie einzelne Zeilen der Aufzählung (z. B. mit der `Tab`-Taste) um eine weitere Stufe nach rechts einziehen. Dann werden die Nummerierungs- oder Aufzählungssymbole (wie hier gezeigt) an die betreffende Stufe angepasst.
- Um einen Zeileneinzug oder eine Nummerierung bzw. Aufzählung wieder aufzuheben, klicken Sie an den Zeilenanfang des Absatzes und drücken die `Rück`-Taste.

Die eingetippten Texte lassen sich wie in Word oder Excel durch Überschreiben korrigieren, per Maus markieren und mittels der `Entf`-Taste auch wieder löschen. Die Schaltfläche *Rückgängig* der Symbolleiste für den Schnellzugriff oder die Tastenkombination `Strg`+`Z` ermöglicht Ihnen, die letzten Befehle zurückzunehmen. In der Menüleiste finden Sie auf der Registerkarte *Start* zudem Schaltflächen, um Text zu formatieren, Absätze einzuziehen oder mit einer Nummerierung bzw. mit Aufzählungszeichen zu versehen.

Im Gegensatz zu Word sind Eingaben an jeder Stelle der Notizseite möglich. Sie brauchen nur auf eine Stelle zu klicken und können dann den Text zeilen- oder absatzweise eintippen. OneNote blendet einen Rahmen zur Aufnahme des Inhalts ein. Die Rahmengröße wird dynamisch an die Textbreite und -höhe angepasst. Hier wurden auf diese Weise zwei Inhaltsblöcke in einer Seite nebeneinander untergebracht.

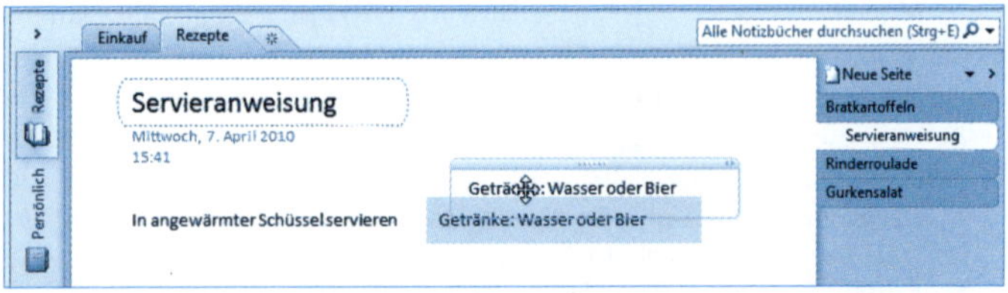

Klicken Sie auf eine Stelle außerhalb des Rahmens, verschwindet dieser. Sobald Sie aber erneut per Maus auf Inhalte der Notizseite zeigen, erscheint der Rahmen wieder. Über den Rand lässt sich der Rahmen samt Inhalt per Maus auf der Notizseite verschieben. Klicken Sie den Rahmen mit der rechten Maustaste an, können Sie den kompletten Inhalt über den Kontextmenübefehl *Löschen* entfernen. Überlappen sich mehrere Rahmen, finden Sie im Kontextmenü auch Befehle, um die Rahmen einzelnen Ebenen zuzuweisen und Inhalte entweder in den Vordergrund oder in den Hintergrund zu schieben.

Hinweis

Ähnlich wie bei den anderen Office-Anwendungen können Sie die Texte Ihrer **Notizen** auch einer **Rechtschreibprüfung** unterziehen. Hierzu lässt sich auf der Registerkarte *Überprüfen* des Menübands die Schaltfläche *Rechtschreibung* wählen. Oder drücken Sie die Funktionstaste [F7]. Die Korrekturoptionen der Rechtschreibprüfung werden bei OneNote aber am rechten Rand des Dokumentfensters als Formular in der Aufgabenleiste eingeblendet. Die Bedienung erfolgt jedoch wie in Word oder Excel, indem Sie ggf. die Korrekturvorschläge markieren und dann die *Ändern*-Schaltfläche im Formular anklicken. Über die *Igonieren*-Schaltfläche werden Korrekturvorschläge übergangen.

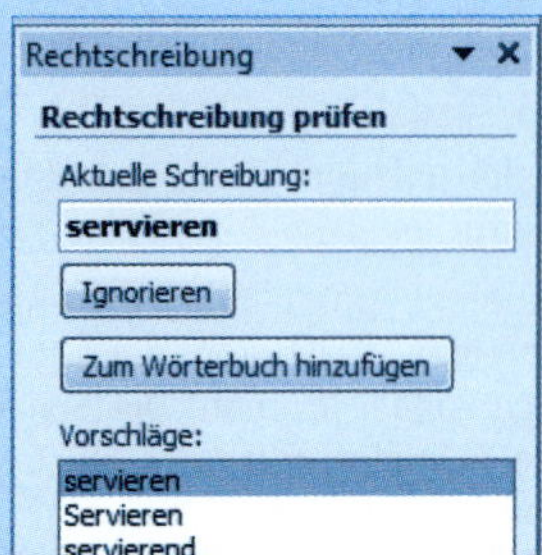

Texte in Notizen formatieren

Haben Sie einen Text in eine Seite des Notizbuches eingetippt? Zur besseren Strukturierung oder falls die Notizen in Reinschrift erfolgen und länger Bestand haben sollen, können Sie die Texte formatieren. Denken Sie zum Beispiel an eine Rezeptsammlung, bei der die Überschriften und einzelne Teile hervorgehoben werden könnten. Oder Sie führen Besprechungsprotokolle, Vorlesungsmitschriften, Referatentwürfe für die Schule etc. in OneNote als Notizen. Die Formatierung ist mit dem bisherigen Wissen ein Kinderspiel.

1 Markieren Sie auf der Notizseite den zu formatierenden Text (z. B. durch Ziehen mit der Maus).

2 Anschließend können Sie der Markierung die Zeichenformate zuweisen.

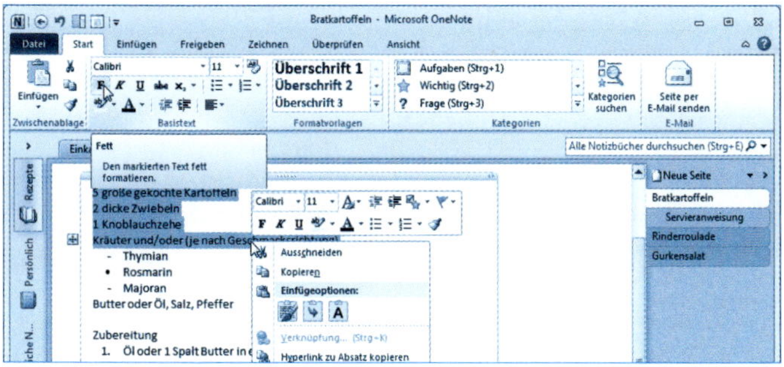

OneNote stellt Ihnen dazu im Menüband auf der Registerkarte *Start* verschiedene Schaltflächen und Formatelemente in den Gruppen *Basistext* und *Formatvorlagen* bereit. Über diese Elemente können Sie Schriftart, -grad, -farbe, Hintergrundfarbe oder Auszeichnungen wie Fett, Kursiv und Unterstrichen zuweisen. Zudem sind Einzüge, Aufzählungszeichen und Nummerierungen möglich. Durch Zeigen mit der Maus auf ein Element der Registerkarte lässt sich dessen Funktionsname als QuickInfo abrufen.

Klicken Sie den markierten Bereich mit der rechten Maustaste an, lassen sich zudem über die Schaltflächen der oberhalb des Kontextmenüs eingeblendeten Formatleiste Eigenschaften wie *Schriftart*, *Aufzählungszeichen* oder *Nummerierung* zuweisen.

Hinweis

Die Techniken und Schritte zur Formatierung von Texten sollten Ihnen bereits aus den vorherigen Kapiteln im Zusammenhang mit der Verwendung von Word, Excel oder PowerPoint geläufig sein. Bei OneNote weist das Kontextmenü allerdings keine Formatbefehle auf.

Suchen im Notizbuch

Haben Sie ein Notizbuch mit vielen Abschnitten und Seiten angelegt, wissen aber nicht mehr genau, wo eine bestimmte Notiz abgelegt wurde? Dies ist kein Problem, da Sie das gesamte Notizbuch, einzelne Abschnitte oder eine Notizbuchseite nach Textbegriffen durchsuchen können.

1 Klicken Sie auf das oberhalb des Dokumentbereichs angeordnete Suchfeld und tippen Sie den Suchbegriff ein.

2 Anschließend drücken Sie die Eingabe-Taste oder klicken auf die *Suchen*-Schaltfläche (Lupensymbol).

3 Alternativ können Sie auf den Pfeil neben der *Suchen*-Schaltfläche klicken und im Menü einen der eingeblendeten Befehle wählen.

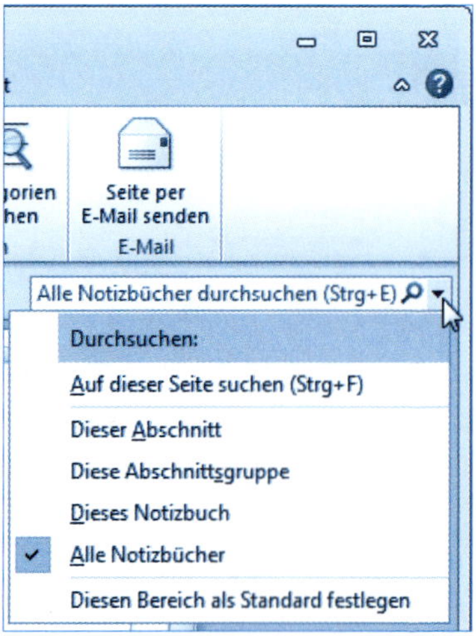

Die *Suchen*-Schaltfläche bewirkt eine Textsuche in allen Inhalten. Im Menü der *Suchen*-Schaltfläche finden Sie Befehle, um die Suche auf alle Seiten des Abschnitts, auf das ganze Notizbuch oder sogar auf alle geladenen Notizbücher auszudehnen. Das Ergebnis könnte wie hier gezeigt aussehen.

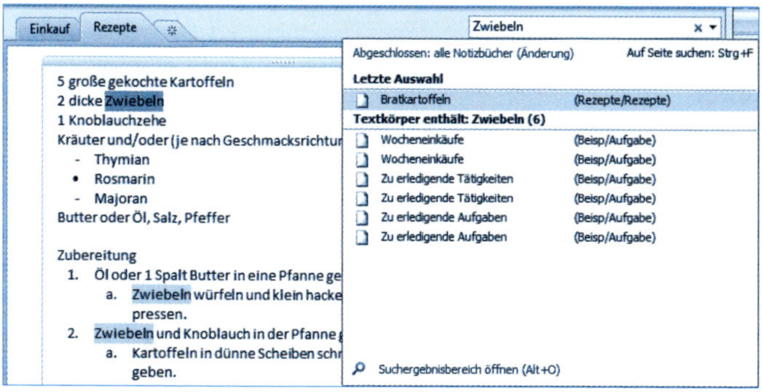

- Auf der aktuellen Seite werden alle Treffer des Suchbegriffs farbig ausgezeichnet.
- Unterhalb des Suchfelds erscheint eine Palette mit den Treffern in den Notizbüchern. Sie können einen Treffer anklicken, um zum Notizelement zu springen.

Um zum vorherigen Modus mit der Anzeige des Suchfelds zurückzukehren, klicken Sie im Dokumentbereich einen Punkt außerhalb der Markierungen. Dann werden alle Entsprechungsmarkierungen im Text wieder entfernt.

Notizbuch drucken

Sie haben die Möglichkeit, die Seiten Ihres Notizbuches auf einen Drucker auszugeben. Falls Sie also Besprechungsprotokolle, Vorlesungsmitschriften, Referate, Rezepte, Einkaufszettel etc. mit OneNote anfertigen, lassen sich diese auch als Ausdruck an Dritte verteilen oder mitnehmen.

1 Zum Ausdrucken wählen Sie den Registerreiter *Datei* und klicken im Menü der Backstage-Ansicht auf den Befehl *Drucken*.

2 Anschließend klicken Sie in der Spalte »Drucken« der Backstage-Ansicht auf den Befehl *Drucken*.

Sie können die obigen Schritte auch überspringen, indem Sie die Tastenkombination Strg+P drücken.

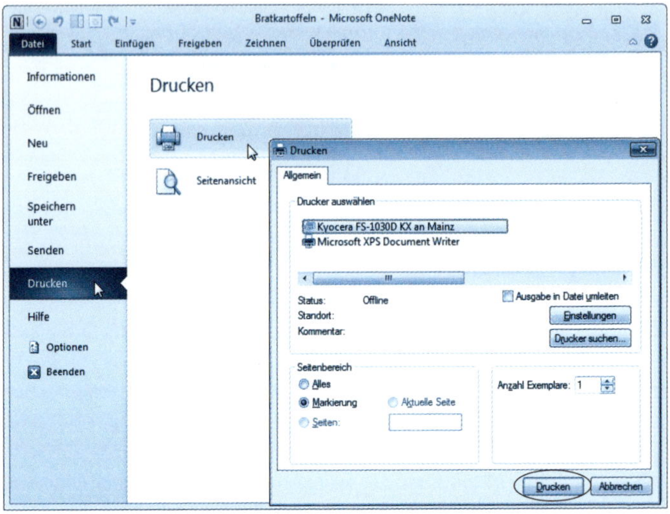

3 Wählen Sie im Dialogfeld *Drucken* die gewünschten Druckoptionen und klicken Sie auf die Schaltfläche *Drucken*.

> **Tipp**
>
> Der Drucker »An OneNote 2010 senden« ist übrigens ganz hilfreich, wenn Sie Dokumente aus anderen Anwendungen in Notizseiten übernehmen möchten. Laden Sie das Dokument (z. B. Internetseite im Internet Explorer, Word-Dokument in Word, PDF-Datei im Adobe Reader) in der betreffenden Anwendung. Anschließend rufen Sie die Druckfunktion auf und wählen den Drucker »An OneNote 2010 senden«. Dann wird der zu »druckende« Inhalt direkt an OneNote übertragen und Sie können ggf. den Abschnitt bzw. die Seite im Notizbuch zum Speichern wählen.

Um gezielt Seiten oder Abschnitte auszudrucken, wählen Sie den gewünschten Abschnitt und markieren ggf. die auszudruckende(n) Seite(n) über das Seitenregister. Anschließend starten Sie den Ausdruck gemäß den obigen Schritten und wählen im Dialogfeld *Drucken* die Option *Markierung*. Ist die Option *Markierung* in der Gruppe *Seitenbereich* markiert, druckt OneNote nur die markierten Inhalte einer Notiz oder die im Seitenregister des Abschnitts markierten Seiten. Über die Option *Alles* werden dagegen sämtliche Seiten des aktuellen Abschnitts auf dem Drucker ausgegeben.

Mit dem Inhalt dieses Kapitels kennen Sie bereits die wichtigsten Funktionen von OneNote, können eigene Notizbücher anlegen und diese mit Notizen füllen. Im nächsten Kapitel lernen Sie einige zusätzliche OneNote-Funktionen kennen, um neben Texten auch andere Inhalte als Notizen abzulegen oder Notizen aus beliebigen Dokumenten zusammenzustellen.

Testen Sie Ihr Wissen

Zur Überprüfung Ihres Wissens sollten Sie die folgenden Aufgaben lösen. Die Antworten finden Sie in Klammern angegeben.

- **Was sind Abschnitte und Seiten in Notizbüchern?**

  (Seiten sind die Elemente, die zum Ablegen der Notizen im Notizbuch benutzt werden. Abschnitte ermöglichen Ihnen, die Seiten des Notizbuches nach verschiedenen Kriterien zu ordnen bzw. zu organisieren.)

- **Wie lassen sich Abschnitte sortieren oder umbenennen?**

  (Ziehen Sie zum Sortieren die Registerreiter der Abschnitte per Maus in die richtige Reihenfolge. Umbenennen lassen sich die Abschnitte über den betreffenden Kontextmenübefehl des Registerreiters.)

- **Verfassen Sie eine Textnotiz auf einer neuen Seite.**

  (Klicken Sie ggf. auf den Registerreiter eines Abschnitts, fügen Sie eine neue leere Seite über die Schaltfläche *Neue Seite* des Seitenregisters ein. Dann klicken Sie auf die Notizseite und tippen den gewünschten Text ein. Bei Bedarf können Sie den Text markieren und anschließend über die Schaltflächen der Registerkarte *Start* mit Formaten auszeichnen.)

name

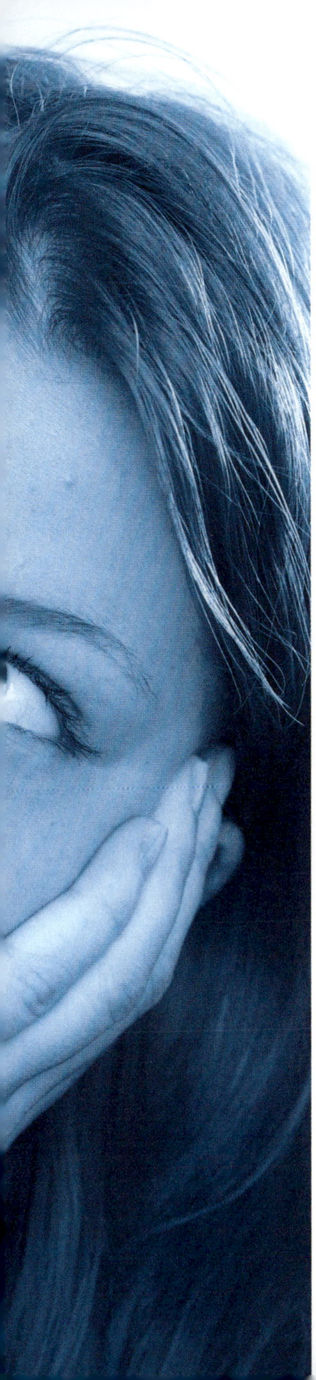

Kapitel 10

Nützliche OneNote-Funktionen

Was bringt Ihnen dieses Kapitel?

OneNote ist ein Multitalent zum Aufzeichnen von Ideen, zum Sammeln von Informationen, zum Erstellen von Merkzetteln etc. Aber auch Skizzen oder andere Darstellungen lassen sich in Notizblöcke eintragen. In diesem Kapitel werden Ihnen noch einige Funktionen erläutert, mit denen Sie mehr als reine Textnotizen gestalten können. Nach der Lektüre können Sie OneNote als kreativen Ideenspeicher oder zur Organisation Ihres Tagesablaufs benutzen.

Notizen schnell und kreativ erstellen

Mit dem im vorhergehenden Kapitel erworbenen Wissen können Sie Notizen mit Textinhalten zwar erstellen, formatieren und verwalten, aber OneNote bietet noch wesentlich mehr. So gibt es die Möglichkeit, Notizen ohne den Umweg über ein Notizbuch zu erstellen. Oder Sie nutzen OneNote als eine Art »Kreativspeicher«, um andere Inhalte in einer Notizbuchseite zusammenzuführen bzw. abzulegen.

Randnotizen, so werden sie genutzt

Sicher möchten Sie nicht jedes Mal OneNote starten, mühselig ein Notizbuch aufrufen, zu einem Abschnitt wechseln, die Seite aufrufen und dann mit dem Eintippen des Textes beginnen. Für eine kurze Gedächtnisnotiz mit einer »Zu erledigen«-Liste oder zur Gestaltung des Tagesablaufs, für Einkaufslisten etc. ist dies viel zu viel Aufwand. Solche Notizen haben meist nur eine kurze Lebensdauer und müssen auch nicht dauerhaft gespeichert werden. Also doch wieder zu Schmierzetteln oder Haftnotizen greifen? Nutzen Sie die Funktion zum Anfertigen von Randnotizen für diesen Zweck.

1 Klicken Sie im Infobereich der Taskleiste ggf. auf die Schaltfläche *Ausgeblendete Symbole einblenden*, um die Palette der versteckten Symbole anzuzeigen.

2 Klicken Sie in der Palette auf das OneNote-Symbol *Neue Randnotiz öffnen*.

3 Klicken Sie in das Fenster der Randnotiz und notieren Sie sich die gewünschten Informationen.

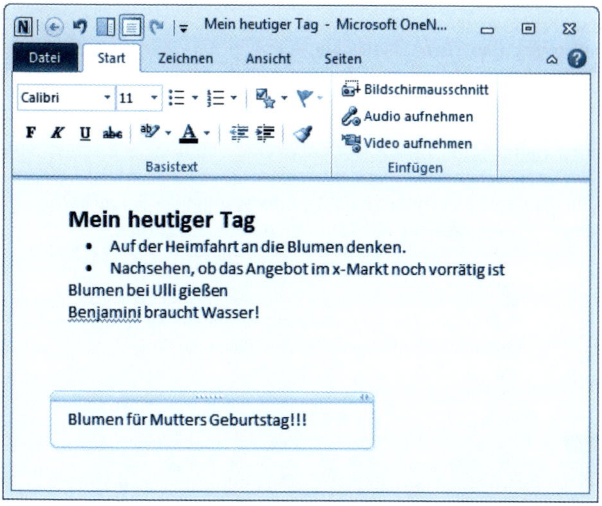

4 Zum Formatieren der Texteinträge markieren Sie die Wörter oder Abschnitte und weisen ihnen dann die gewünschten Formate über die Gruppe *Basistext* der Registerkarte *Start* zu.

Tipp

Falls das Menüband ausgeblendet sein sollte, klicken Sie am rechten oberen Fensterrand auf die Schaltfläche *Menüband erweitern* (siehe auch Kapitel 1).

Das Arbeiten im Fenster der Randnotiz funktioniert genau so wie in den Seiten des Notizbuches. **OneNote zeigt** bei einer **Randnotiz** lediglich eine Seite **in** der **Ganzseitenansicht** im Fenster. Das Fenster der Randnotiz lässt sich über die Titelleiste auf dem Desktop verschieben und über die Schaltflächen in der rechten oberen Fensterecke minimieren, maximieren, wiederherstellen oder schließen.

5 Klicken Sie in der Symbolleiste für die Schnellansicht auf die Schaltfläche *Ganzseitenansicht* oder drücken Sie die Funktionstaste F11.

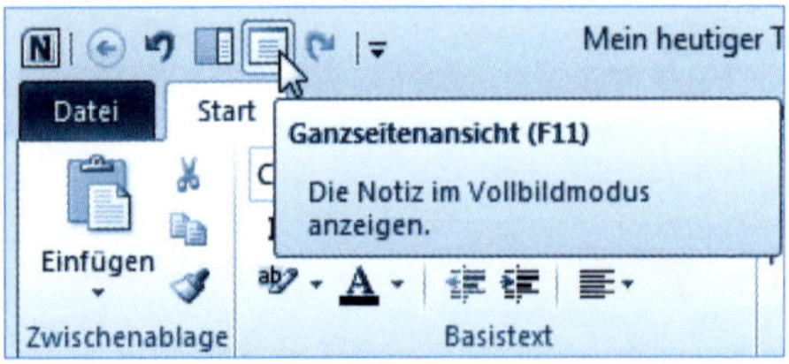

Dann schaltet OneNote zur Normalansicht um, d. h., Sie sehen die in Kapitel 9 besprochene Navigationsleiste sowie die Seitenleiste. Drücken Sie nochmals die Funktionstaste F11 oder wählen die Schaltfläche *Ganzseitenansicht*, gelangen Sie zur Randnotizenansicht zurück.

6 Um das Fenster der Randnotiz ständig im Vordergrund zu halten, wechseln Sie zur Registerkarte *Ansicht*.

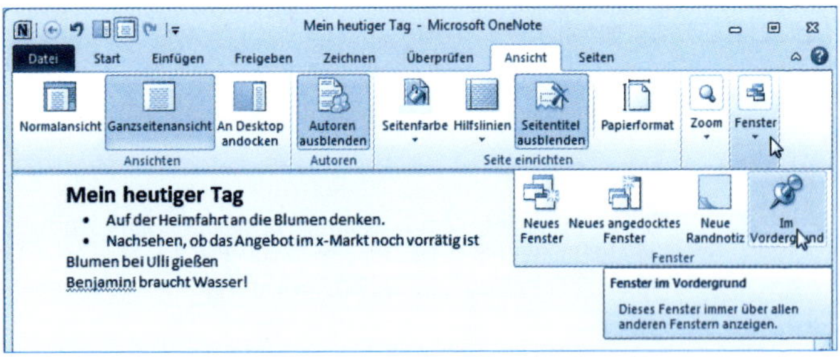

7 Klicken Sie auf die Gruppenschaltfläche *Fenster* und wählen Sie in der eingeblendeten Palette die Schaltfläche *Im Vordergrund*.

Jetzt ist das Fenster fixiert und kann nicht mehr durch andere geöffnete Fenster verdeckt werden. Ein erneuter Mausklick auf die Schaltfläche *Im Vordergrund* hebt diese Fixierung wieder auf.

- In der Palette der Gruppenschaltfläche *Fenster* finden Sie die Schaltfläche *Neues angedocktes Fenster*. Diese öffnet ein OneNote-Fenster, welches am rechten Desktoprand angedockt ist. Die Schaltfläche *Neues Fenster* öffnet dagegen nur das OneNote-Fenster in der Normalansicht.
- Über die Schaltfläche *Neue Randnotiz* in der Palette *Fenster* der Gruppenschaltfläche *Fenster* können Sie eine zusätzliche Randnotiz anlegen. Diese wird in einem separaten Fenster geöffnet.
- Über die Gruppenschaltfläche *Seitenfarbe* der Registerkarte *Ansicht* öffnen Sie eine Palette, über deren Farbfelder Sie die Hintergrundfarbe für die Notizenseite auswählen können.
- Die Gruppenschaltfläche *Hilfslinien* der gleichen Registerkarte ermöglicht über eine Palette, unterschiedliche Hilfslinien im Hintergrund der Notizenseite ein- und wieder auszublenden.

Weitere Schaltflächen der Registerkarte *Ansicht* ermöglichen Ihnen, den Seitentitel auszublenden oder die Darstellung über die Gruppe *Zoom* zu verkleinern bzw. zu vergrößern.

Randnotizen stellen eine sehr elegante Art dar, Haftnotizen quasi auf dem Computer abzubilden und sogar nachträglich in Notizbücher einzufügen.

Randnotizen – was Sie noch wissen sollten

Um Randnotizen effizient zu verwalten, sollten Sie noch einige Dinge wissen. Schließen Sie das Fenster einer Randnotiz, ist dieses erst mal weg. Auch beim Beenden von Windows werden die Randnotizen geschlossen. Was aber, wenn man noch Zugriff auf die Randnotiz braucht? Oder wie kann ich die Randnotizen löschen? Randnotizen werden durch OneNote automatisch gespeichert. Möchten Sie erneut auf eine geschlossene Randnotiz zugreifen?

1 Starten Sie OneNote (z. B. über den Startmenüeintrag *Alle Programme/Microsoft Office/Microsoft OneNote 2010*).

2 Klicken Sie in der linken unteren Ecke des OneNote-Fensters auf das in der Navigationsleiste sichtbare Symbol *Nicht abgelegte Notizen*.

Dann wird der Inhalt der ersten Randnotiz im OneNote-Fenster eingeblendet. Erkennbar ist die Randnotiz am Registerreiter *Nicht abgelegte Notizen*, d. h., die Randnotiz ist keinem Notizbuch zugeordnet.

> **Hinweis**
>
> Die Schaltfläche *Nicht abgelegte Notizen* ist nur dann in der Navigationsleiste vorhanden, wenn Randnotizen existieren.

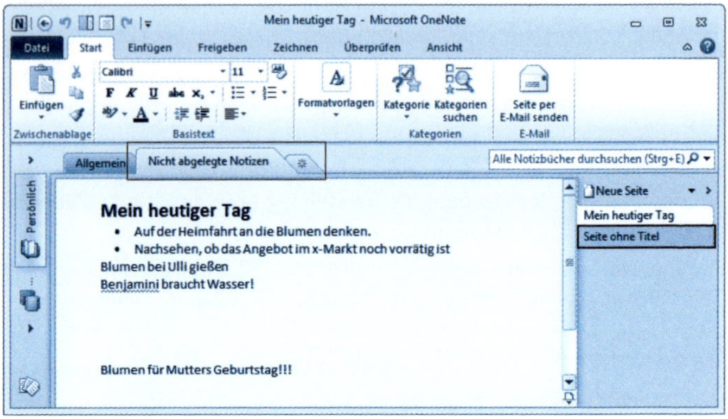

3 Um gegebenenfalls auf weitere Randnotizen zugreifen zu können, holen Sie (über das betreffende Symbol der Navigationsleiste) den Abschnitt *Nicht abgelegte Notizen* in den Vordergrund und klicken am rechten Fensterrand deren Titeleintrag im Seitenregister an.

Die Titel der Randnotizen werden automatisch aus dem ersten Text der Seite abgeleitet und im Seitenregister angezeigt.

> **Hinweis**
>
> Ist die OneNote-Normalansicht eingeschaltet und der Abschnitt *Nicht abgelegte Notizen* gewählt? Klicken Sie den am oberen Dokumentrand sichtbaren Registerreiter *Nicht abgelegte Notizen* mit der rechten Maustaste an. Dann lassen sich Kontextmenübefehle zur Verwaltung der Randnotizen wählen. Im Modus *Ganzseitenansicht* verwenden Sie dagegen die Elemente der dann im Menüband eingeblendeten Registerkarte *Seiten* zur Verwaltung der Randnotizen.

Möchten Sie Randnotizen verwalten, müssen Sie im Menüband zur Registerkarte *Seiten* wechseln. In den Gruppen *Navigieren* und *Seiten* finden Sie verschiedene Schaltflächen zum Zugriff auf die Notizenseiten.

- Über die beiden Schaltflächen *Vorherige Seite* und *Nächste Seite* der Gruppe *Navigation* können Sie zwischen den Seiten einer Randnotiz blättern.
- Die Schaltfläche *Suchen* der Gruppe *Navigation* blendet die (hier im rechten unteren Bereich des Desktops sichtbare) Palette mit den Suchoptionen ein. Über das Suchfeld können Sie direkt nach Notizbuchinhalten (Seiten und Randnotizen) suchen. Zudem ist der Zugriff auf einzelne Notizbücher, Abschnitte und Seiten über den Navigationsbereich möglich.
- Über die Schaltfläche *Neue Seite* der Gruppe *Seiten* lassen sich zusätzliche **Seiten anlegen**.

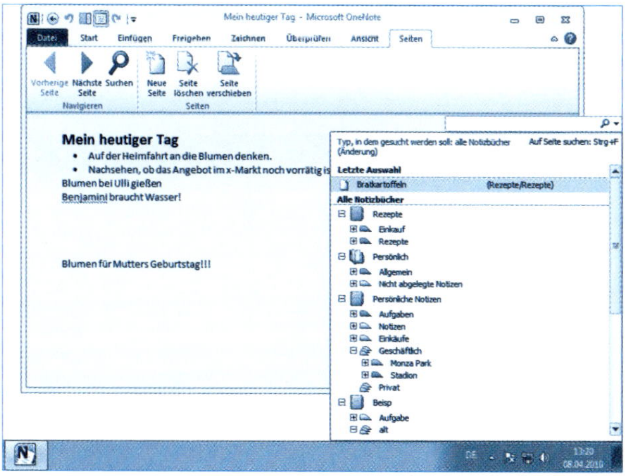

- Um eine **Randnotiz** zu **löschen**, klicken Sie auf der Registerkarte *Seiten* in der Gruppe *Seiten* auf die Schaltfläche *Seite löschen*.
- Möchten Sie eine **Randnotiz** als Seite **in** ein geladenes **Notizbuch** einfügen? Klicken Sie auf der Registerkarte *Seiten* auf die Schaltfläche *Seite verschieben*. Anschließend können Sie im Dialogfeld *Seiten verschieben oder kopieren* das Notizbuch und den Abschnitt festlegen.

Sie sehen also, Randnotizen lassen sich letztendlich genau so wie Seiten in Notizbüchern handhaben. Lesen Sie notfalls in Kapitel 9 nach, wie sich Notizen verschieben lassen.

Hinweis

Klicken Sie das OneNote-Symbol in der Palette des Infobereichs der Taskleiste mit der rechten Maustaste an, erscheint das hier gezeigte Kontextmenü.

Über dessen Befehle können Sie zu OneNote wechseln, neue Randnotizen anlegen, Audioaufnahmen starten oder Bildschirmausschnitte erstellen. Wählen Sie den Befehl *Schließen*, verschwindet das OneNote-Symbol aus dem Infobereich. Um das Symbol wieder einzublenden, starten Sie OneNote. Dann klicken Sie auf den Registerreiter *Datei* und wählen im Menü der Backstage-Ansicht den Befehl *Optionen*. Wählen Sie im Dialogfeld *OneNote-Optionen* die Kategorie *Anzeige* und markieren Sie dann das Kontrollkästchen *Symbol für OneNote im Infobereich der Taskleiste anzeigen*. Schließen Sie das Dialogfeld über die *OK*-Schaltfläche.

Freigabe von Notizen

In OneNote können Sie Notizen auch gezielt in einem Netzwerk oder über die SkyDrive-Ordner des Windows Live ID-Benutzerkontos im Internet zur gemeinsamen Verwendung freigeben. Hierzu finden Sie auf der Registerkarte *Freigeben* des Menübands einige Schaltflächen.

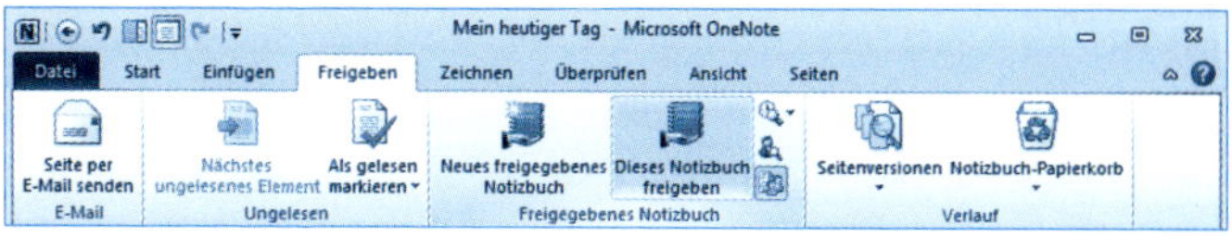

1 Sobald Sie die Schaltfläche *Dieses Notizbuch freigeben* anwählen, gelangen Sie in die Backstage-Ansicht des Befehls *Freigeben*.

2 Wählen Sie in der Backstage-Ansicht das Notizbuch und dann einen der Freigabeorte *Netzwerk* oder *Web*.

Bei einer Freigabe im Netzwerk müssen Sie über die Schaltfläche *Durchsuchen* das Dialogfeld *Ordner auswählen* öffnen. Dort können Sie eine Netzwerkfreigabe im lokalen Netzwerk auswählen und mittels der Schaltfläche *Auswählen* als Speicherziel festlegen. Ist ein entsprechender Webdienst verfügbar, können Sie den Eintrag *Web* anwählen und dann den Webspeicherort (z. B. SkyDrive) festlegen.

3 Anschließend bestätigen Sie die Schaltfläche *Notizbuch freigeben*.

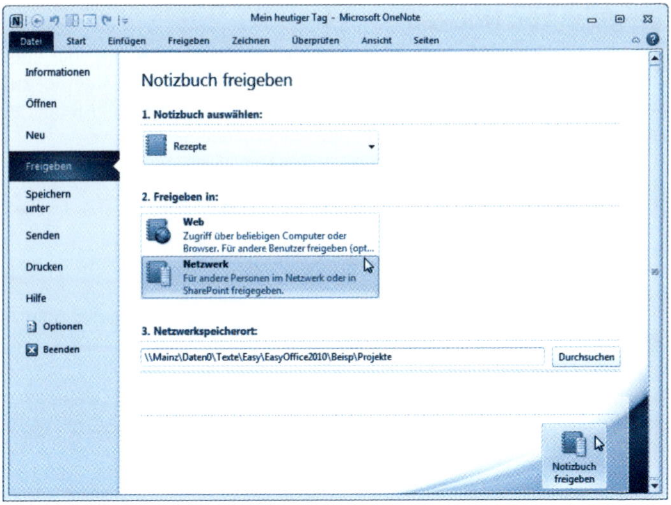

OneNote speichert dann das Notizbuch am vorgegebenen Ziel. In einem nun angezeigten Dialogfeld kann der Benutzer noch die Schaltfläche *Link per E-Mail versenden* wählen. Ist Microsoft Outlook installiert, wird eine neue E-Mail-Nachricht mit einem Link auf den entsprechenden Speicherort erzeugt. Sie können die Nachricht an andere Benutzer versenden, um diesen den Zugriff auf das Notizbuch zu ermöglichen.

Hinweis

Alternativ können Benutzer auch zum Netzwerkordner navigieren und die Notizbuchdatei per Doppelklick öffnen. Voraussetzung ist aber, dass Microsoft Office 2010 samt OneNote auf dem betreffenden Rechner installiert ist. Das Speichern von Notizbüchern im Internet (z. B. auf einem SkyDrive-Laufwerk) war beim Schreiben dieses Kapitels aber noch nicht verfügbar.

Tipp

Sie können auf den Registerreiter *Datei* des Menübands klicken. Im Menü der Backstage-Ansicht finden Sie den Befehl *Speichern unter*. Dort finden Sie in der Rubrik »Speicherformate« Befehle, um die Notiz als Word-Dokument, im Adobe PDF-Format, als XPS-Datei oder als HTML-Dokument zu exportieren. Zudem können Sie im Menü der Backstage-Ansicht den Befehl *Senden* wählen. Dann zeigt die Backstage-Ansicht Befehle, um die Notizseite als E-Mail oder als OneNote bzw. PDF-Anhang einer E-Mail zu versenden. Zudem können Sie den Seiteninhalt an Word senden sowie in einem eingerichteten Blog veröffentlichen.

Bildschirmausschnitte in Notizen übernehmen

Haben Sie eine Fehlermeldung oder irgendetwas Wichtiges auf dem Bildschirm und möchten Sie die Darstellung aufbewahren? Dann speichern Sie das Ganze als Bildschirmausschnitt in einer Notiz.

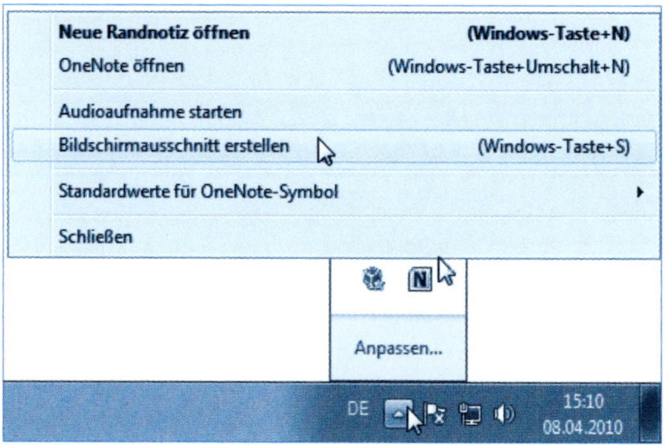

1 Drücken Sie die Tastenkombination [Windows]+[S] oder klicken Sie im Infobereich der Taskleiste das OneNote-Symbol mit der rechten Maustaste an. Wählen Sie im daraufhin geöffneten Kontextmenü den Eintrag *Bildschirmausschnitt erstellen*.

2 Sobald OneNote den Bildschirminhalt abgeblendet darstellt und ein Markierungskreuz anzeigt, ziehen Sie mit der Maus ein Markierungsrechteck auf.

Innerhalb des Markierungsrechtecks wird der Bildschirminhalt sichtbar. Sobald Sie die linke Maustaste beim Ziehen loslassen, wird der im Markierungsrechteck liegende Bildschirminhalt ausgelesen. Das weitere Verhalten hängt dann von den OneNote-Einstellungen ab. Standardmäßig erscheint das Dialogfeld *Speicherort in OneNote auswählen*.

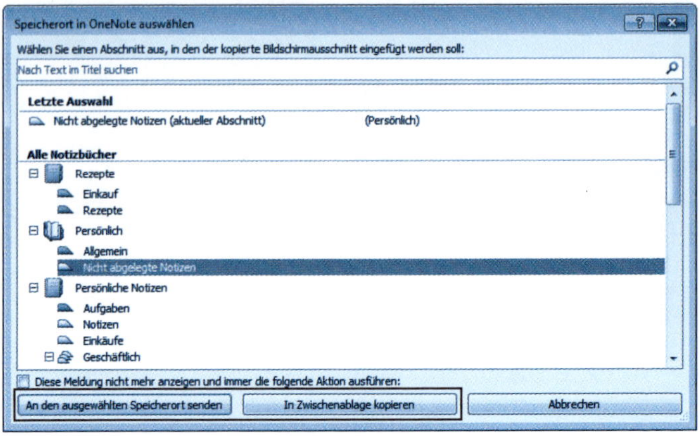

3 Wählen Sie im Dialogfeld *Speicherort in OneNote auswählen* ggf. ein Notizbuch und dann den Abschnitt (z. B. *Nicht abgelegte Notizen)*.

4 Klicken Sie auf die Schaltfläche *An den ausgewählten Speicherort senden*.

Hinweis

Sie können auch die Schaltfläche *In Zwischenablage kopieren* anklicken, dann in OneNote (oder in einer anderen Anwendung) zur gewünschten Dokumentseite wechseln, die Einfügestelle anwählen und dann den Inhalt der Zwischenablage (z. B. mittels der Tastenkombination Strg+V) einfügen.

Markieren Sie das am unteren Rand des Dialogfelds *Speicherort in OneNote auswählen* befindliche Kontrollkästchen *Diese Meldung nicht mehr anzeigen und immer die folgende Aktion ausführen*. Wählen Sie dann den Abschnitt *Nicht abgelegte Notizen* und schließlich die Schaltfläche *An den ausgewählten Speicherort senden* an, unterbleibt zukünftig die Anzeige des Dialogfelds. Der Bildschirmausschnitt wird automatisch in die Randnotiz eingefügt. Um die Option wieder zu aktivieren, klicken Sie in der Backstage-Ansicht (Registerreiter *Datei*) auf den Befehl *Optionen*. Dann wählen Sie im Dialogfeld *OneNote-Optionen* die Kategorie *An OneNote senden* und blättern zur Rubrik *Andere Inhalte*. Anschließend können Sie den Wert des Listenfelds *Bildschirmausschnitte* auf den Eintrag »Immer nach Sendeziel fragen« zurücksetzen und dann auf die *OK*-Schaltfläche klicken.

OneNote fügt dann den Screenshot als Grafik in die Notiz ein.

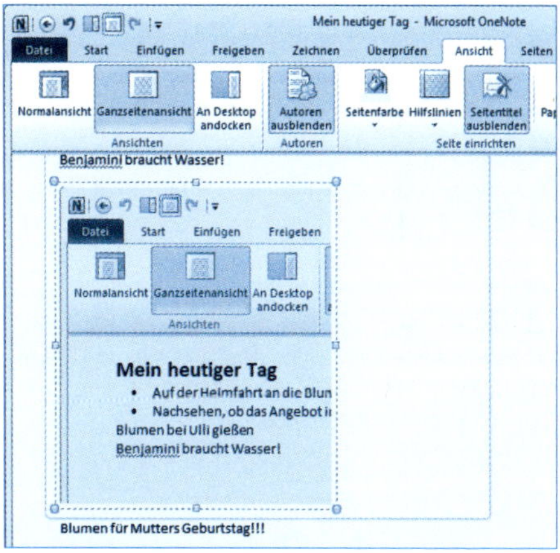

Hinweis

Auf der Registerkarte *Einfügen* des Menübands finden Sie die Schaltfläche *Bildschirmausschnitt* in der Gruppe *Bilder*. Diese Schaltfläche ermöglicht ebenfalls, die Funktion zum Anfertigen von Bildschirmabzügen aufzurufen. Sie können auch die [Druck]-Taste verwenden, um den ganzen Bildschirm in die Zwischenablage zu übertragen. Mit [Alt]+[Druck] wird dagegen das aktuelle Fenster als Bild in die Zwischenablage eingefügt. Anschließend lassen sich diese Bilder mittels der Schaltfläche *Einfügen* oder über die Tastenkombination [Strg]+[V] in eine Notiz einfügen.

Informationsinhalte in Notizen sammeln

Stoßen Sie beim Surfen im Internet auf interessante Informationen, die Sie aufheben möchten? Bereiten Sie ein Referat vor und möchten die bei der Recherche ermittelten Informationen sammeln und sortieren? Sollen Informationen aus Excel-Tabellen oder Diagramme als Gedächtnisstütze in eine Notiz übernommen werden. Sicher fallen Ihnen noch viele Beispiele ein, wo man schnell ein paar Informationen zusammentragen und ordnen muss. Statt das Ganze als Einzelseiten auszudrucken und in einer Mappe abzuheften, können Sie zukünftig Ihr Notizbuch verwenden.

Achtung

Falls Sie Informationen aus Internetseiten in einem privaten Notizbuch sammeln, ist dies nicht zu beanstanden. Achten Sie aber darauf, dass diese in Notizbüchern enthaltenen Informationen später nicht öffentlich zugänglich werden. Sie können sonst mit Plagiatsvorwürfen und Copyright-Verstößen konfrontiert werden (*http://de.wikipedia.org/wiki/Urheberrecht*). Falls Sie Ausschnitte aus anderen Werken als Zitate verwenden möchten, sollten Sie sich unter *http://de.wikipedia.org/wiki/Zitat* über die rechtlichen Bedingungen informieren.

1 Öffnen Sie in OneNote Ihr Notizbuch, holen Sie die gewünschte Seite eines Abschnitts in das Dokumentfenster und tragen Sie ggf. einen Seitentitel in den betreffenden Platzhalter ein.

2 Öffnen Sie das Fenster mit den gewünschten Informationen (z. B. einen Windows-Ordner mit Bilddateien, das Fenster einer Anwendung, des Internet Explorers bzw. eines anderen Webbrowsers) und markieren Sie den interessierenden Bereich beispielsweise durch Ziehen mit der Maus.

3 Klicken Sie den markierten Bereich mit der rechten Maustaste an und wählen Sie den Kontextmenübefehl *Kopieren*.

4 Wechseln Sie zum OneNote-Fenster, klicken Sie mit der rechten Maustaste in den Notizbereich und wählen Sie im Kontextmenü unter *Einfüge-optionen* die gewünschte Schaltfläche.

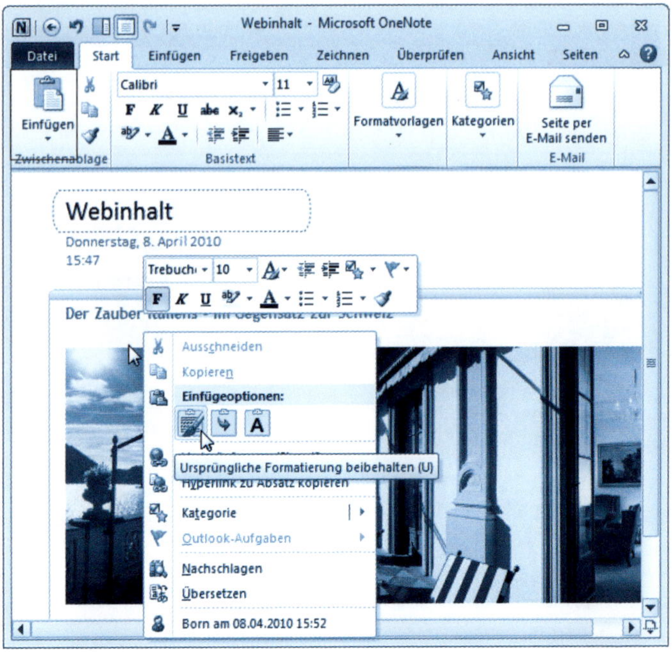

Alternativ können Sie in Schritt 4 auch die Schaltfläche *Einfügen* auf der Registerkarte *Start* des Menübands verwenden. OneNote fügt dann den Inhalt der Zwischenablage in den Notizbereich ein. Abhängig von der Auswahl in der Kategorie *Einfügeoptionen* werden dann Grafiken, formatierte Textbereiche etc. direkt übernommen und in der Notiz abgelegt.

Handelt es sich bei der Quelle um eine Internetseite, wird deren Internetadresse (URL) automatisch als Verweis mit hinzugefügt. Ähnliches gilt z.B. für übernommene Ausschnitte aus Office-Dokumenten. Sie sehen also sofort, woher der Ausschnitt kommt. Um später auf die Originalquelle zuzugreifen, brauchen Sie die Notiz lediglich zu öffnen und dann den eingefügten Hyperlink anzuklicken. Auf diese Weise gelangen Sie ganz schnell zu Kaufangeboten, Referatstellen etc., die Sie in einer Notiz zusammengestellt haben. Einfacher kann man es kaum noch haben – oder?

Spezialelemente in Notizen ablegen

Neben Texten können Notizen aber auch Bilder, Zeichnungen, Scans, Sprachaufzeichnungen oder Videos sowie Markierungen enthalten. Einen Vorgeschmack haben Sie ja bereits auf den vorhergehenden Seiten erhalten. Nachfolgend wird erläutert, welche weiteren Funktionen in OneNote zusätzlich zur Verfügung stehen.

Handschriftliche Notizen anfertigen

Ist am Rechner ein Tablett mit einem Eingabestift angeschlossen, können Sie Notizen auch handschriftlich erfassen und einfügen.

1 Öffnen Sie in OneNote Ihr Notizbuch und holen Sie die gewünschte Seite eines Abschnitts in das Dokumentfenster.

2 Starten Sie die Eingabesoftware für die Handschrifterkennung unter Windows.

Bei Windows Vista und Windows 7 können Sie beispielsweise den **Tablet PC-Eingabebereich** über das Startmenü (*Alle Programme/Zubehör/Tablet PC*) aufrufen.

3 Nehmen Sie den Stift und schreiben Sie damit den gewünschten Text.

> **Hinweis**
>
> Der Tablet PC-Eingabebereich verfügt über eine **Handschrifterkennung**, die den Text automatisch in Druckbuchstaben umwandelt. Über verschiedene Optionen lassen sich dabei falsch erkannte Buchstaben korrigieren oder Schreibvarianten in der Worterkennung auswählen.

4 Zur Übernahme des Textes klicken Sie auf die *Einfügen*-Schaltfläche des Tablet PC-Eingabebereichs.

Hier sehen Sie die Stifteingabe sowie das in die Notiz eingefügte Ergebnis.

Wer nicht über Windows Vista bzw. Windows 7 und eine Handschrifterkennung verfügt, kann trotzdem **handschriftliche Notizen** mithilfe eines Stift-Eingabegeräts **verfassen**.

1 Holen Sie in OneNote die gewünschte Seite in das Dokumentfenster und wechseln Sie im Menüband zur Registerkarte *Zeichnen*.

2 Klicken Sie in der Gruppe *Tools* auf die Schaltfläche mit der gewünschten Stiftfarbe. Bei Bedarf können Sie über die Gruppenschaltfläche *Farbe und Linienstärke* die Stifteigenschaften anpassen.

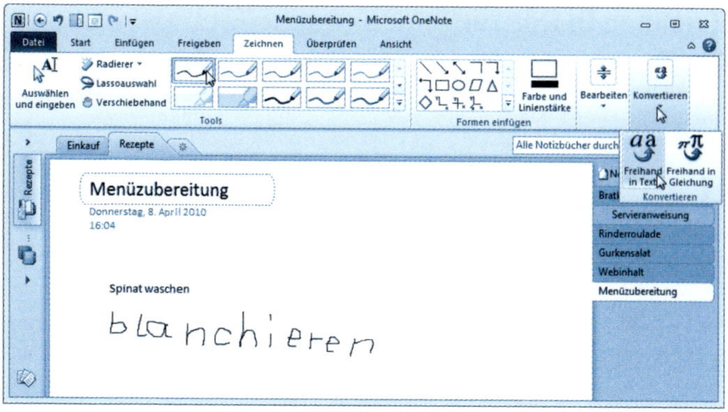

3 Anschließend können Sie mit dem Stift-Eingabegerät direkt in den Notizenbereich schreiben.

Der so verfasste handschriftliche Text wird einfach als Grafik in der Notiz abgelegt.

4 Bei Bedarf können Sie auf der Registerkarte *Zeichnen* noch die Gruppenschaltfläche *Konvertieren* anwählen und dann auf die Schaltfläche *Freihand in Text* klicken.

Dann versucht OneNote, die Freihandschrift in einen Text zu konvertieren und dann in einen Schreibbereich einzufügen.

Hinweis

Sie können die Stiftfunktionen auch verwenden, um getippten Notizen oder eingefügten Webseiten etc. handschriftliche Anmerkungen hinzuzufügen. Um Notizen oder Bereiche im Notizbuch mit Strichen zu markieren oder zu unterstreichen, sollten Sie aber die Schaltfläche *Textmarker* der Gruppe *Tools* auf der Registerkarte *Zeichnen* verwenden. Diese erzeugt den Effekt, den Sie von Leuchtmarkern auf Papier kennen. Die Strichfunktionen (sowie die Zeichenelemente der Gruppe *Formen einfügen*) sind zudem zum Anfertigen von Freihandzeichnungen hilfreich (siehe den folgenden Abschnitt zum Zeichnen in Notizen).

Zeichnen in Notizen

OneNote stellt auf der Registerkarte *Zeichnen* verschiedene Zeichenfunktionen in der Gruppe *Formen einfügen* bereit, mit denen Sie grafische Elemente wie Linien, Flächen etc. in Notizen einfügen können.

1 Wechseln Sie im Menüband zur Registerkarte *Zeichnen* und wählen Sie in der Gruppe *Formen einfügen* das gewünschte Zeichenelement.

Sie können auf die Schaltfläche unterhalb der Bildlaufleiste dieser Gruppe klicken, um die hier als Bildmontage sichtbare Palette mit allen Formen einzublenden. Wird der Befehl *Am Raster ausrichten* in der Palette markiert, erleichtert dies die Positionierung der Elemente innerhalb der Notizseite.

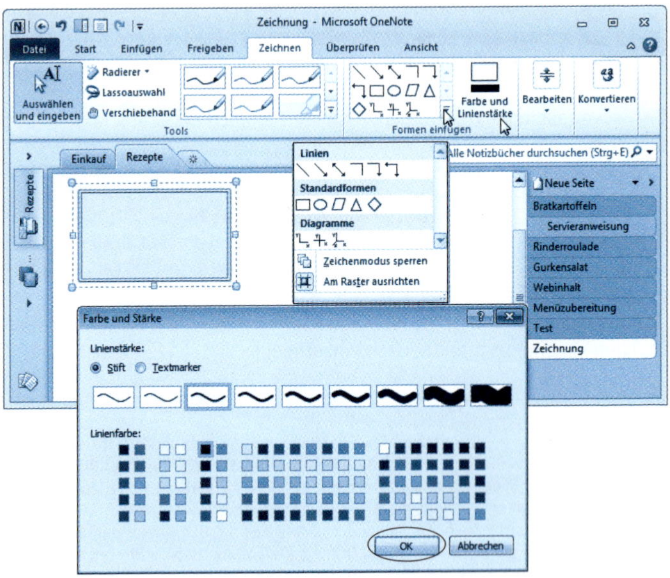

2 Klicken Sie bei Bedarf im Menüband auf die Gruppenschaltfläche *Farbe und Linienstärke* der Registerkarte *Zeichnen*.

3 Anschließend wählen Sie im Dialogfeld *Farbe und Stärke* eine Linienstärke sowie eine Zeichenfarbe durch Anklicken der Felder aus und schließen das Dialogfeld über die *OK*-Schaltfläche.

Sobald die Form ausgewählt wurde, können Sie Linien, Pfeile oder Flächenelemente zeichnen.

4 Zum Einfügen der Form klicken Sie auf einen Punkt der Notiz und ziehen den Mauszeiger bei gedrückter Maustaste (oder per Stift des Grafiktabletts) über den Bereich der Notizseite.

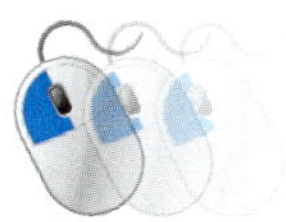

Beim Loslassen wird das Zeichenelement eingefügt. Das eingefügte Zeichenelement ist automatisch zum Verschieben oder zur Anpassung der Größe markiert.

Freihandlinien können Sie mittels der Stiftfunktion einfügen. Sie müssen lediglich einen Stift auf der Registerkarte *Zeichnen* in der Gruppe *Tools* auswählen. Dann lässt sich durch Ziehen mit der Maus mit dem Stift frei auf die Notizseite zeichnen.

Hinweis

Gefällt Ihnen die Stiftbreite oder die Zeichenfarbe nicht? Markieren Sie einfach das gewünschte Zeichenelement und klicken Sie auf die Gruppenschaltfläche *Farbe und Linienstärke* der Registerkarte *Zeichnen*. Dann können Sie im Dialogfeld *Farbe und Stärke* eine Linienstärke oder eine andere Zeichenfarbe wählen und über die *OK*-Schaltfläche zuweisen.

Um gefüllte Flächenelemente zu erzeugen, lässt sich zu einem Trick greifen: Wählen Sie vor dem Zeichnen des Elements eine größere Linienstärke und die gewünschte Füllfarbe. Anschließend zeichnen Sie das geometrische Element, wechseln zu einem breiteren Stift und »malen« den weißen Innenraum der Fläche aus.

Um ein **Zeichenelement** (Form) nachträglich zu **verschieben**, klicken Sie dieses mit der Maus an. Ein markiertes Element verschieben Sie über seinen Markierungsrahmen (bei gedrückter linker Maustaste) auf der Notizseite.

Ziehen Sie die Ziehmarken an den Rahmenecken, wird das **Element in** der **Größe angepasst**.

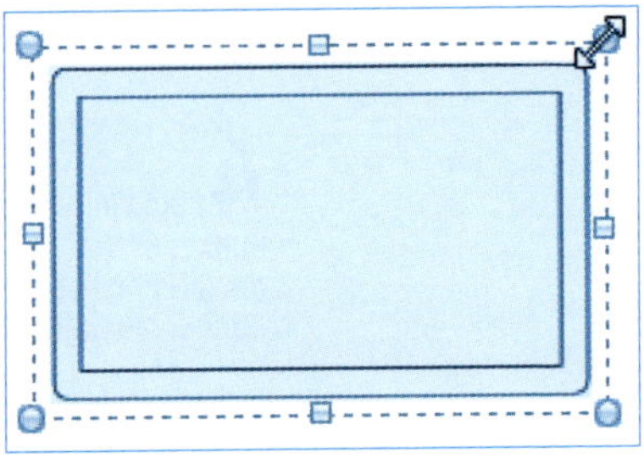

Um gleich **mehrere Zeichenelemente** auf der Notizseite zu **markieren**, verwenden Sie die Schaltfläche *Auswählen und eingeben* auf der Registerkarte *Zeichnen* des Menübands. Klicken Sie auf einen Punkt der Notizseite und legen Sie durch Ziehen bei gedrückter linker Maustaste den gewünschten Umriss des Markierungsrechtecks fest.

Alternativ können Sie die Schaltfläche *Lassoauswahl* auf der Registerkarte *Zeichnen* anklicken. Dann lässt sich der Markierungsbereich bei gedrückter linker Maustaste durch das Lasso frei umfahren. OneNote markiert beim Loslassen der linken Maustaste alle Elemente innerhalb des Markierungsrechtecks oder des Lassobereichs.

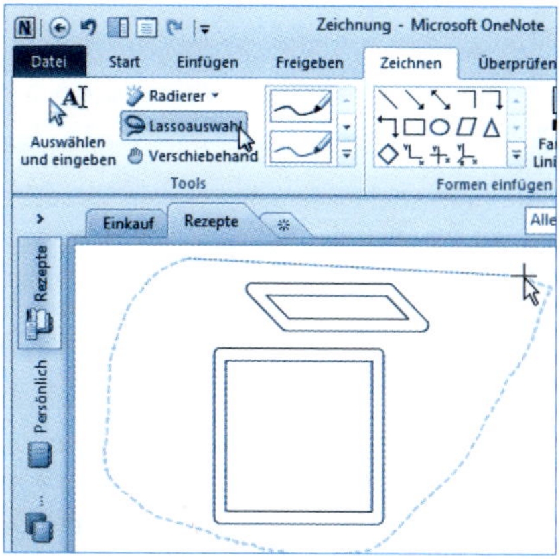

Überlappen sich Zeichenelemente, können Sie das im Vordergrund befindliche Element durch Anklicken markieren.

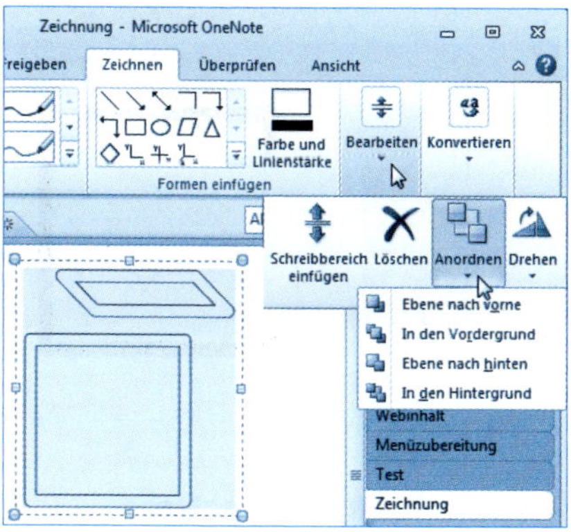

Anschließend lässt sich dessen Position in der Zeichenebene über die Befehle der Gruppenschaltfläche *Bearbeiten* der Registerkarte *Zeichnen* anpassen. Alternativ können Sie auch das Kontextmenü der markierten Elemente öffnen und dort die Befehle zum Anordnen oder Drehen wählen.

Klicken Sie in der Gruppe *Bearbeiten* auf die Schaltfläche *Löschen* oder drücken Sie die Entf-Taste, wird das markierte Element komplett gelöscht.

> **Hinweis**
>
> Die **Markierung** eines Zeichenelements lässt sich **aufheben**, indem Sie auf der Notizseite auf einen Punkt außerhalb des Markierungsrahmens klicken.

Teile eines Zeichenelements können Sie auch **über** die **Radierer entfernen**.

1 Wählen Sie auf der Registerkarte *Zeichnen* des Menübands über die *Radierer*-Schaltfläche bzw. deren Menü einen der Radierer aus.

2 Danach ziehen Sie den Radierer über die Zeichenfläche.

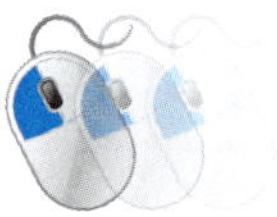

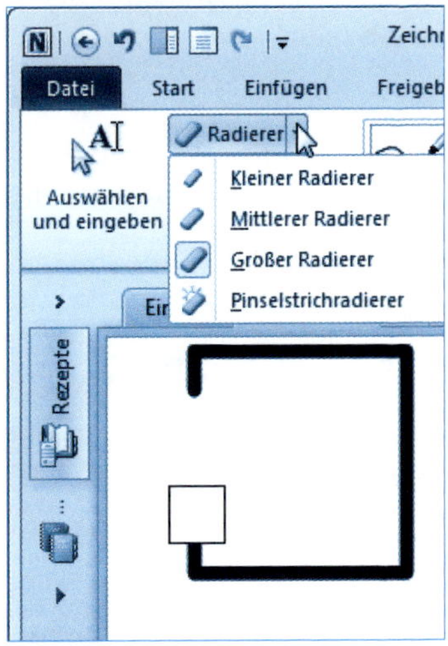

Der unter dem Radierer befindliche Bereich der Notiz wird von Zeichenelementen befreit.

Audio- und Videoaufzeichnungen mit OneNote

Neben Texten können Sie auch Sprachnotizen oder andere Audiosignale wie Musik etc. mit OneNote aufzeichnen und in Notizen ablegen. Haben Sie ein Mikrofon am Soundeingang des Rechners angeschlossen, oder besitzt Ihr Notebook ein eingebautes Mikrofon? Dann verfügen Sie über ein Diktiergerät mit Zusatzfunktionen.

1 Öffnen Sie in OneNote eine Notizbuchseite oder das Fenster einer Randnotiz.

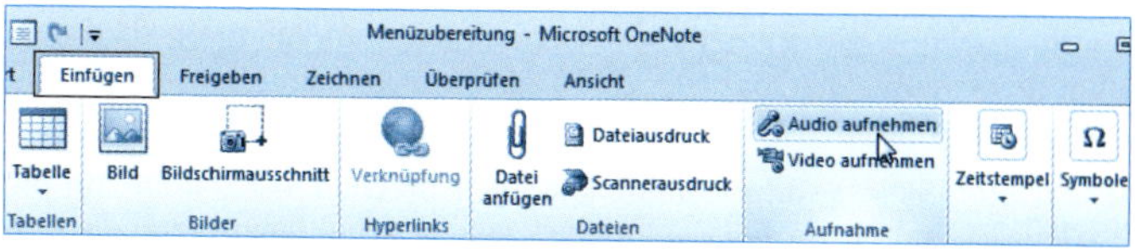

2 Wechseln Sie im Menüband zur Registerkarte *Einfügen* und klicken Sie in der Gruppe *Aufnahme* auf die Schaltfläche *Audio aufnehmen*.

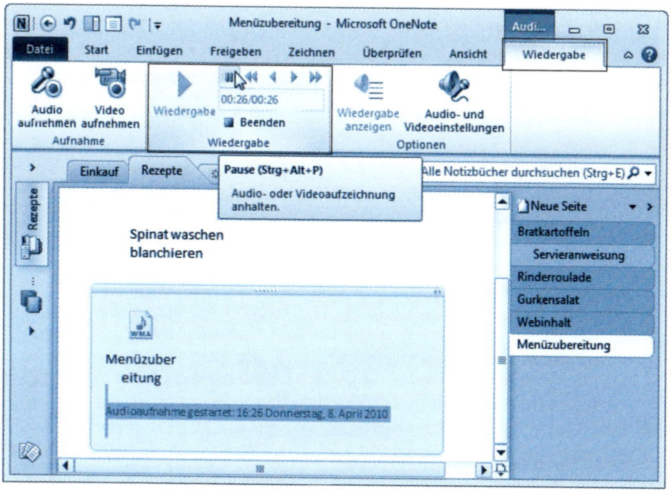

OneNote fügt der Notiz einen Aufzeichnungsblock mit dem Titel *Audioaufnahme gestartet* und dem Aufnahmedatum hinzu. Gleichzeitig startet die Audioaufzeichnung, und die Registerkarte *Wiedergabe* der Audiotools wird im Menüband eingeblendet.

Sie können nun die sprachlichen Anmerkungen ins Mikrofon diktieren. Über die Schaltflächen der Gruppe *Wiedergabe* können Sie dann die Aufzeichnung steuern.

- Möchten Sie die Aufzeichnung kurz unterbrechen, klicken Sie auf die *Pause*-Schaltfläche. Ein zweiter Klick auf die Schaltfläche setzt die Aufzeichnung fort.
- Ist die Sprachaufzeichnung fertig, klicken Sie auf die *Beenden*-Schaltfläche. Dann wird die Audiokonserve als WMA-Datei in der Notiz abgelegt.
- Zur Wiedergabe können Sie das Symbol der Audioaufzeichnung in der Notiz per Doppelklick anwählen. Oder Sie klicken (bei markiertem Audio-/Videoplatzhalter im Menüband auf die *Wiedergabe*-Schaltfläche der Registerkarte *Wiedergabe*.

Die Länge einer Aufzeichnung wird beim Beenden im Feld *Aufzeichnungszeit* der Gruppe *Wiedergabe* der Registerkarte *Wiedergabe* eingeblendet. Während der Wiedergabe zeigt das Feld die Sekunden der Wiedergabe, bezogen auf den Aufzeichnungsanfang, an. Über die Schaltflächen am rechten und linken Rand des Felds können Sie innerhalb der Aufzeichnung vor- und zurückspulen.

Hinweis

Über die Schaltfläche *Audio- und Videoeinstellungen* der Registerkarte *Wiedergabe* lässt sich das Dialogfeld *OneNote-Optionen* öffnen. Dann ist die Kategorie *Audio- und Video* ausgewählt und Sie können die Aufnahmeeinstellungen (Geräte, Codecs etc.) einstellen.

Bei der Audioaufzeichnung erscheint einmalig ein Dialogfeld mit der Anfrage, ob die Suche nach Wörtern in dieser Aufzeichnung eingeschaltet werden soll. Dann bezieht OneNote auch die Audioaufzeichnung in die Suche ein. Sie können diese Option auch nachträglich über das Dialogfeld *OneNote-Optionen* ein- bzw. ausschalten. Sie finden das betreffende Kontrollkästchen im Dialogfeld *OneNote-Optionen* in der Kategorie *Audio und Video*, Gruppe *Audiosuche*. Allerdings ist die Erkennung gesprochener Wörter in Audioaufzeichnungen alles andere als zuverlässig.

Besitzen Sie eine Videokamera oder ein anderes Videogerät (beispielsweise eine Webcam), welches durch Windows erkannt wird? Dann können Sie auch **Videoaufnahmen in Notizen** ablegen. Der Ablauf entspricht der

Aufzeichnung von Audioaufnahmen, Sie müssen lediglich den Befehl *Video aufnehmen* wählen. In einem Videofenster erkennen Sie das laufende Video, welches als Videodatei in die Notiz eingefügt wird. Zur Wiedergabe können Sie die abgelegte Videoaufzeichnung in der Notiz per Doppelklick anwählen.

Hinweis

Möchten Sie aufgezeichnete Audio- und Videodateien separat speichern, wählen Sie deren Symbole in der Notiz mittels der rechten Maustaste an. Über den Kontextmenübefehl *Speichern unter* öffnen Sie das gleichnamige Dialogfeld, in dem Sie Audiodateien im *.wma*-Format und Videodateien im *.wmv*-Format in beliebigen Ordnern abspeichern können.

Notizen mit Tabellen, Bildern etc. versehen

Die Seiten eines Notizbuches sind so etwas wie ein universeller Container, in den Sie alles Mögliche einfügen können. Möchten Sie beispielsweise die Inhalte einer Notizseite etwas besser strukturieren, oder gibt es Inhalte, die in Tabellenform vorliegen?

1 Klicken Sie in der Notiz auf die Einfügestelle und wählen Sie im Menüband auf der Registerkarte *Einfügen* die Schaltfläche *Tabelle*.

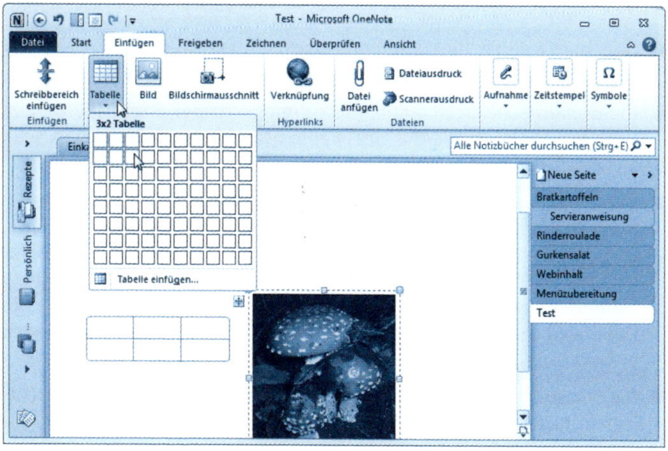

2 Wenn Sie anschließend in der eingeblendeten Palette die Zahl der Zeilen und Spalten durch Ziehen mit der Maus markieren, wird eine Tabelle in die Seite eingefügt.

3 Soll ein **Foto** oder ein Bild **in** die **Seite** eingefügt werden, klicken Sie auf der Registerkarte *Einfügen* des Menübands auf die Schaltfläche *Bild*.

4 Wählen Sie anschließend im Dialogfeld *Grafik einfügen* die gewünschte Bilddatei aus und bestätigen Sie dies über die *Öffnen*-Schaltfläche.

Bei Bedarf können Sie das eingefügte Bild per Mausklick markieren, auf den Rahmen klicken und die Bildgröße durch Ziehen der Ziehmarken anpassen.

Auf ähnliche Weise können Sie andere Elemente in eine Seite des Notizbuchs einfügen.

- Über die Schaltfläche *Bildschirmausschnitt* der Gruppe *Bilder* lässt sich ein Screenshot erstellen und in die Notiz als Grafik einfügen.
- Die Schaltfläche *Scannerausdruck* ermöglicht bei angeschlossenem Scanner, das Windows-Dialogfeld zum Scannen zu öffnen, einen Scan auszuführen und das Ergebnis als Grafik in die Notiz einzufügen.
- Um Dateien zum Dokument hinzuzufügen, klicken Sie auf der Registerkarte *Einfügen* des Menübands auf die Schaltfläche *Datei anfügen*. Dann müssen Sie im Dialogfeld die gewünschte Datei aussuchen. Einfacher geht es aber, wenn Sie die betreffende Datei per Maus aus einem Ordnerfenster zur Notizseite ziehen und die Maustaste loslassen. Die Datei wird als Symbol eingefügt und lässt sich durch einen Doppelklick auf das Dateisymbol in der zugehörigen Anwendung öffnen.
- Die Schaltfläche *Dateiausdruck* der Registerkarte *Einfügen* öffnet ein Dialogfeld, in dem Sie eine OneNote-Datei an die Notizseite anhängen können.

- Mittels der Schaltfläche *Verknüpfung* öffnet sich ein Dialogfeld, in dem Sie einen anzuzeigenden Text sowie eine Internetadresse eingeben und einem Notizbuch zuordnen können. Die Verknüpfung wird dann im Dokument an die betreffende Stelle als Hyperlink eingefügt. Internetadressen können Sie aber auch direkt auf die Notizseite eintippen. OneNote erkennt dies und wandelt diese in einen Hyperlink um.

Mittels der Gruppen *Zeitstempel* und *Symbole* der Registerkarte *Einfügen* können Sie zudem Zeit- und Datumswerte sowie Sonderzeichen und Formeln in eine Notiz einfügen.

> **Hinweis**
>
> Inhalte aus anderen Office-Anwendungen wie Word oder Excel können Sie markieren und dann über die Funktionen *Kopieren* bzw. *Einfügen* per Zwischenablage in die Notiz übertragen. Dies wurde bereits auf den vorhergehenden Seiten skizziert.

Notizenelemente mit Kategorien kennzeichnen

OneNote ermöglicht Ihnen, Elemente einer Notizseite mit Kategoriesymbolen (z. B. Sternchen, Fragezeichen, etc.) zu kennzeichnen. Diese Kategoriesymbole werden auch als **Tags** (ist der englische Begriff für Anhänger oder Markierung) bezeichnet.

1 Markieren Sie den Textabschnitt oder das Zeichenelement, das mit dem Tag zu versehen ist.

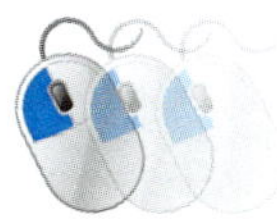

2 Wählen Sie im Menüband auf der Registerkarte *Start* in der Gruppe *Kategorien* eine Kategorie aus.

Sobald Sie auf die Schaltfläche *Weitere* unterhalb der Bildlaufleiste der Gruppe klicken, öffnet sich ein Katalog mit allen verfügbaren Kategorien (hier im Vordergrund als Bildmontage eingeblendet). OneNote fügt nach Anwahl einer Kategorie das Kategoriesymbol vor den markierten Textabschnitt auf der Notizseite ein.

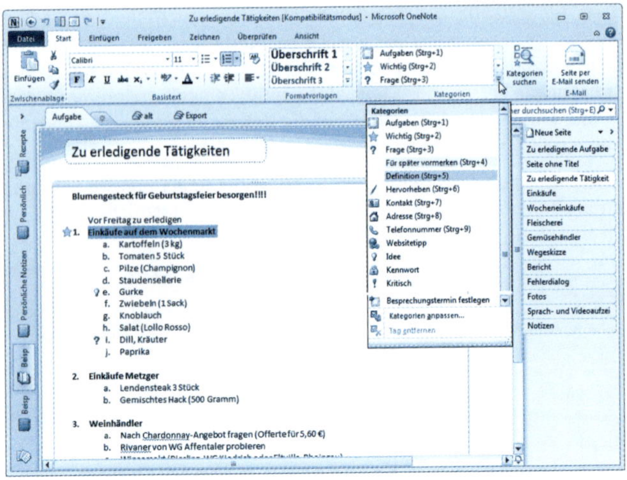

Zum **Entfernen eines Tags** gehen Sie genauso vor, wählen aber im Katalog aller verfügbaren Kategorien den Befehl *Tag entfernen*. Alternativ können Sie den Tag mit der rechten Maustaste anklicken und dann den Kontextmenübefehl *Tag entfernen* verwenden.

Hinweis

An dieser Stelle möchte ich die Einführung in OneNote beenden. Das Programm ist in seiner Funktionalität so mächtig, dass aus Platzgründen nur eine grobe Einführung möglich ist. So können Sie in der Backstage-Ansicht z. B. den Menübefehl *Informationen* anwählen, um Notizbuchinformationen einzusehen. Dann finden Sie in der Backstage-Ansicht auch eine Schaltfläche *Synchronisieren*, um freigegebene Notizbücher abzugleichen. Für weitergehende Informationen möchte ich auf die Programmhilfe verweisen. Vermissen Sie in Microsoft Office 2010 Home and Student die Funktionen des Programms Outlook zum Bearbeiten von E-Mails oder zur Terminverwaltung? Sie können das kostenfreie Programm Windows Live Mail aus den Windows Life Essentials von der Microsoft-Webseite *http://download.live.com* downloaden und installieren. Dieses ermöglicht sowohl das Verwalten von E-Mails als auch das Führen von Terminen. Zudem besitzen Windows Vista mit Windows Mail und Windows XP mit Outlook Express eigene E-Mail-Programme. Bei Windows Vista ist zudem mit dem Windows-Kalender eine Terminverwaltung vorhanden. Die betreffenden Funktionen dieser Programme sind in meinen Easy-Titeln zu Windows XP bzw. Windows Vista beim Verlag Markt+Technik beschrieben.

Testen Sie Ihr Wissen

Zur Überprüfung Ihres Wissens sollten Sie die folgenden Aufgaben lösen. Die Antworten finden Sie in Klammern angegeben.

- **Fügen Sie einen Bildschirmausschnitt in eine Notiz ein.**

  (Öffnen Sie das Menü des OneNote-Symbols über den Infobereich der Taskleiste und rufen Sie den Befehl *Bildschirmausschnitt erstellen* auf. Markieren Sie den gewünschten Bildausschnitt durch Ziehen mit der Maus. Anschließend wählen Sie im eingeblendeten Dialogfeld die Schaltfläche, um den Ausschnitt in eine Randnotiz einzufügen.)

- **Fügen Sie einen Ausschnitt aus einer Excel-Tabelle in eine Notiz ein.**

  (Legen Sie in OneNote eine neue Notizseite an, wechseln Sie zum Excel-Tabellenfenster und markieren Sie den gewünschten Zellbereich, der auch ein Diagramm enthalten kann. Kopieren Sie den Zellbereich, z.B. mit der Tastenkombination Strg+C, in die Zwischenablage. Wechseln Sie zum Notizfenster, klicken Sie auf die Einfügeposition und drücken Sie z.B. die Tastenkombination Strg+V. Daraufhin wird der Inhalt der Zwischenablage in die Notiz eingefügt.)

- **Legen Sie eine Wegskizze in einer Notiz ab.**

  (Wechseln Sie im Menüband des OneNote-Fensters zur Registerkarte *Zeichnen*. Anschließend wählen Sie die Zeichenwerkzeuge in den Gruppen *Formen einfügen* bzw. *Tools*, legen – falls erforderlich – die Strichstärke fest und fügen die Skizze aus Linien, Pfeilen oder Freihandlinien auf die Notizseite ein. Beschriftungen können Sie als normalen Text hinzufügen.)

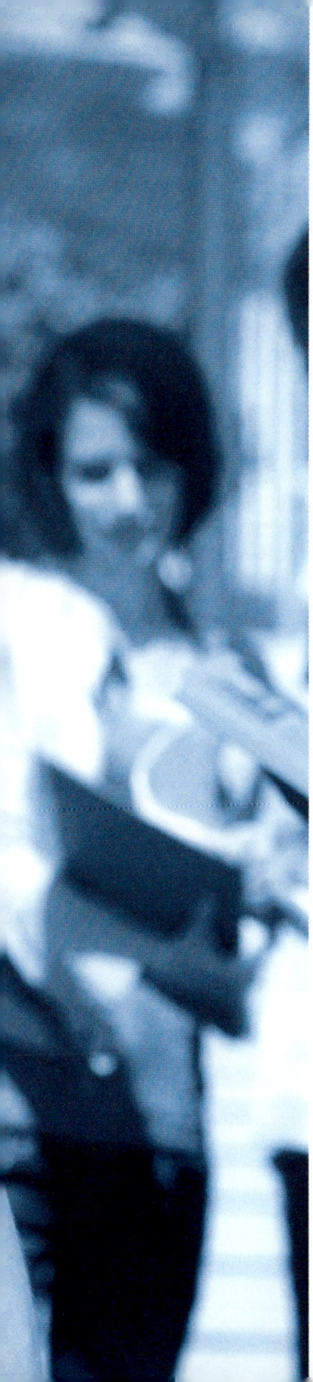

Kapitel 11

Installation und Anpassung

Was bringt Ihnen dieses Kapitel?

Dieses Kapitel zeigt Ihnen, wie Sie Microsoft Office installieren, ggf. Funktionen hinzufügen oder entfernen und wie Sie Office reparieren können. Weiterhin erfahren Sie, wie sich bestimmte Eigenschaften der Office-Programme anpassen lassen. Dies ermöglicht Ihnen, die Programme optimal auf Ihre Bedürfnisse abzustimmen.

Office installieren und warten

Vor der ersten Benutzung müssen Sie Microsoft Office installieren und die gewünschten Programme einrichten. Der Lieferumfang der einzelnen Komponenten hängt dabei von der erworbenen Office-Version ab (siehe auch die Erläuterungen in Kapitel 1). Später möchten Sie vielleicht Funktionen hinzufügen oder entfernen. Auch diese als Wartung bezeichnete Funktion lässt sich mit wenigen Mausklicks abrufen. Nachfolgend wird die Installation und Wartung des Produkts kurz erläutert.

Microsoft Office installieren

Microsoft Office wird in der Regel auf einem Installationsdatenträger ausgeliefert. Bei der **Installation werden** die **Programmdateien auf** eine **Festplatte** Ihres Computers **kopiert und Verknüpfungen** im **Startmenü eingerichtet**. Zur Installation muss der Rechner die **Mindestanforderungen** bezüglich Hard- und Software für Office erfüllen. Auf dem Rechner muss ein Betriebssystem (Windows XP [SP3], Windows Vista [SP2] bzw. Windows 7) installiert sein. Weiterhin benötigen Sie einen Rechner, der über genügend Prozessorleistung, Arbeitsspeicherkapazität und freie Festplattenkapazität verfügt. Die genauen Anforderungen finden Sie in der Produktbeschreibung auf der Verpackung.

> **Achtung**
>
> Vor der Installation sollten Sie wichtige Daten der Festplatte sichern und alle momentan ausgeführten Programme beenden.

Die eigentliche Installation ist recht einfach, ein Assistent führt Sie durch die wenigen Schritte.

1 Legen Sie das Installationsmedium in das Laufwerk ein und warten Sie auf den automatischen Start des Installationsprogramms.

Klappt der Autostart nicht, rufen Sie das Programm *Setup.exe* im Hauptordner des Installationsmediums direkt auf (z. B. im Ordnerfenster durch einen Doppelklick auf das Symbol der Datei).

2 Bestätigen Sie in Windows Vista bzw. Windows 7 die Sicherheitsabfrage der Benutzerkontensteuerung, um die Installation zuzulassen.

3 Warten Sie, bis das System überprüft wurde, und durchlaufen Sie über die Dialogfelder des Setup-Assistenten die Installationsschritte.

Verwenden Sie die im Dialogfeld angezeigten Schaltflächen *Weiter* und *Zurück*, um zwischen den Installationsschritten zu blättern. Geben Sie in die Dialogfelder des Assistenten die angefragten Informationen ein. Sie müssen beispielsweise in einem Dialogfeld die Anerkennung der Lizenzbedingungen durch Markieren eines Kontrollkästchens bestätigen. Wird ein Produktschlüssel in einem Dialogfeld abgefragt, geben Sie diesen ein.

Erscheint dieses Dialogfeld, ist eine ältere Office-Version installiert (andernfalls erscheint die Schaltfläche *Jetzt installieren* anstelle von *Upgrade*).

Die Schaltfläche *Upgrade* des Dialogfelds ermöglicht Ihnen, eine Aktualisierung einer vorhandenen Office-Version durchzuführen. Wählen Sie die Schaltfläche *Anpassen*, lassen sich in einem zusätzlichen Dialogfeld über verschiedene Registerkarten eine Anpassung des Installationsumfangs sowie der Installationsoptionen durchführen.

- Auf der Registerkarte *Upgrade* geben Sie z.B. vor, ob und ggf. welche der installierten älteren Office-Anwendungen beibehalten oder aktualisiert werden sollen. Die Auswahl ist über Optionsfelder und/oder Kontrollkästchen möglich.
- Die Registerkarte *Installationsoptionen* ermöglicht Ihnen, die zu installierenden Office-Komponenten gezielt auszuwählen. Über die Pluszeichen vor den Office-Komponenten können Sie den Zweig mit den Optionen erweitern. Jede Komponente besitzt am rechten Rand einen kleinen, nach unten zeigenden Pfeil, über den Sie ein Menü öffnen können. Im Menü lässt sich wählen, ob die Komponente zu installieren oder nicht zu installieren ist. Abgewählte Komponenten werden durch ein rotes Kreuz dargestellt. Im unteren Teil des Dialogfelds wird der benötigte Speicherplatz zur Installation eingeblendet. In einem weiteren Schritt wird das Installationsziel abgefragt.

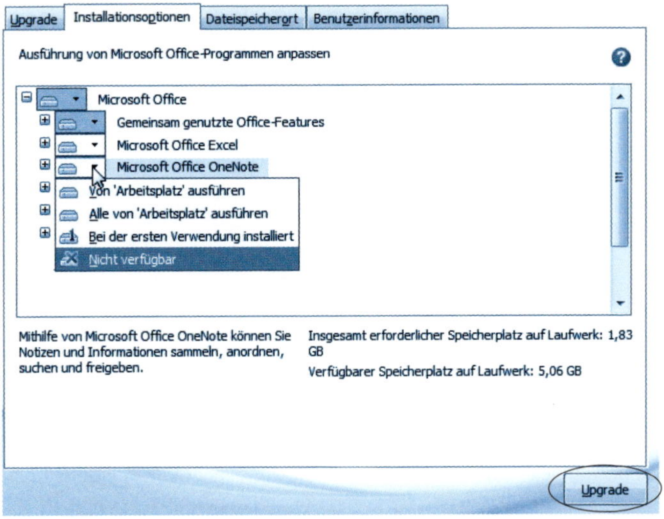

- Standardmäßig wird Microsoft Office 2010 auf dem Windows-Laufwerk im Ordner *Programme* installiert. Auf der Registerkarte *Dateispeicherort* lässt sich das Installationsverzeichnis bei Bedarf anpassen. Wählen Sie die auf der Registerkarte angezeigte Schaltfläche *Durchsuchen* an, um den Installationspfad festzulegen. Achten Sie auch hier bei Auswahl eines anderen Laufwerks darauf, dass genügend freie Kapazität zur Installation vorhanden ist.

- Auf der Registerkarte *Benutzerinformationen* lassen sich der Name des Office-Besitzers, dessen Organisation und die Initialen eintragen. Die Angaben im letzten Dialogfeld werden in den Office-Programmen zur automatischen Vervollständigung bestimmter Informationen benutzt und können auch nachträglich über die Programmoptionen festgelegt werden.

Klicken Sie auf die im Dialogfeld in der rechten oberen Ecke eingeblendete Hilfeschaltfläche, lassen sich zusätzliche Informationen abrufen. Am unteren Rand des Dialogfelds wird, je nach ausgewähltem Installationsmodus, die Schaltfläche *Jetzt installieren* oder *Upgrade* angezeigt. Sobald Sie auf diese Schaltfläche klicken, beginnt die Microsoft Office-Installation. Der Installationsassistent kopiert die Dateien auf die Festplatte und richtet Office ein. Sie werden durch eine Fortschrittsanzeige über den Status bzw. die Schritte informiert. Besteht eine Internetverbindung, können Sie in einem weiteren Dialogschritt zu Office-Online wechseln und ggf. Programmaktualisierungen herunterladen. Über die *Schließen*-Schaltfläche dieses Dialogfelds lässt sich das Setup beenden.

Hinweis

Zur Benutzung müssen Sie **Microsoft Office** einmalig nach der Installation entweder per Internet oder per Telefon beim Hersteller **aktivieren** (andernfalls werden die Office Funktionen nach einer Testperiode von 30 Tagen gesperrt). Das Dialogfeld zur Aktivierung erscheint automatisch beim ersten Aufruf von Microsoft Office. Sie können über Optionsfelder wählen, ob eine Aktivierung per Internet oder per Telefon erfolgen soll. Die Schaltfläche *Weiter* führt Sie durch die entsprechenden Dialogfelder. Bei der Internetaktivierung verläuft der Vorgang der Aktivierung weitgehend automatisch.

Ist über Ihren Computer kein Internetzugang möglich, können Sie auch eine telefonische Aktivierung vornehmen. Dann teilt Office Ihnen in einem Dialogfeld eine Prüfsumme sowie eine kostenlose Telefonnummer mit, unter der die Aktivierung möglich ist. Sie müssen die angezeigte Prüfsumme per Telefon (über die Tasten Ihres Telefons, d. h., Tonwahl muss am Telefon aktiviert sein) an die Registrierungsstelle übermitteln und bekommen von dieser einen mehrstelligen Freischaltschlüssel mitgeteilt (legen Sie etwas zum Schreiben bereit, da die Ansage des Freischaltschlüssels vom Sprachcomputer sehr zügig erfolgt). Falls Sie Probleme beim Mitschreiben des Freischaltcodes haben, lassen Sie die Ansage wiederholen, oder Sie brechen die Aktivierung ab und wiederholen die Prozedur erneut. Tragen Sie anschließend den übermittelten Schlüssel in das angezeigte Dialogfeld ein, um das Produkt zu aktivieren.

Installation anpassen, reparieren, entfernen

Benötigen Sie Office nicht mehr und möchten Sie das Programm vom Rechner entfernen? Office lässt sich über die Systemsteuerung entfernen. Ist Office durch die Installation verschiedener Programme, durch Systemabstürze oder durch das Löschen von Dateien beschädigt? Dann können Sie die Installation reparieren lassen. Oder fehlen Ihnen Programme aus Microsoft Office, die noch nicht installiert wurden? In diesem Fall müssen Sie den Installationsumfang nachträglich anpassen. Dies lässt sich weitgehend mit den gleichen Schritten durchführen.

1 Beenden Sie alle momentan laufenden Windows-Anwendungen und melden Sie sich unter einem Benutzerkonto mit Administratorrechten an.

2 Öffnen Sie (z. B. über das Startmenü) die Systemsteuerung, wählen Sie den Befehl zum Installieren bzw. Entfernen von Software und bestätigen Sie ggf. die Sicherheitsabfrage der Benutzerkontensteuerung.

Hinweis

In Windows XP finden Sie hierzu beispielsweise das Symbol *Software* in der Systemsteuerung, welches Sie per Doppelklick anwählen. Im dann eingeblendeten Dialogfeld *Software* finden Sie einen Eintrag für Microsoft Office. In Windows Vista bzw. Windows 7 wählen Sie in der Systemsteuerung beispielsweise den Befehl *Programme* und auf der Folgeseite den Befehl *Programme und Funktionen*.

3 Sobald das hier gezeigte Fenster erscheint, markieren Sie den Eintrag für Office 2010.

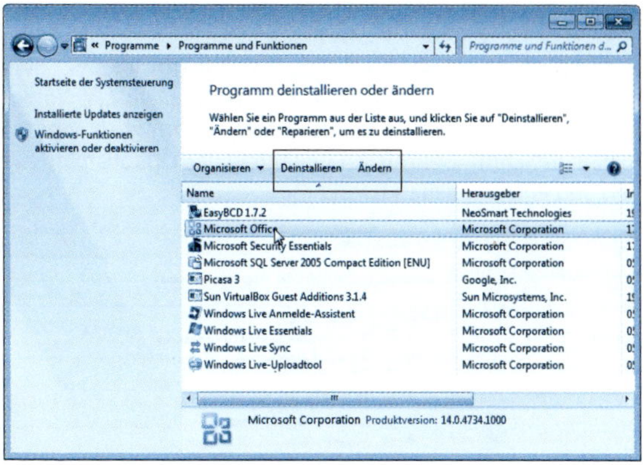

4 Um das Paket zu entfernen, können Sie die Schaltfläche *Deinstallieren* anklicken und dann die Anweisungen in den angezeigten Dialogfeldern befolgen.

Möchten Sie das **Paket reparieren** oder **im Funktionsumfang anpassen**?

1 Wählen Sie im Fenster *Programme und Funktionen* die Schaltfläche *Ändern*.

2 Markieren Sie im anschließend geöffneten Dialogfeld eines der Optionsfelder und klicken Sie danach auf die *Weiter*-Schaltfläche.

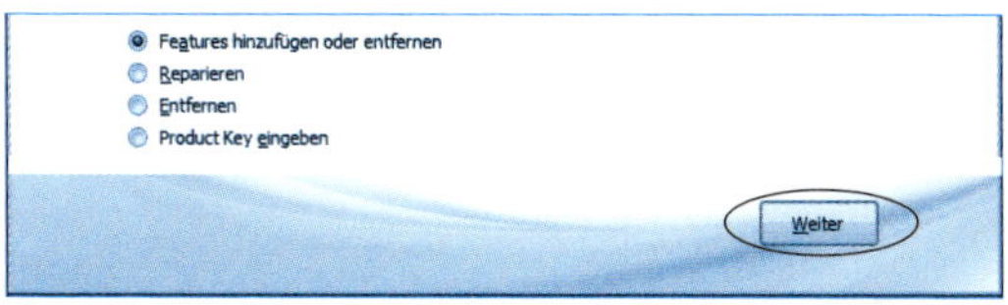

Wurde das Optionsfeld *Reparieren* gewählt, erscheint ein Folgedialogfeld mit einer Fortschrittsanzeige, und das Setup-Programm führt eine Reparatur der Installation aus. Sie müssen dann warten, bis die Reparatur erfolgreich ausgeführt wurde, um den Abschlussdialog manuell über die betreffende *Schließen*-Schaltfläche zu beenden.

Haben Sie bei der Erstinstallation nicht alle Office-Komponenten installiert oder stellen Sie nachträglich fest, dass Sie nicht alle Programme benötigen? Sie können den Funktionsumfang nachträglich anpassen, indem Sie in dem in Schritt 2 gezeigten Dialogfeld das Optionsfeld *Features hinzufügen und entfernen* markieren.

Dann erscheint nach Anwahl der *Weiter*-Schaltfläche dieses Dialogfeld mit der Registerkarte *Installationsoptionen*.

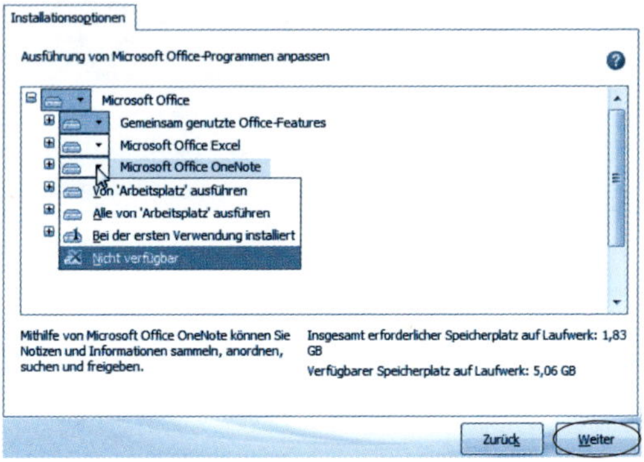

3 Legen Sie in der Liste die zu entfernenden oder hinzuzufügenden Office-Anwendungen und -Funktionen fest und klicken Sie auf die Schaltfläche *Weiter*.

Setup führt dann eine Anpassung des Installationsumfangs aus und informiert Sie in einem Dialogfeld mit einer Fortschrittsanzeige über den Ablauf. Auch hier müssen Sie den Abschlussdialog manuell über die *Schließen*-Schaltfläche beenden. Anschließend ist in beiden Fällen ein Systemneustart durchzuführen. Danach können Sie wieder mit den Office-Anwendungen arbeiten.

Symbolleiste für den Schnellzugriff anpassen

In Kapitel 1 wurde kurz erläutert, wie Sie über ein Menü zusätzliche Schaltflächen zur Symbolleiste für den Schnellzugriff einblenden können. Es genügt, das Menü der Symbolleiste für den Schnellzugriff über die betreffende Schaltfläche zu öffnen und im eingeblendeten Menü einen der Befehle anzuwählen. Ein Häkchen vor dem Befehl steht für eine eingeblendete Schaltfläche. Sie haben zusätzlich die Möglichkeit, die Reihenfolge der Schaltflächen in der Symbolleiste für den Schnellzugriff vorzugeben und Trennzeichen einzufügen.

1 Starten Sie die gewünschte Office-Anwendung, öffnen Sie das Menü der Symbolleiste für den Schnellzugriff und wählen Sie den Befehl *Weitere Befehle*.

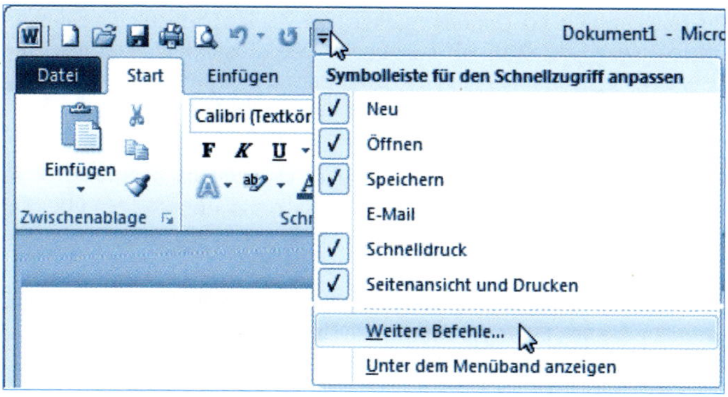

2 Führen Sie im angezeigten Dialogfeld *xxx-Optionen* die gewünschten Anpassungen an der Symbolleiste für den Schnellzugriff durch und schließen Sie das Dialogfeld über die *OK*-Schaltfläche.

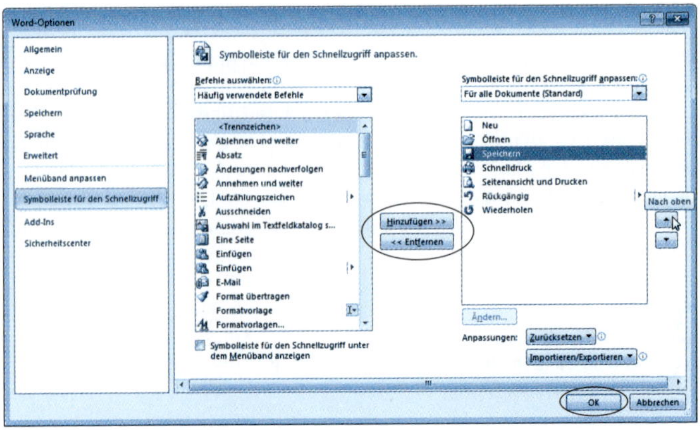

Die Zeichen *xxx* in *xxx-Optionen* stehen hier als Platzhalter für die benutzte Office-Anwendung (z. B. *Word-Optionen*). Das Dialogfeld zeigt links die Liste *Befehle auswählen* mit allen Schaltflächen der betreffenden Anwendung. Rechts finden Sie dann die Liste der Schaltflächen, die in der Symbolleiste für den Schnellzugriff enthalten sind.

- Markieren Sie einen Eintrag in der linken Liste *Befehle auswählen*, können Sie die Schaltfläche, das Element oder ein Trennzeichen über die Schaltfläche *Hinzufügen* in die rechte Liste übertragen und damit in die Symbolleiste für den Schnellzugriff aufnehmen.
- Entfernen lässt sich ein Element der Symbolleiste für den Schnellzugriff, indem Sie den Eintrag in der rechten Liste *Symbolleiste für den Schnellzugriff anpassen* auswählen und die Schaltfläche *Entfernen* anklicken.
- Markieren Sie einen Eintrag in der rechten Liste *Symbolleiste für den Schnellzugriff anpassen*, können Sie diesen über die am rechten Dialogfeldrand sichtbaren Schaltflächen mit dem nach oben bzw. unten zeigenden Pfeil vertikal in der Liste verschieben. Damit lässt sich die Position des betreffenden Elements in der Symbolleiste für den Schnellzugriff verändern.

Mittels des linken Listenfelds *Befehle auswählen* können Sie bei Bedarf gezielt auf Befehlsgruppen (z. B. Elemente der Registerkarte *Start*) zugreifen. Das rechte Listenfeld ermöglicht die Festlegung, ob sich die Anpassung auf alle Dokumente der Anwendung oder nur auf das aktuell geladene Dokument beziehen soll. Die Schaltfläche *Zurücksetzen* holt den Installationszustand der Leiste zurück.

Tipp

Klicken Sie eine Schaltfläche im Menüband mit der rechten Maustaste an, können Sie diese über den Kontextmenübefehl *Zu Symbolleiste für den Schnellzugriff hinzufügen* in die Symbolleiste aufnehmen. Öffnen Sie in der Symbolleiste für den Schnellzugriff das Kontextmenü einer Schaltfläche, lässt sich diese über den Befehl *Aus Symbolleiste für den Schnellzugriff entfernen* auch wieder austragen.

Das Menüband anpassen

In Microsoft Office 2010 ist es möglich, das Menüband anzupassen. Bei Bedarf lassen sich benutzerdefinierte Registerkarten in das Menüband einfügen.

1 Klicken Sie eine Stelle im Menüband mit der rechten Maustaste an und wählen Sie im Kontextmenü den Befehl *Menüband anpassen*.

Alternativ können Sie auch das Dialogfeld *xxx-Optionen* öffnen (siehe vorherige und folgende Seiten) und die Kategorie *Menüband anpassen* wählen.

2 Wählen Sie in der rechten Spalte *Menüband anpassen* des Dialogfelds *xxx-Optionen* die Schaltfläche *Neue Registerkarte*.

3 Klicken Sie auf den Eintrag der neuen benutzerdefinierten Registerkarte und wählen Sie anschließend die Schaltfläche *Umbenennen*.

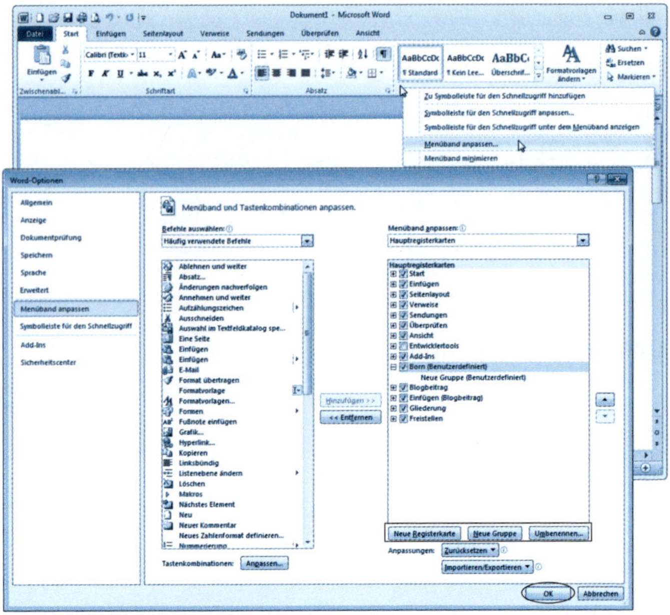

4 Geben Sie im angezeigten Dialogfeld einen Namen für die Registerkarte ein und klicken Sie auf die *OK*-Schaltfläche.

5 Anschließend können Sie Gruppen und Bedienelemente zur benutzerdefinierten Registerkarte hinzufügen und dann das Dialogfeld *xxx-Optionen* über die *OK*-Schaltfläche schließen.

Die in der Registerkarte benötigten Gruppen legen Sie mittels der Schaltfläche *Neue Gruppe* an. Dann markieren Sie diese neue Gruppe und klicken auf die *Umbenennen*-Schaltfläche.

Im Dialogfeld *Umbenennen* lässt sich dann der Wert im Feld *Anzeigename* ändern. Der betreffende Name wird dann unterhalb der Gruppe als Gruppenname angezeigt. Über die *OK*-Schaltfläche werden die Änderungen übernommen.

Die *Umbenennen*-Schaltfläche des Dialogfelds wird zum Umbenennen von Registerkarten, Gruppen und Bedienelementen verwendet. Wurde vor Anwahl der Schaltfläche ein Bedienelement (z. B. Schaltfläche) gewählt, können Sie das anzuzeigende Symbol im Dialogfeld *Umbenennen* auswählen und über die *OK*-Schaltfläche zuweisen.

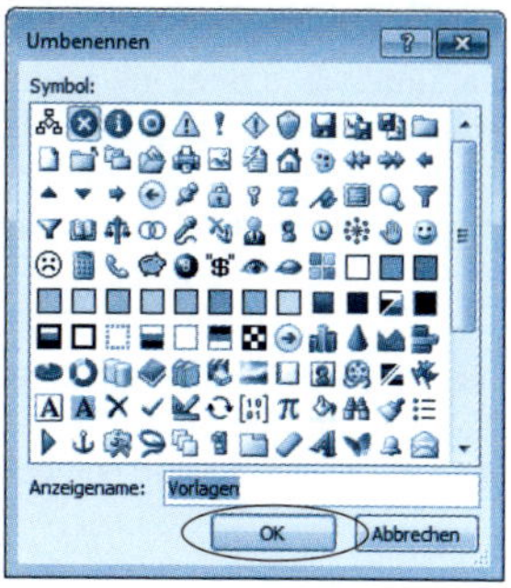

Sobald eine benutzerdefinierte Registerkarte angelegt und mit Gruppen versehen wurde, können Sie diesen **Gruppen Bedienelemente zuweisen**.

1 Markieren Sie die gewünschte Gruppe in der rechten Spalte *Menüband anpassen*.

2 Wählen Sie in der linken Spalte *Befehle auswählen* die gewünschte Schaltfläche bzw. den Befehl per Mausklick an und übertragen Sie diesen mittels der *Hinzufügen*-Schaltfläche in die rechte Spalte.

Alternativ können Sie den Eintrag der Spalte *Befehle auswählen* auch mit der Maus zur rechten Spalte *Menüband anpassen* über die gewünschte (benutzerdefinierte) Gruppe ziehen und dann die Maustaste loslassen.

Auf diese Weise lassen sich auf der benutzerdefinierten Registerkarte Gruppen mit den gewünschten Befehlen füllen. Hier sehen Sie den Eintrag für eine Registerkarte *Born* mit einer Gruppe *Vorlagen*, der einige Befehle zugewiesen wurden.

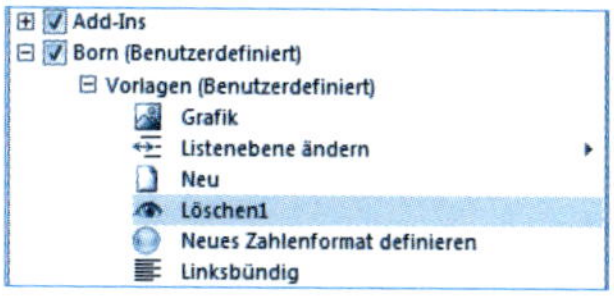

Sobald Sie das Dialogfeld *xxx-Optionen* über die *OK*-Schaltfläche schließen, zeigt die Office-Anwendung die betreffenden Bedienelemente auf der Registerkarte an.

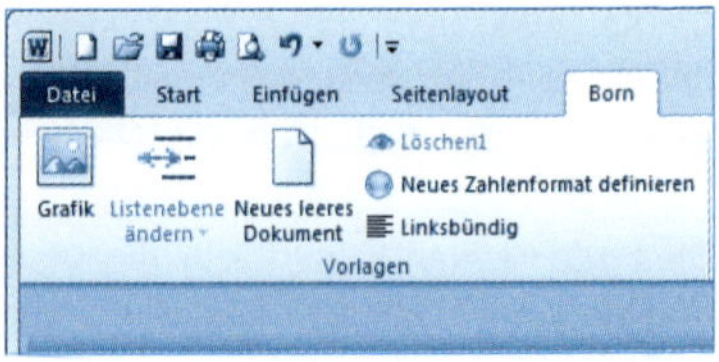

SkyDrive-Laufwerk einrichten

Um unterwegs oder mit mehreren Personen auf Office-Dokumente zuzugreifen, lassen sich diese im Internet speichern. Microsoft stellt für diesen Zweck das SkyDrive-Laufwerk kostenlos zur Verfügung. Diese Speichermöglichkeit muss aber einmalig eingerichtet werden.

1 Öffnen Sie eine der Office-Anwendungen (z. B. Microsoft Word), klicken Sie auf den Registerreiter *Datei* und wählen Sie in der Backstage-Ansicht den Befehl *Speichern und Senden*.

2 Anschließend klicken Sie in der mittleren Spalte *Speichern und Senden* auf den Eintrag *Im Web speichern*.

3 Danach müssen Sie in der rechten Spalte *In Windows Live speichern* das Laufwerk (z. B. über die *Anmelden*-Schaltfläche) einrichten.

Die genauen Abläufe hängen davon ab, ob Sie bereits eine Windows Live ID besitzen. Ist dies nicht der Fall, müssen Sie den Hyperlink *Für Windows Live anmelden* wählen und sich dann in dem im Browser angezeigten Webformular einmalig registrieren.

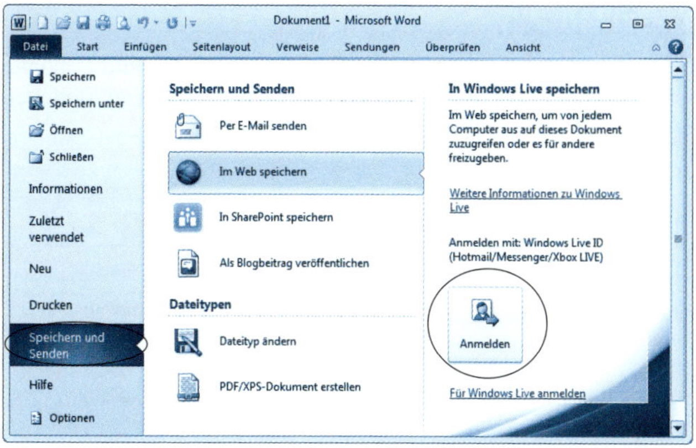

Besitzen Sie dagegen bereits eine Windows Live ID, reicht das Anklicken der *Anmelden*-Schaltfläche. Anschließend tippen Sie im angezeigten Fenster *Verbindung mit docs.live.net wird hergestellt* die E-Mail-Adresse und das Kennwort des Live ID-Kontos ein. Markieren Sie ggf. das Kontrollkästchen *Automatisch anmelden*.

Dann lässt sich ohne weitere Anmeldung sofort aus Microsoft Office auf den SkyDrive-Speicher bei Windows Live zugreifen. Sobald Speicherplatz bei Windows Live eingerichtet wurde, zeigt die Office-Anwendung in der Spalte *In Windows Live speichern* die persönlichen und die freigegebenen (öffentlichen) Ordner an. Sie können dort dann Dokumente ablegen.

Word-Optionen

Die Optionen für das Programm Word lassen sich in den Word-Optionen anpassen. Zum Aufrufen des Dialogfelds und zum Anpassen der Optionen gehen Sie folgendermaßen vor.

1 Öffnen Sie die Backstage-Ansicht über den Registerreiter *Datei* und wählen Sie im angezeigten Menü den Eintrag *Optionen*.

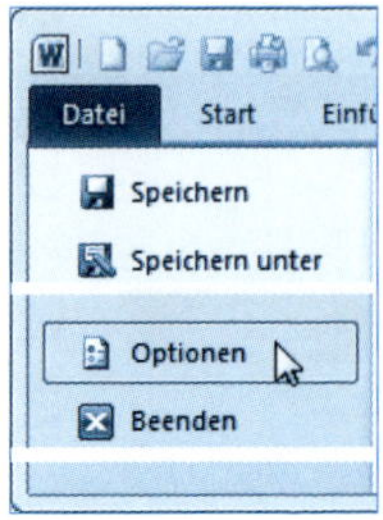

Microsoft Word blendet daraufhin das Dialogfeld *Word-Optionen* im Vordergrund ein. Das Dialogfeld ist zweigeteilt: In der linken Spalte finden Sie die Kategorien der verfügbaren Word-Optionen, während der rechte Teil des Dialogfelds die Optionen der gewählten Kategorie anzeigt.

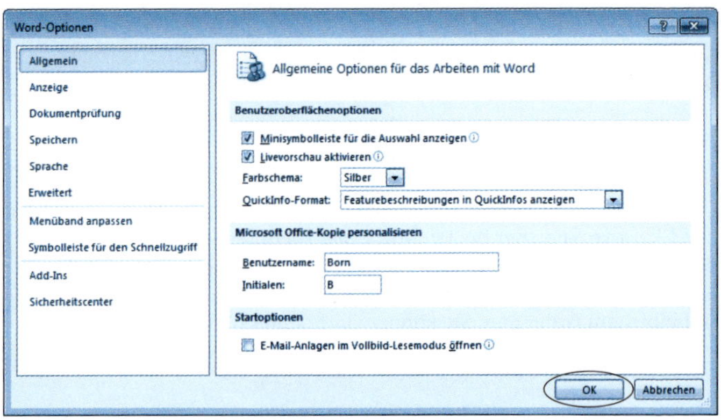

2 Wählen Sie in der linken Spalte die gewünschte Kategorie aus, passen Sie im rechten Teil die gewünschten Optionen an und schließen Sie das Dialogfeld über die *OK*-Schaltfläche.

Hinweis

Zeigen Sie mit der Maus auf eine der Optionen, blendet Word eine QuickInfo mit zusätzlichen Erläuterungen ein.

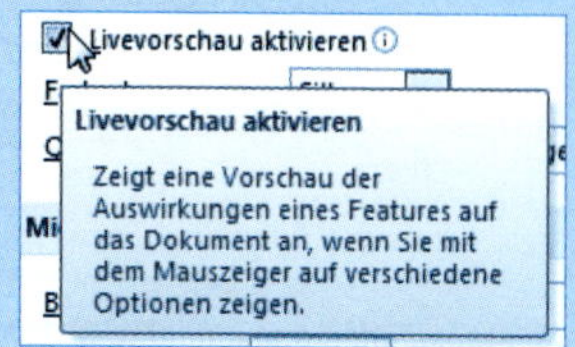

Klicken Sie auf die in der rechten oberen Dialogfeldecke befindliche Schaltfläche *Hilfe*, öffnet Word das Hilfefenster, in dem Sie ggf. nach Erläuterungen zu den Optionen suchen können.

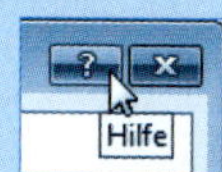

Nachfolgend möchte ich Ihnen noch einige Hinweise zu nützlichen Optionen in verschiedenen Kategorien geben.

- In der Kategorie *Allgemein* finden Sie u. a. die Felder, um den Benutzernamen sowie die Initialen nachträglich einzutragen. Dies ist z. B. hilfreich, wenn diese Angaben während der Installation unterblieben sind.
- Die Kategorie *Anzeige* listet die Optionen zur Seitenanzeige, zur Anzeige von Formatierungszeichen und zum Anpassen der Druckoptionen auf. Optionen zur Bearbeitung, zum Ausschneiden, Kopieren und Einfügen oder zur Anzeige finden Sie auch in der Kategorie *Erweitert*.
- Möchten Sie den Pfad zum Speicherort oder das Format, welches beim Speichern von Dokumenten genutzt wird, einstellen? Dann wählen Sie die Kategorie *Speichern* und legen die gewünschten Optionen über die betreffenden Listen- und Textfelder fest. Sollen Kopien zur Dokumentwiederherstellung nach Systemabstürzen angefertigt werden, markieren Sie das Kontrollkästchen *AutoWiederherstellen-Informationen speichern alle xxx Minuten* und tragen das Zeitintervall in Minuten ein. Bei einem Absturz versucht Word, beim nächsten Aufruf automatisch eine restaurierte Fassung des letzten Dokuments zu öffnen.

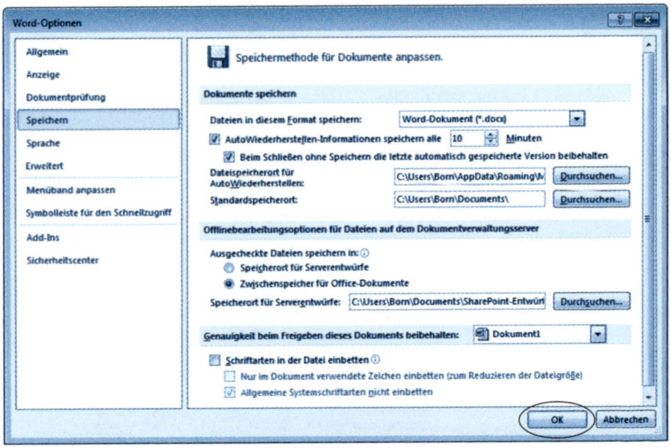

- Die Kategorie *Sicherheitscenter* ist hilfreich, wenn Sie die Einstellungen zur Makroausführung für Word (oder andere Office-Anwendungen) anpassen müssen. Über die Schaltfläche *Einstellungen für das Sicherheitscenter* öffnet sich ein Dialogfeld. Über dessen Optionsfelder können Sie vorgeben, ob beim Laden von Dokumenten mit Makros eine Nachfrage erfolgen soll oder ob alle Makros zu deaktivieren sind. Die Option *Alle Makros aktivieren* sollten Sie aus Sicherheitsgründen nicht verwenden, um das unbemerkte Ausführen von Makroviren beim Laden von Dokumenten zu unterbinden.

Möchten Sie einem **Schriftstück** eine **Dokumentvorlage** zur Gestaltung **zuweisen**, sind folgende Schritte erforderlich.

1 Wählen Sie in den Word-Optionen die Kategorie *Add-Ins* und setzen Sie den Wert des Listenfelds *Verwalten* auf »Vorlagen«.

2 Sobald Sie auf die Schaltfläche *Gehe zu* klicken, wird das Dialogfeld mit den Word-Optionen geschlossen, und das Dialogfeld *Dokumentvorlagen und Add-Ins* erscheint.

3 Über die Schaltfläche *Anfügen* auf der Registerkarte *Vorlagen* können Sie die gewünschte Vorlagendatei in einem zusätzlichen Dialogfeld auswählen.

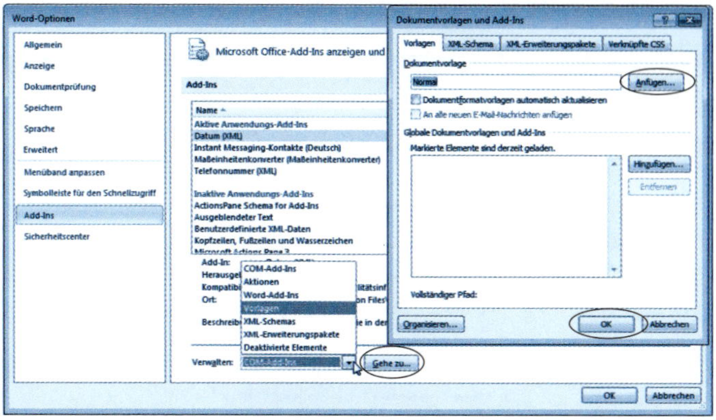

Bei Bedarf können Sie noch das Kontrollkästchen *Dokumentformatvorlage automatisch aktualisieren* aktivieren, damit die neuen Formate ggf. im Dokument aktualisiert werden. Sobald Sie das Dialogfeld über die *OK*-Schaltfläche schließen, wird die Dokumentvorlage dem Dokument zugeordnet.

Rechtschreibprüfung/AutoKorrektur anpassen

Die AutoKorrektur und die Rechtschreibprüfung werden von allen Office-Anwendungen verwendet, lassen sich daher auch in allen Anwendungen über deren Optionen anpassen. Hier die Schritte, um die Anpassungen in Word vorzunehmen.

1 Rufen Sie das Dialogfeld *Word-Optionen* über den Befehl *Optionen* der Backstage-Ansicht auf (siehe vorheriger Abschnitt).

2 Wählen Sie in der linken Spalte des Dialogfelds *Word-Optionen* die Kategorie *Dokumentprüfung*, passen Sie anschließend im rechten Teil des Dialogfelds die Optionen für die Rechtschreibkorrektur an und klicken Sie zur Übernahme auf die *OK*-Schaltfläche.

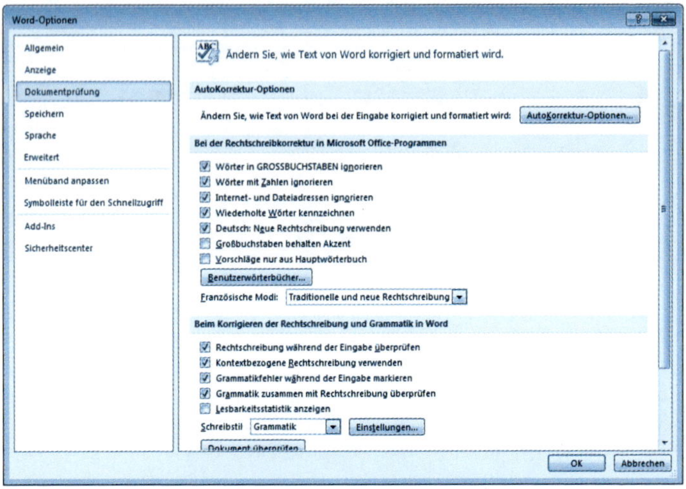

Möchten Sie verhindern, dass Word den Text bereits während der Eingabe auf Schreibfehler überprüft, löschen Sie die Markierung des Kontrollkästchens *Rechtschreibung während der Eingabe überprüfen*. Die Korrektur von Internet- und Dateiadressen durch die Rechtschreibprüfung wird verhindert, sobald das betreffende Kontrollkästchen *Internet- und Dateiadressen ignorieren* markiert ist. Setzen Sie die Markierung auf *Deutsch: Neue Rechtschreibung verwenden*, um die Rechtschreibkorrektur an die geänderten Regeln anzupassen.

Hinweis

Word merkt sich, wenn Sie bei einem Dokument eine Rechtschreibprüfung durchgeführt haben. Die betreffenden Dokumentstellen werden dann nur noch überprüft, wenn sie geändert wurden. Müssen Sie ein Dokument erneut überprüfen (z. B. weil Sie Schreibfehler irrtümlich als richtig eingestuft haben)? Dann klicken Sie im Dialogfeld auf die Schaltfläche *Dokument überprüfen*. Word setzt dann den Korrekturstatus zurück, und die Rechtschreibprüfung bearbeitet wieder den gesamten Text.

AutoKorrektur/AutoFormat anpassen

Die AutoKorrektur überwacht Ihre Eingaben auf Schreibfehler und korrigiert ggf. falsch geschriebene Begriffe automatisch. Diese Korrektur erfolgt über interne Listen und steht in Office-Programmen wie Word, Excel, PowerPoint etc. zur Verfügung. Office wird mit einer vordefinierten Liste an Korrekturvorschlägen ausgeliefert. Sie haben aber jederzeit die Möglichkeit, die Einstellungen für die AutoKorrektur anzupassen.

1 Öffnen Sie das Dialogfeld *Word-Optionen* (siehe vorhergehende Seiten) und wählen Sie die Kategorie *Dokumentprüfung* (siehe oben). Dann klicken Sie im Dialogfeld auf die Schaltfläche *AutoKorrektur-Optionen*.

2 Anschließend wählen Sie im Eigenschaftenfenster *AutoKorrektur* die gewünschte Registerkarte (z. B. *AutoKorrektur* oder *AutoFormat*) und passen die gewünschten Optionen an.

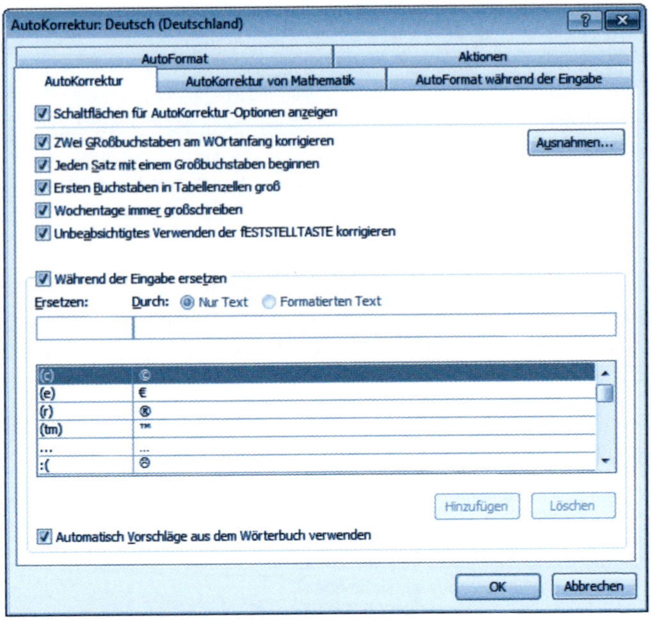

- Zum **Löschen eines AutoKorrektur-Eintrags** wählen Sie diesen auf der betreffenden Registerkarte in der Liste an. Sie können ggf. über die Bildlaufleiste in der AutoKorrektur-Liste blättern. Anschließend klicken Sie auf die Schaltfläche *Löschen*.
- Möchten Sie einen **Begriff** in der AutoKorrektur-Liste **korrigieren**, wählen Sie diesen ebenfalls in der Liste an. Der Begriff wird dann oberhalb der Liste in zwei Textfeldern angezeigt. In der linken Spalte steht der falsch geschriebene Begriff, während die rechte Spalte die Korrektur enthält. Passen Sie ggf. die Schreibweise an und wählen Sie die Schaltfläche *Ersetzen*.
- **Um** einen neuen **Begriff in** die **Liste einzufügen**, tragen Sie den falschen Ausdruck in das Feld *Ersetzen* ein. Fügen Sie dem Feld *Durch* den richtig geschriebenen Text hinzu und klicken Sie auf die Schaltfläche *Hinzufügen*.

3 Sobald alle Korrekturen vorgenommen wurden, schließen Sie die Registerkarte über die *OK*-Schaltfläche.

So schön die AutoKorrektur ist, in manchen Fällen geht diese Korrektur schief. Sie können die Korrektur zwar durch Drücken der Tastenkombination Strg+Z aufheben. Aber dies ist oft ziemlich störend. Hier hilft Ihnen die Pflege der Liste mit den AutoKorrektur-Ausnahmen.

1 Klicken Sie auf der Registerkarte *AutoKorrektur* auf die Schaltfläche *Ausnahmen*.

Das betreffende Programm öffnet daraufhin das Dialogfeld *AutoKorrektur-Ausnahmen* mit mehreren Registerkarten.

2 Aktivieren Sie die gewünschte Registerkarte, tragen Sie den Text der Ausnahme ein und fügen Sie diesen über die Schaltfläche *Hinzufügen* in die Liste ein. Schließen Sie das Dialogfeld über die *OK*-Schaltfläche.

Mit der Schaltfläche *Löschen* lässt sich ein markierter Eintrag aus der Liste entfernen.

Die Registerkarten *AutoFormat* und *AutoFormat während der Eingabe* im Dialogfeld *AutoKorrektur* bieten Ihnen verschiedene Optionen, um die Formatierung eines Word-Textes während der Eingabe durchzuführen.

1 Legen Sie die gewünschten Optionen über die Kontrollkästchen der Registerkarte fest.

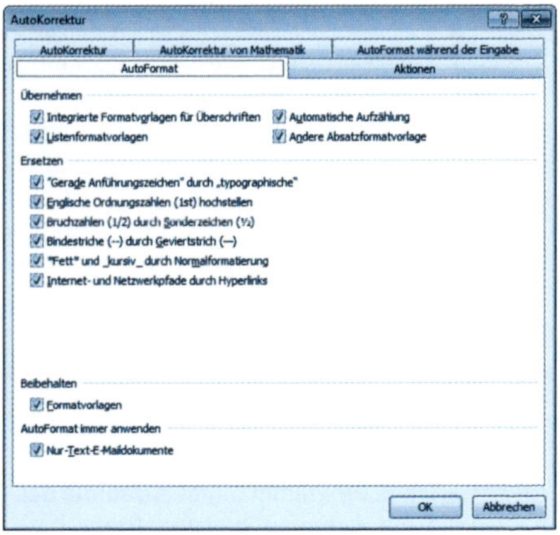

2 Schließen Sie die Registerkarte über die *OK*-Schaltfläche.

Word nimmt dann bei der Eingabe der betreffenden Buchstabenkombinationen automatisch eine Formatierung vor.

Excel anpassen

Ähnlich wie bei Word ermöglicht Ihnen auch Excel, verschiedene Eigenschaften über das Dialogfeld *Excel-Optionen* anzupassen.

1 Zum Aufrufen gehen Sie wie bei Word vor: Öffnen Sie die Backstage-Ansicht über die Registerkarte *Datei* und klicken Sie im Menü auf den Befehl *Optionen*.

2 Wählen Sie im Dialogfeld die gewünschte Kategorie in der linken Spalte aus, setzen Sie die Optionen und schließen Sie das Dialogfeld über die *OK*-Schaltfläche.

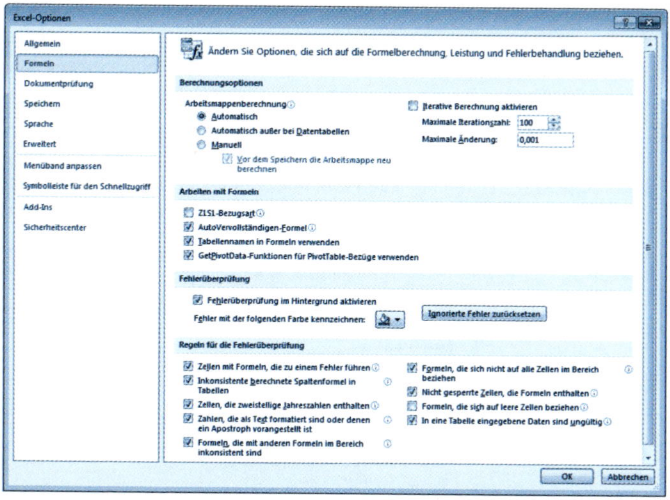

Berechnungsoptionen finden Sie in der Kategorie *Formeln,* indem Sie die Optionen in der entsprechenden Gruppe im rechten Teil des Dialogfelds wählen. Im Modus *Automatisch* rechnet Excel das Arbeitsblatt bei jeder Eingabe in eine Zelle neu durch. Bei umfangreichen Arbeitsblättern mit vielen Formeln können Sie die Option *Manuell* wählen und die Funktionstaste F9 zur Neuberechnung nutzen.

> **Hinweis**
>
> In den Excel-Kapiteln hatte ich Ihnen erläutert, dass die Zellen mit Buchstaben und Zahlen adressiert werden. Nach der ersten Zelle A1 wird diese Bezugsart auch als A1-Bezugsart bezeichnet. Markieren Sie das Kontrollkästchen *Z1S1-Bezugsart* in der Gruppe *Arbeiten mit Formeln* der Kategorie *Formeln*, erfolgt die Adressierung der Zeilen und Spalten mit Zahlen.

Ansichts- und Bearbeitungsoptionen werden über die Kategorie *Erweitert* festgelegt.

- Die Darstellung des Excel-Fensters lässt sich über die Gruppe *Anzeige* der Kategorie *Erweitert* beeinflussen. Löschen Sie z. B. die Markierung des Kontrollkästchens *Bearbeitungsleiste anzeigen*, falls Sie diese Leiste unterdrücken möchten.

- In der Kategorie *Erweitert* finden Sie in der Gruppe *Optionen für dieses Arbeitsblatt* auch ein Kontrollkästchen, um die Gitternetzlinien ein-/auszublenden. Die Anzeige der Blattregisterkarten unterdrücken Sie, wenn Sie die Markierung des gleichnamigen Kontrollkästchens löschen.
- Das Kontrollkästchen *Markierung nach Drücken der Eingabetaste verschieben* (Gruppe *Bearbeitungsoptionen* der Kategorie *Erweitert*) sowie das zugehörige Listenfeld legen z. B. fest, wohin der Eingabefokus beim Drücken der `Eingabe`-Taste bei Zelleingaben wechselt (siehe Kapitel 5).

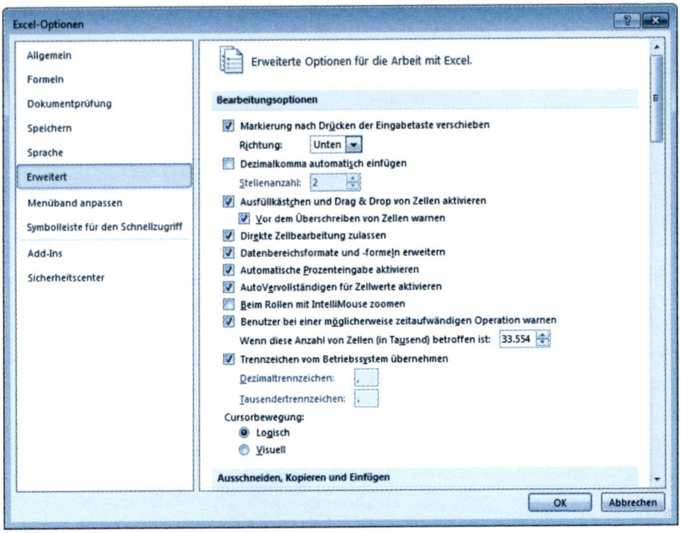

- Mit der Option *Die folgende Anzahl Blätter aufnehmen* der Gruppe *Beim Erstellen neuer Arbeitsmappen* der Kategorie *Allgemein* ermöglichen Sie Excel, zwischen 1 und 255 Arbeitsblätter in einer neuen Mappe anzulegen.

Das Feld *Standardspeicherort* der Gruppe *Arbeitsmappen speichern* der Kategorie *Speichern* ermöglicht Ihnen, den Pfad zu dem Ordner einzustellen, den Excel bei der Anwahl des Dialogfelds *Öffnen* verwendet. In der gleichen Gruppe können Sie über das Listenfeld *Dateien in diesem Format speichern* vorgeben, mit welchem Dateiformat Excel Arbeitsmappen standardmäßig speichern soll.

Benutzerdefinierte Listen anlegen

In den Kapiteln zu Excel hatte ich Ihnen gezeigt, wie Sie mit der Funktion »AutoAusfüllen« elegant Zeilen oder Spalten mit Vorgabewerten füllen. Die Funktion muss hierzu aber Informationen zur Reihenbildung kennen. Bei Zahlen der Art 1, 2, 3 etc. ist diese leicht zu bestimmen. Schwierig wird es aber bei Wortfolgen wie Tages- oder Monatsnamen. Denkbar wäre es auch, dass Sie eine benutzerdefinierte Liste mit Namen der Mitarbeiter einer Abteilung haben. Wird jetzt eine Tabelle mit diesen Namen benötigt, könnte die Funktion »AutoAusfüllen« gute Dienste leisten. Möchten Sie Ihre benutzerdefinierten Listen für das AutoAusfüllen anlegen? Dann gehen Sie in Excel folgendermaßen vor:

1 Öffnen Sie das Dialogfeld *Excel-Optionen* über den Befehl *Optionen* der Backstage-Ansicht.

2 Klicken Sie in der linken Spalte auf die Kategorie *Erweitert*, blättern Sie zur Gruppe *Allgemein* und wählen Sie die Schaltfläche *Benutzerdefinierte Listen bearbeiten*.

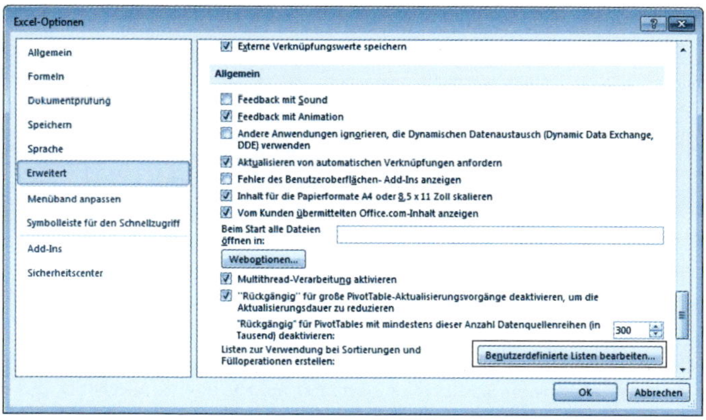

3 Wählen Sie im Dialogfeld *Benutzerdefinierte Listen* in der gleichnamigen Spalte den Eintrag »Neue Liste«.

4 Klicken Sie in die Liste *Listeneinträge* und tippen Sie die gewünschten Begriffe ein. Sie können die Begriffe durch Drücken der [Eingabe]-Taste in Zeilen aufteilen oder mittels Kommata trennen.

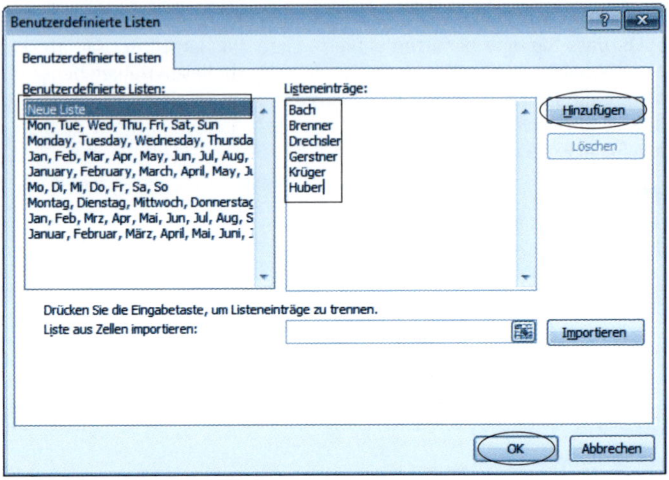

5 Klicken Sie auf die Schaltfläche *Hinzufügen* und schließen Sie die Registerkarte über die *OK*-Schaltfläche.

Nach dem Betätigen der *Hinzufügen*-Schaltfläche steht Ihnen die neue Liste in der »AutoAusfüllen«-Funktion zur Verfügung.

> **Hinweis**
>
> Bei umfangreichen Listen ist die Eingabe in die Liste auf der Registerkarte recht umständlich. Legen Sie die Liste in einer Tabellenspalte an. Dann können Sie die Einträge ggf. in der gewünschten Reihenfolge sortieren. Auf der Registerkarte *Benutzerdefinierte Listen* legen Sie im Feld *Liste aus Zellen importieren* den Zellbereich mit den Vorgabewerten fest. Dann klicken Sie auf die Schaltfläche *Importieren*. Excel übernimmt anschließend die Werte in die benutzerdefinierte Liste.

PowerPoint anpassen

Auch PowerPoint lässt sich wie Word oder Excel über das Dialogfeld *PowerPoint-Optionen* anpassen. Der Aufruf erfolgt auf die gleiche Art wie bei Word und Excel über den Befehl *Optionen* der Backstage-Ansicht. Die Optionen zur Bearbeitung, zum Anzeigen, zur Bildschirmpräsentation oder zum Drucken finden Sie im rechten Teil des Dialogfelds, sobald Sie die Kategorie *Erweitert* im Dialogfeld *PowerPoint-Optionen* anklicken.

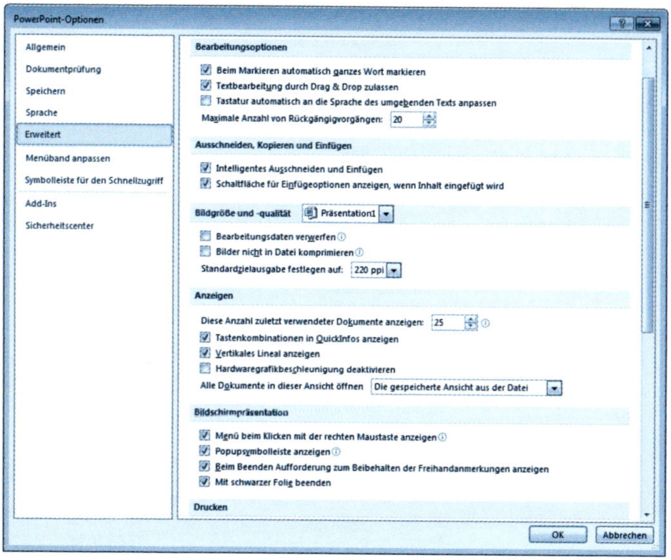

Beim Speichern kann PowerPoint die Dateien in unterschiedlichen Formaten ablegen. Dies ermöglicht ggf. die Weiterverarbeitung durch ältere PowerPoint-Versionen. Dieses Format, den Standardordner zum Speichern und andere Optionen können Sie über die Kategorie *Speichern* im Dialogfeld *PowerPoint-Optionen* bestimmen. Über das Kontrollkästchen *AutoWiederherstellen-Informationen speichern alle xxx Minuten* können Sie PowerPoint zum Anlegen einer Sicherheitskopie veranlassen, die in bestimmten Zeitintervallen aktualisiert wird. Die Optionen werden beim Schließen des Dialogfelds mittels der *OK*-Schaltfläche übernommen.

> **Hinweis**
>
> Viele Optionen (z. B. zur Steuerung der Rechtschreibeigenschaften) besitzen bei Word, PowerPoint und Excel die gleiche Bedeutung.

OneNote anpassen

In OneNote lassen sich ebenfalls Anpassungen der Optionen vornehmen. Hierzu gehen Sie folgendermaßen vor.

1 Starten Sie OneNote, klicken Sie im Menüband auf den Registerreiter *Datei* und wählen Sie in der Backstage-Ansicht den Befehl *Optionen*.

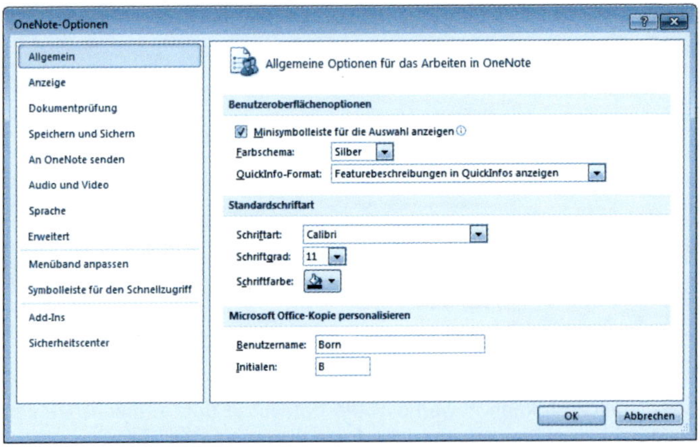

2 Klicken Sie im Dialogfeld *OneNote-Optionen* in der linken Spalte auf die gewünschte Kategorie.

3 Passen Sie im rechten Teil des Dialogfelds die Optionen an und bestätigen Sie mit der *OK*-Schaltfläche.

In der Kategorie *Ansicht* können Sie die Benutzerinitialen für Notizseiten vorgeben. Die Kategorie *Anzeige* enthält Optionen, um die Anzeigeeigenschaften für Notizseiten vorzugeben. In *Dokumentprüfung* legen Sie (ähnlich wie bei Word) die Optionen zur AutoKorrektur und Rechtschreibprüfung fest. Über die Kategorie *Speichern* legen Sie den Pfad zum Ordner fest, in dem die Notizbuchordner und die Dateien der Notizbuchabschnitte abgelegt werden.

In der Kategorie *Audio und Video* finden Sie Einstellmöglichkeiten zum Anpassen der Audio- und Videogeräte.

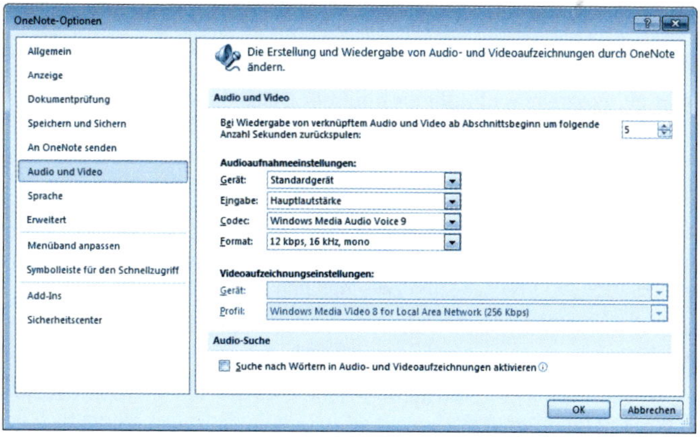

Die Kategorie *Sprache* stellt Optionen zur Auswahl der Bearbeitungs- und Anzeigesprachen bereit. Unter *Erweitert* finden Sie noch einige Bearbeitungs- und Notizenoptionen.

Hinweis

Damit möchte ich die Beschreibung von Microsoft Office beenden. Details zu den jeweiligen Einstellungen und Hinweise zu weitergehenden Funktionen finden Sie in der Hilfe der jeweiligen Office-Anwendung.

Kleine Pannenhilfen

Windows und Office

Eine Verknüpfung wurde irrtümlich gelöscht

Haben Sie eine Verknüpfung irrtümlich gelöscht, können Sie sofort danach das Kontextmenü mit der rechten Maustaste öffnen und den Befehl *Rückgängig: Löschen* wählen. Andernfalls müssen Sie die Verknüpfung aus dem Startmenü neu erstellen (siehe Kapitel 1).

Ein Office-Programm fehlt im Startmenü

Sie müssen Office reparieren. Wie dies funktioniert, wird in Kapitel 11 gezeigt.

Eine Office-Programmfunktion fehlt

Fehlt ein Programm, obwohl dies auf der Office-Packung aufgeführt ist? Das Programm oder die Funktion wurde bei der Installation abgeschaltet. Sie müssen die Funktion in Office hinzufügen (siehe Kapitel 11).

Ein Fenster ist verschwunden

Sehen Sie in der Taskleiste nach. Meist wird das Fenster lediglich durch ein anderes Fenster verdeckt. Andernfalls drücken Sie mehrfach die Tastenkombination `Alt`+`Tab`, um zwischen den Fenstern zu wechseln.

Ein Dokumentfenster lässt sich nicht in den Vordergrund holen oder nicht bearbeiten

Klicken Sie auf ein im Hintergrund befindliches Dokumentfenster, tut sich nichts. Oder ein Dokumentfenster erlaubt keine Eingaben. Vermutlich ist noch ein Dialogfeld geöffnet, welches aber von einem anderen Fenster verdeckt wird. Minimieren Sie die Fenster im Vordergrund und schließen Sie das Dialogfeld. Dann lässt sich das Programmfenster wieder anwählen bzw. das enthaltene Dokument bearbeiten.

Im Fenster ist nicht alles zu sehen

Manchmal ist das Fenster zu klein. Sie können dann über die Bildlaufleisten im Fenster blättern und die nicht sichtbaren Inhalte anzeigen.

Eine Schaltfläche im Menüband funktioniert nicht

Die Office-Programme zeigen zwar die Elemente auf den Registerkarten des Menübands an. Manche Bedienelemente erscheinen »abgeblendet« und funktionieren nicht. Dann macht der Befehl im aktuellen Kontext keinen Sinn. In Excel werden beispielsweise viele Befehle bei der Eingabe in eine Zelle gesperrt. Beenden Sie die letzte Aktion und versuchen Sie, den Befehl erneut anzuwählen.

Eine Schaltfläche fehlt

Vielleicht wurde diese Schaltfläche auf der Registerkarte ausgeblendet, weil das Fenster zu schmal ist. Vergrößern Sie die Fensterbreite, damit Office die Schaltflächen zu Gruppen expandieren kann.

Probleme beim Drucken

Der Drucker funktioniert nicht

Beim Ausdruck erscheint eine Meldung mit einem Hinweis auf eine Störung am Drucker. Beheben Sie die Störung und versuchen Sie den Ausdruck erneut. Zum Beheben der Druckerstörung sollten Sie die folgenden Punkte überprüfen:

- ☑ Ist der Drucker eingeschaltet und erhält er Strom?
- ☑ Ist das Druckerkabel zwischen Rechner und Drucker richtig angeschlossen?
- ☑ Ist der Drucker auf **online** gestellt?
- ☑ Hat der Drucker genügend Papier, Toner, Tinte?
- ☑ Gibt es eine Störung am Drucker (z. B. Papierstau)?
- ☑ Haben Sie beim Netzwerkdruck vielleicht einen falschen Drucker ausgewählt?
- ☑ Ist der Druckertreiber richtig eingerichtet (z. B. Auswahl der Druckeranschlüsse)?

Querdruck oder falscher Papierschacht

Die Druckausgaben erfolgen quer auf dem Blatt, oder es wird ein falscher Papierschacht zum Einzug benutzt. In diesem Fall müssen Sie die Druckoptionen von Querformat auf Hochformat umstellen bzw. den Papierschacht wechseln (im Menü der Backstage-Ansicht den Befehl *Drucken* wählen und im rechten Teil des Fensters die Druckoptionen anpassen).

Word-/Excel-/PowerPoint-Probleme

Word: Grafiken werden nur als Rahmen gedruckt

In diesem Fall ist die Funktion *Platzhalter für Grafiken anzeigen* oder *Entwurfsqualität verwenden* eingeschaltet. Öffnen Sie die Backstage-Ansicht über den Registerreiter *Datei* und wählen Sie im Dialogfeld *Word-Optionen* die Kategorie *Erweitert*. Heben Sie die Markierung des Kontrollkästchens *Platzhalter für Grafiken anzeigen* bzw. *Entwurfsqualität verwenden* in der Gruppe *Dokumentinhalt anzeigen* auf.

Word: Tabellenrahmen fehlen im Ausdruck

Die Gitternetzlinien für Tabellen werden nur auf dem Bildschirm angezeigt. Möchten Sie Gitternetzlinien beim Ausdruck haben, markieren Sie die Tabelle und weisen ihr über die Schaltfläche *Rahmenlinie* eine entsprechende Umrahmung zu (siehe Kapitel 3).

Word, Excel: Die Gitternetzlinien für Tabellen fehlen in der Anzeige

Wählen Sie in Word auf der Registerkarte *Entwurf* der Tabellentools die Option *Rasterlinien anzeigen* im Menü der Schaltfläche *Rahmen* (siehe z. B. Kapitel 3).

Word: Im Dokument erscheint der Text { ... }

Die geschweifte Klammer enthält die Definition der Feldfunktion. Markieren Sie die Stelle und drücken Sie die Tastenkombination `Alt`+`F9`. Jetzt wird der Feldwert eingeblendet. Ist die Anzeige bei jedem Laden des Dokuments erneut vorhanden? Dann öffnen Sie über die Backstage-Ansicht das Dialogfeld *Word-Optionen*, wählen die Kategorie *Erweitert* und löschen in der Gruppe *Dokumentinhalt anzeigen* die Markierung des Kontrollkästchens *Feldfunktionen an Stelle von Werten anzeigen*.

Excel: Zellen enthalten den Wert

Die Zellenbreite reicht zur Darstellung des Werts nicht aus. Vergrößern Sie die Tabellenspalte über den Spaltentrenner.

Excel: Der eingegebene Wert wird anders dargestellt

Dieser Effekt tritt auf, wenn die Zelle ein anderes Zellformat enthält (z. B. weil Sie vorher eine Uhrzeit eingetragen, den Wert aber gelöscht haben). Markieren Sie die Zelle und setzen Sie das Zellformat über den Kontextmenübefehl *Zellen formatieren* auf »Standard« zurück (siehe Kapitel 6).

Excel: Nachkommastellen verschwinden bei der Anzeige

Excel unterdrückt standardmäßig Nachkommastellen, wenn der Wert 0 ist. Markieren Sie die Zelle und weisen Sie ihr zwei Dezimalstellen über die Schaltfläche *Dezimalstellen hinzufügen* zu (siehe Excel-Kapitel).

Excel: In den Tabellenzellen erscheinen Formeln

Wechseln Sie im Menüband zur Registerkarte *Formeln* und klicken Sie in der Gruppe *Formelüberwachung* auf die Schaltfläche *Formeln anzeigen*, um zwischen der Anzeige der Werte und der Formelanzeige umzuschalten.

Excel: Bei der Eingabe wird die Tabelle nicht neu berechnet

Die automatische Berechnung ist abgeschaltet. Drücken Sie die Funktionstaste F9 oder schalten Sie die automatische Berechnung über die Excel-Optionen wieder ein (siehe auch Kapitel 11).

PowerPoint: Wie lässt sich das Layout einer Folie verändern?

Sie möchten das Layout oder das Design einer Folie oder mehrerer Folien ändern: Klicken Sie dazu mit der rechten Maustaste auf die Folie und wählen Sie im Kontextmenü den Befehl *Layout*. Anschließend können Sie die betreffenden Folienlayouts in einem Katalog wählen.

Lexikon

In diesem Lexikon finden Sie Definitionen zu Begriffen aus Office 2010 und seinen Anwendungsbereichen im weiteren Sinn.

Absatz
Zusammenhängender Textbereich in Word, der durch Drücken der Eingabe-Taste mit einer Absatzmarke abgeschlossen wird.

Access
Microsoft-Datenbankprogramm, nicht in allen Office-Versionen enthalten.

Account
Berechtigung, sich an einen Computer per Datenleitung anzumelden und z. B. im WWW zu surfen.

Adresse
Speicherstelle im Adressbereich (Hauptspeicher) des Computers oder Angabe zur Lage einer **Webseite** bzw. der Empfänger einer **E-Mail**.

ANSI-Zeichen
ANSI ist die Abkürzung für American National Standards Institute. ANSI-Zeichen definieren die unter Windows verwendeten Zeichen.

Anwendungsprogramm
Programme, die zum Arbeiten am Computer benutzbar sind (z. B. Word, Excel, Access etc.).

Arbeitsspeicher
Dies ist der Speicher (RAM) im Computer. Die Größe wird in Megabyte angegeben.

Assistent
Programm, welches den Benutzer beim Lösen einer Aufgabe unterstützt (z. B. indem in Dialogfeldern benötigte Informationen abgefragt werden).

AutoFormat
Funktion in Word und Excel, mit der sich ein Dokument oder ein Tabellenbereich automatisch mit einer Formatierung versehen lässt.

AutoKorrektur
Funktion in Office-Programmen, die Tippfehler bei der Eingabe erkennt und automatisch korrigiert.

AutoText
Word-Funktion »Schnellbausteine«, mit der sich über definierbare Kürzel wie »mfg« ganze Textbausteine (z. B. »Mit freundlichen Grüßen«) abrufen lassen.

Backslash
Das Zeichen \ (wird zum Trennen von Ordnernamen benutzt).

Backup
Bezeichnung für die Datensicherung (Dateien werden auf Datenträger gesichert).

Benutzeroberfläche
Darunter versteht man die Art, wie der Rechner Informationen vom Benutzer annimmt und seinerseits Informationen anzeigt. Windows besitzt zum Beispiel eine grafische Oberfläche mit Symbolen und Fenstern.

Betriebssystem
Dies ist das Programm (z. B. Windows), welches sich nach dem Einschalten des Computers meldet.

Bit
Dies ist die kleinste Informationseinheit in einem Computer (kann den Wert 0 oder 1 annehmen). 8 Bit werden zu einem Byte zusammengefasst.

Bitmap
Format, um Bilder oder Grafiken zu speichern. Das Bild wird wie auf dem Bildschirm in einzelne Punkte aufgeteilt, die zeilenweise gespeichert werden.

Blog
Abkürzung für We**blog**, ein Tagebuch im Internet.

Booten
Starten des Computers.

Browser
Ein Programm, mit dem sich die Seiten im World Wide Web anzeigen lassen.

Byte
Ein Byte ist die Informationseinheit, die aus 8 Bit besteht. Ein Byte erlaubt, Zahlen von 0 bis 255 darzustellen.

Chip
Allgemeine Bezeichnung für einen elektronischen Baustein.

ClipArt
Grafikdatei mit stilisierten Motiven. Im Lieferumfang von Office ist eine Fülle von ClipArts enthalten, die sich in beliebige Dokumente einfügen lassen.

CPU
Englische Abkürzung für **Central Processing Unit**, die Recheneinheit des Computers.

Cursor
Dies ist der Positionszeiger auf dem Bildschirm (Symbol: Pfeil, Hand, senkrechte Linie etc.).

Datei
In einer Datei (engl.: File) werden Daten auf Speichermedien abgelegt.

Dateityp
Legt fest, von welchem Programm eine Datei bearbeitet werden kann (z. B. DOCX- und DOC-Dateien für Word,

EXE-Dateien sind Programme, XLSX- und XLS-Dateien gehören zu Excel etc.).

Datenbank
Programm zur Speicherung, Verwaltung und Abfrage von Daten (wie z. B. Microsoft Access).

Dokumentvorlage
Vorlagedatei, die in Word zum Anlegen eines neuen Dokuments benutzt wird.

Dialogfeld
Fenster in Windows, in dem Eingaben abgefragt werden.

Download
Herunterladen von Daten per **Modem z. B.** aus dem Internet auf Ihren Rechner.

Drag&Drop
Technik unter Windows, bei der ein Objekt bei gedrückter Maustaste zu einem anderen Objektsymbol (z. B. Fenster oder Papierkorb) gezogen wird. Lassen Sie die Maustaste über dem Symbol los, führt Windows eine Aktion aus (z. B. Datei löschen oder kopieren).

Editor

Programm zum Erstellen und Bearbeiten einfacher Textdateien.

Electronic Mail (E-Mail)
Nachrichten, die auf elektronischem Wege verschickt werden.

Font
Englischer Name für eine Schriftart.

Formatierung
So wird bei einem Dokument die Auszeichnung des Textes (mit Fettschrift, Unterstreichung etc.) genannt. Bei einem Datenträger bedeutet Formatieren, dass dieses Medium zur Aufnahme von Dateien vorbereitet wird (Inhaltsverzeichnis anlegen und Datenträger ggf. löschen).

Formatvorlage
Siehe Dokumentvorlage.

Freeware
Software, die kostenlos benutzt und nur kostenlos weitergegeben werden darf.

FTP
FTP steht für **File Transfer Protocol**. Dies ist eine Funktion im Internet, mit der sich Dateien zwischen Computern übertragen lassen.

GByte
Abkürzung für Gigabyte (entspricht 1.000 Megabyte).

Hardware
Als Hardware werden alle Teile eines Computers bezeichnet, die sich anfassen lassen (Gegenteil ist Software).

Homepage
Startseite einer Person/Firma im World Wide Web. Von der Startseite gehen Hyperlinks zu weiteren Webseiten.

HTML
HTML steht für **Hypertext Markup Language**, das Dokumentformat im World Wide Web.

Hyperlink
Verweis in einem HTML-Dokument zu einer anderen Webseite.

Internet
Weltweiter Verbund von Rechnern in einem Netzwerk.

Intranet
Firmeninternes Netzwerk, welches auf der Technologie des Internets aufsetzt.

JPEG
Grafikformat, welches für Grafiken in Webseiten benutzt wird.

Kilobyte
Dies ist die Maßeinheit für 1.024 Byte.

Kursiv
Eine Textformatierung, bei der Buchstaben leicht schräg dargestellt werden.

Kontrollkästchen
Viereckiges Steuerelement in einem Dialogfeld, welches sich durch Anklicken markieren lässt. Ein markiertes Kontrollkästchen entspricht einer gewählten Option.

LAN
LAN heißt **Local Area Network** und bezeichnet ein Netzwerk innerhalb einer Firma (Gegenstück ist ein Wide Area Network).

Listenfeld
Steuerelement, welches über eine Liste die Auswahl einer vorgegebenen Option erlaubt.

Makro
Modul, welches aufgezeichnete oder eingetippte Befehle zur Bedienung des Programms enthält. Bei der Makrowiedergabe werden die Befehle automatisch ausgeführt. Erlaubt eine Automatisierung bestimmter Vorgänge.

MByte
Abkürzung für Megabyte (1 Million Byte).

Multimedia
Techniken, bei denen am Computer Texte, Bilder, Video und Sound integriert werden.

Netzwerk
Verbindung zwischen Rechnern, um untereinander Daten austauschen zu können.

OLE
Abkürzung für **Object Linking and Embedding**, eine Technik, die das Einfügen von Objekten (Daten und Funktionen) anderer Programme in ein Dokument ermöglicht.

Optionsfeld
Rundes Steuerelement in einem Dialogfeld, welches sich durch Anklicken markieren lässt. Optionsfelder treten immer in einer Gruppe auf. Ein Optionsfeld der Gruppe lässt sich markieren.

Outlook
Office-Programm zum Erstellen, Versenden, Lesen und Empfangen von E-Mails. Enthält zusätzlich Kalender, Aufgabenliste, Notizblock etc. als Funktionen zur Organisation des Büroablaufs.

Path (Pfad)
Gibt den Weg von einer Festplatte zu einer Datei in einem bestimmten Ordner an (z. B. *C:\Text\Briefe*).

Prozessor
Anderer Name für die CPU.

Public Domain
Public Domain ist Software, die öffentlich zugänglich ist und mit Erlaubnis des Autors frei kopiert oder weitergegeben werden darf (siehe auch Freeware).

QWERTY-Tastatur
Dieser Name bezeichnet eine englische Tastatur (die ersten sechs Tasten der zweiten Reihe ergeben das Wort QWERTY).

RAM
RAM (engl. für **Random Access Memory**) ist der Name für die Bausteine, aus denen der Hauptspeicher eines Rechners besteht.

Scanner
Dies ist ein Zusatzgerät, mit dem sich Bilder oder Schriftstücke in den Computer einlesen lassen.

Schriftart
Name der Schrift zur Darstellung der Buchstaben eines Textes (Arial, Times, Courier etc.).

Schriftgrad
Größe eines Buchstabens in einem Text.

Server
Hauptrechner in einem Netzwerk.

Shareware
Software, die kostenlos weitergegeben und zu Testzwecken eingesetzt werden darf. Bei einer regulären Benutzung muss die Software beim Programmautor gegen eine meist geringe Gebühr registriert werden. Damit hat der Benutzer die Möglichkeit, die Software vorher ausgiebig zu testen. Der Autor kann auf aufwendige Verkaufswege verzichten und daher die Software meist preiswert anbieten.

SkyDrive
Speicherplatz im Internet, auf dem Dateien wie auf einem Laufwerk in Ordnern abgelegt werden können. Die SkyDrive-Funktion ist Bestandteil eines kostenlosen Microsoft Windows Live ID-Benutzerkontos.

Software
Das ist ein anderer Name für die Programme.

Tabellenkalkulation
Dies sind Programme, mit denen sich Berechnungen in Tabellenform sehr einfach machen lassen.

Textverarbeitung
Dies sind Programme für das Erstellen von Briefen, Berichten, Büchern und so weiter (z. B. WordPad oder Microsoft Word).

Typografie
Die Lehre von der Gestaltung von Schriftstücken.

TrueType-Schriften
Spezielle von Microsoft entwickelte Technologie zur Abbildung von Schriftarten.

URL
Abkürzung für **Uniform Resource Locator** (Adresse einer Webseite).

VBA
Abkürzung für Visual Basic für Applikationen. Dies ist die Programmiersprache unter Office, in der auch Makros aufgezeichnet oder programmiert werden.

Verknüpfung
Technik unter Windows, mit der ein Verweis auf ein anderes Objekt in einem Ordner oder in einem Dokument hinterlegt wird. Durch Anklicken der Verknüpfung wird das Objekt geöffnet.

Viren
Programme, die sich selbst verbreiten und sich in andere Programme kopieren. Meist stören Viren den Computer bei einem bestimmten Ereignis (z. B. an einem bestimmten Tag).

Webseite
Dokument im HTML-Format.

WWW
World Wide Web, Teil des Internets, über den sich Texte und Bilder mit einem **Browser** sehr leicht abrufen lassen.

XLSX, XLS
Dateinamenerweiterung für Excel-Dateien.

Zeichensatz
Die Zeichencodes, die auf dem Rechner zur Verfügung stehen (ASCII, ANSI).

Zwischenablage
Speicher unter Windows, der zum Austausch von Daten zwischen Programmen genutzt wird.

Stichwortverzeichnis

P

Q

R

X

Z